Udo Mayer / Sibylle Raasch

Internationales Recht der Arbeit und Wirtschaft

Studien zur Sozialwissenschaft

Band 44

Westdeutscher Verlag

Udo Mayer · Sibylle Raasch

Internationales Recht der Arbeit und Wirtschaft

Westdeutscher Verlag

CIP-Kurztitelaufnahme der Deutschen Bibliothek

Mayer, Udo:
Internationales Recht der Arbeit und Wirtschaft/
Udo Mayer; Sibylle Raasch. – Opladen:
Westdeutscher Verlag, 1980.
(Studien zur Sozialwissenschaft; Bd. 44)
ISBN-13: 978-3-531-11509-2 e-ISBN-13: 978-3-322-88219-6
DOI: 10.1007/978-3-322-88219-6

NE: Raasch, Sibylle.

Umschlaggestaltung: studio für visuelle kommunikation, Düsseldorf
Satz: Vieweg, Wiesbaden

ISBN-13: 978-3-531-11509-2

Inhalt

Einleitung

Die gegenwärtigen ökonomischen Beziehungen im internationalen Bereich sind durch drei Problempunkte gekennzeichnet: durch die Benachteiligung der Entwicklungsländer auf dem Gebiet des Welthandels; durch die weltweiten Aktivitäten multinationaler Konzerne mit der Folge einer zunehmenden Abhängigkeit der Entwicklungsländer; und durch die Verlagerung von Produktionsstätten aus Industrienationen in sogenannte Billiglohnländer im Rahmen einer „internationalen Arbeitsteilung". Während von den beiden ersten Problembereichen vornehmlich Entwicklungsländer betroffen sind, wirkt sich die „internationale Arbeitsteilung" auch stark auf die Arbeitnehmer in den Industrienationen aus. Die Vorschläge zur Lösung dieser Problemfelder differieren sehr stark nach den jeweiligen Interessenstandpunkten, wobei auch die Welthandelskonferenz der UNCTAD in Manila 1979 die Interessengegensätze zwischen den Industrienationen und den Entwicklungsländern nicht hat überbrücken können.

Diese Interessengegensätze werden zwar entscheidend durch ökonomische Faktoren bestimmt. Allerdings hat das Völkerrecht über Epochen hinweg die rechtlichen Rahmenbedingungen geschaffen, innerhalb deren sich der internationale Handel und Kapitaltransfers reibungslos zugunsten der Industrieländer vollziehen konnten. Erst das Anwachsen der Entwicklungsländer in den internationalen Organisationen im Zusammenhang mit dem Zerfall des Kolonialsystem nach dem 2. Weltkrieg hat diesen völkerrechtlichen Rahmen grundlegend in Frage gestellt. Die Forderung nach einer „Neuen Weltwirtschaftsordnung", die in mehreren UN-Deklarationen bereits Konturen angenommen hat, enthält die handels- und wirtschaftspolitischen Konzeptionen der Entwicklungsländer, die mit Traditionen des Völkerrechts etwa in der Frage des Eigentumsschutzes radikal brechen.

Diese Interdependenz ökonomischer Verflechtung und völkerrechtlicher Regulierung versucht das vorliegende Buch an Zentralaspekten des Welthandels, des internationalen Eigentumsschutzes und der internationalen Bestimmungen zum Schutz der Arbeitskraft aufzuzeigen. Dabei werden in einem historischen Aufriß die Entwicklungslinien der gegenwärtigen völkerrechtlichen Regelungen aufgezeigt, der Einfluß der UNO-Organisationen wie der EWG auf diesen völkerrechtlichen Normenbereich untersucht sowie weitere Bestimmungsfaktoren der internationalen Kräftekonstellation herausgearbeitet.

Insbesondere bei den Normen zum Schutz der Arbeitskraft kommt den Vorstellungen und Durchsetzungsstrategien der internationalen Gewerkschaftsbewegung große Bedeutung zu. In den Entwicklungsländern geht es dabei um die Durchsetzung eines Minimalstandards an materiellen Rechten, deren Fehlen jedoch gerade als Standortvorteil innerhalb der „Internationalen Arbeitsteilung" von den Industrienationen ausgenutzt wird. In der Bundesrepublik ist vor allem den Ursachen für das Auseinanderklaffen eines relativ weit entwickelten internationalen Standards an arbeits- und sozialpolitischen Normen auf der einen Seite und seiner geringen Verwertung in der Arbeitswirklichkeit auf der anderen Seite nachzugehen.

Das Buch ging hervor aus einer mehrsemestrigen gemeinsamen Veranstaltung der Verfasser an der Hochschule für Wirtschaft und Politik Hamburg. Den Studenten dieser Veranstaltungsreihe schulden wir Dank für vielfache Anregungen, die letztlich auch den Anstoß für dieses Buch gegeben haben. Unser Dank gilt ferner zahlreichen Kollegen an der HWP und der Universität Bremen für ihre kritische Unterstützung. Schließlich wäre ohne die tatkräftige Hilfe von Frau Rödde und Frau Titius die technische Herstellung des Manuskripts nicht gewährleistet gewesen.

Die Gesamtkonzeption des Buches haben die Verfasser gemeinsam zu verantworten. Im einzelnen haben verfaßt Sibylle Raasch Teil I und von Teil II Kapitel 1–4, Udo Mayer Teil III und von Teil II Kapitel 5.

Hamburg, August 1979

Teil I: Internationales Recht auf Freihandel

1. Freihandel und Völkerrecht

Die ständige Erweiterung und Verdichtung des Warenverkehrs über die Grenzen nationaler Staaten hinweg unter dem Banner der liberalen Freihandelsdoktrin hat die heutige Weltwirtschaftsordnung maßgeblich geprägt. Als ideologische Basis der wirtschaftspolitischen Praxis wurde die Freihandelsdoktrin auch wirtschaftstheoretischer Ausgangspunkt der völkerrechtlichen Absicherung dieser Handelsbeziehungen. Die heutige Weltwirtschaftsordnung und das heute bestehende Völkerrecht beruhen noch auf dieser Basis, obwohl gegenwärtig immer deutlicher die zunehmende Internationalisierung der Produktion selbst und damit auch die Internationalisierung der Eigentumsbeziehungen als neues wirtschaftliches Gestaltungsmoment in den Vordergrund treten. Wegen der historischen Priorität des internationalen Warenverkehrs und der noch heute fortbestehenden ideologischen Priorität der Freihandelsforderung soll der hiermit zusammenhängende völkerrechtliche Problemkomplex zuerst behandelt werden, während die völkerrechtlichen Aspekte der Problembereiche Privateigentum und Verwertungsbedingungen der Arbeitskraft sich anschließen. Bei diesem Vorgehen darf selbstverständlich nie aus den Augen verloren werden, daß die nationale Organisation des Privateigentums mit seiner Ankoppelung an bestimmte nationale Staaten und die nationalen, sehr unterschiedlichen Verwertungsbedingungen der Arbeitskraft Art und Ausgestaltung des internationalen Warenverkehrs von Anfang an geprägt haben.

Überregionaler Handel bis an die Grenze der z.Z. bekannten Welten ist kein exklusives Kennzeichen der Neuzeit oder bestimmter gesellschaftlicher Organisations- und Produktionsformen. Fernhandel gab es bereits in der Antike. Auch das Europa des Mittelalters pflegte auf feudaler Basis weitreichende Handelskontakte, in welchen beispielsweise Genua und Venedig oder die Hansestädte eine hervorragende Rolle spielten[1]. Diese partikular organisierten Handelskontakte fanden mit Beginn der Neuzeit und der Entstehung des zentralorganisierten merkantilistischen Staates jedoch ihr Ende. Die neuentstandenen Staatsgebilde schlossen ihr Gebiet nach außen hin durch strenge Handelsgrenzen und Handelskontrollen ab. Bestehender oder neuentstehender Fernhandel wurde von dem jeweiligen Staat zentralisiert und monopolisiert.

Die Wirtschaftsprinzipien, welche die merkantilistischen Staaten anfangs in den Vordergrund ihrer Außenbeziehungen stellten, dürften mit „Raube und Horte" durchaus zutreffend zu charakterisieren sein, – soweit es sich nicht um Kontakte zu den europäischen Nachbarstaaten handelte. Besonders die Entdeckernationen Spanien und Portugal verstanden es im 16. Jahrhundert durch gewaltsames, systematisches Ausplündern der von ihnen entdeckten Gebiete, ungeheure Sachwerte nach Europa zu schaffen und innerhalb der eigenen Grenzen aufzuhäufen. Zentraler Maßstab wirtschaftlicher Erfolgsmessungen war damals der Besitz von Edelmetallen und insbesondere Gold, dessen Export strengsten Einschränkungen unterworfen war. Ihren ursprünglichen Sinn fand diese Praxis des Hortens darin, daß Gold als Besoldungsmittel eine wichtige Basis militärischer Machtausübung darstellte. In Form immer extremerer Schatzbildung waren diese Werte dem wirtschaftlichen Verwertungsprozeß jedoch kaum zugänglich, so daß der Gewinn derartiger Kolonialpolitik nicht nur nicht gesteigert, sondern durch den bald einsetzenden Goldwertverfall sogar wieder infrage gestellt wurde.

Nach dem Entwicklungsstand des damaligen Völkerrechts waren Raub und Gewaltanwendung jeder Art völlig legitim. Das Recht zum Kriegführen, genannt „ius ad bellum", war damals vornehmstes Recht jedes souveränen Staates auch gegenüber anderen souveränen Staaten. Die Ausübung dieses Rechts war bestenfalls an bestimmte Formalien geknüpft und konnte durch besondere Staatsverträge zeitweise und interessenbedingt kanalisiert werden. Grundlegend umgedacht wurde hier erst 1928 mit dem Abschluß des Kellogg-Paktes, in welchem anfangs 54 und schließlich sogar 60 Staaten auf den Krieg als politisches Mittel der Interessendurchsetzung verzichteten. Seinen Abschluß fand dieser Umschwung im Völkerrecht erst mit der Gründung der UNO 1945. In Art. 2 Ziff. 4 ihrer Satzung ist ein umfassendes Verbot militärischer Gewaltanwendung verpflichtend festgelegt, das die Vollversammlung der UNO in der Prinzipiendeklaration v. 24. Oktober 1970 im einzelnen authentisch interpretiert hat[2].

Damit hat sich gegenwärtig die Gewaltdiskussion hin zu der Frage verschoben, ob wirtschaftliche Gewaltanwendung nicht ebenso wie militärische Gewaltanwendung völkerrechtlich zu beschränken wäre. Für die Entwicklungsländer ist diese Entwicklung einerseits ein elementarer Erfolg, da sie jetzt zumindest dem Recht und der Theorie nach Schutz vor der militärischen Aggression ihrer alten Eroberer finden. Dieser Schutz trat jedoch, wie im folgenden noch zu zeigen ist, zu einem Zeitpunkt ein, als die alten Eroberer und späteren Industrieländer durch Gewaltanwendung bereits alle wesentlichen internationalen Wirtschaftsstrukturen zu ihren Gunsten und in ihrem Interesse gestaltet hatten.

Für die Bewohner der damals gerade entdeckten Gebiete stellte sich das Gewaltproblem völkerrechtlich noch anders dar als im europäischen Bereich. Denn damals wie heute war Träger aller völkerrechtlichen Rechte und Pflichten nur der souveräne Staat. Nach europäischer Ansicht lebten jedoch die Bewohner anderer Regionen als Wilde oder doch unzivilisierte Heiden in Stämmen, Horden usw. zusammen, aber nicht in souveränen Staaten. Diese geistig-kulturelle Blickverkürzung ermöglichte es, die Entdecker überhaupt von jeglichen völkerrechtlichen Pflichten freizustellen: Grenzen brauchten nicht respektiert, Verträge nicht eingehalten und Kriege nicht einmal erklärt zu werden. Andererseits stellt sich jeder Widerstand der Ureinwohner gegen ihre staatlich organisierte Ausplünderung als heimtückisches individuelles Verbrechen dar, welches die unmenschliche Natur dieser Wilden nur erneut bestätigte und radikale Sanktionen ohne weiteres legitimierte.

Innerhalb Europas mit seinen allseits als souverän anerkannten Staaten begann sich schon unter merkantilistischen Wirtschaftsformen ein größerer völkerrechtlich abgesicherter Außenhandel zu entwickeln. Dabei war und blieb wichtigstes wirtschaftspolitisches Ziel die Autharkie der Binnenwirtschaft, so daß dem Außenhandel eher ergänzende Funktion zukam. Er war einem streng protektionistischen Reglement unterworfen. Bald zeigte sich jedoch, daß sich das merkantilistische Ideal einer aktiven Handels- und Zahlungsbilanz nur durch einen Außenhandel verwirklichen ließ, der auf gegenseitigen Zugeständnissen aufbaute und somit auch dem Abnehmerland Importmöglichkeiten bot. Daher begann man innerhalb Europas bereits im 15. Jahrhundert auf der Basis des gegenseitigen Vorteils zweiseitige (bilaterale) Handelsverträge abzuschließen, welche in ihren Grundstrukturen durchaus noch den heutigen zweiseitigen Handelsverträgen gleichen[3].

Im 17. Jahrhundert änderte sich dann das merkantilistische Verständnis von Funktion und Bedeutung des Außenhandels grundlegend. Dieser Umschwung ging einher mit der wirtschaftlichen Stagnation innerhalb der alten Entdeckerstaaten Spanien und Portugal und dem militärischen und wirtschaftlichen Aufschwung der neuen Seehandelsmächte England und Holland. Ihre unter strenger Protektion ausgebauten Manufakturbetriebe bedurften bereits der ausländischen Rohstoff- und Absatzmärkte. Zudem zeigte sich bald, daß diese Art der kolonialen Ausbeutungsbeziehungen und der bilateralen Handelsbeziehungen mit der erneuten Investition erzielter Handelsgewinne für Wirtschaftsmacht und Wirtschaftswachstum bedeutend vorteilhafter waren als der vorherige Raub- und Plünderungskolonialismus. So verlor der Außenhandel langsam seine sekundäre Stellung und das Netz der bilateralen Außenhandelsbeziehungen und -Verträge in Europa verdichtete sich zunehmend.

Das Element der Gewaltanwendung entfiel hierdurch jedoch nicht. Jeder Staat versuchte seine Außenhandelskontakte in Übersee zu monopolisieren und neue Gebiete aus dem Machtbereich anderer Staaten herauszubrechen. Um kolonialen Einfluß wurde außerhalb, aber auch innerhalb Europas nahezu ständig gekämpft.

Der Handel selbst wurde überwiegend durch private Außenhandelsgesellschaften abgewickelt, welche wie die berühmt-berüchtigten ostindischen Gesellschaften über staatliche verliehene Monopole verfügten und diese notfalls auch durch eigene Militärmacht zu sichern und auszudehnen wußten. Diese Monopolgesellschaften schlossen einerseits einen großen Anteil potentieller europäische Händler vom Überseegeschäft aus. Andererseits verknappten sie die Importe oder vernichteten ganze Ernten in den Kolonien, um die Preise in Europa künstlich hochzuhalten[4]. Die amerikanische United-Fruit-Company oder die EG-Agrarpolitik haben hier also schon ihre Vorläufer aufzuweisen.

Wesentliche Grundsätze des Völkerrechts erfuhren auch damals ihre spezielle nationale Ausgestaltung: So diente die Forderung nach der Freiheit der Weltmeere anfangs dazu, England und Holland den Seeweg nach Indien und Amerika zu eröffnen. Nach Erreichen einer europäischen Vormachtstellung jedoch scheute man sich im Falle Englands nicht, diese Freiheit durch verschiedene Navigationsakte sofort wieder einzuschränken, um insbesondere den holländischen Zwischenhandel auszuschalten. Nach der Navigationsakte von 1651 durften Waren aus Übersee nur auf englischen oder wenigstens zur Hälfte englisch bemannten Schiffen und Waren aus Europa nur auf englischen Schiffen oder Schiffen des Ursprunglandes nach England eingeführt werden.

Adam Smith (1723–1790) war einer der profiliertesten Vorkämpfer gegen die Handelsrestriktionen des merkantilistischen Systems. Unter dem Stichwort Freihandel forderte er, daß die europäischen Staaten in wohlverstandenem Eigeninteresse nationalen Protektionismus und private Monopolisierung des Außenhandels aufgeben sollten[5]. Zur offiziellen Handelspolitik Englands wurde die Freihandelslehre jedoch erst im Anschluß an die Kontinentalsperre Napoleons gegen England 1806. In seiner unfreiwilligen Isolation von Europa erfuhr England einerseits durch den völligen Entzug, wie vorteilhaft internationaler Handel zuvor gewesen war. Andererseits war England in dieser Notlage gezwungen, die Leistungsfähigkeit seiner Industrie immens zu steigern, so daß es anschließend die kontinentaleuropäische Konkurrenz nicht mehr zu fürchten hatte. So wurde England von einem Muster protektionistischer Außenpolitik zu einem Vorkämpfer des Freihandels und initiierte eine ganz Europa erfassende Liberalisierungswelle.

Entsprechend liberalen Wirtschaftsvorstellungen zog sich der Staat aus der direkten Außenhandelsgestaltung zugunsten privater Initiative zurück. Er beschränkte sich außerhalb von Krisenzeiten darauf, durch die Wirtschaftspolitik und den Abschluß bilateraler Außenhandelsverträge die Bedingungen für privaten Außenhandel so günstig wie möglich zu gestalten. Drohte eine inländische Industrie im internationalen Wettbewerb zu unterliegen oder war der Aufbau eines neuen nationalen Industriezweiges durch die ausländische Konkurrenz gefährdet, setzte der direkte staatliche Protektionismus allerdings wieder ein. Diese Möglichkeiten läßt auch das GATT (s. I. 2.2) den Staaten heute noch offen. Allerdings wurde damals der Anwendungsraum für Protektionismus im wohlverstandenen Interesse aller europäischen Handelsmächte kleingehalten, sehr im Gegensatz zu heutigen Tendenzen im Rahmen des GATT. Ihr Ende fand diese liberale Freihandelsära im Kriegsprotektionismus des 1. und 2. Weltkrieges. Mit der Schaffung des GATT 1947 wurde der Versuch gemacht, an diese Freihandelstradition erneut anzuknüpfen.

Jedoch auch im 19. Jahrhundert auf dem Höhepunkt der Freihandelsära war das Element der militärischen Gewaltanwendung weder theoretisch noch praktisch zugunsten vertraglicher Regelungen völlig aufgegeben. Stand zwischen europäischen Staaten das Prinzip des gegenseitigen Vorteils und der Grundsatz friedlich-vertraglicher Handelsregelungen wenigstens im Vordergrund, so konnte davon gegenüber den Kolonien überhaupt keine Rede sein. So führte England beispielsweise gegen China zwei direkte Handelskriege: 1840–42 wurde China im Opiumkrieg die Aufrechterhaltung des Opiumhandels aufgezwungen; 1857–60 wurde China gewaltsam dem internationalen Handel geöffnet.

Auch die praktische Durchführung des Freihandels war Kolonialgebieten gegenüber nicht vom Gedanken der Gegenseitigkeit getragen. Die vorhandenen durchaus differenzierten Binnenwirtschaftsstrukturen, welche der einheimischen Bevölkerung zuvor Wohlstand oder zumindest Versorgungssicherheit garantiert hatten, wurden zerschlagen. Stattdessen wurden im Wege des Raubes einerseits wichtige wirtschaftliche Ressourcen nach Europa transportiert, ohne daß in die Kolonien als Kaufpreis auch nur ein annähernder Wert zurückfloß. Der Anbau vielfältiger agrarischer Produkte wurde eingestellt oder auf unwirtliche Flächen zurückgedrängt zugunsten monokultureller Plantagenwirtschaft. Aus landwirtschaftlichen Überschußgebieten wurden Hungergebiete, die zudem durch Naturkatastrophen aller Art wie Pflanzenschädlinge, Überschwemmungen und Erosion extremer heimgesucht werden mußten als zuvor. Die Probleme der Entwicklungsländer mit ihren heutigen Binnenwirtschaftsstrukturen und als Rohstofflieferanten auf dem Weltmarkt (s. I. 3.3.) finden ganz überwiegend ihre Wurzeln in der brutalen Wirtschaftsgestaltung ihrer alten Kolonialherren.

Wo wie in Indien neben einer erfolgreichen Landwirtschaft auch große Textilmanufakturen bestanden, die im Rahmen allgemeinen und gleichen Freihandels den europäischen Manufakturen schwere Konkurrenz hätten machen können, wurden diese zuvor zerschlagen. So zwang England im ersten Schritt alle indischen Handwerker in die Betriebe der ostindischen Kompanie. Durch hohe Sperrzölle oder absolute Importverbote wurde später die entstehende englische Textilindustrie gegen die indische Konkurrenz geschützt, während Indien gezwungen wurde, englische Waren zollfrei einzuführen. Auf diese Weise gelang es England allmählich, die indische Textilindustrie zu ruinieren, die indische Wolle in England verarbeiten zu lassen und schließlich diese Textilprodukte sogar nach Indien zu exportieren[6]. Diese Vorgeschichte läßt den Protektionismus der westlichen Industrieländer im Zusammenhang mit dem Welttextilabkommen (s. I. 3.5.2.) in einem besonderen zweifelhaften Licht erscheinen.

Mit merkantilistischer Kolonialpolitik und der Durchsetzung des Freihandelsgedankens haben es die westlichen Industrieländer also stets verstanden, ihre wirtschaftlichen Interessen gegenüber schwächeren Industrieländern und insbesondere gegenüber den nahezu schutzlosen Entwicklungsländern durchzusetzen. Bestehendes Völkerrecht hat diese Praxis z.T. legitimatorisch abgesichert, ansonsten jedoch zumindest nicht behindert. Es bleibt zu fragen, ob die nach 1945 reinstitutionalisierte Freihandelsordnung oder die Forderung nach einer neuen Weltwirtschaftsordnung hier neue Perspektiven eröffnen, oder ob die früher gewaltsam geschaffenen defekten Weltwirtschaftsstrukturen nur auf völkerrechtlicher Ebene erneut fortgeschrieben werden, – mit der Folge weiterer Verelendung großer Teile der Welt. Diese Frage ist vorrangig an das GATT zu richten (s. I. 2.), da dieses Abkommen nach Ansicht der westlichen Industrieländer „eine gesunde Weltwirtschaft auf Grund feststehender internationaler handelspolitischer Regeln" geschaffen hat[7].

2. Multilaterale Kodifizierung des Freihandels im GATT

2.1 Entstehungsgeschichte: Havanna-Charta und GATT

Der internationale Freihandel – kodifiziert über ein dichtes Geflecht bilateraler Verträge zwischen den Industrieländern – fand im Kriegsprotektionismus des 1. Weltkrieges sein abruptes Ende. Auch nach Kriegsende wurde dieser Protektionismus beibehalten. „Zur Bekämpfung des übersteigerten wirtschaftlichen Nationalismus"[1] lud der Völkerbund 1927 zu einer ersten Wirtschaftskonferenz ein, welche die Rückkehr des Welthandels zum weltwirtschaftlichen Liberalismus der Vorkriegszeit forderte. Insbesondere wurde die Gewährung unbeschränkter Meistbegünstigung in bezug auf Zölle und Handelsbedingungen zur Zentralforderung erhoben. Völkerrechtlich konnte die Konferenz jedoch nur unverbindliche Empfehlungen erteilen.

Auf dieser Grundlage entwickelte der Wirtschaftsausschuß des Völkerbundes einen Bericht zur Frage der Meistbegünstigungsklausel, der 1929 vom Völkerbund gebilligt wurde. Kernpunkt war der Entwurf einer Musterklausel über die gegenseitige, unbedingte und unbeschränkte Meistbegünstigung in Zollfragen[2]. Diese Völkerbundsempfehlung wurde von den Staaten tatsächlich jedoch nicht befolgt. Eine Untersuchung der 1931–39 abgeschlossenen Verträge ergab, daß die Meistbegünstigungsklausel nur in 42 % der Abkommen enthalten war, davon nur in wenigen Fällen unbeschränkt[3]. Die 1929 einsetzende Weltwirtschaftskrise hatte alle Liberalisierungsansätze im Keime erstickt. Bis zum Ende des 2. Weltkrieges verstärkte sich vielmehr der weltwirtschaftliche Protektionismus erneut.

Bereits während des Krieges setzten jedoch Bemühungen der Vereinigten Staaten um eine Reliberalisierung des Welthandels ein. In der Atlantik-Charta 1941 wurde unter Führung der USA und Großbritanniens von insgesamt 36 Ländern als ein Kriegsziel verkündet, „allen Staaten, ob klein oder groß, ob Sieger oder Besiegte, unter gleichen Bedingungen den Zutritt zum Handel und zu den Rohstoffen der Welt zu gewähren, die für ihren wirtschaftlichen Wohlstand erforderlich sind."[4] 1946 berief der Wirtschafts- und Sozialrat der UNO eine internationale Konferenz über Handel und Beschäftigung ein.

Auf dieser Konferenz zeigte sich, daß die USA nunmehr zum vorrangigen Verfechter der Freihandels- und Meistbegünstigungskonzeption geworden waren. Damit kamen sie einem überragenden Interesse der eigenen Binnenwirtschaft nach. Denn allein die amerikanische Wirtschaft hatte keine kriegsbedingten Zerstörungen oder Produktionsausfälle erlitten. Nun ließen gefüllte Warenlager und zusätzliche aus der Kriegsproduktion ausscheidende Kapazitäten den Zugang zu ausländischen Absatzmärkten vorrangig werden. Die Vertreter der Entwicklungsländer standen der sofortigen Wiedereinführung des Freihandels negativ gegenüber und forderten zum Schutz ihrer schwachen Binnenwirtschaft Sonderregelungen und Übergangszeiten[5]. Die stark kriegszerstörten Staaten Europas hatten dem Freihandelskonzept gegenüber zwar weniger Vorbehalte, wandten jedoch unter Führung Großbritanniens ein, daß die Frage der Vollbeschäftigung und des europäischen Wiederaufbaus wichtiger sei.

Entsprechend dieser Interessenvielfalt ging das Abschlußdokument der Konferenz über eine bloße Wiederbelebung des Freihandels und seine völkerrechtlich verbindliche Absicherung weit hinaus. Das nach dem abschließenden Tagungsort der UN-Konferenz als „Havanna-Charta" bezeichnete Vertragswerk enthielt zwar als Kernstück in Kapitel IV das Freihandels- und Meistbegünstigungspostulat. Darüber hinaus umfaßte die Havanna-Charta jedoch ein Programm für Vollbeschäftigung, allgemeine Grundsätze für Entwicklung und Wiederaufbau, Bestimmungen gegen den Mißbrauch internationaler Kartelle und einen Abschnitt über Rohstoffabkommen. Zur Durchsetzung dieses sehr umfassenden, wenn auch teilweise sehr allgemein gehaltenen Weltkodex für Freihandel und Wettbewerb war die Errichtung einer starken, voll ausgebauten internationalen Organisation vorgesehen[6]. Angesichts der bis heute dann tatsächlich eingetretenen Entwicklungen und Probleme des Welthandels und der heute aktuellen Kodifikationsversuche hätte die Havanna-Charta also ein richtungsweisendes Vertragswerk werden können. Wesentliche Punkte der Diskussion um Rohstoffabkommen und die Kontrolle multinationaler Konzerne waren hier schon ansatzweise behandelt worden.

Den Vereinigten Staaten war es jedoch bereits auf den Vorbereitungssitzungen zur eigentlichen Weltkonferenz in London, New York und Genf gelungen, die Bedenken ihrer westeuropäischen Bündnispartner zu zerstreuen. Am 5.6.1947 war der Marshall-Plan durch die Vereinigten Staaten verkündet worden. Damit wurde sichergestellt, daß der wirtschaftliche Wiederaufbau Westeuropas sich mit US-amerikanischer Hilfe zügig vollziehen würde und die Reinstitutionalisierung des Freihandels auch für Westeuropa bald gewinnbringend sein könnte. Zudem erfolgte die Marshall-Plan-Hilfe in Gestalt von Warenlieferungen, so daß ein Teil des US-amerikanischen Warenüberhanges hiermit aufgefangen war. Schließlich waren 1947 umfassende Zollverhandlungen erfolgt, in welchen die Vereinigten Staaten vor allem Großbritannien in wichtigen Bereichen Zollsenkungen bis zu 50 % auf der Basis der Gegenseitigkeit anboten[7].

Im Vorgriff auf die endgültige und umfassende Regelung der Abschlußkonferenz in Havanna 1948 gelang es auf diesem Wege den Vereinigten Staaten bereits am 30.10.1947 in Genf, ein Protokoll über die vorläufige Anwendung des Kapitels IV der Havanna-Charta (Freihandel) durch die Vertreter von 23 Staaten unterzeichnen zu lassen. Begleitet war die vorläufige Inkraftsetzung des Kap. IV der Havanna-Charta von 123 bilateralen Liberalisierungsabkommen, die etwa 45.000 Zugeständnisse enthielten[8]. Die besonderen Belange der Entwicklungsländer brauchten auf diese Weise nicht berücksichtigt zu werden.

Nachdem die Vereinigten Staaten diese Einigung mit den anderen westlichen Industrieländern herbeigeführt und ihre Kernforderung durchgesetzt hatten, schwand ihr Interesse an weiteren Regelungen und insbesondere an einer starken Kontrollinstanz merklich. Denn eine stärkere internationale Einbindung und Inpflichtnahme der bisher autonomen Wirtschaftspolitik konnte bei näherer Betrachtung überhaupt nicht in ihrem Interesse liegen. Die neueröffneten Expansionsmöglichkeiten hätten hierdurch nur wieder Einschränkungen erfahren, ohne daß weitere Vorteile erkennbar gewesen wären. So verabschiedete die Konferenz von Havanna zwar 1948 noch die Havanna-Charta, die US-amerikanische Regierung ließ jedoch zugleich erkennen, daß sie eine Unterzeichnung nicht anstreben werde. 1950 wurde dann auch amtlich erklärt, die Regierung gedenke nicht einmal, die Charta dem Kongreß der Vereinigten Staaten überhaupt zur Entscheidung vorzulegen. Da die weltgrößte Wirtschaftsmacht damit endgültig ausschied, war der Havanna-Charta jede Grundlage entzogen. Auch andere Staaten bemühten sich daher nicht weiter. Den Entwicklungsländern blieb es überlassen, sich mit den Freihandelsresten der Charta zu arrangieren, oder aber recht- und einflußlos auf eine künftige Neugestaltung des Welthandels zu warten.

Der provisorische Rest der Havanna-Charta wird seither als General Agreement on Tariffs and Trade[9] (GATT, Allgemeines Zoll- und Handelsabkommen) bezeichnet. Es wurde von den beteiligten Staaten niemals förmlich ratifiziert, so daß Grundlage seiner Geltung noch immer das Protokoll von 1947 ist. Nach diesem Protokoll gilt Teil II des GATT, welcher vorrangig den Abbau nicht-tarifärer Handelshemmnisse betrifft, nur mit der Einschränkung, daß vorher bestehendes nationales Recht seiner Anwendung nicht widerspricht (sog. „Großvaterklausel")[10]. Damit ist in vielen Einzelkonflikten unklar, ob eine GATT-Vorschrift des Teils II überhaupt Geltung hat oder nicht.

Die Bundesrepublik Deutschland trat dem GATT am 1. Februar 1951 unter Wahrung ihrer besonderen Beziehungen zu Berlin und der DDR bei. 1957 wurde sie Mitglied der EWG, welche 1968 den Gemeinsamen Außenzolltarif einführte und 1973 den Rat der Gemeinschaft mit der Planung und Durchführung der gemeinsamen Außenhandelspolitik betraute. Die Bundesrepublik kann daher gegenwärtig mangels entsprechender Kompetenzen ihre Mitgliedschaft im GATT nur noch im Zusammenhang mit den Organen der EG ausüben (s. I.4.2.). Der Rat der Gemeinschaft legte für die 1979 abgeschlossene GATT-Verhandlungsrunde von Tokio ein gemeinsames Konzept für alle 9 Mitgliedsstaaten fest. Auf der Grundlage dieser Ratsbeschlüsse führte die Kommission anschließend die Verhandlungen in Namen der Gemeinschaft. Ergebnisse wurden dann wieder vom Rat unterzeichnet und durch die EG-Zentralorgane und die einzelnen Mitgliedsstaaten in die Praxis umgesetzt.

In den 50er Jahren wurde noch einmal der Versuch gemacht, dem GATT eine festere organisatorische Grundlage zu geben. Er scheiterte jedoch wiederum am Widerstand der USA. Seine völkerrechtliche Basis im GATT hatte und hat dieser Widerstand in Art. XXVI Abs. 6 GATT: Erweiterungen des Abkommens treten demnach nämlich nur in Kraft, wenn sie von soviel Staaten angenommen worden sind, daß 85 % des gesamten GATT-Außenhandels durch sie repräsentiert werden. Da noch 1971 auf die Vereinigten Staaten etwa 20 % des GATT-Handels entfielen, besaßen sie für GATT-Ausweitungen bereits allein eine Art Sperrminorität.

1960 wurde dann wenigstens ein GATT-Rat eingesetzt, der etwa sechsmal im Jahr zusammentritt, um aktuelle Probleme zu erörtern und Routineangelegenheiten zu erledigen. Die Mitgliedschaft im Rat steht allen Vertragsparteien frei. Entscheidungen des Rats können vor das GATT-Plenum gebracht werden. 1975 wurde schließlich ein sog. Lenkungsausschuß eingesetzt, dessen Mitgliedschaft auf 18 Länder begrenzt ist. Zusammen mit diversen Fachausschüssen und einem Sekretariat in Genf verfügt das GATT deshalb gegenwärtig doch über eine relativ feststrukturierte Binnenorganisation.

Dennoch ist das GATT nach wie vor nur ein multilaterales Handelsabkommen, aber keine internationale Organisation. Wichtigstes Handlungsmittel sind Verhandlungen und Beratungen der Vertragsparteien (Konsultationen), an deren Abschluß nur selten eine verbindliche Mehrheitsentscheidung steht. Außenvertretungskompetenzen stehen den GATT-Organen bis heute nicht zu.

Auch intern ist die typische GATT-Sanktion nicht der erzwingende Beschluß, falls ein Mitglied seinen GATT-Verpflichtungen nicht nachkommt, sondern nur die Verhandlung. Kann eine Einigung nicht erzielt werden, werden im Extremfall die durch das GATT-widrige Verhalten eines Staates geschädigten Vertragsparteien vom GATT-Plenum ermächtigt, ihrerseits dem Schädiger gegenüber entsprechende Handelszugeständnisse zurücknehmen zu dürfen. Diese Sanktion auf der Basis des völkerrechtlichen Gegenseitigkeitsprinzips ist ein guter Durchsetzungsmechanismus, solange die zugrundeliegenden wirtschaftlichen Beziehungen tatsächlich auf der Basis der Gegenseitigkeit und Gleichheit ablaufen. Bei wirtschaftlicher Überlegenheit jedoch, wie sie tatsächlich weltweit zugunsten der Industrieländer gegeben ist, bietet dieser Sanktionsmechanismus den stärkeren Partnern einen großen Handlungsfreiraum und den schwächeren kaum einen.

Die völkerrechtlichen Beziehungen zur UNO sind wegen der verworenen Entstehungsgeschichte des GATT und seiner organisatorischen Schwäche unklar. 1968 erklärten beide Seiten in einem Briefwechsel, das GATT gehöre den Tatsachen nach (de facto) zur UN-Gruppe und sei wie eine UN-Sonderorganisation zu behandeln[11]. Ein hierfür eigentlich erforderlicher Vertrag zwischen dem GATT einerseits und dem Wirtschafts- und Sozialrat der UNO andererseits (Art. 63 UN-Satzung) existiert jedoch nicht.

In den 60er Jahren versuchten die Entwicklungsländer verstärkt, ihren Interessen im GATT zur Berücksichtigung zu verhelfen. Bereits 1945 waren die Möglichkeiten staatlicher Unterstützung der wirtschaftlichen Entwicklung (Art. XVIII) zu ihren Gunsten ausgeweitet worden. 1965/66 wurde dann dem GATT ein neuer Teil IV (Handel und Entwicklung) angefügt (Einzelheiten s. I.2.3). Mangels eines entsprechenden wirtschaftlichen Potentials, auf welches es im Rahmen der GATT-Verhandlungen letztlich immer wieder maßgeblich ankommt, sind die Erfolge der Entwicklungsländer dennoch sehr begrenzt geblieben.

1976 gehörten dem GATT 83 Länder als Vollmitglieder an, darunter sämtliche Industriestaaten der westlichen Welt und zahlreiche Entwicklungsländer. Nicht am GATT beteiligt sind die Sowjetunion, China und die meisten arabischen Länder. Aus dem Rat für gegenseitige Wirtschaftshilfe (RWG/COMECON) sind die CSSR, Rumänien, Ungarn und Polen auch GATT-Mitglieder. Jugoslawien ist dem RGW assoziiert und GATT-Mitglied. Damit fallen heute ca. 80 % des Welthandels unter das Abkommen[12]. Völkerrechtlich unterteilen sich diese Mitglieder in: 1. Vollmitglieder; 2. nur tatsächliche Mitglieder (De-facto-Mitglieder), welche das GATT praktisch anwenden, ohne hierzu jedoch rechtlich verpflichtet zu sein; 3. vorläufige Mitglieder, die dem GATT zwar förmlich, aber nicht endgültig beigetreten sind, weil sie ihre Beitrittsverpflichtungen noch nicht vollständig erfüllt haben.

Trotz der zahlreichen völkerrechtlichen Unklarheiten in Mitgliedschaft, Geltungsbereich und organisatorischen Kompetenzen funktionierte das GATT Jahrzehnte lang besser als manche formgültig gegründete und systematisch durchorganisierte internationale Organisation. Gelobt wurde vielerorts vor allem die Flexibilität, mit welcher im Rahmen des GATT auf immer neue handelspolitische Probleme reagiert werden konnte. Erklärbar ist diese positive Entwicklung vor allem aus der Tatsache, daß die westlichen Industrieländer als maßgebliche Vertragsparteien des GATT im Rahmen ihres weltweiten Wirtschaftsaufschwunges einen großen Bedarf an gemeinsam koordinierter Liberalisierung hatten. Damit ist jedoch auch zu erwarten, daß die positiven Entwicklungsmöglichkeiten des GATT schnell zurückgehen werden, wenn aufgrund weltweiter Rezession und nationaler Wirtschaftskrisen der Bedarf nach nationalem Protektionismus in den westlichen Industrieländern wieder ansteigt. Die vielgelobte Flexibilität dürfte sich unter diesen Umständen eher als handfeste Durchsetzungsschwäche erweisen. Die Zunahme der protektionistischen Handelseingriffe durch westliche Industrieländer innerhalb, aber auch außerhalb der GATT-Möglichkeiten ist hierfür ein erstes Indiz.

2.2 Liberalisierung des Welthandels und GATT

Bereits in der Präambel des GATT wird die Verbindung zu liberalem Freihandelsdenken deutlich. Ziele sind demnach die Erhöhung des Lebensstandards, die Verwirklichung der Vollbeschäftigung, ein hohes und ständig steigendes Niveau des Realeinkommens und der Nachfrage, die volle Erschließung der Hilfsquellen der Welt, die Steigerung der Produktion und des Warenaustausches, kurz: weltweiter Wohlstand, weltweites Wirtschaftswachstum. Erreicht werden sollen diese Ziele im wesentlichen durch den Abbau von Zöllen und sonstigen Handelsschranken sowie durch die Beseitigung von Diskriminierungen im internationalen Handel.

Das GATT stellt einen ersten Versuch dar, Freihandel völkerrechtlich verbindlich durch ein multilaterales (mehrseitiges) Vertragswerk zu schaffen und abzusichern. Ihm gingen zahlreiche bilaterale (zweiseitige) Verträge voraus, wie sie bereits seit dem 15. Jahrhundert zur Handelsliberalisierung abgeschlossen wurden. Derartige bilaterale Verträge bestehen wie der deutsch-amerikanische Freundschafts-, Handels- und Schiffahrtsvertrag vom 29. Oktober 1954[13] neben dem GATT fort und werden auch neu abgeschlossen. Sie haben jedoch welthandelspolitisch an Bedeutung verloren. Das GATT negiert derartige Verträge nicht, sondern versucht auf ihnen konstruktiv aufzubauen, indem es die Verallgemeinerung bisher nur zweiseitig eingeräumter Handelsvorteile anstrebt. Daher wurden mit dem GATT auch keine völlig neuen Mittel zur Handelsliberalisierung geschaffen, sondern die traditionell vorgegebenen Freihandelsinstrumente der liberalen Verträge ausgebaut: Meistbegünstigung und Nichtdiskriminierung auf der Basis der Gegenseitigkeit.

Die Meistbegünstigungsklausel wurde bereits Ende des Mittelalters verwendet und bildete in der Freihandelsära Mitte des 19. Jahrhunderts das Kernstück aller Liberalisierungsverträge[14]. Nach gängiger Definition, wie sie auch in Art. XXV Abs. 4 des deutsch-amerikanischen Vertrages von 1954 enthalten ist, erfordert Meistbegünstigung diejenige Behandlung, die der günstigsten Behandlung entspricht, die derselbe Vertragspartnern Dritten unter vergleichbaren Voraussetzungen zukommen läßt. Die Gewährung der Meistbegünstigung in Handelsfragen führt also dazu, daß alle Handelsvergünstigungen, die der Vertragsstaat dritten Staaten vertraglich oder tatsächlich einräumt, auch dem Handel mit dem aus der Meistbegünstigungsklausel berechtigten Staat zugutekommen[15]. Es handelt sich demnach um eine zusammenfassende, pauschalierte Weitergabe bereits bestehender oder künftig noch entstehender Handelsliberalisierungen eines Staates. Durch diesen multiplizierenden und egalisierenden Effekt hat die Meistbegüntigung dazu beigetragen, daß das Verfahren der bilateralen Handelsliberalisierung beschleunigt und vereinfacht wurde und ein immer größerer Kreis von Staaten faktisch auf einer höheren Ebene der Liberalisierung wieder gleichgestellt wurde. Das GATT verwendet das Meistbegünstigungsprinzip in Form der allgemeinen und unbedingten Meistbegünstigung (Art. I GATT) in Zollfragen.

Bei der Forderung nach Nichtdiskriminierung handelt es sich um einen Minimalanspruch des GATT. Er wird dann wichtig, wenn ein Liberalisierungsfortschritt z.Z. nicht möglich ist oder bestehende Liberalisierungen sogar wieder zurückgenommen werden. In diesen Fällen sollen die Handelsschranken zumindest alle GATT-Parteien gleichermaßen und ohne Unterschied treffen, damit weitere willkürliche Wettbewerbsverzerrungen vermieden werden.

Prägend für die Gesamtstruktur des GATT ist schließlich das Prinzip der Gegenseitigkeit. Da das GATT aus den im vorigen Abschnitt dargestellten Gründen über kein festes Durchsetzungs- oder Sanktionsschema verfügt, stellt die Gegenseitigkeit aller GATT-Vorteile den Hauptanreiz dar, Handelsschranken abzubauen. Hieraus ergibt sich allerdings auch zugleich, daß tatsächlich nur dort Handelsschranken abgebaut werden, wo eine entsprechende Gegenleistung zu erwarten ist. Auch die Rücknahme einmal gewährter Handelsliberalisierungen soll vor allem dadurch verhindert werden, daß aufgrund der gegenseitigen Bedingtheit aller Liberalisierungen der zurücknehmende Staat ebenfalls Gefahr läuft, Handelsvorteile einzubüßen. Wo allerdings der betroffene Staat selber nicht mit der Rücknahme vergleichbarer Handelsvorteile drohen kann, läuft ein solcher Durchsetzungsmechanismus ins Leere. Das Prinzip der Gegenseitigkeit hat also relativ gute Aussichten, eine Handelsliberalisierung wirksam zu unterstützen, wenn es um das Verhältnis von wirtschaftlich ähnlich und gleichwertig strukturierten Parteien geht wie im Fall westlicher Industrieländer untereinander. Sollen jedoch wirtschaftlich starke und schwache Parteien unter seiner Geltung kooperieren, wie im Fall von Industrieländern und Entwicklungsländern, muß es sich notwendig zum Nachteil der schwächeren Seite auswirken.

Zentrales Anliegen des GATT ist es, durch die drei genannten Grundsätze und Prinzipien eine Gleichbehandlung aller am Welthandel beteiligten Staaten zu erreichen. Wie auch im bürgerlichen Recht der westlichen Industrieländer stellt sich hier das Problem, ob eine formale oder aber eine materiale Gleichbehandlung angestrebt wird. Die Industrieländer legen das Schwergewicht auf die formale Gleichbehandlung aller GATT-Parteien. Die Entwicklungsländer fordern ihrerseits eine tatsächliche Gleichstellung, was im Einzelfall durchaus eine formal-rechtliche Ungleichbehandlung zur Folge haben kann. Im Rahmen des später eingefügten Teils IV GATT konnten sich die Entwicklungsländer mit ihrer Ansicht zumindest tendenziell durchsetzen (siehe I.2.3).

Über Art und Umfang der unter dem GATT anzustrebenden Handelsliberalisierungen bestand bereits 1947 unter den Industrieländern, welche die Formulierungen des GATT maßgeblich prägten, keine große Übereinstimmung. Hieraus erklärt sich, daß praktisch jede Grundregel des GATT bereits vertraglich durch eine Unzahl von Ausnahmemöglichkeiten durchlöchert ist. In der Praxis hat sich hier das Regel-Ausnahmeverhältnis streckenweise völlig verkehrt.

Die gegenwärtig möglicherweise folgenreichste Ausnahme zum Gebot der Meistbegünstigung in Zollfragen und allgemeinen Nichtdiskriminierung ermöglicht Art. XXIV GATT. Durch ihn sind regional begrenzte Liberalisierungsprojekte wie die Schaffung von Zollunionen und Freihandelszonen zulässig. Hierauf berufen sich die Europäische Freihandelszone (EFTA) und die Europäische Wirtschaftsgemeinschaft (EWG), an deren Beispiel die Problematik des Art. XXIV noch detaillierter erläutert werden soll (s. I.4.2). Auf dem amerikanischen Kontinent bildete sich aufgrund des Art. XXIV die Lateinamerikanische Freihandelszone (LAFTA) und innerhalb dieser als noch stärker integrierter Block der Andenmarkt. Daneben schlossen sich Costa Rica, El Salvador, Guatemala, Honduras und Nicaragua zum zentralamerikanischen gemeinsamen Markt zusammen. In Afrika besteht ein ostafrikanischer gemeinsamer Markt zwischen Kenia, Tansania und Uganda sowie die zentralafrikanische Zoll- und Wirtschaftsunion. Daneben wurden Versuche mit einem arabischen gemeinsamen Markt und einem maghrebinischen gemeinsamen Markt zwischen Marokko, Tunesien, Algerien, Lybien und evtl. dem Sudan gemacht[16]. Die Karibischen Inseln unternahmen ähnliches. Darüber hinaus wird auch versucht, wie im Fall der EWG, weitere präferenzielle Sonderbeziehungen über diese GATT-Ausnahmevorschrift zu legitimieren.

Mit dem Agrarmarkt ist weltweit ein ganzer Wirtschaftszweig aus dem GATT ausgeklammert. Ausdrücklich ausgenommen im Vertrag sind allerdings nach Art. XI GATT nur mengenmäßige Beschränkungen im Agrarbereich. Praktisch ist gegenwärtig jedoch der gesamte Handel mit agrarischen Produkten der gemäßigten Zone sowie mit konkurrierenden Erzeugnissen anderer Regionen und mit verarbeiteten agrarischen Erzeugnissen aller Regionen völlig reglementiert oder ganz zum Erliegen gebracht[17]. Man darf sagen, daß sich im Agrarbereich das Interesse der Industrieländer, den Lebensstandard ihrer ländlichen Bevölkerungsgruppen dem der übrigen Gruppe anzugleichen, gegenüber existenziellen Interessen der Entwicklungsländer kompromißlos durchgesetzt hat. Erste Richtungsänderungen signalisiert hier allerdings das Abkommen von Lomé (s. I.4.4).

Seit neuestem steigt auch im Handel mit verarbeiteten Produkten der Protektionismus der Industrieländer wieder an. Auch hier sind vor allem Wirtschaftszweige betroffen, in welchen Hersteller aus Industrieländern mit solchen aus Entwicklungsländern konkurrieren müssen. Zu denken ist hier vor allem an den Textilbereich (Einzelheiten s. I.3.5.2), aber auch Stahlproduktion, Elektrotechnik, Schiffbau und Automobilbau. Überwiegend handelt es sich hier um Bereiche, in denen die halbindustrialisierten Entwicklungsländer aufgrund ihrer Marktüberlegenheit schon seit längerem sektorale Anpassungsprozesse in den Industrieländern hätten bewirken müssen, ohne daß die Industrieländer dem bisher nachgekommen wären. Der zunehmende Protektionismus in den Industrieländern kann unter diesen Umständen als Versuch gewertet werden, die Kluft zwischen strukturellem Anpassungsbedarf und der Anpassungsfähigkeit und Bereitschaft zu überbrücken. Er konzentriert sich daher auf Branchen, in denen diese Kluft besonders groß ist[18]. Die dieser Kluft zugrundeliegenden Probleme in den Industrieländern, aber auch in den Entwicklungsländern werden hierdurch allerdings nur konserviert und aufgeschoben oder einseitig auf die Entwicklungsländer abgewälzt.

Praktische Durchsetzungsmöglichkeiten für die neue protektionistische Außenhandelspolitik der Industrieländer bietet das GATT vor allem mit den Ausnahmeregelungen der Art. XIX (s. I.2.2.2) und Art. IV (s. I.2.2.3 und 2.2.4). Daß von diesen Möglichkeiten ständig und steigend Gebrauch gemacht wird, ist offenkundig. Nach Berechnungen aus dem Jahr 1967 waren in 19 ausgewählten Industrieländern durchschnittlich 18 % der gesamten Importe durch nicht-tarifäre Handelshemmnisse aller Art betroffen. Mit 39 % lagen die USA deutlich an der Spitze. Aber auch die Bundesrepublik Deutschland fand sich mit 26 % noch weit über dem Durchschnitt[19]. In den 70er Jahren ist im Zusammenhang mit dem sprunghaften Ansteigen der Ölpreise 1973/74 und der Weltwirtschaftsrezession 1974/75 ein weiteres Ansteigen des Protektionismuses der Industrieländer zu verzeichnen. Zwischen 1974 und 1977 dürften weltweit 3–5 % des Welthandels mit neuen Beschränkungen belegt worden sein. Das entspricht in etwa einem Volumen von 30 bis 40 Mrd $[20].

Wo die Entwicklungsländer wie im Rohstoffbereich ihrerseits auf eine Reglementierung des Freihandels drängen, sind die Erfolge spärlicher. Immerhin hat das GATT den Abschluß von Rohstoffabkommen (siehe I.3.3.1) toleriert oder sogar gefördert. Am Ende der Tokio-Runde 1979 standen neue Abkommen über Milchprodukte und Rindfleisch. Die Verhandlungen zum Abkommen über Weizen und Futtergetreide dauern noch an[21]. Teil IV GATT eröffnet für Entwicklungsländer noch weitere Möglichkeiten, welche das integrierte Rohstoffprogramm der UNCTAD (siehe I.3.3.3) konsequent auszufüllen sucht. Generell kann man jedoch festhalten, daß die Industrieländer im Rohstoffbereich die Freihandelsgebote des GATT immer für unverzichtbar erklärt haben ganz im Gegensatz zu den vorhergenannten Bereichen. Die interessenbedingte Beliebigkeit der Durchsetzung von GATT-Forderungen könnte nicht deutlicher demonstriert werden.

Eine weitere Anwendungsschwäche des GATT beruht darauf, daß es sich mit seinen Normen direkt nur an Staaten wendet. Mit der zunehmenden Internalisierung von Handel und Produktion sind jedoch privatwirtschaftliche Machtgruppen entstanden, welche den Weltmarkt eigenständig beeinflussen und durch nationales Recht und staatliche Hoheitsmacht nur noch unzulänglich erreicht werden können.

Betroffen ist vor allem die negative, aktionshemmende Komponente staatlicher Rechtsetzung und Politik. Positiv stützende staatliche Maßnahmen zugunsten bei ihnen beheimateter Unternehmen sind hingegen weiterhin möglich und beiderseitig sogar erwünscht. Derzeit ist sogar die Tendenz zu beobachten, daß Staaten „ihre" international operierenden Unternehmen im internationalen Wettbewerb verstärkt subventionierend oder protegierend unterstützen[22]. Zur Durchsetzung und Erhaltung des Freihandels greift das GATT daher heute zu kurz, wenn es wettbewerbswidriges Verhalten privater Unternehmen nicht direkt erfaßt, sondern weiterhin auf das Kontrollvermögen und die Kontrollabsicht der Staaten vertraut.

Regelungen für den sozialen Bereich trifft das GATT überhaupt nicht. Entsprechend altliberaler Denkweise ging man bei der Schaffung des GATT davon aus, der soziale Fortschritt werde sich mit einer steigenden Handelsausweitung ohne weiteres von selbst einstellen. Ebenso wenig wie diese Hoffnung sich im nationalen Rahmen erfüllt hat, ist sie im internationalen Rahmen begründet. Es wäre daher ernsthaft zu erwägen, dem GATT eine Sozialklausel anzufügen. Diese Sozialklausel könnte die sozialen Ziele des GATT über Vollbeschäftigung hinaus auf andere Bestandteile sozialer Sicherheit erweitern und eine Garantie der Einkommen und Sozialleistungen für im Rahmen der intensivierten internationalen Arbeitsteilung freigesetzte Arbeitskräfte geben. Die internationalen Arbeitsnormen, wie sie die ILO entwickelt hat und wie sie teilweise auch in den Menschenrechtserklärungen enthalten sind, insbesondere Vereinigungsfreiheit, gewerkschaftliche Betätigungsrechte und die Notwendigkeit ihrer ständigen Verbesserung sollten ebenfalls Gegenstand des GATT werden. Wirtschaftliche und soziale Umstellungen, welche die durch Freihandel bewirkte internationale Arbeitsteilung hervorruft, könnten dann weltöffentlich kontrolliert und die Staaten bereits zur vorbeugenden Anpassung verpflichtet werden.

2.2.1 Zollabbau durch das GATT

Zentrale Norm für die Beseitigung der Zollgrenzen ist die allgemeine Meistbegünstigung nach Art. I GATT[23]. Sie bezieht sich auf Zölle und sonstige Ein- und Ausfuhrbelastungen und die damit verbundenen Erhebungsverfahren. Jedes GATT-Mitglied ist nach Art. I bei seinem Eintritt sofort und bedingungslos verpflichtet, bestehende oder künftig entstehende Begünstigungen in Zollfragen allen anderen GATT-Mitgliedern zugänglich zu machen.

Die Meistbegünstigung wirkt hier auf multilateraler Ebene genauso wie ihre Vorgängerin in bilateralen Verträgen. Gegenüber anderen GATT-Mitgliedern wird das Niveau der Außenzölle eines jeden GATT-Mitglieds auf das vorhandene niedrigste Niveau gesenkt. Folge ist, daß alle GATT-Konkurrenten auf einem einzelnen Auslandsmarkt zollmäßig gleiche Wettbewerbsbedingungen haben. Eine Angleichung aller einzelstaatlichen Zollsätze auf ein gemeinsames Niveau findet hingegen nicht statt. Verschiedene nationale Märkte bieten daher weiterhin unterschiedliche Wettbewerbsbedingungen für ausländische Konkurrenten. Hochzollstaaten behalten ihr hohes Zollniveau, Niedrigzollstaaten ihr niedriges. Auch heute noch ist daher das allgemeine Zollniveau der einzelnen GATT-Parteien sehr unterschiedlich. Je nach Berechnungsmethode schwankt es allein bei den wichtigsten Industrieländern zwischen durchschnittlich 6,9 % (EG) und 10,9 % (USA)[24].

Bilaterale Zollsenkungsverhandlungen werden nach dem GATT-Vertrag zwar begrüßt und durch die GATT-Institutionen auch gefördert. Sie sind jedoch unter der verallgemeinernden Geltung der allgemeinen Meistbegünstigung kein besonders vorteilhafter Weg für Zollsenkungen, weil das Prinzip der Gegenseitigkeit bezogen auf alle GATT-Parteien nicht mehr gewahrt werden kann. Zwar kann der Gedanke der Gegenseitigkeit in die bilaterale Verhandlung noch Eingang finden, das Ergebnis der Verhandlungen müßte jedoch über die allgemeine Meistbegünstigung allen anderen GATT-Parteien zugänglich gemacht werden, ohne daß diese irgendwelche konkreten Gegenleistungen zu erbringen hätten. Im Ergebnis wird der Weg, Zölle bilateral zu senken, damit durch das GATT praktisch sogar erschwert.

Neue Zollsenkungen kommen jedoch dadurch zustande, daß beitrittswillige Staaten sich nicht nur dem Grundsatz der Meistbegünstigung unterwerfen und schon deshalb ihre Zölle senken müssen. Sie müssen vielmehr ihre Mitgliedschaft auch noch durch weitere Zollsenkungen gegenüber den übrigen GATT-Mitgliedern erkaufen (Art. XXXIII). Solange sie diese Vorleistungen nicht voll erbracht haben, können sie nur als vorläufige Mitglieder am GATT beteiligt werden. Wie sich bei den Beitrittsverhandlungen mit Staatshandelsländern gezeigt hat, ist hier ein Gegenseitigkeitsverhältnis der Zugeständnisse aufgrund der unterschiedlichen Binnenwirtschaftsstrukturen zwischen bisherigen GATT-Mitgliedern und Beitrittskandidaten nur schwer zu erreichen. Zollsenkungen bedeuten für dasjenige Staatshandelsland, welches Importe durch Beschluß der Staatsorgane zuläßt oder abweist, faktisch ein Weniger als für ein marktwirtschaftlich organisiertes Land. Konkrete Abnahmeverpflichtungen eines Staatshandelslandes andererseits, dies ist der Ausgleichsvorschlag, bedeuten wiederum ein Mehr gegenüber einer marktwirtschaftlichen Zollsenkung, weil letztere nur eine günstigere Absatzmöglichkeit schafft, erstere jedoch bereits konkrete Absatzmengen garantiert[25].

Um auch zwischen beigetretenen GATT-Parteien weitere Zollsenkungen unter Wahrung der multilateralen Gegenseitigkeit zu ermöglichen, organisiert das GATT unter seiner Schirmherrschaft multilaterale Verhandlungsrunden (Art. XXVIII bis). Derartige Zollrunden haben seit 1947 siebenmal stattgefunden. In den ersten fünf Zollrunden verhandelten die GATT-Parteien über Zollsenkungen Ware für Ware. Dieses Verfahren war sehr aufwendig und zeitraubend. Dennoch waren am Ende der Dillon-Runde 1962 insgesamt 4.400 Zollzugeständnisse ausgetauscht worden. In der Kennedy-Runde 1964–67 verfolgte man dann zwecks Vereinfachung das Konzept der linearen Zollsenkung. Angestrebt wurde damals eine Zollsenkung um 50 %. Wollte ein Staat diesen Satz bei bestimmten Waren unterschreiten, was häufig vorkam, wurde hierüber separat verhandelt und der Staat mußte in anderen Bereichen durch größere Liberalisierungen Ausgleich schaffen[26].

Die letzte GATT-Zollrunde, genannt Tokio-Runde, dauert von 1973 bis 1979. Hatte man anfangs erwartet, sie 1975 abschließen zu können, so konnte man zu diesem Zeitpunkt überhaupt erst effektiv mit der inhaltlichen Arbeit beginnen. Für die Verzögerung verantwortlich waren große Differenzen zwischen den Industrieländern über Art und Ausmaß künftiger Liberalisierungen angesichts weltweiter Rezessions- und Krisentendenzen. Allgemein ist die Bereitschaft zu protektionistischen Maßnahmen bei allen Industrieländern größer geworden. Das GATT hat sich dieses Mal also nicht nur mit dem Abbau von Handelsschranken, sondern auch mit der Kanalisierung und Koordinierung des Protektionismus zu beschäftigen. Wie gering die Verhandlungsbereitschaft wichtiger Industrieländer gegenwärtig ist, zeigt sich z. B. daran, daß die Regierung der Vereinigten Staaten bis 1975 überhaupt nicht über ein entsprechendes Verhandlungsmandat ihres Kongresses verfügte.

Die Mitgliedsstaaten der EG werden auf der Tokio-Runde zum ersten Mal gemeinschaftlich vertreten. Ihr Angebot war, dieses Mal die Zölle nicht nur zu senken, sondern auch zu harmonisieren. Diese Art der Zollsenkung ist für die EG als Niedrigzollblock besonders vorteilhaft. Die hierfür vorgeschlagene sogenannte „Schweizer Formel" besagte: Je höher die ursprünglichen Zölle, umso größer die Zollsenkungen. Dabei strebte die EG eine durchschnittliche Zollsenkung um 40 % an. Die USA hingegen beharrten als Hochzolland lange auf einer linearen Zollsenkung von durchschnittlich 60 %. Mit einer nach der Zollhöhe gestaffelten Zollsenkung um durchschnittlich 30 % konnte sich die EG 1979 tendenziell durchsetzen[27].

Die Entwicklungsländer spielten auch in dieser Verhandlungsrunde keine maßgebliche Rolle. Die wichtigsten Industrieländer hatten sich vielmehr 1978 in kleinem Kreis auf einen konzertierten Verhandlungsrahmen geeinigt[28]. Der Kompromiß von 1979 sieht daher für Bereiche, die von Industrieländern als „empfindlich" betrachtet werden, teilweise aber für Entwicklungsländer zentrale Bedeutung haben (u. a. Textilien, Papier, Schuhe, Stahl), deutlich unterdurchschnittliche Zollsenkungen vor[29].

Der jeweils im GATT erreichte Liberalisierungsstand wird in Zugeständnislisten zusammengefaßt (Art. II). Diese sind integraler Bestandteil der Abkommens Teil I. Die derartig festgeschriebenen Zollsenkungen gelten für unbestimmte Zeit und dürfen von den Staaten weder einseitig aufgehoben noch umgangen werden, so daß alle Partner theoretisch vor plötzlichen Zollerhöhungen geschützt sind. Eine Rücknahme von Zollzugeständnissen ist nach Art. XXVIII zwar möglich, sie muß dann jedoch durch Zugeständnisse auf anderen Gebieten ausgeglichen werden. Das allgemein erreichte Niveau der Liberalisierung bleibt also weiterhin gewahrt. Als sogenannte Notstandsmaßnahme nach Art. XIX GATT können allerdings Zollzugeständnisse auch einseitig zurückgenommen werden. Üblicher ist es in diesen Fällen gegenwärtig jedoch, den Import stattdessen mengenmäßig zu beschränken. Deshalb sollen die Probleme des Art. XIX GATT erst im folgenden Abschnitt genauer erläutert werden.

2.2.2 Abbau nicht-tarifärer Handelshemmnisse

Wo Zollschranken durch vermehrten Abbau einen wesentlichen Teil ihrer Schutzfunktion verlieren oder die überlegene Konkurrenz hierdurch nicht vom Binnenmarkt fernzuhalten ist, gewinnen andere Arten der Handelsreglementierung an Bedeutung. Wichtigstes Mittel sind mengenmäßige Importbeschränkungen, welche viel absolutere Handelshemmnisse darstellen als Zölle. Darüber hinaus zählen hierzu staatliche Subventionen, technische Handelshemmnisse, Folgen der Zollwertfestsetzung u.ä. Zusätzlich gibt es noch eine ganze Reihe versteckter Diskriminierungen ausländischer Importe durch staatliche und halbstaatliche Maßnahmen wie z.B. komplizierte Einfuhrformalitäten, Fordern besonderer Qualitäts- oder Verpackungsstandards und Kennzeichnungsgebote. Ein GATT-Ausschuß, der mit der Auflistung bekannter nicht-tarifärer Handelsschranken befaßt war, brachte es auf 800 Praktiken. Einig ist man sich im Rahmen des GATT allein darin, über welche dieser Handelshemmnisse mit einiger Aussicht auf Erfolg verhandelt werden kann[30].

Nach dem GATT-Artikel XI Abs. 1 sind ansich alle mengenmäßigen Beschränkungen verboten, Abs. 2 nimmt jedoch den landwirtschaftlichen Bereich von diesem Verbot aus. Nach Art. XII sind zum Schutze der Zahlungsbilanz mengenmäßige Beschränkungen jedoch wieder gestattet. Da zudem Teil II und damit auch das Verbot mengenmäßiger Beschränkungen nur gilt, soweit vorher bestehendes nationales Recht – also auch bereits vorhandene Beschränkungen – dem nicht widerspricht, findet in der Praxis nur Art. XIII wirklich Anwendung: Bestehende mengenmäßige Beschränkungen dürfen nicht diskriminierend gehandhabt werden. Im Negativen sollen also alle Vertragsparteien des GATT zumindest gleichbehandelt werden.

Im einzelnen sollen nach dem GATT zulässige Kontingente die Gesamtmenge aller zugelassenen Einfuhren umfassen und notfalls auf die Lieferländer aufgeteilt werden. Die Aufteilung soll möglichst in Übereinstimmung mit allen an der Einfuhr wesentlich interessierten Vertragsparteien erfolgen, notfalls jedoch auch einseitig allein durch das Importland festgelegt werden. Maßgeblich für diese letztgenannte sogenannte autonome Verteilung der Kontingente sollen die Liefermengen früherer Perioden sein. Dadurch wird jedoch der Neueintritt weiterer Lieferländer in einen bereits kontingentierten Markt praktisch unmöglich gemacht. Schließlich dürfen keine Bedingungen oder Förmlichkeiten auferlegt werden, die eine Vertragspartei an der vollen Ausnutzung des ihr eingeräumten Anteils hindern könnten. Gerade im letzten Punkt dürfte das EWG-Außenhandelssystem mit seiner Unübersichtlichkeit, seinem Formalismus und Bürokratismus (s. I.4.3) nicht mehr GATT-konform sein.

Selbst vom Gebot der Nichtdiskriminierung läßt Art. XIV noch Ausnahmen zu. Das gilt insbesondere dann, wenn die Vorteile für den Anwenderstaat den bei anderen Vertragsparteien entstehenden Schaden erheblich überwiegen. Ausnahmen nach Art. XIV dürfen jedoch nur vorübergehender Natur sein und einen geringen Handelsanteil betreffen. In der Praxis sind jedoch viele vorübergehend konzipierte Ausnahmen von GATT-Grundsätzen später beibehalten worden[31]. Besonders wegen dieser Gefahr der GATT-widrigen Fortdauer zeitlich befristeter Ausnahmen bedürfen sie der mehrheitlichen Einwilligung der Vertragsparteien.

Auch die vielfältigen sonstigen nicht-tarifären Handelshemmnisse sollen nach dem GATT zumindest eingedämmt werden. So werden nach Art. III alle ausländischen Waren den inländischen bezüglich innerer Abgaben und Rechtsvorschriften gleichgestellt. Diese Gleichstellung gilt nach Art. III Abs. 8 jedoch nicht für Einkäufe der öffentlichen Hand und Subventionen. Aus diesem Grunde konnten die USA bisher ungehindert ihre "Buy-American-Act" aufrechterhalten. Erst die Verhandlungen in Tokio konnten im April 1979 ein Abkommen erreichen, das hier den Grundsatz der Nichtdiskriminierung einführt[32]. Auf die Subventionsproblematik wird unter I.2.2.3 noch genauer einzugehen sein. Schwierig ist das Gleichstellungsgebot des Art. III auch im Steuerbereich, weil importierte Waren dadurch Gefahr laufen, zweifach besteuert zu werden. Nach dem GATT zulässig ist es daher, zur Vermeidung von Doppelbesteuerungen im Exportland Steuern bei der Ausfuhr zu erstatten. Nicht bei jeder Art der Steuererhebung ist eine Erstattung jedoch möglich, so daß Ungleichbehandlungen auch hier weiterbestehen können.

Nach Art. X sollen die Staaten ihre Handelsvorschriften veröffentlichen, Handelserschwernisse erst nach der Veröffentlichung in Kraft setzen und einheitlich und gerecht anwenden. Der Rechtsweg in Zollangelegenheiten wird gewährleistet. Der Zollwert soll nach dem tatsächlichen Wert der Ware und nicht nach dem Wert konkurrierender Waren oder fiktiver Bezugsgrößen berechnet werden (Art. VII). Dadurch verlagert sich die Problematik jedoch nur auf die Frage, was denn der wirkliche Wert einer Ware im internationalen Handel sei. Besonders bei Importen aus Staatshandelsländern, welche überwiegend weder über Marktpreise noch über eine feststellbare Beziehung zwischen Binnen- und Außenhandelswährung verfügen[33], ist der tatsächliche Binnenmarktwert einer Ware kaum berechenbar. Die Tokio-Runde erreichte 1979 ein Abkommen zur einheitlichen Zollwertbestimmung, das immer noch fünf verschiedene Methoden vorsieht[34].

Art. VIII und IX fordern, daß die Ein- und Ausfuhrformalitäten möglichst einfach und insbesondere das Verlangen einer Ursprungsbezeichnung möglichst gering gehalten werden soll. Wie am Beispiel der EG abzulesen, ist der Erfolg derartiger Vorschriften nicht besonders hoch zu veranschlagen. Das Fordern von Ursprungszeugnissen und zusätzlich noch Echtheitsbescheinigungen wird bei Importen in die EG zum routinemäßigen Alltag.

Alle Handelszugeständnisse des GATT dürfen unter der Voraussetzung des Art. XIX über sog. Notstandsmaßnahmen wieder zurückgenommen werden. Dieses gilt sowohl für Zollzugeständnisse als auch für den Bereich der nicht-tarifären Beschränkungen. Voraussetzung ist, daß durch die Handelsliberalisierung infolge unvorhergesehener Entwicklungen die inländischen Erzeuger gleichartiger oder konkurrierender Produkte einen ernsten Schaden erleiden oder zu erleiden drohen. Vorherige Konsultationen sind zwar vorgesehen, die Rücknahme kann jedoch letztendlich unabhängig vom Ergebnis der Konsultationen einseitig erfolgen. Damit haben die GATT-Parteien ein breites Einfallstor für nationalen Protektionismus zugunsten schwacher Wirtschaftszweige geschaffen. Denn im Vertrag selbst sind die Voraussetzungen der Notstandsmaßnahmen nicht näher konkretisiert. Da die Schutzmaßnahmen einseitig eingeführt werden können, dürfte auch die Auslegung der Tatbestandsvoraussetzungen einseitig durch das Importland zugunsten seiner Binnenwirtschaft erfolgen. Auch bei der Durchführung der Schutzmaßnahmen fehlen wichtige Begrenzungen, nämlich eine Zeitgrenze sowie eine Überwachung durch die GATT-Parteien. Hinzu kommt, daß nach dem grundlegenden GATT-Prinzip der Gegenseitigkeit der Vorteile Gegenmaßnahmen der betroffenen Exportländer möglich sind. Ist es zu solchen Gegenmaßnahmen gekommen, dann ist der durch die Schutzmaßnahme gestörte Gleichgewichtszustand zwischen den Leistungen der betroffenen Vertragsparteien zwar wieder hergestellt – aber auf einer Ebene höherer Protektion[35]. Hier bietet das GATT also einen Ansatzpunkt, die Liberalisierungsbewegung im Welthandel nicht nur zu stoppen, sondern langfristig sogar wieder zurückzunehmen.

Die Tokio-Runde strebte auch eine Neuregelung der Schutzmaßnahmen wegen sektoraler Schwierigkeiten an. Besonders umstritten ist in diesem Zusammenhang das selektive Vorgehen gegen einzelne Exportländer, wie es sich auf der Grundlage der Subventions- und Dumpingregelungen des GATT in Form von „freiwilligen Exportbeschränkungen" und „Marktordnungsübereinkommen" entwickelt hat (siehe I.2.2.3, 2.2.4 und 3.5.2). Ein Abkommen über die Anwendung der GATT-Schutzklauseln konnte jedoch bis zum Abschluß der Tokio-Runde im April 1979 noch nicht erzielt werden und wird daher separat weiterverhandelt[36]. Für die Anwendung des Art. XIX GATT sollen genauere Kriterien und Voraussetzungen, sowie ein Notifizierungs- und Konsultationsverfahren entwickelt werden. Die EG hat die Einsetzung eines neuen Organs vorgeschlagen mit den Aufgaben, die Anwendung der Vereinbarungen zu überwachen, hiermit verbundene besondere Maßnahmen und Probleme zu prüfen, bei Differenzen zu vermitteln und Mißbrauch entgegenzutreten. Den Interessen der Entwicklungsländer in bestimmten Bereichen sollte durch eine flexible Anwendung der Schutzmaßnahmen „nach Möglichkeit" Rechnung getragen werden, wie eine vage Formulierung der Industrieländer in ihrem konzertierten Verhandlungsrahmen von 1978 besagt. Hier deutet sich bereits an, daß es bei der Konkretisierung der Schutzklauselanwendung vorrangig um einen Interessenausgleich zwischen den Industrieländern gehen soll.

Aber auch das Interesse der Industrieländer an einer Zurückdrängung des Protektionismus ist gegenwärtig nicht groß. Die Kosten unterlassener Protektion lassen sich einzelstaatlich sehr leicht feststellen. Sie konzentrieren sich auf bestimmte Arbeitnehmer, Unternehmen und Regionen, sind also deutlich wahrzunehmen, treten schnell auf und schaffen eine organisierbare Lobby. Den Nutzen hingegen ziehen – über einen längeren Zeitraum hinweg – andere nicht genau bestimmbare Bevölkerungsgruppen im Inland, auch wenn es die Mehrheit der Verbraucher und Produzenten sein sollte, welche ausländische Produkte für ihren Verbrauch oder ihre Produktion benötigen. Ein noch größerer begünstigter Kreis liegt im Fall unterlassener Protektion aber im Ausland und hat bei der Entscheidung des Importlandes über den Protektionismus noch weniger Aussichten, beachtet zu werden. Das gilt besonders für Entwicklungsländer, welche auf der Basis der Gegenseitigkeit bei Liberalisierungsrücknahmen über keinerlei effektives Sanktionspotential verfügen.

2.2.3 Schutz der internationalen Wettbewerbsfreiheit durch Subventionsausgleichszölle?

Subventionen sind im Zeitalter des Staatsinterventionismus zu einem zentralen Instrument staatlicher Wirtschaftslenkung geworden. Entsprechend gering war und ist die Bereitschaft aller Staaten, hier internationalen Gremien Kompetenzen oder Kontrollbefugnisse zu geben oder auch nur völkerrechtliche Reglementierungen zu gestatten. Das GATT trägt diesen Vorbehalten Rechnung. Vom allgemeinen Gleichbehandlungsgebot des Art. III sind Subventionen an inländische Erzeuger ausdrücklich ausgenommen. Nach Art. XVI in seiner ursprünglichen Fassung sind Subventionen grundsätzlich erlaubt. Ihre Existenz muß den anderen GATT-Parteien lediglich mitgeteilt (notifiziert) werden, soweit der internationale Wettbewerb hierdurch berührt ist. Sieht eine andere GATT-Partei hierin eine ernsthafte Schädigung ihrer Interessen, soll über die „Möglichkeit einer Einschränkung" verhandelt werden.

Droht allerdings durch die Subvention der Wirtschaft eines anderen GATT-Mitgliedes ein bedeutender Schaden oder wird die Errichtung eines inländlichen Wirtschaftszweiges erheblich verzögert, darf der betroffene Staat zur Selbsthilfe greifen und durch Erhebung eines Ausgleichszolls den Wettbewerbsvorteil der subventionierten Auslandsware für seinen Binnenmarkt wieder aufheben (Art. VI Abs. 3 GATT). Dieser Sonderzoll darf die Höhe der geschätzten Prämie oder Subvention nicht übersteigen. Nach besonderer Genehmigung der GATT-Parteien darf ein GATT-Mitglied an seinen Grenzen auch Subventionsausgleichszölle erheben, um die Wettbewerbsfähigkeit einer dritten GATT-Partei zu schützen, welche ebenfalls in seinen Markt hinein importiert. Nicht durch Zölle ausgeglichen werden dürfen Steuererstattungen oder Steuerfreistellungen bei Exportwaren, welche eine Doppelbesteuerung sowohl im Exportland als auch im Importland verhindern sollen. Dasselbe gilt für Subventionen für den Export von Grundstoffen, die auf einem System beruhen, welches die Inlandspreise und Erzeugereinkommen stabilisieren soll. In dieser letzten Ausnahme findet ein Teil der EG-Agrarmarktordnung seine Existenzberechtigung.

Praktisch ist bei ausländischen Produkten nur sehr schwer feststellbar, ob sie subventioniert worden sind und gegebenenfalls in welcher Höhe. Der Subventionsbegriff ist juristisch selbst im nationalen Wirtschaftsrecht nicht scharf umrissen und im GATT überhaupt nicht genauer erläutert. Es handelt sich nach Interpretation der Lehre um „gewisse Formen der Unterstützung privater Unternehmer durch den Staat", die eine „mittelbare Marktstörung" darstellen[37]. Die tatsächlichen Möglichkeiten, Unternehmen staatlich zu unterstützen, sind nahezu unbegrenzt. Würden alle staatlichen Stützungsmaßnahmen zur Erhebung von Ausgleichszöllen berechtigen, könnte sich allein hiermit jeder Schutzzoll legitimieren lassen. Hier müßte also dringend eine Konkretisierung erfolgen. Im Rahmen der Tokio-Runde wurde versucht, die Subventionsproblematik dadurch in den Griff zu bekommen, daß zwar nicht über den Begriff der Subvention, aber wenigstens über ihre Folgen im Zusammenhang mit dem Kriterium des „erheblichen Schadens" eine konkretisierende Vereinbarung erreicht wird. Dadurch erhofft man sich eine größere Einheitlichkeit und

Sicherheit der Anwendung des Art. VI GATT. Die Verhandlungen konnten jedoch bis zum Abschluß im April 1979 noch nicht erfolgreich beendet werden.

Wie praktische Erfahrungen zeigen, wird die Ausgleichszollerhebung nach Art. VI GATT bisher gern dazu mißbraucht, auf anderen Ursachen beruhende Wettbewerbsnachteile der Binnenwirtschaft auf die Subventionierung ausländischer Konkurrenten zu reduzieren, um dann zu Schutzzöllen oder freiwilligen Selbstbeschränkungen der Konkurrenten zu gelangen. Besonders leicht gemacht wird dieser Weg dadurch, daß über den Subventionsvorwurf die Behörden und die Gerichte des betroffenen Landes zu entscheiden haben, welche selbstverständlich für Argumente und Probleme der eigenen Wirtschaft aufgeschlossener sind als für die der Importeure.

So war Presseveröffentlichungen der Jahre 1975–1977 folgender Sachverhalt zu entnehmen: Auf dem Weltstahlmarkt war und ist seit Jahren ein steigendes Überangebot zu beobachten, welches die großen Stahlhersteller der USA, Japans und der EG in immer schärfere Konkurrenz treten läßt. Die Stahlhersteller der USA gerieten ins Hintertreffen vor allem aufgrund ihrer veralteten Produktionsanlagen, welche im Produktivitätsvergleich mit europäischen und japanischen Anlagen hoffnungslos zurückliegen, und aufgrund des relativ hohen amerikanischen Lohnniveaus. Bereits 1968 forderte die amerikanische Stahlindustrie die Erhebung von Ausgleichszöllen auf den Import von EG-Stahl. Begründung war, daß die Erstattung der Mehrwertsteuer bei Exporten eine unzulässige EG-Exportsubvention darstelle. Vergleichbare Erstattungen sind nämlich nach dem amerikanischen Steuersystem nicht möglich. Zwar ist diese Form der Steuererstattung nach dem GATT ausdrücklich zulässig und von der Ausgleichszollerhebung ausgeschlossen (Art. VI Abs. 4), die amerikanischen Stahlunternehmen strengten aber dennoch eine entsprechende Klage vor amerikanischen Gerichten an. Unter der Drohung dieses Verfahrens und durch die Unterstützung der Nixon-Regierung gelang es 1970, die wichtigsten ausländischen Anbieter für den US-Stahlmarkt zu einem Selbstbeschränkungsabkommen zu bewegen. Als dieses Abkommen 1975 auslief, strengten die amerikanischen Unternehmen sogleich ein neues Verfahren an[38]. In den folgenden Jahren verlagerte sich jedoch der Problemschwerpunkt von europäischen zu japanischen Stahlimporten und die Begründung der Schutzzollforderung vom Subventions- zum Dumpingvorwurf.

Die Subventionsregelung des GATT läßt also durch ihre Unschärfe der Protektion auf der Export- und auf der Importseite weiten Raum. Bereits 1955 wurde daher versucht, die Zulässigkeit von Subventionen sektoral einzuschränken. Nach dem neueingefügten Art. XVI Abschn. B Abs. 3 sind Ausfuhrsubventionen bei Grundstoffen zumindest dann verboten, wenn dadurch ein „unangemessener“ Marktanteil erlangt wird. Von dem Verbot ausgenommen sind jedoch weiterhin Subventionen, die im Rahmen bestimmter Preis- oder Einkommensstabilisierungssysteme gezahlt werden, wie im Fall der EG-Agrarsubventionen. Nach Art. XVI Teil B Abs. 4 dürfen verarbeitete Produkte generell nicht mehr subventioniert werden, wenn dadurch der Exportpreis unter dem Inlandspreis liegt. Dieses Verbot gilt jedoch verbindlich seit dem 14. November 1962 nur für diejenigen Staaten, die es gesondert unterzeichnet haben. Hierzu zählen die 40 industriellen Schlüsselstaaten des GATT u.a. auch die

Bundesrepublik Deutschland, nicht jedoch die Entwicklungsländer. Im Rahmen der Tokio-Runde war man gegenwärtig darum bemüht, die genaue Bedeutung des Art. XVI Abs. 3 weiter zu klären und die Anwendung des Abs. 4 zu verstärken und zu erweitern.

2.2.4 Schutz der internationalen Wettbewerbsfreiheit durch Antidumpingzölle?

Freihandel muß nicht nur gegen staatlichen Protektionismus durchgesetzt werden. Auch einzelne Privatunternehmen drohen ihn zu behindern oder einzuschränken. Bereits Adam Smith wandte sich in seinem Plädoyer für die Einführung des Freihandels nicht nur gegen die merkantilistische Außenhandelspolitik seines Staates, sondern auch gegen die Monopolisierung des Kolonialhandels durch private Handelskompanien, wie es insbesondere im Ostindiengeschäft der Fall war[39]. Die Durchsetzung des internationalen Freihandels und der internationalen Wettbewerbsfreiheit hat die alten merkantilistischen Monopole zerschlagen, aber gleichzeitig auch neue Möglichkeiten geschaffen, den Wettbewerb von privater Seite her wieder einzuschränken. Wettbewerbswidriges Verhalten privater Unternehmen hat daher nie an den nationalen Grenzen ihrer Herkunftsländer haltgemacht. Mit der Entstehung und Ausbreitung multinational operierender Unternehmen hat das Problem einer internationalen Wettbewerbskontrolle lediglich eine weitere Dimension erhalten. Spätestens zu diesem Zeitpunkt ist nämlich deutlich geworden, daß weder das Wettbewerbsrecht der Gastländer, noch das der Heimatländer ausreicht, das Verhalten übernational operierender Unternehmen wirksam zu kontrollieren. (s. II. 4. u. 5.).

Dennoch wäre es unrealistisch, deshalb eine zügige internationale Kooperation aller beteiligten bzw. betroffenen Staaten zu erwarten. Denn die Interessen der einzelnen Staaten, in welche Richtung eine internationale Unternehmenskontrolle zu wirken hätte, sind völlig unterschiedlich, je nachdem ob sie sich typischerweise in der Position des Gast- oder des Herkunftslandes sehen. Multinational operierende Unternehmen sind durchaus nicht als übernationale, staatlich ungebundene Wirtschaftseinheiten anzusehen, auch wenn sie dazu neigen, sich global zu orientieren. Sie streifen nämlich ihre spezifische Verknüpfung mit den Interessen ihres Herkunftslandes nicht einfach ab. Auch international agierende Konzerne sind durch eine eindeutig nationale Kapital- und Eigentumsstruktur gekennzeichnet. Sie sind bei genauerer Betrachtung überwiegend dem Eigentum und der Kontrolle nach nationale Konzerne mit internationalem Operationsfeld[40]. Die Herkunftsstaaten, meist also westliche Industrieländer, sind aus diesem Grunde darum bemüht, sich diese Verknüpfung exklusiv unter dem Schutzschild völkerrechtlicher Souveränität zu erhalten.

Aus dem GATT wurden diese Fragen weitestgehend ausgeklammert. Nur in einem besonders extremen Fall wettbewerbswidrigen Verhaltens räumt das GATT dem Staat ein Selbsthilferecht gegen den ausländischen Importeur ein: Nach Art. VI Abs. 1 und 2 darf ein Staat im Falle des Dumpings Importzölle erheben, die den dadurch gewonnenen Preisvorteil für den inländischen Markt wieder ausgleichen.

Diese Möglichkeit, auch unter Geltung des GATT neue Zölle einführen zu können, hat in der Folgezeit bei den Industrieländern großen Anklang gefunden: Ziel war aber weniger der Schutz des Freihandels als vielmehr der Schutz der Binnenwirtschaft vor überlegener ausländischer Konkurrenz wie im Fall der Subventionsausgleichszölle. Um diese Praxis einzudämmen, wurde im Rahmen des GATT ein Antidumpingkodex in Form einer Art Durchführungsabkommen zu Art. VI GATT entwickelt. Er gilt seit dem 1.7.1968 für alle Unterzeichnerstaaten. Hier wurde also bereits vollendet, was im Fall der Subvention auf der Tokio-Runde erst versucht wurde. An seinen Grundzügen hat sich auch das Antidumpingrecht der EG orientiert. Zeitlich aufeinanderfolgend und abgestimmt beruhen sie auf denselben Grundsätzen, wobei der GATT-Kodex naturgemäß einen bedeutend größeren Anwendungsbereich hat.

Dumping liegt dem GATT nach vor, wenn eine Ware unter dem normalen Wert auf den Markt eines Einfuhrlandes gebracht wird. Der normale Wert wird dabei grundsätzlich nach dem vergleichbaren Inlandspreis derselben Ware im Exportland bestimmt. Konkret eingeschritten werden darf gegen ein Dumping wie auch gegen eine Subvention durch das Einfuhrland nur, wenn anderenfalls ein bestehender inländischer Wirtschaftszweig bedeutend geschädigt wird oder geschädigt zu werden droht oder wenn dadurch die Errichtung eines inländischen Wirtschaftszweiges erheblich verzögert wird. Nicht das Dumping als solches wird also nach dem GATT bekämpft, sondern nur der Dumpingfall, welcher einen gewichtigen Schaden mit sich bringt[41]. Auf Antrag des betroffenen inländischen Industriezweiges, ausnahmsweise aber auch durch die zuständige Behörde selbst kann das Importland ein Prüfverfahren einleiten. Die Zollabfertigung der überprüften Waren darf hierdurch jedoch nicht leiden. Alle beteiligten Seiten werden angehört und können Beweise vorlegen. Am Ende des Verfahrens kann eine „freiwillige" Preiserhöhung der Exporteure stehen oder die staatliche Festsetzung eines Antidumpingzolls, welcher die festgestellte Dumpingspanne nicht überschreiten darf. Schon während des Verfahrens sind vorläufige Maßnahmen in Form von Sicherheitsleistungen oder Zollerhebungen möglich. Diese Beträge werden gegebenenfalls nach Abschluß des Verfahrens zurückerstattet, verschlechtern jedoch kurzfristig die Wettbewerbsposition der ausländischen Anbieter erheblich. Gerade die Drohung mit vorläufigen Maßnahmen ist es also, durch welche einer „freiwilligen Selbstbeschränkung" der ausländischen Konkurrenz nachgeholfen werden kann.

Problematisch in der Anwendung des GATT-Antidumpingkodexes ist jedoch bereits die Feststellung des Dumpings, da der an sich geforderte Preisvergleich zwischen Preis im Herkunftsland und Importpreis nicht immer leicht möglich ist. Häufig fehlt eine identische Ware im Handelsverkehr des Ausfuhrlandes. Dann darf auf ähnliche Waren zurückgegriffen werden. Fehlen dem Ausfuhrland auch diese, können ähnliche Waren herangezogen werden, welche aus dem betreffenden Ausfuhrland in ein Drittland exportiert werden. Schließlich kann noch auf eine Berechnung fiktiver Inlandspreise für das Exportland zurückgegriffen werden. Je komplizierter und indirekter der Preisvergleich ausfällt, umso größer ist der Ermessensfreiraum der entscheidenden nationalen Behörde. Wo aber Ermessen entscheidungserheblich wird, ist immer auch zu erwarten, daß statt neutraler Tatsacheninterpretation vor allem nationale Interessenvertretung den Ausschlag gibt.

Ebenso schwierig ist zweitens die Feststellung einer Schädigung oder gar nur der Gefahr eines Schadens im Importland. Dem GATT nach soll sich die Behörde auf Tatsachen und nicht auf bloße Behauptungen der betroffenen Binnenwirtschaft stützen. Zumeist dürfte es sich jedoch nur um durch Tatsachen illustrierte Meinungen über künftig erwartete Entwicklungen handeln. Entsprechend fordern die Kommentare auch nur, die Schädigung müsse als Tatsache deutlich vorauszusehen sein und unmittelbar bevorstehen[42]. Der Ermessensfreiraum der entscheidenden nationalen Behörde und damit auch der nationale Interesseneinschlag dürfte auch hier groß sein.

Art. VI GATT und der Antidumpingkodex stellen daher nur einen sehr weiten Rahmen dar, in welchem sich eine Vielzahl nationaler Protektionismusinteressen einpassen läßt. Dieses wird besonders deutlich, wenn man den tatsächlichen Verlauf von Antidumpingverfahren in der EG betrachtet, wobei die GATT-Bestimmungen der Form nach durchaus eingehalten werden: Die unter ausländischer Billigkonkurrenz leidende inländische Industrie strengt bei der Kommission der Europäischen Gemeinschaften ein Prüfverfahren an. Die Kommission leitet das Verfahren ein und droht dem ausländischen Konkurrenten mit der vorläufigen Einführung von Antidumpingzöllen bis zum Abschluß des Verfahrens. Damit laufen die Ausländer Gefahr, daß sich ihre Produkte auf dem Gemeinsamen Markt für einen Zeitraum von einem Jahr oder länger verteuern, unabhängig davon, ob ihnen nun Dumping nachgewiesen werden kann oder nicht. Umsatzeinbußen dürften die sichere Folge sein, ohne daß der höhere Verkaufspreis dem ausländischen Unternehmen irgendwie zugute käme, denn die Ausgleichszölle gehen ja vorerst in die Gemeinschaftskasse. Für die Ausländer ist es daher günstiger, selber „freiwillig" die Preise zu erhöhen oder die Absatzmengen zu beschränken. Denn auf diesem Wege verbleibt der künftig noch zu erzielende Verkaufsgewinn zumindest voll bei dem ausländischen Unternehmen. Die ausländische Konkurrenz bzw. ihre Regierungen treffen daher mit der Kommission der EG entsprechende „freiwillige" Vereinbarungen, woraufhin die Kommission von der Einführung der Schutzmaßnahmen absieht und das Verfahren einstellt. Im Stahlbereich dauerten derartige Verfahren der EG von der Eröffnung bis zur Einstellung 1978 etwas mehr als ein halbes Jahr.

Zu einer internationalen Vereinheitlichung des Antidumpingrechts hat der GATT-Kodex nur begrenzt beigetragen. So unterliegen beispielsweise die USA seinem Anwendungsbereich[43], haben aber dennoch ein nationales Antidumpingrecht, welches weitergehende Eingriffsmöglichkeiten bietet. Zudem läßt sich gerade an dem schon besprochenen Beispiel der internationalen Stahlkrise zeigen, daß die USA im Interesse ihrer Produzenten gegebenenfalls noch weiter vom GATT-Kodex abzuweichen bereit sind. Denn auch nach amerikanischem Recht sind Dumpingverfahren mit einer Mindestdauer von 1 1/2 Jahren sehr zeitaufwendig und arbeitsintensiv. Schließlich muß gegen jeden Importeur und jedes Produkt einzeln vorgegangen werden. Nachdem die amerikanischen Unternehmen 1977 nun Dumpingentscheidungen gegen die fünf größten japanischen Stahlkonzerne erstreiten konnten, sich ein derartiger Erfolg trotz 200 Voruntersuchungen gegenüber europäischen Importeuren jedoch nicht wiederholen ließ, wurde von der Regierung Carter kurzerhand das „Trigger-Preis-System" eingeführt. Seither werden orientiert an der Kostenstruktur der japanischen Anbieter Referenz- oder Mindestpreise festgelegt. Unterschreitet ein ausländisches Unternehmen diese Preise um mehr als 5 %, wird Dumping ohne weiteres unterstellt. Schon nach 60 bis 90 Tagen kann daher mit einer abschließenden Behördenentscheidung gerechnet werden[44]. Der amerikanische Staat hat also praktisch im Stahlbereich das komplizierte Preisprüfverfahren des GATT-Kodex völlig ausgeschaltet zugunsten einer staatlichen Mindestpreisfestsetzung für Importe.

Die Konzertierte Aktion der Industrieländer hat auf der Tokio-Runde des GATT 1978 einen Vorschlag gemacht, welcher auf diesem Weg des Protektionismus noch konsequenter fortschreitet. Unter Schirmherrschaft der Organisation für wirtschaftliche Zusammenarbeit und Entwicklung (OECD) sollte ein Stahlausschuß eingesetzt werden. Seine Aufgabe sollte es sein, gemeinsame Perspektiven hinsichtlich der im Stahlsektor auftauchenden Probleme bzw. Schwierigkeiten zu erarbeiten und, wo angebracht, Zielsetzungen bzw. Orientierungshilfen für die Politik der Regierungen zu beschließen. Erhofft wurde, „ein neues internationales Klima der Konzertierung" zu bilden, „in dem sich die anstehenden Probleme leichter lösen lassen"[45]. Im Klartext gesprochen schlagen die Industrieländer also die Schaffung eines völkerrechtlich vereinbarten Krisenkartells für den Stahlbereich vor. Für die neuentstandenen Stahlindustrien in den Staaten Osteuropas, aber auch in Entwicklungsländern wie Süd-Korea oder weniger industrialisierten Ländern wie Spanien bedeutet dieser Vorschlag, daß auf Betreiben der traditionellen westlichen Industrieländer der Freihandel im Stahlbereich gerade zu einem Zeitpunkt endgültig aufgegeben werden soll, zu welchem diese neuen Industrien sich erstmals als konkurrenzfähig erwiesen haben.

2.3 GATT und Entwicklungsländer

In den vorangegangenen Abschnitten wurde dargestellt, in welcher Weise das GATT auf die handelspolitischen Interessen der Industrieländer zugeschnitten ist. Man kann das GATT in dieser Hinsicht als eine äußerst flexible Mischung aus Freihandelspostulaten und protektionistischen Rückzugsmöglichkeiten bezeichnen. Anfangs dürfte hierfür die solide Mehrheit der Industrieländer in GATT-Gremien ursächlich gewesen sein. Diese Mehrheit besteht heute zahlenmäßig betrachtet nicht mehr. Dadurch, daß ehemalige Kolonialgebiete ohne besondere Eintrittsverhandlungen und Zugeständnisse gem. Art. XXVI Abs. 5c nach ihrem Selbständigwerden in das GATT übernommen werden konnten, wenn sie vorher über ihre Kolonialmacht bereits mit dem GATT verbunden waren, sind viele Entwicklungsländer heute vollgültige GATT-Mitglieder. Seit 1960 ist ihr Anteil auf etwa 2/3 angestiegen[46], so daß sie in vielen Punkten die Industrieländer überstimmen könnten.

Um jedoch dem GATT neue Bestandteile anzufügen oder gar seine Grundstrukturen zu verändern, genügt selbst eine 2/3 Mehrheit nicht, da nach Art. XXVI Abs. 6 GATT Staaten, die mindestens 85 % des GATT-Handels repräsentieren, zustimmen müssen. Der Anteil der Entwicklungsländer am Welthandel ist jedoch relativ betrachtet ständig gesunken. Betrug er 1950 noch 31 %, so lag er 1977 unter 20 % und abzgl. der Ölexporte etwa bei 10 %[47]. Die 85 %-Klausel des GATT ist damit für Entwicklungsländer nach wie vor unüberwindbar.

Zudem kommt es bei dem wichtigsten Handelsliberalisierungsinstrument des GATT, den multilateralen Verhandlungen, überhaupt nicht auf zahlenmäßige Mehrheitspositionen an. Entscheidend ist hier vielmehr die wirtschaftliche Bedeutung eines Verhandlungspartners und seine Möglichkeit, zum Erkaufen eigener Handelsvorteile selber attraktive Angebote abgeben zu können. Hier wird Vorteil gegen Vorteil ausgehandelt und wer, wie die meisten Entwicklungsländer, nichts anzubieten hat, kann selber im Rahmen solcher Verhandlungen auch nichts gewinnen. Der Grundkonzeption nach sind daher die großen Liberalisierungen der GATT-Runden rein am Bedarf der Industrieländer orientiert gewesen.

Auf den Protektionismus der Industrieländer in für den Handel der Entwicklungsländer besonders wichtigen und aussichtsreichen Sektoren wurde in den vorherigen Abschnitten schon hingewiesen. In der Kennedy-Runde führte die schwache Verhandlungsposition der Entwicklungsländer dazu, daß die ausgehandelten Zollsenkungen bei für Entwicklungsländer wichtigen Exportprodukten 25 %, bei sonstigen Gütern jedoch 36 % betrugen[48]. Das Ergebnis von Tokio dürfte sich ähnlich auswirken. Auch die Beschränkungen der Industrieländer im Bereich der nicht-tarifären Handelshemmnisse betreffen die Importe von Halb- und Fertigwaren aus Entwicklungsländern härter als die aus anderen Industrieländern. Japan führte z.B. 1968 43 % seiner Gesamtimporte aus Entwicklungsländern ein. Der Anteil der Einfuhren aus dieser Ländergruppe an den gesamten, von nicht-tarifären Handelshemmnissen betroffenen Einfuhren lag dagegen bei über 58 %. Ähnlich ist die Situation in den USA, der EWG und in einer Reihe weiterer Länder[49].

Die Struktur der Zolltarife aller Industrieländer ist für Entwicklungsländer nach wie vor unverändert nachteilig. Denn es gelten in den Industrieländern für importierte Halb- und Fertigwaren höhere Zollsätze als für die Rohstoffimporte (Einzelheiten s. I.4.3). Die Industrieländer schützen also die im heimischen Produktionsprozeß erbrachte Wertschöpfung. Für konkurrierende Industrieländer ist dieser Schutz teilweise durch die Gründung von Zollunionen und Freihandelszonen gegenstandslos geworden. Zum anderen können ihre Unternehmen derartige Außenhandelsschranken durch Direktinvestitionen unterlaufen ganz im Gegensatz zu den kapitalarmen Entwicklungsländern. Zudem ist der effektive Zollschutz in der Regel noch höher, als der nominelle Zollsatz vermuten läßt. Denn hierfür entscheidend ist die Zolldifferenz zwischen der Einfuhr des unverarbeiteten und des verarbeiteten Produktes, nicht aber die Höhe des Zolls. Es ist nun beobachtbar, daß der effektive Zollschutz der Zolltarife der Industrieländer umso größer ist, je geringer die in der importierten Ware enthaltene Wertschöpfung ist. Vor- und Zwischenstufen der Bearbeitung von Rohstoffen sind also durch die Schutzrate der Zölle mehr betroffen, als aufwendig verarbeitete Endprodukte. Da die Halb- und Fertigwarenimporte der Entwicklungsländer hauptsächlich aus Erzeugnissen niedrigerer Verarbeitungsstufen bestehen, sind sie im Durchschnitt mit einem höheren Effektivzollsatz belastet als Importe aus Industrieländern[50]. Man erschwert den Entwicklungsländern dadurch vor allem den ersten Einstieg in die verarbeitende Industrie. Diese Zolldifferenz und damit die effektive Schutzrate hat sich durch die Zollsenkungen im Rahmen der Kennedy-Runde teilweise sogar noch erhöht[51]. Eine derartig strukturierte Zollsenkung reduziert die Handelshemmnisse im Rohstoffbereich, erschwert aber zugleich den Schritt, Rohstoffe erst nach inländischer Verarbeitung zu exportieren, noch weiter.

Angesichts der aussichtslosen Ausgangslage vieler Entwicklungsländer im Welthandel und dem hohen Maß an vorhandener Diskriminierung durch die Industrieländer fragt man sich, warum überhaupt die Entwicklungsländer noch um Handelsliberalisierungen und Exportsteigerungen kämpfen. Zu bedenken ist jedoch andererseits, daß heute 4/5 der Deviseneinkäufe der Entwicklungsländer aus dem Güterexport und nur 1/5 aus dem Kapitalverkehr einschließlich der Entwicklungshilfe stammen[52]. Diese Aufteilung und die Tatsache, daß die nichtexportorientierte Binnenwirtschaft der meisten Entwicklungsländer sich in einem recht desolaten Zustand befindet, macht verständlich, warum sich die Entwicklungsländer von der internationalen Handelspolitik besondere, vor allem schon kurzfristig eintretende Vorteile versprechen.

Allerdings sollte diese Orientierung an kurzfristigen Verbesserungen nicht darüber hinwegtäuschen, daß auf diesem Wege eine grundlegende Veränderung der für Entwicklungsländer so problematischen Welthandelsstrukturen nicht erreicht werden kann. Denn das heute existierende Welthandelssystem muß die prinzipielle Ungleichheit von Industrie- und Entwicklungsländern perpetuieren, da es der theoretischen Grundkonzeption nach (Freihandelsdoktrin) von gleichen Wirtschaftspartnern ausgeht. Immanente Veränderungen dieses Systems, wie sie beispielsweise eine Reform des GATT bedeuten würde, können für die schwächere Seite die schlimmsten Folgen dieser Unterlegenheit abmildern, den Freihandel etwas „sozialer" gestalten. Sie führen aber weder zu einer tatsächlichen Chancengleichheit aller Beteiligten noch gar zu einer tatsächlichen Angleichung des wirtschaftlichen Entwicklungsniveaus[53].

Im folgenden sollen die bisherigen GATT-Modifizierungen zugunsten der Entwicklungsländer kurz dargestellt und erläutert werden. Art. XVIII gestattet Staaten, deren Wirtschaft nur einen niedrigen Lebensstandard zuläßt und die sich in den Anfangsstadien der Entwicklung befinden, ausnahmsweise Zollerhöhungen und Einfuhrbeschränkungen zur Durchführung ihrer Wirtschaftsprogramme oder zum Schutz ihrer Zahlungsbilanz. Die Einschätzung als entsprechend berechtigter Staat wird bewußt der Selbsteinschätzung jedes interessierten GATT-Mitgliedes überlassen, soweit nicht andere GATT-Parteien protestieren. Diese Gestattung eines entwicklungspolitischen Außenhandelsprotektionismus könnte jedoch nur dann nützlich werden, wenn die Entwicklungsländer bereits ansatzweise über Binnenwirtschaftsstrukturen verfügten, die eine Abkoppelung vom Weltmarkt zuließen. Derartiges ist bisher jedoch nicht der Fall. Als koloniales Erbe haben die Entwicklungsländer Wirtschaftsstrukturen übernehmen müssen, die sowohl auf der Angebotsals auch auf der Nachfrageseite auf die Märkte der Industrieländer ausgerichtet sind, während ein funktionierender Binnenmarkt fehlt[54]. Auch die gegenwärtig in vielen Entwicklungsländern erfolgende Industrialisierung über private Auslandsinvestitionen wird an dieser Ausrichtung auf die Märkte der Industrieländer nichts ändern. Denn es handelt sich um sog. Anlagerungsindustrialisierung, die zumeist nicht einmal die Herstellung vollständiger Produkte, sondern nur sehr spezialisierte industrielle Teilfertigungen zum Gegenstand hat. Als industrielle Enklaven sind diese Betriebe mit der lokalen Volkswirtschaft lediglich über die Nutzung billigster Arbeitskraft und gewisser Zulieferungen verbunden. Überwiegend erfolgt die Zulieferung von Maschinen, Technologie und Ausgangsstoffen von außen, und die Erzeugnisse werden anschließend zur Weiterverarbeitung oder zur Vermarktung wieder exportiert[55].

Eine weitere Ausnahme zugunsten der Entwicklungsländer enthält das Subventionsverbot für verarbeitete Produkte des Art. XVI Abs. 4 GATT. Dem Wortlaut nach gilt dieses Verbot zwar für alle GATT-Mitglieder, völkerrechtlich ist es für Entwicklungsländer nicht verbindlich, da sie das betreffende Ergänzungsabkommen nicht unterzeichnet haben[56]. Eine tatsächliche Privilegierung der Entwicklungsländer ist hiermit zur Zeit nicht verbunden, weil die öffentliche Armut der meisten Entwicklungsländer umfangreiche Subventionierungen der Binnenwirtschaft kaum zuläßt. Allein die Außenverschuldung der Entwicklungsländer ist gegenwärtig so hoch, daß etwa 87 Prozent aller neuen Entwicklungshilfekredite zur Schuldentilgung verwendet werden müssen[57].

Weitere Sonderregelungen für Entwicklungsländer enthielt das GATT bis in die sechziger Jahre hinein nicht. Nachdem ein Expertenbericht, der Haberler-Report, die desolate Wirtschaftslage der Entwicklungsländer anschaulich dargestellt hatte, setzten die GATT-Parteien 1958 einen Ausschuß zur Klärung der aufgeworfenen Fragen ein. Alternativvorschläge dieses Ausschusses lagen bereits 1963 vor. Die erforderliche 2/3-Mehrheit (einschließlich des Handelsvolumens von 85 %) fanden diese Vorschläge jedoch erst Anfang 1965, nachdem auf der UNCTAD I 1964 bedeutend weitergehende Forderungen der Entwicklungsländer laut geworden waren.

Der neu angefügte Teil IV des GATT (Handel und Entwicklung) enthält viele noch heute aktuelle Forderungen der Entwicklungländer. Sie sind überwiegend jedoch rein programmatisch formuliert und erzeugen keine konkreten, erzwingbaren Umsetzungspflichten. Unter anderem wird gefordert:

- eine rasche und anhaltende Steigerung der Ausfuhrerlöse der Entwicklungsländer,
- Beteiligung der Entwicklungsländer am Wachstum des Welthandels durch „konstruktive Anstrengungen",
- Exportsteigerungen und Ausfuhrerlösstabilisierung,
- Diversifizierung der Produktion in den Entwicklungsländern,
- Verbesserung der Kapitalhilfe für Entwicklungsländer,
- Verzicht der Industrieländer auf Gegenseitigkeit beim Abbau von Handelsschranken gegenüber Entwicklungsländern.

Zur Erreichung dieser Ziele verpflichten sich die Industrieländer insbesondere:
- den Abbau von Handelshemmnissen in Bereichen, welche für die Ausfuhr der Entwicklungsländer von besonderer Bedeutung sind, zu verstärken;
- Handelshemmnisse in derartigen Bereichen zumindest nicht mehr zu erhöhen;
- die Verbrauchssteigerung von Produkten aus Entwicklungsländern steuerlich nicht zu behindern und möglichst sogar zu erleichtern.

Zur Umsetzung des Teils IV wird vor allem auf das „bewährte Mittel" der Konsultationen zurückgegriffen. Ein Ausschuß für Handel und Entwicklung (GATT-Comitee for Trade and Development) soll die Anwendung des Teils IV überwachen, Konsultationen organisieren und weitere Änderungsvorschläge ausarbeiten[58].

Wie wenig die Appelle des Teils IV GATT in der Praxis die Industrieländer beeindrucken, zeigte der Verlauf der GATT-Verhandlungen im Rahmen der Tokio-Runde. Zwar wurde bereits im September 1973 der Wunsch der Entwicklungsländer nach einer Sonderbehandlung bei dem Absatz tropischer Produkte in allen Industrieländern als berechtigt anerkannt. Dennoch sah sich der Ministerrat der EG auch 1976 noch nicht in der Lage, für so ausgesprochen exotische Produkte wie Ananas, Orchideen und Strelizien die völlige Beseitigung von Zöllen in Betracht zu ziehen. Vielmehr will die EG bei Ananas die Sonderinteressen einiger französischer Ex-Kolonien und bei den Blumen eine Anzahl von Produzenten in den Niederlanden, der Bundesrepublik und Dänemark schützen. Dabei handelt es sich um Treibhäuser, welche für ihren Betrieb auch noch staatlich subventioniertes Dieselöl erhalten[59].

Die Ergebnisse der Tokio-Runde insgesamt werden von den Entwicklungsländern als völlig unzureichend bezeichnet. Sie wurden daher bis Mitte 1979 von den meisten Entwicklungsländern noch nicht paraphiert[60]. Auf der UNCTAD V in Manila 1979 forderten sie erfolglos die Wiederaufnahme der offiziell abgeschlossenen Verhandlungen[61]. Verabschiedet wurde lediglich eine Resolution, die sich allgemein gegen den wachsenden Protektionismus der entwickelten Länder wendet und unter Punkt B 5. das GATT auffordert,

> „in einem zweckdienlichen Gremium jeden Fall von künftigem Protektionismus durch entwickelte Länder gegen Importe aus Entwicklungsländern im Licht der relevanten Vorschriften des GATT, insbesondere des Teils IV, zu überprüfen"[62].

Eine tatsächliche Verhaltensänderung der Industrieländer dürfte auf dieser Basis kaum zu erwarten sein.

Die GATT-Forderung nach Nicht-Gegenseitigkeit im Verhältnis zwischen Industrie- und Entwicklungsländern wurde von den Industrieländern durch die Errichtung allgemeiner Präferenzsysteme umgesetzt. Der Forderung der Entwicklungsländer nach einer Verankerung dieser Systeme selber im GATT wurde hingegen nicht entsprochen. Die Errichtung und Beibehaltung derartiger – stets nur befristet bewilligter – Präferenzsysteme ist damit dem Goodwill der Industrieländer überlassen. Einzelheiten sollen am Beispiel des allgemeinen Präferenzsystems der EG (siehe I.4.3) genauer dargestellt werden.

Abschließend darf also über das GATT gesagt werden: Es handelt sich um ein völkerrechtlich verankertes Freihandelskonzept, welches gleichzeitig den Protektionsbedarf der Industrieländer flexibel aufzunehmen in der Lage ist. Die besonderen Belange der Entwicklungsländer finden im GATT nur in Form allgemeiner Deklarationen Berücksichtigung. Vorhandene rechtliche Begünstigungen und Freistellungen können von den Entwicklungsländern ohne vorherige Umstrukturierung ihrer Binnenwirtschaft kaum ausgenutzt werden. Interessendurchsetzungs- und Veränderungsmechanismen sind innerhalb des GATT für Entwicklungsländer so ungünstig geregelt, daß es nur allzu realistisch ist, wenn diese ihre Hoffnungen nicht auf das GATT, sondern die UNCTAD (s. I.3.2) richten.

3. Neue Weltwirtschaftsordnung contra Freihandel

In dem vorherigen Kapitel ist gezeigt worden, wie der Freihandelsgedanke sich bisher – allerdings recht unvollkommen – in bestehendes Völkerrecht umgesetzt hat. Dabei wurde deutlich, daß die westlichen Industrieländer immer dort Freihandel fordern und auch selbst praktizieren, wo ihre eigene Marktposition stark ist. Wo der internationale Wettbewerb einzelnen Industrieländern oder auch ihrer Gesamtheit Opfer abzuverlangen droht, werden ohne viel Skrupel andere Wege beschritten. Das GATT läßt für derartige Ausnahmen genug Raum, um Rechtsverstöße kaum auftreten zu lassen. Die Entwicklungsländer andererseits unterliegen formal den selben Rechtsnormen, haben aber faktisch nicht dieselben Möglichkeiten, zu ihren Gunsten hiervon Gebrauch zu machen. Denn ihnen fehlt zumeist die entsprechende Marktmacht und, trotz formal bestehender völkerrechtlicher Souveränität, häufig auch eine tatsächlich freie Wahl der Handlungsalternativen. Angesichts zunehmenden sozialen und politischen Drucks innerhalb der Entwicklungsländer selbst auf ihre Regierungen und angesichts erster erfolgreicher Versuche, international gemeinsam zu handeln, fordern die Entwicklungsländer seit Mitte der 60er Jahre zunehmend mit mehr Nachdruck eine grundlegende Veränderung der Weltwirtschaftsstrukturen und ihrer völkerrechtlichen Absicherung, eine „neue Weltwirtschaftsordnung".

Die Industrieländer zeigen sich seit Anfang der 70er Jahre zumindest verhandlungsbereit. Neben dem politischen Druck, welchen Entwicklungsländer gemeinsam heute auf sie ausüben können, haben auch wohlverstandene Eigeninteressen diese Verhandlungsbereitschaft gestärkt: Ölpreiserhöhungen und Energiekrise lassen es ihnen angesagt erscheinen, über Zugeständnisse an die ärmste Gruppe der Entwicklungsländer selbst Zugeständnisse bei den Energielieferanten einzuhandeln. Die sozialen Spannungen in den Entwicklungsländern sind so gefährlich angewachsen, daß die Möglichkeit einer politischen Umorientierung hin zu den sozialistischen Ländern immer wahrscheinlicher wird und teilweise bereits eingetreten ist. Damit jedoch verlieren die westlichen Industrieländer wirtschaftlich und strategisch wichtiges Terrain.

Schließlich setzt sich auch in den wirtschaftlichen Überlegungen der Industrieländer bedingt durch verschärfte Konkurrenz auf ihren eigenen Märkten, Überproduktion und Absatzkrisen ein neues Kalkül durch: Wenn das wirtschaftliche Wachstumstempo in den Industrieländern beibehalten werden soll, benötigt man nicht nur Energie, billige Rohstoffe und billige Arbeitskräfte aus den Entwicklungsländern. Man braucht vielmehr langfristig diesen Teil der Welt auch als Absatzmarkt. Schon jetzt dient ein großer Teil der staatlichen Entwicklungshilfe allein dem Zweck, die Zahlungsfähigkeit in den Entwicklungsländern zugunsten eigener Privatunternehmen zu erhalten. In diesem direkten Sinne ist es durchaus realistisch, zu behaupten, Entwicklungshilfe diene vorrangig den Bedürfnissen der Wirtschaft der Industrieländer.

Aber die öffentlichen Gelder, welche aufgrund dieser theoretischen Einsicht in den Industrieländern für Entwicklungshilfe abgezweigt werden, sind regelmäßig zu gering, um die Zahlungsfähigkeit der Entwicklungsländer auch nur konstant zu halten. Die Hälfte der Weltbevölkerung ist unterernährt, mehr als 1/10 am Verhungern[1], 33 Mio Arbeitslose allein in den Entwicklungsländern[2] – derartige Größenordnungen lassen sich nicht durch 0,7 % des Bruttosozialprodukts aller Industrieländer finanzieren. 0,7 % ist nur ein Sollwert, der 1970 von der UNO für das zweite Entwicklungsjahrzehnt gefordert wurde. Tatsächlich ist im Haushalt 1979 der Bundesrepublik Deutschland hierfür mit 4,5 Mrd DM nur ein Anteil von 0,35 % des Bruttosozialproduktes angesetzt[3]. Könnte man die Entwicklungsländer durch eine Umstrukturierung der Weltwirtschaft zur Selbsthilfe befähigen und ihr Wirtschaftspotential zugleich für die Wirtschaft der Industrieländer vermehrt erschließen, wäre dieses nicht nur eine sehr günstige Lösung i.S. der Industrieländer, sondern vermutlich auch noch der billigste Weg überhaupt.

Die neue Verhandlungsbereitschaft der Industrieländer ist also durchaus nicht von Selbstlosigkeit getragen. Ihr Angebot in internationalen Verhandlungsrunden lautet in etwa: graduell verbesserte Integration der Entwicklungsländer in die bestehenden Weltmarktstrukturen bei Bereitstellung einiger sozialer Sonderleistungen als zeitlich begrenzte Unterstützung.

Für die Entwicklungsländer sollte jedoch Ziel aller Veränderungsbemühungen sein, die Lebensumstände ihrer gegenwärtig 1 1/2 Mrd. Einwohner (ohne ölproduzierende Länder)[4] grundlegend und dauerhaft zu verbessern. Zu diesem Zweck genügt es nicht, der bestehenden Weltwirtschaftsordnung eine soziale Komponente anzufügen. Die grundlegenden Strukturen der heutigen Weltwirtschaftsordnung werden immer wieder darauf hinwirken, daß wirtschaftlicher Aufschwung sich nur in Abhängigkeit von den westlichen Industrieländern und orientiert am Bedarf dieser Industrieländer vollzieht. Die Binnenwirtschaft der Entwicklungsländer ist gegenwärtig nicht auf den eigenen Bedarf, sondern extern auf den Bedarf der Industrieländer ausgerichtet. Und diese Fremdbestimmung ist unabdingbarer Bestandteil des heutigen Weltwirtschaftssystems. Die verstärkte Integration der Entwicklungsländer in die bestehende Weltwirtschaftsordnung wird weder eine Aufhebung dieser Fremdbestimmung, noch eine grundlegende Verbesserung für die breite Mehrheit ihrer Bevölkerung mit sich bringen, sondern sie eher verhindern[5].

Dieses kann an einigen Beispielen verdeutlicht werden: Konkurrenzfähigkeit der angebotenen Produkte ist auf dem Weltmarkt erstes Gebot. Landwirtschaftliche Produkte können jedoch von den Entwicklungsländern oft nur konkurrenzfähig angeboten werden, wenn sie kostengünstig in riesigen Monokulturen unter Einsatz arbeitskraftsparender Großmaschinen erzeugt werden. Folge ist, daß der größte Teil ihrer Bevölkerung in die Weltmarktproduktion agrarischer Produkte nicht einbezogen ist und bei einer Ausweitung dieses Sektors auch weiterhin arbeitslos bleiben würde. Andererseits wird die Produktion der vielfältigen Nahrungsmittel für den Eigenbedarf durch die gewinnbringendere Weltmarktproduktion in immer ungünstigere Regionen und leistungsschwache Kleinbetriebe abgedrängt. Auf diese Weise ist trotz erheblicher agrarischer Exporte wie Kaffee, Tee oder Zucker die Ernährung der eigenen Bevölkerung zunehmend in Frage gestellt.

Von der hochtechnisierten chilenischen Kupferförderung oder der venezuelanischen Ölproduktion profitieren neben den Eigentümern ebenfalls nur wenige hochqualifizierte und graduell „privilegierte" Lohnabhängige. Die Mehrheit der Bevölkerung könnte eine Verbesserung ihrer Lage nur durch den geringen staatlichen Anteil am Verkaufserlös über Steuern und Abgaben erfahren. Selbst wenn man Kupfer oder Öl im Förderland unter Beibehaltung dieser Produktions- und Absatzstrukturen weiterverarbeitete, würde sich nur der Kreis der Privilegierten ausweiten, eine Wende für die Mehrheit der Bevölkerung ergäbe sich kaum. Denn auch diese Produkte sind nur dann auf dem Weltmarkt konkurrenzfähig, wenn sie wiederum auf einem hohen technologischen Niveau unter Zahlung möglichst niedriger Löhne hergestellt werden. Dieses sind die Normen, welche die Industrieländer den Entwicklungsländern vermittelt über die Weltmarktkonkurrenz vorgeben.

Bisherige Erfahrungen mit Produktionsbereichen, die aus Industrieländern in Entwicklungsländer verlagert worden sind, ergeben für diesen Weg ähnliche Prognosen. Am Beispiel der Textilindustrie läßt sich schon heute zeigen, daß es sich dabei wiederum nur um Formen punktueller, bruchstückhafter und exportorientierter Monoindustrialisierung handelt, deren Erträge weitgehend den Unternehmen der westlichen Industrieländer und damit weder der Bevölkerung in den Entwicklungsländern noch der in den Industrieländern zugute kommen[6].

Aufgrund derartiger Erfahrungen darf behauptet werden, daß von einer verstärkten Eingliederung der Entwicklungsländer in das gegenwärtige Weltwirtschaftssystem nur 5–15 % der eigenen Bevölkerung profitieren würde, während der große Rest von diesem „Aufschwung" unberührt bliebe oder gar in noch elendere Positionen abgedrängt werden würde[7]. Konsequent müssen die Entwicklungsländer daher eine völlige Umstrukturierung der Weltwirtschaft verlangen untrennbar gekoppelt mit dem Recht, ihre Binnenstrukturen vorrangig dem eigenen Bedarf anpassen zu können. Beide Gesichtspunkte sind im Rahmen des Forderungskataloges für eine neue Weltwirtschaftsordnung enthalten. Die interne Gestaltungsfreiheit ist mit der Forderung nach staatlicher Souveränität, Selbstbestimmung und besonders dem Recht auf Enteignung angestrebt. Auf diesen Aspekt soll in Teil II des Buches gesondert eingegangen werden. Der externe Aspekt kann kurz umrissen werden mit den Forderungen nach einem integrierten Rohstoffprogramm (s. I.3.3.3) und einer angepaßten Industrialisierung (s. I.3.4 u. 3.5), wobei die Probleme der bestehenden Verschuldung bzw. künftigen Finanzierung, des Abbaus bestehender Handelsschranken und des besseren Technologietransfers zentrale Bedeutung haben.

Beachtet werden muß, daß allein die Gesamtheit dieser Forderungen auf eine grundlegend neue Weltwirtschaftsordnung abzielen kann. Werden nur Bruchstücke hiervon tatsächlich verwirklicht und bleibt vor allem eine grundlegende Umstrukturierung der Binnenwirtschaft in den Entwicklungsländern aus, wird das Ergebnis keine „neue" Weltwirtschaftsordnung sein, sondern bestenfalls eine etwas sozialere Neuauflage der alten. Die Forderungen der Entwicklungsländer sind daher keinesfalls nur ein „Sturm im Wasserglas", den westliche Industrieländer getrost ignorieren könnten[8]. Sie können jedoch hierzu verkommen, wenn der Zusammenhang der

Einzelforderungen zugunsten kurzfristiger Erfolge aufgegeben werden sollte. Teilforderungen aus dem Gesamtkontext der Forderungen herauszulösen und damit den generellen politischen Anspruch der Entwicklungsländer in einer Abwehrstrategie so zu überwinden, daß sogar eine Stärkung der bestehenden Weltwirtschaftsordnung dabei herauskommt, dieses ist die aktuelle Strategie der Industrieländer[9].

Sie dürfen sich hierbei auch der Unterstützung bestimmter Regierungen in den Entwicklungsländern gewiß sein. Denn viele jener Regierungen rekrutieren sich aus einer sehr dünnen Schicht heute Privilegierter. Diese Bevölkerungsgruppe aber ist eingegliedert in den internationalisierten Kernbereich des kapitalistisch bestimmten Weltwirtschaftssystems. Sie verdient an Monokultur und Anlagerungsindustrialisierung heutiger Art. Ihre Radikalität findet ihre Grenze dort, wo ansonsten die eigene Funktion und Position unterminiert würde[10]. Aus diesem Grunde ist für diese Eliten weder eine grundlegende Umstrukturierung der Beziehungen zwischen westlichen Industrieländern und Dritter Welt tatsächlich von Interesse, noch gar die Freiheit zur Veränderung der Binnenwirtschaftsstrukturen. Um sich gegenüber ihrer eigenen Bevölkerung eines hohen Grades an Legitimität zu versichern und interne politische Spannungen abzubauen, stützt diese Gruppe Privilegierter bisher jedoch das Gesamtkonzept der Entwicklungsländer für eine neue Weltwirtschaftsordnung in den bestehenden internationalen Gremien, eine zur grundlegenden Veränderung bisher einmalig günstige Konstellation.

3.1 Chronologie der Diskussion um eine neue Weltwirtschaftsordnung

Direkt nach ihrer Gründung 1945 wandten sich die Vereinten Nationen (UNO) einer Neuordnung der Weltwirtschaft zu. In Ausfüllung seiner Koordinationsaufgabe beschloß der Wirtschafts- und Sozialrat der UNO (ECOSOC), eine UN-Konferenz für Handel und Entwicklung nach Havanna einzuberufen. Die dortigen Versuche einer umfassenden Neuordnung der Weltwirtschaft scheiterten jedoch. Mit dem GATT wurde nur derjenige Teil des Gesamtkonzepts vorläufig in Kraft gesetzt, der den westlichen Industrieländern, insbes. den USA genehm war (s. I.2.1).

Im Rahmen des GATT bestand seither lediglich ein Fachausschuß für Handel und Entwicklung. Als die Mehrheiten in der UNO sich durch das Unabhängigwerden vieler Kolonialgebiete, Neubeitritte und vermehrte Solidarität allmählich zugunsten der Entwicklungsländer verschoben, beschloß 1962 der ECOSOC erneut, eine Sonderkonferenz der UN-Generalversammlung zu Fragen des internationalen Handels (United Nations Conference on Trade and Development = UNCTAD) einzuberufen und erhielt auch die notwendige Bestätigung durch die UN-Generalversammlung. Das GATT reagierte auf diese „Konkurrenz" 1964 mit der Einrichtung des International Trade Centre (ITC), welches die Absatzchancen von Waren aus der Dritten Welt fördern soll.

Dieses Zugeständnis vermochte jedoch den Verlauf der UNCTAD I 1964 in Genf nicht zu beeindrucken. Im Verlaufe dieser Konferenz schlossen sich zum ersten Mal 77 Entwicklungsländer zur „Gruppe der 77" zusammen und formulierten gemeinsame Forderungen. Dieser Gruppe standen 24 westliche Industrieländer und 10 sozialistische Länder gegenüber. Die Diskussion in den UNCTAD-Ausschüssen war derartig heftig und von völlig ungewohnter Kompromißlosigkeit auf nunmehr beiden Seiten gezeichnet, daß zur Erstellung einer einmütig zu verabschiedenden Schlußakte erst noch ein langwieriger Versöhnungsausschuß eingesetzt werden mußte[11].

Auf der UNCTAD II 1968 in Delhi war die Gruppe 77 schon auf 88 Länder angewachsen. Diese Länder hatten bereits zuvor auf einer Vorbereitungssitzung in Algier ihren gemeinsamen Standpunkt formuliert. Nach wiederum heftigen Auseinandersetzungen mit der Gruppe der westlichen Industrieländer wurde in einer einmütigen Abschlußresolution primär das Fortbestehen der Uneinigkeit festgestellt. Wichtige Beschlüsse wurden jedoch zur Frage eines allgemeinen Präferenzsystems, zu einem Aktionsprogramm im Rohstoffbereich und zu Entwicklungshilfeleistungen erzielt[12]. Das allgemeine Präferenzsystem wurde daraufhin 1970 vom GATT ermöglicht, 1971 von der EWG, später auch von anderen Industrieländern und zuletzt 1976 auch von den USA in Kraft gesetzt (zur Kritik siehe I.4.4). Ein Teil des Forderungskataloges der UNCTAD II ging 1970 in die Resolution der Generalversammlung der UNO über die internationale Entwicklungsstrategie für das zweite Entwicklungsjahrzehnt ein. In ihr wurde insbes. gefordert, die Industrieländer sollten 0,7 % des Bruttosozialproduktes für öffentliche Entwicklungshilfe bereitstellen.

Die UNCTAD III wurde von der Gruppe der 77 in Lima vorbereitet und fand 1972 in Santiago de Chile statt. Eine Einigung über zentrale Forderungen der Entwicklungsländer wurde auch hier nicht erzielt. Allerdings erreichten sie eine Verbesserung ihrer Beteiligungsmöglichkeiten an den GATT-Zollverhandlungen und an den Beratungen des internationalen Währungsfonds (IMF). Ansonsten wurde die einheitliche Front aufseiten der Industrieländer aufgelockert, indem die Niederlande und die skandinavischen Länder Verständnis für die Forderungen der Entwicklungsländer zeigten[13]. Diese Aufspaltung der Industrieländer setzte sich auf der UNCTAD IV in Nairobi fort und dürfte wesentlich zu den dort erzielten Verhandlungsfortschritten beigetragen haben[14]. Schließlich wurde eine „Charta der wirtschaftlichen Rechte und Pflichten der Staaten“ entworfen, die 1974 gegen den heftigen Widerstand wichtiger Industrieländer (insbes. USA und BRD) von der UN-Generalversammlung verabschiedet wurde. Ebenfalls 1974 wurden zentrale UNCTAD-Forderungen auf einer eigens hierfür einberufenen UN-Rohstoffkonferenz behandelt und fanden Niederschlag in der „Erklärung über die Errichtung einer neuen Weltwirtschaftsordnung“ mit dazugehörigem „Aktionsprogramm“.

Insbesondere die Rohstofffrage wurde von der Gruppe der 77 weiterentwickelt. 1975 beriet der Rohstoffausschuß der UNCTAD über den sog. Corea-Plan. Auf dieser Basis beschloß die Gruppe der 77 auf ihrer nächsten Vorbereitungstagung in Manila ihre Forderungen nach einem integrierten Rohstoffprogramm. Auf der UNCTAD IV in Nairobi 1976 wurde dieses Programm dann als Resolution 93 (IV) in Form einer Absichtserklärung auf künftige Verhandlungen verabschiedet. Weitere wichtige Resolutionen bezogen sich auf die Schuldenprobleme der Entwicklungsländer, transnationale Gesellschaften im Zusammenhang mit dem Handel mit Halb- und Fertigwaren und Sondermaßnahmen für die am wenigsten entwickelten Länder.

In Umsetzung dieses Verhandlungsauftrages tagte von März bis September 1977 eine Anschlußkonferenz der UN in Genf über die Bildung eines integrierten Rohstoffonds, wobei keine Einigung erzielt werden konnte.

In Reaktion auf das verstärkte Vorgehen der Entwicklungsländer in der UNCTAD und der UNO und die starke Verteuerung von Erdöl und anderen Rohstoffen 1974 gründeten die Industrieländer im Dezember 1975 noch ein weiteres Verhandlungsforum ohne jede völkerrechtliche Institutionalisierung: Die Konferenz über internationale wirtschaftliche Zusammenarbeit (KIWZ). Zwischen 27 ausgewählten Industrie- und Entwicklungsländern (Verhältnis 8 : 19) wurden hier bis 1977 im Rahmen des sog. Nord-Süd-Dialogs Fragen des Rohstoffmarktes und der Entwicklungshilfe verhandelt. Dabei hofften die Industrieländer, in kleinerem Kreis die einheitliche Front zwischen rohstoffreichen und -armen Entwicklungsländern aufzuspalten und durch Zugeständnisse an die rohstoffarmen Entwicklungsländer selber Zugeständnisse von den erdölproduzierenden Ländern zu erhalten. Die Solidarität der Entwicklungsländer hielt jedoch stand, und im Juni 1977 wurde in diesem Kreis über die Errichtung eines gemeinsamen Rohstoffonds und das Zurverfügungstellen von 1 Mrd. Dollar zugunsten einzelner, besonders benachteiligter Entwicklungsländer prinzipielle Einigung erzielt. Man brauchte jedoch noch fast zwei Jahre, um sich im März 1979 endlich auf eine konkrete Struktur des Rohstoffonds zu einigen (Einzelheiten s. I.3.3.3).

Weiter offen blieb insbesondere die Frage des Energiepreises, das Problem einer Ausgleichsfinanzierung bei schwankenden Rohstofferlösen und die Forderung nach einer Entschuldungsaktion zugunsten aller Entwicklungsländer[15]. Zum letzten Punkt wurden 1978 auf einer Tagung des UNCTAD-Rates erste Fortschritte erzielt[16]. Daraufhin haben sich viele Industrieländer bereiterklärt, zumindest mit einzelnen Entwicklungsländern auf deren besonderen Antrag hin über Formen des Schuldenerlasses zu verhandeln, im Oktober 1978 auch die Bundesrepublik Deutschland.

Die UNCTAD V 1979 in Manila brachte für die Entwicklungsländer keine spektakulären Erfolge. Bereits auf der Vorbereitungstagung der Gruppe der 77 in Arusha war deutlich geworden, daß die wirtschaftliche und politische Kluft zwischen verschiedenen Entwicklungsländergruppen seit 1976 eher größer geworden ist. Der tansanische Staatspräsident räumte bereits in seiner Eröffnungsansprache ein[17], der Druck zur Uneinigkeit sei stark, obwohl andererseits die Solidarität der Abhängigen und Armen die einzige Machtposition der Entwicklungsländer für die anstehenden Verhandlungen sei. Dementsprechend wurden auf der anschließenden UNCTAD vor allem die bereits bekannten Forderungen wiederholt, jedoch ohne quantitative und qualitative Zusagen der Industrieländer[18]. Neu war lediglich eine konsensuale Absagen aller Konferenzmitglieder an den heute vorherrschenden Handelsprotektionismus der Industrieländer.

In der Vergangenheit hat die praktizierte Solidarität der Entwicklungsländer also zwar einige Erfolge verzeichnen können. Der Aufwand an Verhandlungszeit, beteiligten Institutionen und unverbindlichen Absichtserklärungen steht jedoch in einem deutlichen Mißverhältnis zum Umfang der konkret faßbaren Ergebnisse.

3.2 Die UNCTAD im Gefüge der UNO

Die 1945 gegründete UNO ist als internationale Organisation ein Völkerrechtssubjekt, welches selbständig auf der internationalen Ebene handeln kann. Hauptsächlich als Instrument der Friedenssicherung konzipiert gehört jedoch auch die Lösung der wirtschaftlichen Konflikte zwischen Industrie- und Entwicklungsländern zu ihren Aufgaben. So verpflichtet die Präambel der UN-Satzung unter anderem dazu, den sozialen Fortschritt und einen besseren Lebensstandard in größerer Freiheit zu fördern und für diese Zwecke auch internationale Einrichtungen in Anspruch zu nehmen, um den wirtschaftlichen und sozialen Fortschritt aller Völker zu fördern. Nach Art. I soll eine internationale Zusammenarbeit herbeigeführt werden, um internationale Probleme wirtschaftlicher und sozialer Art zu lösen.

Für die Erfüllung ihrer Aufgaben kann sich die UNO verschiedener Organe und sonstiger organisatorischer Untergliederungen bedienen. Ein Hauptorgan der UNO ist die Generalversammlung (Art. 7 UN-Charta). Alle Mitglieder sind in ihr vertreten. Neben einer regelmäßigen jährlichen Tagung in New York kann sie auf Antrag des Sicherheitsrates oder Mehrheit der UN-Mitglieder außerordentliche Tagungen abhalten (Art. 20 UN-Charta). Auf diesen Tagungen können alle in den Rahmen der UN-Charta fallenden Angelegenheiten erörtert werden. Als Ergebnis kann sie hierzu mit Mehrheit Resolutionen an ihre Mitglieder richten. Diese Beschlüsse haben nur Empfehlungscharakter und sind daher für die Mitglieder nicht rechtsverbindlich (Art. 10 UN-Charta). Diese Unverbindlichkeit ist gerade mit einer umstrittenen Resolution, der „Charta der wirtschaftlichen Rechte und Pflichten der Staaten" vom 12.12.1974 immer wieder seitens der damals überstimmten 6 Industrieländer betont worden[19]. Andererseits darf nicht verkannt werden, daß sich zumindest die zustimmenden Staaten im Rahmen völkerrechtlicher Selbstbindung sehr wohl auf den Inhalt einer Resolution hin verpflichten können. Zudem geben Resolutionen, auch ohne selbst geltendes Völkerrecht zu sein, im Einzelfall wichtige Hinweise auf das innerhalb der Mitglieder zu diesem Punkt vorherrschende Rechtsverständnis. Auf diesem Wege können Resolutionen der UNO zwar allein weder vertraglich noch gewohnheitsrechtlich geltendes allgemeines Völkerrecht schaffen, aber sehr wohl zur Entstehung oder zum Wandel derartigen Rechtes beitragen (siehe auch II.2.2 und 2.3).

Da wirtschaftliche und soziale Aufgaben nur eine unter vielen UN-Aufgaben darstellen, steht der Generalversammlung als Koordinations- und Diskussionsorgan für derartige Aufgaben der Wirtschafts- und Sozialrat (ECOSOC) zur Seite. Angesichts einer Unmenge bestehender sonstiger UN-Gremien auf diesem Gebiet ist der ECOSOC allein mit der Koordination derartig überlastet, daß inhaltliche Beiträge von diesem Gremium zu bestimmten Sachfragen kaum zu erwarten sind. Die Entwicklungsländer fanden daher Anfang der 60er Jahre zwar für sie günstige Mehrheiten in der UN vor, aber kein Organ, welches geeignet gewesen wäre, ihre inhaltlichen Probleme umfänglich und ausschließlich zu behandeln.

Auf ihr Drängen wurde daher durch den ECOSOC 1964 die erste Konferenz der Vereinten Nationen für Handel und Entwicklung einberufen. Auf dieser Konferenz erst wurde dann eine organisatorische Kontinuität dieser Einrichtung gefordert, wobei die Entwicklungsländer gern eine eigenständige Spezialorganisation im Rahmen der UNO gehabt hätten. Die Industrieländer wollten jedoch die organisatorische Verselbständigung dieser für sie brisanten Probleme nach Möglichkeit verhindern. Einen Kompromiß brachte die Resolution 1995 (XIX) zum Ausdruck, durch welche die UN-Generalversammlung beschloß, die UNCTAD als ständiges Organ der UN-Generalversammlung einzurichten. Damit erhielten die Entwicklungsländer zwar eine eigene Organisation für ihre Probleme. Ihre Abhängigkeit von der Generalversammlung ist jedoch groß, weil die Konferenz völkerrechtlich nur ein Bestandteil der Generalversammlung ist.

Mitglieder der UNCTAD sind die Mitgliedsländer der UNO und ihrer Sonderorganisationen. Die Hauptaufgabe der Konferenz liegt in der Beschleunigung der wirtschaftlichen Entwicklung, in der Förderung des internationalen Handels vor allem zwischen Entwicklungs- und Industrieländern, zwischen Entwicklungsländern untereinander und zwischen Ländern mit unterschiedlichen Wirtschaftssystemen. Dabei hat sich die Konferenz mit dem Problemkreis des Welthandels und den damit verbundenen Fragen der wirtschaftlichen Entwicklung zu befassen, zu ihrer Lösung Grundsätze und Richtlinien zu formulieren und für ihre Verwirklichung Vorschläge zu unterbreiten. Sie soll die Koordinierung der Tätigkeiten anderer UN-Organisationen auf dem Gebiet der internationalen Handels überprüfen und erleichtern. In Zusammenarbeit mit den zuständigen Organen der UNO sind multilaterale rechtliche Vereinbarungen auf dem Gebiet des Handels unter Berücksichtigung bestehender Verhandlungsorgane und ohne Überschneidung mit deren Tätigkeit anzustreben. Mithin soll die Konferenz als ein Zentrum der Handelsharmonisierung den Regierungen und regionalen wirtschaftlichen Zusammenschlüssen zur Verfügung stehen.

Um die Arbeit der UNCTAD zu strukturieren und zwischen den Konferenzen zu leiten, besitzt sie als ständiges Organ den Handels- und Entwicklungsrat, auch einfach Welthandelsrat genannt. Dem Rat gehörten ursprünglich 55, heute 68 Mitgliedsländer auf rotierender Basis an. 21 Sitze entfallen auf westliche Industrieländer, 7 auf sozialistische Staaten, die 40 verbleibenden auf die Entwicklungsländer (einschl. Jugoslawiens). Der Rat tagt mindestens einmal im Jahr. Für Beschlüsse und Empfehlungen genügt im Rat eine einfache Mehrheit, während die Welthandelskonferenz selbst eine 2/3 Mehrheit vorschreibt. Für besondere Aufgaben sind dem Rat gegenwärtig die Hauptausschüsse für Rohstoffe, Halb- und Fertigwaren, unsichtbare Transaktionen und Finanzierungsfragen, Schiffahrt und Technologietransfers angegliedert. Schließlich verfügt die UNCTAD noch über ein Sekretariat zur Erledigung der laufenden Geschäfte[20].

3.3 Das Rohstoffproblem

Die Lösung der Probleme des internationalen Rohstoffhandels bildet den Kern der Forderungen nach einer neuen Weltwirtschaftsordnung. Dieses rechtfertigt sich daraus, daß Rohstoffexport gegenwärtig die wichtigste Eigenfinanzierungsmöglichkeit der meisten Entwicklungsländer darstellt. Hilfe zur Selbsthilfe kann daher realistisch nur hier ansetzen. Darüber darf jedoch nicht aus den Augen verloren werden, daß langfristig auch für rohstoffreiche Entwicklungsländer ein dauerhafter Wirtschaftsaufschwung nur im Zusammenhang mit Industrialisierung gesichert sein dürfte. Fragen der Industrialisierungspolitik und der Handesliberalisierung bei verarbeiteten Produkten kommt daher zumindest dieselbe Wichtigkeit zu wie der gegenwärtig besonders heftig diskutierten Rohstoffrage.

Auf den internationalen Rohstoffmärkten treten Entwicklungsländer nicht allein auf der Anbieterseite und Industrieländer nicht ausschließlich auf der Nachfragerseite auf. Diese Tatsache kompliziert die Diskussion um eine Neuordnung des Rohstoffhandels erheblich. Allerdings ist die Rohstoffnachfrage der Entwicklungsländer bisher gering, weil diese insgesamt betrachtet kaum industrialisiert sind. Einzelne Entwicklungsländer, in denen die Industrialisierung sektorenweise schon recht weit fortgeschritten ist wie z.B. Taiwan und Hongkong oder die als sog. Schwellenmächte gegenwärtig gerade zum Industrieland aufsteigen möchten wie einige südamerikanische Staaten, insbes. Brasilien, haben durchaus einen erheblichen Rohstoffbedarf, der nicht immer durch eigene Produktion gedeckt werden kann. Von der Energiekrise 1974 waren bereits am härtesten Entwicklungsländer betroffen, weshalb die Generalversammlung der Vereinten Nationen auf der Sondersitzung im März/April 1974 zu ihren Gunsten ein Notprogramm von insgesamt über 2,7 Mrd. Dollar initiiert hatte[21].

Auf der anderen Seite exportieren die Industrieländer in absoluten Zahlen betrachtet mehr Rohstoffe als die Entwicklungsländer[22]: Ohne Erdölausfuhren betrug 1974 der Wert der Rohstoffexporte aus Industrieländern das Doppelte des Wertes der Rohstoffexporte aus Entwicklungsländern[23]. Zudem richten die internationalen Rohstoffkonzerne ihre Investitionen in den letzten Jahren verstärkt auf Industrieländer aus[24], auch wenn die Förderung dort mit erheblich höheren Kosten verbunden ist. Bei bestimmten Rohstoffen sind die Entwicklungsländer jedoch wichtige oder sogar ausschließliche Anbieter auf dem Weltmarkt so z.B. bei Bananen, Zukker, Kaffee, Tee, Kakao, Kupfer, Zinn oder Erdöl.

Trotz dieser eben angeführten Relativierung sind Entwicklungsländer in viel stärkerem Maße vom Export ihrer Rohstoffe abhängig als Industrieländer. Die letztgenannten exportieren nämlich zu ca. 75 % verarbeitete Produkte. Rohstoffexport spielt hier also nur eine untergeordnete Rolle für die Wirtschaft, die zudem noch über einen eigenen aufnahmefähigen Binnenmarkt verfügt. Entwicklungsländer erzielen jedoch 80 % ihrer Exporterlöse aus dem Rohstoffhandel. Läßt man den Brennstoffexport unberücksichtigt, bleiben nach GATT-Statistiken von 1974 immer noch fast 60 %[25]. Zudem liegt als Folge einseitiger Strukturierung durch die früheren Kolonialherren bei vielen Entwicklungsländern eine Verengung auf wenige oder gar nur ein zentrales Exportgut vor. Eine Untersuchung der Weltbank von 1975 ergab, daß bei 48 Entwicklungsländern drei oder weniger Rohstoffe mehr als 50 % ihrer gesamten Exporterlöse stellen[26]. Die Wirtschaft derartiger Entwicklungsländer ist daher schon von Preisverfall oder Absatzschwierigkeiten bei einem einzigen Rohstoff empfindlich getroffen. Ein funktionierender Binnenmarkt, der Exportschwankungen teilweise ausgleichen könnte, fehlt den meisten Entwicklungsländern sowieso gänzlich[27].

Der Export von Rohstoffen garantiert im gegenwärtigen Freihandelssystem keine beständigen Gewinnspannen. Die Preise schwanken hier bedeutend stärker als im Fertigwarenbereich, wobei der Grad der Preisinstabilität in den letzten sechs Jahren spekulationsbedingt sogar noch zugenommen hat. Nach Angaben des internationalen Währungsfonds wichen 1975 die Exporterträge der Entwicklungsländer bei wichtigen Rohstoffen zwischen minus 32 % und plus 36 % vom Vorjahreswert ab[28]. Diese Instabilität ergibt sich bei landwirtschaftlichen Produkten für gewöhnlich aus dem Angebot, großenteils aufgrund der Witterung. Bei Mineralien ergibt sie sich vor allem aus der Nachfrage im Zuge der Konjunkturrhythmen der Industrieländer. Dieser Weg, Exporte der Entwicklungsländer als Konjunkturpuffer einzusetzen, wird von Industrieländern besonders ausgeprägt beschritten, wenn eine heimische Förderung desselben Rohstoffs oder synthetische Ersatzprodukte verfügbar sind, wie besonders deutlich im Verhältnis zwischen natürlichem und synthetischem Kautschuk beobachtet werden kann[29]. Verstärkung erfahren diese Schwankungen speziell in Phasen internationaler Rohstoffspekulation und allgemein, weil Angebot und Nachfrage bei vielen Rohstoffen preisunelastisch sind. Relativ geringe Veränderungen von Angebot und Nachfrage können beträchtliche Preisveränderungen bewirken. Andererseits führen selbst sehr große Preisveränderungen zumindest kurzfristig nur zu geringen Reaktionen auf der Angebots- und Nachfrageseite[30]. Eine realistische jährliche Wirtschaftsplanung im voraus oder gar längerfristige Entwicklungsvorhaben können Entwicklungsländer heute also kaum in Angriff nehmen, wenn ihre Wirtschaft und damit ihre Finanzierungsbasis vom Rohstoffexport abhängt.

Eine weitere Entwicklung, die den Rohstoffexport so nachteilig gestaltet, ist das Austauschverhältnis zwischen Rohstoffen und Fertigwaren, die terms of trade. Abgesehen vom Rohstoffboom 1973/74 und speziell den Preisen für Erdöl sind die Rohstoffpreise in den letzten zwanzig Jahren kaum gestiegen oder sogar gefallen. Die Preise der Industriegüter hingegen sind ständig und erheblich gestiegen. Nach Angaben der UNCTAD konnten Rohstoffexporteure 1972 nur noch 84 % der Industriegüter des Jahres 1969 im Austausch für ihre Rohstoffe erhalten[31]. Gerade Investitionsgüter, die für einen künftigen wirtschaftlichen Aufschwung der Entwicklungsländer zentrale Bedeutung haben, können damit von den Entwicklungsländern immer weniger durch eigene Exporte bezahlt werden. Die Verschuldung der Entwicklungsländer stieg vor allem auch aus diesem Grunde nach Schätzungen der Weltbank von 18,1 Mrd. Dollar 1965 auf 117 Mrd. Dollar 1973[32]. Sie hat sich durch den Rohstoffboom 1973/74 nicht grundlegend verändert, da hiervon nur vereinzelte Entwicklungsländer, insbes. die Ölexportländer, provitieren konnten, während die weltweite Inflation andererseits alle Entwicklungsländer erheblich getroffen hat. Zusätzlich darf nicht vergessen werden, daß die meisten Gewinne im Rohstoffgeschäft bei privaten Rohstoffunternehmen anfallen, die sich häufig in ausländischem Eigentum befinden.

Ein dritter Nachteil für Rohstoffexportländer ergibt sich daraus, daß eine Steigerung des Absatzes hier nur langsam möglich ist, während der Export verarbeiteter Produkte nach 1945 schnell und kräftig ausgeweitet werden konnte. Dabei stiegen selbst innerhalb des Rohstoffbereichs die Exporte der Entwicklungsländer noch bedeutend langsamer als die der Industrieländer. Die Steigerungsrate betrug zwischen 1955 und 1969 für den Rohstoffexport aus Entwicklungsländern 69 %, für den aus Industrieländern aber 110 %. Die gesamten Weltexporte einschließlich der verarbeiteten Produkte aber stiegen um fast 191 % an[33].

Weil also im Vergleich zu verarbeiteten Produkten in der Vergangenheit die Preise für Rohstoffe langsamer stiegen, der Absatz sich gerade für Entwicklungsländer weniger steigern ließ und die Entwicklungsländer aufgrund ihrer Zahlungsschwierigkeiten immer weniger importieren konnten, ist ihr Anteil am Welthandel insgesamt immer weiter gesunken. Betrug er 1950 noch 31 %, so beträgt er heute weniger als 20 % und ohne Erdöl nur 10 %[34]. Diese Erscheinung wird häufig als Desintegration der Entwicklungsländer aus der kapitalistischen Weltwirtschaft bezeichnet. Derartiges darf jedoch keinesfalls darüber hinwegtäuschen, daß die ökonomische und politische Abhängigkeit vieler Entwicklungsländer von Industrieländern zumindest konstant geblieben ist. Das Ergebnis vieler Analysen ist eindeutig dieses, da sowohl die exportorientierte Produktion als auch die verschiedenartigen Ausfuhraktivitäten wie Transport und Versicherung sich weiterhin in den Händen von Unternehmen aus den westlichen Industrieländern befinden[35].

Angesichts dieser Tatsachen ergibt sich für die Entwicklungsländer folgende Konsequenz: Langfristig müssen sie darum bemüht sein, aus der Rolle der ausschließlichen Rohstoffexporteure herauszukommen. Kurzfristig müssen sie um Preisstabilität und kontinuierliche Preissteigerungen im Rohstoffbereich bemüht sein. Hierbei können ihre Interessen im einzelnen sehr unterschiedlich sein je nachdem, ob es sich um ein rohstoffarmes oder ein rohstoffreiches Entwicklungsland handelt und wie weit der Grad der Industrialisierung bereits gediehen ist. Die Industrieländer hingegen teilen prinzipiell nur das Interesse an Preisstabilität im Rohstoffbereich, aber auf niedrigem Niveau, da dieses für die Planung und Kalkulation ihrer verarbeitenden Industrie eine wichtige Voraussetzung darstellt. Preissteigerungen im Rohstoffbereich werden allgemein abgelehnt und als Motoren der Inflation verteufelt, was die Industrieländer im Rohstoffbereich allerdings nie an eigenen Preiserhöhungen gehindert hat.

3.3.1 Rohstoffabkommen und GATT

Angesichts derartiger Interessendifferenzen muß jede einverständliche Behandlung des Rohstoffproblems zwischen Industrie- und Entwicklungsländern vor großen Schwierigkeiten stehen. Solange die Industrieländer politisch und ökonomisch die internationale Szene unbehindert beherrschen konnten, weil die Entwicklungsländer von ihnen abhängig und intern zerstritten waren, gab es offiziell kein Rohstoffproblem, wenn auch seit 1937 (Zucker) schon einige besondere Abkommen über bestimmte Rohstoffe existierten.

In konsequenter Umsetzung des Freihandelsgedankens unterstellt das GATT allgemein alle Welthandelsgüter denselben abstrakten Normen. Verboten ist lediglich, durch Subventionierung von Rohstoffexporten unangemessene Marktanteile zu erobern (Art. XVI Abs. 3 GATT). Internationale Rohstoffabkommen werden vom GATT unter bestimmten Voraussetzungen als Ausnahme vom Prinzip des Freihandels geduldet (Art. XX Ih GATT). In Teil IV des GATT, den die Entwicklungsländer erst 1966 als Erweiterung erkämpft hatten, werden für den Rohstoffbereich lediglich besondere Absichten fixiert: Den Entwicklungsländern sollen für ihren Rohstoffexport günstigere Absatzbedingungen auf dem Weltmarkt geschaffen und stabile, angemessene und lohnende Ausfuhrpreise ermöglicht werden (Art. XXXVI Abs. 4, XXXVIII Abs. 2a GATT). Darüber hinaus gibt es drei Rohstoffabkommen (Magermilchpulver, Butterfette und Butteröle), die direkt unter Mitwirkung des GATT abgeschlossen wurden und neben dem bloßen Austausch statistischer Informationen auch Mindestpreise für den Export vorsehen. Diese Mindestpreise sind jedoch derartig niedrig angesetzt, daß sie praktisch bedeutungslos geblieben sind[36].

3.3.2 Produktspezifische internationale Rohstoffabkommen

Die bestehenden internationalen Rohstoffabkommen greifen unterschiedlich stark in den internationalen Markt ein. Die erste, schwächste Form verzichtet völlig auf eine Marktregulierung und zieht lediglich Informations- und Beratungspflichten vor. Der Verzicht auf direkte Eingriffe ist mit der schwachen Stellung der Erzeugerländer gegenüber den Verbraucherländern zu erklären. Hierzu zählen Abkommen über Kautschuk, Weizen, Olivenöl, Wolle, Zink, Blei, Wolfram und Mangan. Der zweite Abkommenstyp verpflichtet die Unterzeichnerstaaten, bestimmte Höchst- und Mindestpreise einzuhalten. Im dritten Fall wird nur Mengenregulierung betrieben, indem den Erzeugerländern bestimmte Exportquoten ohne Preisfestsetzung zugeteilt werden. Dieses geschieht bei Tee und Kupfer. Am relativ wirksamsten ist die vierte Art von Rohstoffabkommen, in denen kombiniert Preise und Exportmengen reguliert werden wie bei Zucker, Kaffee, Kakao und Zinn[37]. Das internationale Kakao-Übereinkommen von 1975 und das fünfte internationale Zinn-Übereinkommen von 1975 haben darüber hinaus die besonders aktuelle Besonderheit, daß sie zum erstenmal Ausgleichslager vorsehen. Die Errichtung von Ausgleichslagern für alle problematischen Rohstoffe ist ein wesentlicher Bestandteil der neuen Weltwirtschaftsordnung, wie die UNCTAD sie 1976 auf der Konferenz von Nairobi gefordert hat. Daher soll die grundlegende Struktur bestehender Rohstoffabkommen am Beispiel des Zinn-Abkommens[38] genauer erläutert werden, bevor auf die praktischen Erfahrungen mit Rohstoffabkommen allgemein eingegangen wird.

Rohstoffabkommen werden zwischen einer möglichst umfassenden Anzahl von Erzeuger- und Verbraucherländern abgeschlossen. Sie versuchen bei formaler Parität beider Seiten einen inhaltlichen Interessenausgleich zwischen beiden herzustellen. In diesem Sinne sollen durch das Zinn-Abkommen Erzeugung und Verbrauch aufeinander abgestimmt werden. Übermäßige Schwankungen des Zinn-Preises sollen verhindert werden. Die Ausfuhrerlöse sollen erhöht werden, gleichzeitig aber auch den Interessen der Verbraucher dienen. Die Produktionsrate bei Zinn soll gesteigert und seine inländische Weiterverarbeitung gefördert werden. Zinnmangel bzw. -überangebote sollen ausgeglichen oder doch in ihren negativen Folgen für die betroffene Seite abgemildert werden (Art. 1). Die Zielsetzung ist also sehr anspruchsvoll, wenn man die anfangs geschilderte geringe tatsächliche Deckungsbreite der Erzeuger- und Abnehmerinteressen bedenkt.

Wichtigster Mechanismus in Richtung auf einen Zwang zum Interessenausgleich dürfte die formale Gleichstellung beider Seiten sein. Allerdings hat die Praxis bisher gezeigt, daß formale Gleichheit materielle Ungleichheit der Beteiligten nur abzumildern, nicht aber aufzuheben in der Lage ist. Eine tatsächliche inhaltliche Annäherung der Standpunkte kann längst nicht in jedem Fall hierdurch erzwungen werden. Der unter formal gleichen Bedingungen ausgehandelte Kompromiß ist nicht unbedingt für beide Seiten gleich günstig. – Jedenfalls wird Parität dadurch hergestellt, daß jedes Teilnehmerland im internationalen Zinnrat, dem zentralen Entscheidungsorgan des Abkommens, vertreten ist (Art. 4), die Stimmen jedoch zu zwei gleichen Hälften 1.000 : 1.000 zwischen Erzeuger- und Verbraucherländern aufgeteilt sind. Innerhalb einer der beiden Gruppen erhält jedes Mitglied 5 Grundstimmen und weitere Stimmen bis zur Grenze von 450 nach der Höhe seiner Export- oder Importanteile im Rahmen des Abkommens (Art. 13). Abstimmungen im Rat bedürfen im Normalfall der beiderseitigen einfachen Mehrheit (Art. 14b). Der Rat besitzt sämtliche zur Durchführung des Abkommens erforderlichen Befugnisse (Art. 7a). Insbes. beschließt er den Haushalt (Art. 19), verwaltet das Ausgleichslager (Art. 21 ff., 28 ff.), setzt Niedrigst- und Höchstpreise fest (Art. 27), beschließt Ausfuhrquoten (Art. 32 ff.) und entscheidet über Sanktionen (Art. 19c, 23, 36).

Den formal über das Stimmenverhältnis zugesicherten gleichen Rechten entsprechen jedoch nicht gleiche Pflichten. Hier sind die Erzeugerländer, also insbes. die Entwicklungsländer, eindeutig benachteiligt. Zwar tragen die laufenden Verwaltungskosten des Abkommens alle Mitglieder gemeinsam entsprechend ihrer Stimmenzahl (Art. 19b), das Ausgleichslager wird jedoch zwingend nur von der Erzeugerseite (Art. 21) finanziert. Verbraucherländer können nach eigenem Gutdünken Barzahlungen oder Zinnlieferungen an das Ausgleichslager leisten (Art. 22a). Die Festsetzung von Niedrigst- und Höchstpreisen gilt selbstverständlich für beide Seiten. Die Quotenfestsetzung bezieht sich jedoch nur auf die höchstzulässige Ausfuhrmenge (Art. 34). Entsprechende Einfuhrquoten für Verbraucherländer fehlen. Diese Ungleichheit der Verteilung von Rechten im Verhältnis zu den Lasten ist typisch für alle bestehenden Rohstoffabkommen.

Marktregulierung soll im Zinnabkommen in erster Linie über eine Preisfestsetzung erreicht werden, die einen Ausgleich zwischen Angebot und Nachfrage herstellen soll. Versagt dieser Mechanismus, was angesichts der kurzfristigen Unflexibilität von Angebot und Nachfrage häufig zu erwarten ist, soll das Ausgleichslager in Funktion treten. Das Ausgleichslager muß bzw. kann von Erzeuger- und Verbraucherseite mit jeweils 20.000 Tonnen Zinn oder einem entsprechenden Geldwert beschickt werden also insgesamt mit maximal 40.000 t. 7.500 t Zinn in bar oder Metall müssen die Erzeugerländer zu Beginn des Abkommens einzahlen, weitere Beiträge beschließt der Rat nach Gutdünken (Art. 21). Daneben können Kredite für die Zwecke des Ausgleichslagers aufgenommen werden (Art. 24). Das Ausgleichslager soll zur Stützung der Niedrigst- und Höchstpreise Zinn aufkaufen oder verkaufen. Sind mindestens 10.000 t Zinnmetall im Ausgleichslager vorhanden, kann der Rat eine Ausfuhrüberwachung festsetzen und durch Exportquoten das Angebot der Nachfrage anpassen (Art. 33, 32). Die für den Überwachungszeitraum zulässige Gesamtexportmenge wird auf die Erzeugerländer entsprechend den Ausfuhrzahlen der letzten vier aufeinanderfolgenden nicht überwachten Vierteljahre aufgeteilt (Art. 34). Überschreitet ein Exportland seine Quote, muß es eine Strafabgabe bis zur Höhe der Überschreitung an das Ausgleichslager liefern, erleidet eine Kürzung seiner künftigen Exportquoten oder verliert sogar alle Rechte bei der künftigen Auflösung des Ausgleichslagers (Art. 36a). Derartige Sanktionen haben beim Zinnabkommen bisher offenbar gewirkt. Denn nach unten hat es die Preise jahrelang stabil gehalten, so daß es allgemein als das am besten funktionierende Abkommen gilt.

Insgesamt haben Rohstoffabkommen bisher jedoch nur unvollkommen funktioniert. Die wirtschaftlichen Bestimmungen des Kaffeeabkommens z. B. wurden jahrelang einfach ausgesetzt[39]. Lagen die Preise über den vorgeschriebenen Höchstpreisen, hatten die Erzeugerländer kein Interesse daran, die Abkommenspreise einzuhalten; – angesichts der immensen Verschuldung vieler rohstoffexportierenden Entwicklungsländer nur allzu verständlich. Diese Situation herrschte 1978 auch bei Zinn und Kakao vor. Die Ausgleichslager waren hier zu klein, um den Preis niedrig zu halten. Sanken die Preise unter das vorgeschriebene Minimum, fuhren die Überschußländer häufig fort, sich gegenseitig zu unterbieten wie in letzter Zeit bei Zukker[40]. Diese mangelnde Konsequenz erklärt sich daraus, daß viele Entwicklungsländer einen Einnahmeverzicht aufgrund ihrer angespannten Finanzlage nicht durchstehen können, die Lagerungskosten und Kapazitäten nicht vorhanden sind oder das Produkt überhaupt nicht lagerungsfähig ist. Um tausende von Litern Wein zu vergellen, Butterberge anzulegen oder Tomaten ins Meer zu schütten bedarf es eben der Finanzkraft einer EG oder der USA. Zudem schließen sich wichtige Erzeugerländer oder Abnehmerländer dem Rohstoffabkommen nicht an. So ist die EG bisher nicht Mitglied des neuen Zuckerabkommens, weil sie die Errichtung von Ausgleichslagern nicht durchsetzen konnte[41]. Beim Kakaoabkommen wiederum leistete die Farmer-Lobby der vereinigten Staaten Widerstand, weil sie die Ausgleichslager als Preisdrücker fürchtete[42].

Abschließend kann demnach festgehalten werden, daß die Rohstoffabkommen bisheriger Art die Probleme des Rohstoffhandels nicht grundlegend lösen konnten und vielfach völlig wirkungslos blieben.

3.3.3 Das integrierte Rohstoffprogramm der UNCTAD

Bereits 1974 hat die UN-Generalversammlung in drei Resolutionen mit großer Mehrheit zur Neustrukturierung des Rohstoffbereichs Stellung bezogen. In der „Erklärung über die Errichtung einer neuen Weltwirtschaftsordnung“[43] wird gefordert: gerechte Preisrelation zwischen Industrie- und Entwicklungsländern, Verbesserung der Wettbewerbsfähigkeit von Naturprodukten gegenüber synthetischen Ersatzprodukten und Begünstigung von Produzentenvereinbarungen zugunsten von Entwicklungsländern. Das dazugehörige „Aktionsprogramm“[44] nennt darüber hinaus noch: Festlegung allgemeiner Prinzipien der Preisbildung und sonstiger Maßnahmen zur Verbesserung der terms of trade der Entwicklungsländer, Förderung der Eigenverarbeitung von Rohstoffen in Entwicklungsländern, Ausarbeitung von langfristigen Rohstoffabkommen, Vorbereitung eines integrierten Programms, verbesserte Möglichkeiten der Ausgleichsfinanzierung bei schwankenden Exporterlösen der Entwicklungsländer, Schaffung von Reservelagern im Rahmen von Rohstoffabkommen mit gemeinsamer Finanzierung durch Industrie- und Entwicklungsländer, Investitionsstop für den Bereich synthetischer Ersatzprodukte, wo Naturprodukte die Marktanforderungen erfüllen.

Die „Charta der wirtschaftlichen Rechte und Pflichten der Staaten“[45], ebenfalls nur eine Resolution mit Empfehlungscharakter, fordert: das Recht aller Staaten, sich zugunsten der eigenen wirtschaftlichen Entwicklung, des weltwirtschaftlichen Wachstums und besonders einer beschleunigten Entwicklung der Entwicklungsländer zu Grundstofferzeugerkartellen zusammenzuschließen (Art. 5); die Pflicht der Staaten, langfristige Grundstoffabkommen abzuschließen, wobei die Interessen von Erzeugern und Verbrauchern zu berücksichtigen sind, die Preisbildung aber besonders die Interessen der Entwicklungsländer zu berücksichtigen hat (Art. 6).

Alle drei Resolutionen betonen und begünstigen die Entwicklung der Entwicklungsländer in besonderem Maße vor der der Industrieländer. Dennoch enthalten die drei Resolutionen und insbesondere die Charta keinerlei völkerrechtlich unzulässige Diskriminierung der Industrieländer. Sie berücksichtigen vielmehr die bestehende Benachteiligung und Notlage vieler Entwicklungsländer in angemessener Weise. Gleichbehandlung kann immer nur in vergleichbarer Situation gefordert werden. Diese Auslegung des Bundesverfassungsgerichts für den nationalen Anwendungsbereich des Art. 3 Abs. 1 GG sollte inhaltlich auch für den internationalen Bereich Richtschnur sein, wenn es um die Interpretation völkerrechtlicher Gleichbehandlungsforderungen geht.

Im Zentrum der aktuellen Diskussion über internationale Fragen des Rohstoffhandels steht gegenwärtig das „integrierte Rohstoffprogramm“, wie es die Entwicklungsländer in der „Erklärung von Manila“[46] gefordert haben und wie es die UNCTAD IV 1976 als Verhandlungsauftrag in der Resolution 93 (IV)[47] einstimmig verabschiedet hat. Als Ziele werden hier genannt: Zur Verbesserung der Austauschrelation der Entwicklungsländer und zur Beseitigung des wirtschaftlichen Ungleichgewichts zwischen entwickelten Ländern und Entwicklungsländern sollen konzertierte Bemühungen zugunsten der Entwicklungsländer unternommen werden. Insbesondere sollen stabile Bedingungen im Rohstoffhandel hergestellt werden mit Preisen, die lohnend und gerecht für die Erzeuger und fair für die Verbraucher sind. Ausfuhrerlösschwankungen sollen vermieden oder finanziell ausgeglichen werden. Marktzugang und Wettbewerbsfähigkeit der Produkte der Entwicklungsländer sollen verbessert, Weiterverarbeitung und Diversifikation in den Entwicklungsländern gefördert werden. Zentralen Stellenwert haben hierfür folgende Maßnahmen:

1. Schaffung eines gemeinsamen Fonds, welcher der Finanzierung künftiger Rohstoffausgleichslager dienen soll (sog. Schalter I.) und darüber hinaus jedoch auch für die Durchführung anderer Maßnahmen des integrierten Rohstoffprogramms wie Diversifizierung oder Weiterverarbeitung der Produkte zur Verfügung stehen soll (sog. Schalter II.). Finanziert werden soll der Fonds durch Ein- und Ausfuhrländer gemeinsam, wobei 2/3 der Kosten durch Darlehensaufnahme aufgebracht werden sollen. Benötigt werden nach UNCTAD-Berechnungen von 1976 3 Mrd. Dollar sofort und bis zu weiteren 3 Mrd. später[48], während der 1974 erstellte Korea-Plan noch von 10–13 Mrd. Dollar gesprochen hatte[49]. Die Kosten liegen anfangs besonders hoch, während später bedingt durch die Ungleichzeitigkeit der Preisschwankungen für einzelne Rohstoffe ein Teil der Kosten jeweils durch internen Ausgleich aufgefangen werden kann.

2. Schaffung einer Anzahl von internationalen Ausgleichslagern (Bufferstocks), welche Preis- und Mengenschwankungen auf dem Weltmarkt ausgleichen und so zu einer Stabilisierung der Preise und größerer Versorgungssicherheit beitragen sollen. Der bestehende gemeinsame Fonds soll den Abschluß derartiger Abkommen erleichtern, indem die besonders strittige Finanzierungsfrage kein Problem mehr darstellt. Durch flexiblen Einsatz der Gesamtmittel wird zudem die Interventionsmöglichkeit im Einzelfall erhöht, während die schon bestehenden Ausgleichslager oft zu klein waren, um extreme Preis- und Mengenschwankungen ausgleichen zu können.

3. Marktregulierung über Produktions- und Lieferkontrollen und multilaterale Ankaufs- und Verkaufsverpflichtungen, also unter Einbeziehung auch der Abnehmerseite. Dabei ist beabsichtigt, auch in den Industrieländern geförderte Ersatzrohstoffe oder synthetische Ersatzprodukte mitzuerfassen.

4. Förderung der Rohstoffverarbeitung im eigenen Land und der Disversifikation der Produktion ebenfalls aus Mitteln des Fonds. Verbunden ist dieses Konzept mit der Forderung nach einem verbesserten Marktzugang in den Industrieländern für Produkte der Entwicklungsländer.

5. Zusätzliche Ausgleichsfinanzierung, um Erlösschwankungen auf der Erzeugerseite auszugleichen.

In den Industrieländern ist an diesem Programm unter verschiedenen grundsätzlichen Gesichtspunkten Kritik geübt worden. So wurde besonders der „Dirigismus" dieses Konzeptes gegeißelt, der ‚zu einer „Verzerrung der Marktgesetze" führe[50]. Hierzu darf angemerkt werden, daß eine Veränderung der Marktgegebenheiten völlig angebracht ist, wenn ansonsten (bei jeweils gleichen Marktgesetzen!) stets nur eine Seite begünstigt wird. Im übrigen verweisen die Entwicklungsländer zu Recht auf die EG-Agrarmarktordnung, welche trotz ihrer Probleme von den Beteiligten Industrieländern grundsätzlich positiv beurteilt wird[51] und die Einkommen in der

Landwirtschaft nachhaltig verbessert hat. Bemerkenswerter ist da schon das Argument, eine zu perfekte Marktregulierung werde notwendige Innovationen und Umstrukturierungen hin zu mehr Diversifikation und Eigenverarbeitung verhindern. Angesichts der Tatsache, daß der EG-Agrarfonds allein für 1976 einen Umfang von über 20 Mrd. DM aufwies[52], dürften vergleichbar paradiesische Zustände bei einem weltweiten Fonds von insgesamt nur 6 Mrd. Dollar kaum zu erwarten sein.

Schwierig zu klären sein dürfte selbstverständlich die konkrete Preisfestsetzung bei einzelnen Rohstoffen. Während die Industrieländer auf Wahrung des Status quo drängen, – aber eine entsprechende Koppelung der Rohpreise an die Preise der verarbeiteten Produkte (Indexierung) als „zu dirigistisch" bisher stets abgelehnt haben –, streben die Entwicklungsländer eine Verbesserung der Preisrelation zugunsten ihrer Rohstoffe an. Dieses Problem stellt sich jedoch in jedem Rohstoffabkommen bisheriger Art genauso, spricht also nicht gegen das integrierte Rohstoffprogramm speziell.

Ein ernstzunehmenderer Einwand ist mit der Frage angesprochen, wem im einzelnen der Rohstoffonds im Endergebnis nützen wird. Immerhin sind auch Industrieländer Anbieter von Rohstoffen, was aber bei entsprechender Auswahl der Rohstoffe kein erhebliches Problem ist und in den Industrieländern selbst nicht ernsthaft kritisiert werden dürfte. Es gibt jedoch auch eine Anzahl von nach UNCTAD-Schätzungen etwa 20 Entwicklungsländern, welche als Nettoimporteure der ausgewählten Rohstoffe durch die angestrebten Preissteigerungen verlieren würden[53]. Diesen müßte durch Sonderzahlungen unter die Arme gegriffen werden.

Daß der Mittelbedarf des integrierten Rohstoffprogramms damit die Leistungsfähigkeit der Industrieländer übersteigen könnte und gar zu Einsparungen an sonstiger Entwicklungshilfe führen müßte[54], ist nicht ersichtlich. Die in den EG-Agrarfonds eingebrachten Beträge oder die Rüstungsaufwendungen der Industrieländer geben deutlich Belege über die wirkliche Leistungsfähigkeit dieser Länder, – wenn es sich um eigene Interessen handelt. Angesichts derartiger Beträge stellt weder die bisherige Höhe der öffentlichen Entwicklungshilfe, noch gar der gemeinsame Fonds eine besonders eindrucksvolle Größenordnung dar.

Problematischer ist schon, daß nach bundesrepublikanischen Schätzungen von den Erlössteigerungen mehr als die Hälfte nur 12 Entwicklungsländern zugute käme, während 59 andere sich den Rest teilen müßten[55]. Hier müßte erst noch eine solidarische Lösung innerhalb der Entwicklungsländer gefunden werden. Ein Grund, das Konzept überhaupt nicht in Angriff zu nehmen, liegt hierin zumindest nicht.

Insgesamt ist festzuhalten, daß eine Preisstabilisierung durch Ausgleichslager auch den Industrieländern als Abnehmern große Vorteile brächte und daß die geforderte Größenordnung bei genauer Betrachtung eher bescheiden ist. Hieraus erklärt sich auch, daß die westlichen Industrieländer am Ende der KIWZ 1977 ihr prinzipielles Einverständnis gaben und im März 1979 unter Beteiligung von 101 Verhandlungsdelegationen über die grundlegenden Elemente (Finanzierung, Entscheidungsmechanismen) Einigung erzielt werden konnte.

Nach der Kompromißformel von Genf 1979[56] sollen für die Bildung von Ausgleichslagern (Schalter I.) 400 Mio Dollar aufgebracht werden. Jedes Mitgliedsland zahlt 1 Mio Dollar als Eintrittssumme. Den verbleibenden Betrag leisten die Mitglieder nach folgendem Schema: Entwicklungsländer 10 %, westliche Industrieländer 68 %, sozialistische Staaten Osteuropas mit UdSSR 17 %, China 5 %. Darüber hinaus sind Anleihen und Selbstfinanzierung der Rohstoffabkommen möglich. Die Entwicklungsländer konnten sich also mit ihrer Forderung durchsetzen, den westlichen Industrieländern die Hauptlasten des Programms aufzubürden und die sozialistischen Staaten ebenfalls zu verpflichten.

Das Stimmrecht ist nicht entsprechend der Zahlungspflicht verteilt, sondern für Entwicklungsländer günstiger. Letztere erhalten 47 % der Stimmen, die westlichen Industrieländer nur 42 %, die sozialistischen Staaten Osteuropas mit UdSSR 8 % und China 3 %. Wenigstens zusammen mit China oder den sozialistischen Staaten verfügen die Entwicklungsländer also über 50 % der Stimmen. Für wichtige Entscheidungen ist jedoch 3/4 Mehrheit vorgesehen, so daß die westlichen Industrieländer hier nicht überstimmt werden können. Im übrigen soll nach Möglichkeit aufgrund konsensualer Verhandlungsergebnisse, also ohne Abstimmung entschieden werden. USA und UdSSR sehen sich dennoch unterrepräsentiert und fordern höhere Stimmanteile.

Um diese Erfolge zu erreichen, haben die Entwicklungsländer jedoch Abstriche von ihrem Konzept machen müssen. Am schwersten wiegt, daß die Einheitlichkeit des Programms in zweifacher Hinsicht aufgegeben werden mußte. Erstens werden die Abkommen über einzelne Rohstoffe getrennt ausgehandelt, abgeschlossen und abgewickelt. Die Verhandlungsposition der Entwicklungsländer für das einzelne Rohstoffabkommen ist daher schwächer. Eine koordinierte Planung und Steuerung verschiedener Rohstoffmärkte ist nicht mehr möglich Die Einzelfonds können sich auch nicht mehr gegenseitig stützen.

Zweitens sind die flankierenden Maßnahmen zur wirtschaftlichen Unterstützung der Entwicklungsländer (Schalter II.) abgetrennt worden: die hierfür erforderlichen Beträge von 280 Mio Dollar sollen nur zu einem geringen Teil aus dem Rohstofffonds und überwiegend aufgrund freiwilliger Zahlungen erfolgen. Die UNCTAD V zeigte jedoch, wie gering die Zahlungsbereitschaft der westlichen Industrieländer zur Zeit ist: Es erfolgten keine konkreten Zahlungszusagen der wichtigsten Industrieländer, auch nicht der BRD. Damit dürften für diesen Teil des Rohstoffprogramms erst etwa 100 Mio Dollar vorhanden sein[57].

Die Mittel für die anzulegenden Rohstofflager sind noch weiter verringert worden. Von vormals 18 Rohstoffen sollen jetzt nur noch 10 erfaßt werden: Kakao, Kaffee, Zucker, Tee, Kautschuk, Hartfasern, Baumwolle, Jute, Zinn, Kupfer. Da in 4 Fällen schon Abkommen bestehen, geht es faktisch nur noch um die Schaffung 6 neuer Abkommen. Aufgrund der weiterbestehenden Vereinzelung der Entwicklungsländer bei den nun einsetzenden Verhandlungen um diese Abkommen darf man grundsätzlich Neues hier nicht erwarten: Die sechs neuen Abkommen werden sich an den „bewährten" Strukturen der alten orientieren. Die Erfahrungen mit dieser Art Rohstoffabkommen (siehe I.3.3.2) lassen jedoch die Prognose zu: grundlegende Veränderungen des internationalen Rohstoffhandels sind durch derartige Abkommen nicht zu bewirken, auch bei geringfügig breiterer Finanzierungsbasis.

Das integrierte Rohstoffabkommen ist somit in seinen zentralen Punkten entkoppelt, finanziell stark reduziert und als umfassendes Steuerungsmittel unbrauchbar gemacht worden. „Integriert" sind letztlich nur noch die Finanzmittel – bis zu ihrer Verteilung. Die Entwicklungsländer müssen daher ihre Aufmerksamkeit auch wieder anderen Modifizierungen des Rohstoffhandels zuwenden. Eine Ausgleichsfinanzierung für Exporterlösschwankungen fand daher auf der UNCTAD V wieder größeres Echo bei den Entwicklungsländern als zuvor, obwohl die Erfahrungen mit dem System des Internationalen Währungsfonds (IMF) bisher nicht sehr positiv waren und auch der kleinere Stabex-Fonds des Abkommens von Lomé (s. I.4.4) keine grundlegende Wende für rohstoffexportierende Entwicklungsländer erkennen läßt. Die Tatsache, daß ein Ausgleichsfonds nur Verschlechterungen ausgleicht, nachträglich wirkt, nur auf besonderen Antrag und nach Prüfung zahlt und Rückzahlungsverpflichtungen bestehen, ließen dieses Mittel für Entwicklungsländer bisher wenig attraktiv erscheinen. Entsprechend einer Resolution auf der UNCTAD V[58] soll dieser Weg nun jedoch weiter beschritten werden. Das UNCTAD-Sekretariat soll bei der Anfertigung einer entsprechenden Studie mit dem IMF zusammenarbeiten und dadurch den IMF, der bisher mit 87 Prozent der Stimmen uneingeschränkt von den Industrieländern dominiert wird[59], im Sinne der Entwicklungsländer beeinflussen.

Fünf Jahre heftigen Ringens mit den Industrieländern haben den Entwicklungsländern damit zwar einige neue Gelder und Ausweitung bestehender (aber nicht bewährter) Stützungsinstrumente gebracht. Eine Neuordnung der Weltwirtschaft im Rohstoffbereich jedoch konnte nicht durchgesetzt werden. Die Hoffnungen auf eine Neuorientierung in anderen zentralen Bereichen wie Finanzierung, Industrialisierung und Technologietransfer im Wege der Verhandlung sind damit noch geringer einzuschätzen als zuvor.

3.3.4 Erzeugerkartelle

In den meisten Rohstoffabkommen sind Erzeugerkartelle ausdrücklich verboten (Art. 41 Kaffeeübereinkommen von 1968) oder doch dem Sinn nach völlig ausgeschlossen. Da die bestehenden Abkommen aber schlecht funktionieren, den Produzenten die Hauptlasten aufbürden, den Verbraucherländern aber dennoch gleiche Rechte einräumen, verwundert es nicht, daß die Produzentenseite sich über wirksamere Wege der Selbsthilfe Gedanken gemacht hat. Seitdem die OPEC aufsehenerregende Erfolge erzielen konnte, ist Kartellbildung eine Hoffnung vieler Entwicklungsländer und ein Trauma besonders rohstoffarmer Industrieländer wie der Bundesrepublik Deutschland oder Japan. Die „Charta der wirtschaftlichen Rechte und Pflichten der Staaten" von 1974 fordert in Art. 5 nunmehr auch das Recht für Entwicklungsländer, sich zu Grundstofferzeugerkartellen zusammenzuschließen[60].

Die Bildung von Rohstoffkartellen ist allerdings weder eine Erfindung der Entwicklungsländer noch gegenwärtig auf Entwicklungsländer beschränkt. International operierende Firmen der westlichen Industrieländer oder die Staaten der Industrieländer praktizieren seit langem erfolgreiche Kartellpolitik auf dem Rohstoffsektor. So sind im Nickelclub drei kanadische, eine australische und eine französische Firma verbunden, die insgesamt über 80 % der Weltproduktion beherrschen. Im Uranclub verhandeln Australien, Kanada, Südafrika und Frankreich Produktionsquoten und Preise. Führende Mitglieder einer neuen Produzentenorganisation von Quecksilber sind Spanien und Italien[61]. An der OPEC-Gründung ging ein Preisdiktat der sechs großen internationalen Ölgesellschaften voraus. Allgemein problematisiert wurde die Bildung von Rohstoffkartellen allerdings erst, sobald und soweit die Entwicklungsländer beteiligt waren und Erfolge erzielen konnten.

Im folgenden soll kurz die völkerrechtliche Konstruktion des Ölkartells erläutert werden, um anschließend der Frage nachzugehen, ob sich hier eine für Entwicklungsländer akzeptable und für Industrieländer beängstigende Alternative zur herkömmlichen Rohstoffabkommen abzeichnet. Nach der Satzung der erdölexportierenden Länder aus dem Jahre 1965[62] ist die OPEC eine dauernde zwischenstaatliche Organisation der erdölexportierenden Länder (Art. 1), die aus drei Organen, der Konferenz, dem Direktorium und dem Sekretariat besteht. Im Hauptorgan, der Konferenz, hat jedes Mitglied eine Stimme. Entschieden werden kann nur einstimmig, falls dreiviertel der Mitglieder anwesend sind (Art. 11), wobei über die Angelegenheiten der Organisation meist nicht verbindlich, sondern nur in Empfehlungsform entschieden werden kann (Art. 15). In das Direktorium entsendet jedes Mitglied einen Vertreter (Art. 17), der Generalsekretär wird für ein Jahr nach Beitrittszeitpunkt und alphabetischer Reihenfolge der Staaten ernannt (Art. 28). Die Finanzierung erfolgt zu gleichen Teilen (Art. 42). Im Gegensatz zu Rohstoffabkommen spielt die Exportkapapzität eines Staates organisatorisch also keine Rolle.

Hauptziel der Organisation ist selbstverständlich, die Ölpolitik der Mitgliedstaaten zu koordinieren und die Preise im Gleichschritt zu erhöhen. Gleichrangig nebeneinander werden jedoch die Notwendigkeiten genannt, den Erzeugerländern ein gleichmäßiges Einkommen sowie den Verbraucherländern eine gleichmäßige Versorgung und der Ölindustrie einen angemessenen Profit zu sichern (Art. 2)[63].

Die OPEC wurde bereits 1960 gegründet und verfolgte bis 1969 eine eher defensive Politik. Seit dem Beitritt Algeriens und dem Militärputsch in Libyen 1969 begann man, die Preise offensiv zu erhöhen. 1970 bis 1974 stiegen die Ölpreise von 1,80 auf 11,8 Dollar pro Barrel. Daneben erfolgten drastische Steuererhöhungen für die ausländischen Förderunternehmen und umfassende Nationalisierungsmaßnahmen[64]. Die Preiserhöhungen in den Folgejahren waren jedoch bereits weniger spektakulär und gegenwärtig zeigt selbst dieses „Musterkartell“ Risse: Ölländer, die ihre Gewinne teilweise selbst in die westliche Wirtschaft reinvestieren, plädieren für rücksichtsvollere Preiserhöhungen als Länder, deren Verschuldung trotz der Ölgewinne schon wieder ansteigt. Die volkarmen Scheichtümer können eine Drosselung der Ölproduktion ungleich leichter verkraften als volkreiche Ölländer wie Nigeria, Algerien oder Iran. Die gemeinsame islamische Tradition und der gemeinsame Feind

Israel waren hier bisher ein wichtiges Bindesglied, welches Nachahmern von Anfang an fehlt. Entsprechend steht neben der OPEC noch die OAPEC, die Organisation der arabischen Erdölexportländer, welche sich mit der Mitgliedschaft der OPEC nur teilweise überschneidet. So verantwortete das Ölembargo von 1973 die OAPEC, während die OPEC nur die Preisanhebungen organisierte, da sie in ihrer Satzung ja auch zur Regelmäßigkeit der Öllieferungen verpflichtet ist[65].

Die Nachahmer der OPEC sind zahlreich. Bereits seit 1964 besteht eine Kakaoproduzentenvereinigung, die sechs Anbauländer und 80 % der Welt-Kakaoproduktion umfaßt. Seit 1972 verfolgen 20 Kaffee-Erzeugerländer unter Führung Brasiliens eine Exportmengenkartellpolitik. 1970 schlossen sich 15 Tee-Erzeugerländer mit 90 % der Weltexportanteile zusammen. Die CIPEC versucht, den Weltkupferpreis vor Schwankungen zu bewahren[66]. Über einzelne momentane Erfolge hinaus hat keines dieser Kartelle langfristig den Markt in seinem Sinne beeinflussen können. Die Regierung der Bundesrepublik Deutschland kann daher gegenwärtig zu Recht erklären: Die bisherigen kartellartigen Zusammenschlüsse (außer Öl) haben bisher zu keiner Verengung des Rohstoffangebots geführt. Eine wirklich gemeinsame Preis- und Mengensteuerung ist aufgrund der unterschiedlichen Interessenlage der Erzeugerländer nicht zu erwarten[67].

Ursache dieses Scheiterns ist, daß zur dauerhaften Errichtung eines Rohstoffkartells bestimmte Bedingungen erfüllt sein müssen, welche die OPEC nahezu vollständig aufweist, andere Rohstofferzeuger jedoch bisher nur sehr lückenhaft erfüllen können:

1. Der Rohstoff darf nicht kurzfristig ersetzbar oder verzichtbar sein. Am besten muß er langfristig einen sicheren Platz in der Wirtschaft der Abnehmerländer einnehmen. Auf Importe wie Kaffee, Kakao oder Tee können die Industrieländer jedoch theoretische ohne weiteres verzichten. Substanzen wie Kautschuk und Baumwolle stehen in direkter Konkurrenz zu synthetischen Produkten. Zinn ist austauschbar mit Aluminium.

2. Der Rohstoff muß zu möglichst niedrigen Kosten lagerfähig sein. Dieses ist bei vielen agrarischen Produkten ein großes Problem.

3. Die Anzahl der Erzeuger muß überschaubar und der politischen und ökonomischen Situationen nach möglichst einheitlich sein. Die Weltproduktion von Zink verteilt sich jedoch über mehr als 40 Länder, den kleinen Fördermengen einer großen Zahl von Entwicklungsländern stehen mit Kanada, UdSSR und USA drei sehr gegensätzliche Großerzeuger gegenüber. Bei Bauxit entfallen mehr als 50 % der Produktion auf so unterschiedliche Länder wie Jamaika, Australien und Surinam. Schnelle Interessenabstimmung und gemeinsames Vorgehen dürften bei derartigen Kombinationen kaum möglich sein.

4. Die Erzeugerländer müssen es wirtschaftlich überhaupt verkraften können, vorübergehend auf ihre Deviseneinnahmen aus dem Rohstoffverkauf zu verzichten. Zusätzlich müssen noch die Folgekosten eines Exportstopps wie Lagerkosten oder Arbeitslosenunterstützung aufgebracht werden können. Mit ihrer hohen Verschuldung, der fehlenden Exportdiversifizierung und dem fehlenden Binnenmarkt liegt hier das Hauptproblem für die meisten Entwicklungsländer.

5. Die Erzeugerländer müssen politisch und ökonomisch unabhängig von den Verbraucherländern sein. Gerade derartiges gilt jedoch für kaum ein Entwicklungsland.

Die Aussichten für eine wirksame Kartellpolitik auf dem Rohstoffmarkt sind daher für die Entwicklungsländer generell schlecht. Jedoch sind Produzentenzusammenschlüsse für Entwicklungsländer nicht völlig sinnlos. Zumindest wird ihre schwache Stellung in bestehenden und künftig neu auszuhandelnden Rohstoffabkommen hierdurch gestärkt. Auch Erfolge im Einzelfall sind durchaus denkbar, – für die desolate Lage vieler Entwicklungsländer schon eine Verbesserung. Nachdem das integrierte Rohstoffprogramm finanziell verkümmert und institutionell zerschlagen worden ist, müssen koordinierte Selbsthilfeaktionen der Entwicklungsländer wieder stärker an Bedeutung gewinnen. Die Chance, eine kooperative Alternative zum bisherigen internationalen Rohstoffhandel zu entwickeln, ist vorerst durch die Industrieländer vertan worden.

3.4 Finanzielle Hilfe zur Industrialisierung der Entwicklungsländer

Langfristig können Entwicklungsländer ihre wirtschaftliche und soziale Lage nur verbessern, wenn sie sich neben der Rohstofferzeugung auch der verarbeitenden Industrie zuwenden. Ein erster Schritt in diese Richtung sollte schon durch das integrierte Rohstoffprogramm vorbereitet werden, welches eine Weiterverarbeitung der Rohstoffe in den Entwicklungsländern selbst fördern wollte. Gegenwärtig haben die Entwicklungsländer bei einem Anteil an der Weltbevölkerung von über 70 % nur einen Anteil von etwa 7 % der Weltindustrieproduktion. Ihre Steigerungsraten liegen zwar mit + 9,7 % (1971–73) deutlich über denen der Industrieländer mit + 5,8 %. Da die Basisgrößen völlig unterschiedlich sind, hat sich real der Abstand zwischen Industrie- und Entwicklungsländern dennoch ständig vergrößert, wobei innerhalb der Entwicklungsländer ebenfalls noch starke Wachstumsunterschiede bestehen. Im Rahmen der „Erklärungen über die Errichtung einer neuen Weltwirtschaftsordnung" wurde als Ziel ein Anteil der Entwicklungsländer an der Weltindustrieproduktion von mindestens 20 % bis zum Jahr 2000 gefordert[68]. Angesichts der unterschiedlichen Ausgangslage in den einzelnen Entwicklungsländern muß ein konkretes Konzept zur Erreichung des Globalzieles in jedem Land anders aussehen. Die Forderungen nach einer neuen Weltwirtschaftsordnung müssen in dieser Frage also sehr allgemein gehalten bleiben.

In der „Erklärung über die Errichtung einer neuen Weltwirtschaftsordnung" und dem dazugehörigen „Aktionsprogramm" wird hierzu gefordert:

- Entschuldung der Entwicklungsländer,
- Sicherstellung eines angemessenen Zustroms an Realkapital in die Entwicklungsländer durch private, aber vor allem durch öffentliche Entwicklungshilfe,
- Verbesserung des Technologietransfers in Entwicklungsländer,
- Handelspräferenzen für Entwicklungsländer, um den Export verarbeitender Produkte zu erleichtern,
- Kontrolle der Tätigkeiten multinationaler Gesellschaften.

Zentrale Frage für die Entwicklungsländer ist, wie eine Industrialisierung überhaupt finanziert werden soll angesichts der absoluten Armut, der negativen Außenhandelsbilanz und der hohen Verschuldung der meisten Entwicklungsländer. Nach Schätzungen der Weltbank sind die öffentlichen Auslandsverbindlichkeiten der Entwicklungsländer von 9 Mrd. Dollar 1956 auf ca. 129 Mrd. Dollar 1974 gestiegen. Oft wird neue Entwicklungshilfe fast ausschließlich zur Zinszahlung und Schuldentilgung verwendet[69]. Es muß also 1. geklärt werden, was mit den bestehenden Schulden geschehen soll, und 2., woher die zusätzlich benötigten Gelder aufgebracht werden können.

In der Erklärung von Manila 1976 wird gefordert, bei bilateralen öffentlichen Schulden sollten den Entwicklungsländern die Zinszahlungen gestundet oder erlassen werden, soweit diese darum nachsuchten. Den am wenigsten entwickelten Ländern (Binnenländer und Inseln sowie sonstige von den UN hierzu ernannte Entwicklungsländer) sollten die Schulden pauschal erlassen werden. Institutionen, die auf multilateraler Basis Entwicklungshilfe leisten, sollten jedem Entwicklungsland Hilfe leisten, die mindestens den Schuldendienstzahlungen des Entwicklungslandes an dieselbe Institution entsprechen sollte. Kommerzielle Schulden sollten für 25 Jahre durch Einschalten einer multilateralen Finanzinstitution umgeschuldet werden. Zu diesem Zweck sollte eine Weltschuldenkonferenz einberufen werden.

Die Industrieländer müssen naturgemäß jedem Schuldenerlaß skeptisch gegenüberstehen. Besonderen Widerstand wird jedoch jede pauschalierende Regelung finden, da hier einzelnen Industrieländern jede Möglichkeit genommen worden wäre, von einzelnen Entwicklungsländern für seine Großzügigkeit besondere Zugeständnisse zu erhalten. Die Entwicklungsländer konnten sich mit diesem Gedanken daher bisher nicht durchsetzen. Die Resolution 94 (IV) der UNCTAD 1976[70] nimmt zu diesen Problemen nur allgemein Stellung. Lediglich Einzelersuchen sollen in einem multilateralen Rahmen schnell und konstruktiv geprüft werden. Dabei sollen vor allem die ärmsten Länder berücksichtigt werden. Die in Betracht kommenden internationalen Gremien werden ersucht, bis Ende 1976 Kriterien auszuarbeiten, die für diese Schuldenregulierung im Einzelfall als Richtschnur dienen können. Auf einer Tagung der UNCTAD-Mitglieder auf Ministerebene sollte diese Praxis dann 1977 überprüft werden. Soweit erforderlich, sollte hierbei eine zwischenstaatliche Sachverständigengruppe unterstützend mitwirken.

Am Ende der KWIZ im Juni 1977 erklärten sich die beteiligten Industrieländer lediglich bereit, 1 Mrd. Dollar für ein besonderes Aktionsprogramm zugunsten der ärmsten Entwicklungsländer bereitzustellen. Die EWG trägt hiervon 385 Mio US-Dollar. Sie werden der IDA für entsprechende Entwicklungsprojekte zur Verfügung gestellt. Mit weitergehenden Forderungen konnten sich die Entwicklungsländer nicht durchsetzen[71].

Auf der Ministertagung des Rates für Handel und Entwicklung im März 1978 wurde darüber hinaus über folgende Punkte des Vorgehens Einigkeit erzielt[72]:

1. Die Prüfung des Verschuldensproblems eines Entwicklungslandes soll nur auf seinen besonderen Antrag hin vorgenommen werden.
2. Die Prüfung soll in einem angemessenen multilateralen Rahmen stattfinden, der die interessierten Parteien und zuständige internationale Institutionen umfaßt.

3. Nachdem die interessierten Parteien eine Aktion auf internationaler Ebene zugestimmt haben, soll eine Abwägung zwischen der konkreten Situation des betroffenen Landes, externen Faktoren und den auf internationaler Ebene gebilligten allgemeinen entwicklungspolitischen Zielen stattfinden.
4. Bei der Umschuldung sollen die Interessen von Schuldnern und Gläubigern gleichermaßen gewahrt werden.

Wie die daraufhin erfolgten tatsächlichen Umschuldungsversuche zeigen, haben es die Industrieländer auf der Grundlage dieser Kompromißformel tatsächlich wieder verstanden, den Status quo zu konservieren und jedem zusätzlichen Ressourcentransfer in die Entwicklungsländer zu entgehen. Denn erlassen wird nur, was auch ansonsten für Entwicklungshilfe bereits eingeplant war. Die Bundesrepublik beispielsweise sah sich nach erheblichem internationalen Druck im Oktober 1978 endlich auch veranlaßt, den Entwicklungsländern Verhandlungen über einen Schuldenerlaß anzubieten. Auf Einzelantrag und nach sorgfältiger Prüfung können Länder, in denen das jährliche Durchschnittseinkommen unter DM 200,– und in denen weniger als 20 % der Bevölkerung lesen und schreiben können, Tilgung und Zinsen bis zum Jahr 2028 erlassen bekommen. Bei einer geschätzten Anzahl von 30 Entwicklungsländern dürfte das Programm die Bundesrepublik insgesamt etwa 4 Mrd. DM kosten. Diese Entschuldungsaktion kostet die Bundesrepublik jedoch keinen Pfennig mehr, als sie ohnehin für Entwicklungshilfe ausgegeben hätte. Die erlassenen Beiträge sollen nämlich dem Entwicklungsministerium auf sein Ressort angerechnet werden[73]. Das aber bedeutet im Klartext, was den allerärmsten Entwicklungsländern als Schuldenerlaß angeboten wird, steht den übrigen Entwicklungsländern für neue Unterstützungsmaßnahmen im jeweiligen Jahresetat der Bundesrepublik nicht mehr zur Verfügung.

Es werden also keine zusätzlichen Mittel aus der Kasse der Industrieländer in die Entwicklungsländer überführt, sondern bereits Vorhandenes wird künftig nur anders zwischen armen und weniger armen Entwicklungsländern verteilt. Diese Umverteilung müßte den Industrieländern aufgrund ihrer positiven Öffentlichkeitswirkung sogar günstig gelegen kommen, denn viele der begünstigten Entwicklungsländer waren und sind zahlungsunfähig, so daß die ihnen zur Verfügung gestellten Mittel faktisch sowieso – mittelfristig zumindest – verloren waren.

Hier zeigt sich am Beispiel einer einfachen haushaltsplanmäßigen Verrechnung, wie die tatsächliche Verfügungsgewalt über Weltproduktionsmittel und -finanzen von den Industrieländern immer wieder dazu genutzt werden kann, völkerrechtlich völlig gedeckt, dennoch die Zielsetzung international vereinbarter Umverteilungsunternehmen zu unterlaufen und sogar noch die Solidarität innerhalb der Entwicklungsländer ernsthaft zu gefährden. Denn weniger arme Entwicklungsländer dürften vermutlich kaum Begeisterung für weitere „Umschuldungsaktionen“ aufbringen, wenn für sie zentrale Projekte von der Bundesrepublik mit der Begründung abgelehnt werden, der Entwicklungshilfeetat reiche im Gegensatz zu den Vorjahren nicht mehr aus, weil den noch ärmeren Nachbarn mehr Mittel als zuvor durch den Schuldenerlaß zugeflossen seien.

Mit jeder Art von Schuldenerlaß jedoch erhalten die Entwicklungsländer kaum neue Mittel, da die erlassenen Gelder bereits ausgegeben sind und eine künftige Rückzahlung aufgrund der hohen Verschuldung sowieso fraglich war. Die Frage, aus welcher Quelle neue und vermehrte Mittel in die Entwicklungsländer fließen sollen, ist weithin ungeklärt. Im „Aktionsprogramm zur Errichtung einer neuen Weltwirtschaftsordnung" von 1974 wird allgemein gefordert: vor allem die öffentliche Entwicklungshilfe solle gesteigert werden; internationale Finanzierungsinstitute sollen einzelne Entwicklungsländer nicht wegen ihrer politischen oder wirtschaftlichen Systeme diskriminieren und ihre Hilfe nicht gebunden erteilen. Die Beteiligung der Entwicklungsländer an Entscheidungsprozessen der Internationalen Bank für Wiederaufbau und Entwicklung (IBRD) und der Internationalen Entwicklungsassoziation (IDA) sollen verbessert werden. IBRD, auch Weltbank genannt, und IDA sind Spezialorganisationen der UNO, die sich mit Fragen der Entwicklungsfinanzierung befassen.

Die IBRD wurde 1944 auf der Konferenz von Bretten Woods zugleich mit dem Internationalen Währungsfonds (IMF) gegründet. Sie gewährt langfristige Kredite an Mitgliedsstaaten und solche private Unternehmen, für die ein Mitgliedsstaat eine Rückzahlungsgarantie übernimmt. Diese Kredite sind für die Behebung von Kriegsschäden und Entwicklungshilfe bestimmt. Sie werden nur für produktive, genau festgelegte Projekte gegeben. Insbesondere soll die private Investitionsfähigkeit gefördert oder ergänzt werden (Art. 1). 1971 verfügte die Weltbank über ein Grundkapital von 23,87 Mrd. Dollar und einer zusätzlichen Anleihesumme von 9,85 Mrd. Dollar, von denen noch 5,45 Mrd. Dollar zurückzuzahlen waren[74]. Die Kreditbedingungen der Weltbank werden von Entwicklungsländern häufig als zu streng empfunden. Sie unterscheiden sich kaum von den Bedingungen sonstiger, privater Kapitalgeber[75]. Die bisher eher als konservativ und vorsichtig einzustufende Geschäftspolitik wird maßgeblich von den westlichen Industrieländern bestimmt. Denn diese verfügen im Gouverneursrat, dem zentralen Entscheidungsgremium der Bank, über 61 % der Stimmen[76], da sich der Anteil der Stimmen pro Mitglied aus 250 Grundstimmen zuzüglich je einer Stimme für jeden gezeichneten Hunderttausenddollaranteil berechnet (Art. 5 Abs. 3). Da die Weltbank sich also als internationale Geschäftsbank versteht, welche in erster Linie die Interessen ihrer Anleger zu wahren hat, beteiligt sie sich nur an solchen Geschäften, bei denen die Rückzahlung der Kredite sichergestellt ist. Das macht sie zu einem attraktiven Anlagefeld auf dem internationalen Kapitalmarkt, disqualifiziert sie zum gegenwärtigen Zeitpunkt jedoch geradezu als Entwicklungshilfeinstrument.

Die IDA hat zwei Ereignissen ihre Entstehung zu verdanken. Erstens nahm die Verschuldung der Entwicklungsländer laufend zu, so daß absehbar war, wann diese nicht mehr in der Lage sein würden, zu Marktbedingungen aufgenommene Kredite zurückzuzahlen. Zweitens hatten die USA aus dem Verkauf landwirtschaftlicher Überschußprodukte an Entwicklungsländer große Mengen an nichtkonvertierbarer Währung angehäuft, für welche ein Weg der Reinvestition gefunden werden mußte. Das Ergebnis war 1960 die Gründung einer finanziell unabhängigen, aber personell und organisatorisch mit der Weltbank verbundenen Organisation, welche Finanzhilfe an die Entwicklungsländer zu leichteren Bedingungen leisten sollte. Darlehen werden hier für jede Art von Projekt gewährt. Die Rückzahlungsbedingungen sollen den konkreten Möglichkeiten des Kreditnehmers angepaßt sein. Eine Laufzeit von 50 Jahren bei 10 Jahren Tilgungsfreiheit und keine Zinsen bei 0.75 % jährlicher Provision sind üblich. Das Grundkapital der IDA beträgt 1 Mrd. Dollar, wobei als Neuheit die Entwicklungsländer ihre Einlage zum großen Teil auch in nichtkonvertierbarer Währung leisten können. Weitere Finanzierungsmöglichkeiten der IDA entstehen durch den Verkauf von Anleihen sowie aus dem Gegenwert in örtlicher Währung von in das betreffende Land verkauften US-Überschußgütern. Auf dem letztgenannten Weg fanden also die US-amerikanischen Interessen ihre Einbindung in das neue Entwicklungshilfekonzept. Der Gesamtbetrag der IDA-Darlehen betrug 1971 3,34 Mrd. Dollar[77]. Diese Summe ist angesichts des steigenden Bedarfs der Entwicklungsländer zu gering.

Insgesamt machten die Entwicklungshilfekredite multilateraler Stellen 1970 nur 8,6 % der gesamten Hilfe der westlichen Industrieländer aus[78]. Dabei sind gerade multilaterale Zahlungen für Entwicklungsländer besonders attraktiv, da sie durch die Zwischenschaltung einer international kontrollierten Vergabestelle weniger direkte Abhängigkeit von einzelnen Industrieländern mit sich bringen. Andererseits sind Industrieländer aus demselben Grund immer noch eher bereit, ihre direkt vergebene bilaterale Entwicklungshilfe zu erhöhen als die multilaterale. Den von der UN-Generalversammlung 1970 geforderten Entwicklungshilfeanteil am Bruttosozialprodukt von 0,7 % erreichen gegenwärtig nur Schweden, Norwegen und die Niederlande. Die Bundesrepublik wird 1979 mit 4,5 Mrd. DM selbst nach offiziellen Erklärungen nur die Häfte des geforderten Anteils erreichen[79].

Auf der UNCTAD V erinnerten die Entwicklungsländer nachdrücklich an das 0,7-Prozent-Ziel der Industrieländer. Dennoch erreichten sie nicht mehr als eine einstimmig angenommene Resolution, in der die Industrieländer aufgefordert werden, ihre Entwicklungshilfe „effektiv“ und „substanziell“ zu steigern[80] und zwar umso stärker, jeweiter ein Land noch vom 0,7-Prozent-Soll entfernt ist[81]. Ein Stufenplan zur Umsetzung fehlt jedoch. Entsprechend der schon auf der UNCTAD IV begonnenen Differenzierung nach „armen“ und „ärmsten“ Entwicklungsländern wurde daneben auf der UNCTAD V noch ein Sonderprogramm zugunsten letzterer beschlossen[82], auch dieses jedoch ohne konkrete Zahlen.

Zur Entschuldigung wird von den Industrieländern gerne darauf verwiesen, daß in ihrem privatwirtschaftlichen System ein Großteil der Entwicklungshilfe eben über private Investitionen erfolge, welche in den öffentlichen Entwicklungshilfeetats nicht ausgewiesen seien. Private Investitionen sind jedoch, wie in Teil II dieses Buches noch genauer dargestellt werden wird, ein sehr problematisches Instrument der Entwicklungshilfe. Auch der gutwilligste Kapitalgeber muß vorrangig seinen eigenen Gewinn im Auge haben, positive entwicklungspolitische Effekte sind hierbei eine Sekundärerscheinung, die oft gänzlich ausbleibt.

Die Bundesrepublik Deutschland verfolgt bei den meisten gegenseitigen Kapitalhilfeverträgen eine Kombination zwischen öffentlicher Entwicklungshilfe und Förderung privater Aktivitäten, wie am Beispiel des Kapitalhilfevertrages mit der Republik Burundi zum 1. September 1975[83] kurz gezeigt werden soll: Die Kapitalhilfe wird hier regelmäßig nur projektgebunden gewährt, im Falle Burundi für den Ausbau der Elektrizitäts- und Wasserversorgung, wenn nach Prüfung die Förderungswürdigkeit festgestellt worden ist. Im Einvernehmen beider Regierungen kann das Projekt jedoch durch ein anderes ersetzt werden (Art. 1 Abs. 2). Der Kredit, hier 5,93 Mrd. DM, wird als Darlehen von der Kreditanstalt für Wiederaufbau (KW) bzw. der Deutschen Gesellschaft für wirtschaftliche Zusammenarbeit (Deutsche Entwicklungsgesellschaft, DEG) aufgrund eines noch auszuhandelnden Vertrages nach dem Recht der Bundesrepublik Deutschland gestellt (Art. 2 Abs. 1). Darlehensnehmer kann im Einzelfall der Staat, nach gemeinsamer Übereinkunft aber auch ein anderer Kreditnehmer sein (Art. 1 Abs. 1). Dann jedoch hat das Entwicklungsland eine Rückzahlungsbürgschaft zu übernehmen (Art. 2 Abs. 2). Eine direkte Verpflichtung, bei deutschen Lieferanten zu kaufen oder deutsche Transportmittel in Anspruch zu nehmen, ist üblicherweise nicht mehr Vertragsinhalt, wird aber natürlich vom Kreditgeber gern gesehen. Vertraglich dürfen deutsche Unternehmen lediglich nicht benachteiligt werden (Art. 4), das Projekt ist international öffentlich auszuschreiben (Art. 5), die Erzeugnisse des Landes Berlin sollen jedoch bevorzugt berücksichtigt werden (Art. 6). Die KW ist eine Körperschaft des öffentlichen Rechts und fördert durch mittel- und langfristige Kredite Vorhaben, soweit andere Kreditinstitute hierzu nicht zur Verfügung stehen. Die DEG ist eine von mehreren Organisationen, die an der Durchführung bestimmter entwicklungspolitischer Aufgaben beteiligt werden und deren Finanzbedarf ganz oder überwiegend aus dem Bundeshaushalt gedeckt wird.

Allein der drängenden Kapitalknappheit der meisten Entwicklungsländer dürfte es zu verdanken sein, daß das UN-Aktionsprogramm von 1974 auch die privaten Investitionen aus Industrieländern gefördert sehen möchte, obwohl viele Entwicklungsländer derartigen Investitionen zu Recht sehr kritisch gegenüberstehen. Die Bundesrepublik unterstützt derartige „private Entwicklungshilfe“ durch steuerliche Vergünstigungen sowie steuerfreie, langfristig auflösbare Rücklagen für Investitionen im Ausland, Teilbefreiung von Gewerbesteuer und Vermögenssteuer nach dem Entwicklungsländer-Steuergesetz, Abschluß von Doppelbesteuerungsabkommen mit den Entwicklungsländern und ähnlichem mehr.

Kritik in der Bundesrepublik wurde hieran allerdings in den letzten Jahren von Gewerkschaftsseite laut, seit immer deutlicher wurde, daß viele Unternehmen diese Subventionen dazu mißbrauchen, heimische Produktionen ins Ausland zu verlegen, um den heimischen starken Gewerkschaften zu entgehen und den Ausbeutungsgrad der Arbeitskräfte unbehindert verschärfen zu können. Nach dem UN-Aktionsprogramm von 1974 sollen private Auslandsinvestitionen allerdings nur nach Maßgabe derjenigen wirtschaftlichen Bedürfnisse und Erfordernisse erfolgen, die das betreffende Empfängerland selbst bestimmt hat. Zudem wird an anderer Stelle des Aktionsprogramms eine besondere Kontrolle der Tätigkeit transnationaler Gesellschaften gefordert. Eine entsprechende Resolution konnte auf der UNCTAD IV 1976 jedoch nicht die Zustimmung wichtiger Industrieländer erlangen, 16 enthielten sich der Stimme[84]. Hier kam zum wiederholten Maße zum Ausdruck, daß die Industrieländer eine Sozialbindung ihres Auslandskapitals, sei es im Interesse heimischer Gewerkschaften und Arbeitnehmer, sei es im Interesse der Entwicklungsländer, bisher grundsätzlich ablehnen. Solange jedoch eine derartige Verpflichtung nicht geschaffen ist, dürften Privatinvestitionen nicht als geeignete entwicklungspolitische Instrumente anzusehen sein.

3.5 Handel mit verarbeiteten Produkten

Die Empfehlung der Industrieländer an die Entwicklungsländer, doch ebenfalls zu industrialisieren und damit von der Dynamik des Welthandels und den Vorteilen der internationalen Arbeitsteilung zu profitieren anstatt das Freihandelskonzept gänzlich zu verwerfen, ist bisher doppelzüngig. Denn im Zusammenhang mit dem GATT (s. I.2) wurde gezeigt, daß die Industrieländer bisher noch recht erhebliche Handelshemmnisse beibehalten oder neu errichten, wo ihrer eigenen Wirtschaft externe Konkurrenz droht. Selbst die Präferenzsysteme zugunsten der Entwicklungsländer zielen bisher an vielen Stellen darauf ab, die Entwicklungsländer in der Rolle des Rohstofflieferanten zu halten (s. I.4.3). Auch haarsträubende Einzelfälle sind bekannt, welche anschaulich die Schizophrenie der Industrieländer dokumentieren: So riet eine Wirtschaftsdelegation der USA 1961 auf einer Wirtschaftskonferenz der Organisation der amerikanischen Staaten (OAS) den beteiligten Entwicklungsländern dringend, ihre Rohstoffe – also überwiegend Kaffee und Kakao – selbst zu verarbeiten, um deren tendenziellen Preisverfall auszugleichen. Als daraufhin Brasilien begann, qualitativ gut und preiswert Pulverkaffee herzustellen, sahen die Vereinigten Staaten von Amerika ihr Monopol auf dem nordamerikanischen Binnenmarkt sowie ihre starke internationale Position gefährdet. Sie forderten Brasilien auf, seine Pulverkaffeeausfuhr mit 35 % Exportsteuer zu belasten. Als Brasilien sich weigerte, führten die USA extrem hohe Ausgleichszölle ein, bis sich Brasilien gezwungen sah, seinen Pulverkaffee-Export wenigstens mit einer Ausgleichsabgabe von 14 % zu belasten. Ähnliches ließ sich auch auf dem Kakaomarkt beobachten[85]. Ein Umsteigen der Entwicklungsländer auf verarbeitende Produktion wird der praktischen Konsequenz nach nur dort begrüßt oder wenigstens geduldet, wo die heimische Produktion bereits unrentabel geworden ist, aufgrund der von ihr verursachten Umweltbelastung in den eigenen Grenzen untragbar wird oder durch die Konkurrenz der Entwicklungsländer nicht erheblich betroffen ist.

3.5.1 UNCTAD-Forderung zum Handel mit verarbeiteten Produkten

Bei Forderungen, die den internationalen Handel mit verarbeiteten Produkten betreffen, ist der Druck der Entwicklungsländer auf die Industrieländer bisher nicht sehr groß. Ursächlich dürfte hierfür in erster Linie sein, daß heute nur eine recht kleine Anzahl von Entwicklungsländern in der Lage ist, Industriegüter in größerem Umfang auf dem Weltmarkt anzubieten[86]. Die Mehrzahl der Entwicklungsländer fixiert sein Augenmerk daher gegenwärtig noch auf den Handel mit Rohstoffen, hofft auf die Vorteile des bisherigen Freihandelskonzeptes für den Fall einer künftigen Industrialisierung der eigenen Wirtschaft und hat die Nachteile einer bloßen weltmarktorientierten Anlagerungsindustrialisierung noch nicht in den eigenen Grenzen kennengelernt. Während die Entwicklungsländer also dem traditionellen Freihandelskonzept im Rohstoffbereich aufgrund eigener aktueller Erfahrungen und Probleme negativ gegenüberstehen und Alternativforderungen entwickelt haben, ist dieses im Bereich der verarbeiteten Produkte noch nicht der Fall. Gefordert wird hier bisher letztlich nur, daß erstens die Industrieländer den Entwicklungsländern in der Anfangsphase ihrer Industrialisierung eine Vorzugsbehandlung gestatten, bis die neuaufzubauende Industrie international voll konkurrenzfähig ist, und daß zweitens die Industrieländer ihr eigenes Konzept von einer internationalen Wettbewerbsfreiheit auch im eigenen Außenhandel durchsetzen.

Die Konferenz von Nairobi UNCTAD IV 1976 richtete sich vorrangig auf die Durchsetzung der ersten Forderung, der Vorzugsbehandlung von Entwicklungsländern. Wichtigstes Ergebnis der Konferenz war, daß einhellig auch bei der Halb- und Fertigwarenausfuhr ein Vorrang der handelspolitischen Interessen der Entwicklungsländer vor denen der Industrieländer anerkannt wurde. Konsequenz hieraus ist, daß die ursprünglich auf zehn Jahre befristeten allgemeine Präferenzsysteme zugunsten der Entwicklungsländer weiterhin beibehalten werden sollen. Konkrete Verlängerungszusagen der Industrieländer konnten allerdings auf der UNCTAD V nicht erreicht werden.

Die UNCTAD IV versuchte weiterhin, auf den Verlauf der Tokio-Runde des GATT Einfluß zu nehmen zugunsten der Entwicklungsländer[87], allerdings mit wenig praktischem Erfolg (s. I.2.2.1 und 2.3). Auf der UNCTAD V wurden die Ergebnisse von Tokio heftig kritisiert und eine Neueröffnung der Verhandlungen gefordert, ein Sachentscheid kam jedoch nicht zustande.

Schließlich wandte sich die UNCTAD IV auch schon dem zweiten Schritt, der Intensivierung der internationalen Arbeitsteilung, zu. Eine einstimmig angenommene Resolution forderte eine systematische Vertiefung der internationalen Zusammenarbeit durch Förderung der Industrialisierung in Entwicklungsländern. Zu diesem Zweck sollen die Industrieländer nicht nur Geld bereitstellen, sondern auch in der eigenen Wirtschaft Anpassungsmaßnahmen durchführen. Produktionszweige, in denen die Industrieländer international weniger konkurrenzfähig sind als die Entwicklungsländer, weil letztere kostengünstiger produzieren, sollen den Entwicklungsländern überlassen werden[88]. Auf der UNCTAD V rückte diese Forderung stärker in den Vordergrund der Industrialisierungsdebatte und wurde erneut in die Resolution über Protektionismus und strukturelle Anpassung aufgenommen[89]. Eine konkrete Anpassungszusage in bestimmten Bereichen erfolgte jedoch nicht. Wie die Erfahrungen mit dem Welttextilabkommen von 1974, verlängert 1978, zeigen (s. I.3.5.2), ist die tatsächliche Anpassungsbereitschaft in den Industrieländern bisher nicht sehr hoch einzuschätzen. Der Protektionismus ist sogar eher im Steigen begriffen.

Der 2. Teil der Resolution von 1979 hat daher auch überwiegend defensiven Charakter[90]. Zumindest von den Entwicklungsländern erreichte Marktpositionen sollen von den Industrieländern durch neuen Protektionismus nicht wieder zunichte gemacht werden. Die Industrieländer werden angehalten, gegenüber Importen aus Entwicklungsländern keine neuen Handelsschranken zu errichten, Zölle und mengenmäßige Beschränkungen abzubauen und den Absatz verarbeiteter Produkte aus Entwicklungsländern zu erleichtern.

Im Vergleich zum integrierten Rohstoffprogramm sind die Forderungen der Entwicklungsländer und der UNCTAD zur Industrialisierung und zum Handel mit verarbeiteten Produkten also relativ undifferenziert und zurückhaltend formuliert. Viele Einzelaspekte sind in GATT bereits berücksichtigt wie die Zulässigkeit von Präferenzen oder die Gestattung der Exportsubventionierung für Entwicklungsländer. Hier geht es also eher um eine Absicherung des Status quo.

Das Industrialisierungskonzept der UNCTAD knüpft darüber hinaus an eine internationale Arbeitsteilung nach Standortvorteilen an, wie es die Industrieländer schon immer propagiert haben. Dabei bleibt unberücksichtigt, daß der Hauptstandortvorteil der Entwicklungsländer, die billige Arbeitskraft, eher ein soziales Problem darstellt, das baldmöglichst behoben werden sollte, als einen Vorteil, auf den langfristige Industrialisierungskonzepte aufzubauen wären. Auch der heute noch gängige Typ der „Anlagerungsindustrialisierung" wird bisher international kaum kritisiert, obwohl andere Industrialisierungstypen vom entwicklungspolitischen Standpunkt aus bedeutend günstiger wären.

Anlagerungsindustrialisierung meint eine Industrieansiedlung, die mit der Binnenwirtschaft des Entwicklungslandes nur durch die Benutzung billiger Arbeitskräfte und ggf. vorhandener Rohstoffe verbunden ist, sich ansonsten jedoch ausschließlich an den Märkten der Industrieländer orientiert. Für Entwicklungsländer dringend notwendige Sekundäreffekte wie Erhöhung des Qualifikationsgrades der Bevölkerung, Infrastrukturleistungen, weitere Arbeitsplätze in Zulieferindustrien oder Absatz oder eine bessere Versorgung der Bevölkerung mit Mangelgütern bleiben aus. Für ausländische Investoren ist jedoch gerade diese Art der Industrialisierung sehr interessant, weil hier nahezu frei von Einflußnahmen der Entwicklungsländer (sog. „freie Produktionszone") gearbeitet werden kann und man zugleich Kontrollzwängen der Heimatstaaten und ihrer Gewerkschaften entkommt, niedrigere Steuern zahlt und es keine Umweltschutz- oder Arbeitsschutzauflagen gibt. Obwohl die Gefahr besteht, daß in derartigen Industrie-Exklaven Raubbau mit Mensch, Umwelt und Rohstoffen (Energie!) getrieben wird, fördern manche Entwicklungsländer sie heute – noch – gezielt: „freie Produktionszonen" bieten z.B. Dakar/Senegal, Mauritius, Lomé/Togo, und bald auch Monrovia/Liberia[91].

3.5.2 Handelsliberalisierung der Industrieländer und Industrialisierung der Entwicklungsländer am Beispiel des Welttextilabkommens

Der Handel mit Textilien ist der erste Bereich aus dem Handel mit Halbfertigfabrikaten und Fertigwaren, für den seit längerem ein internationales Abkommen besteht, das seiner Struktur nach traditionellen Rohstoffabkommen ähnelt. An diesem Beispiel läßt sich gut zeigen, wie der bisherige Kompromiß zur Industrialisierung der Entwicklungsländer, den die Resolutionen der UNCTAD wiedergeben, in die Praxis umgesetzt werden wird. Denn im Textilbereich zeigen sich zum ersten Mal Entwicklungsländer gegenüber Industrieländern konkurrenzfähig oder sogar überlegen, hier wäre also die Aufgabe von Produktionsbereichen in den Industrieländern aktuell.

Die Textil- und Bekleidungsindustrie einschließlich der Leder- und Schuhindustrie ist mit einem Anteil von 8,3 % an der gesamten industriellen Weltproduktion und 20,5 % aller weltweit in der Industrie Beschäftigten ein weltwichtiger Industriezweig. Auf diesem Sektor konkurrieren westliche Industrieländer, Entwicklungsländer und sozialistische Staaten Osteuropas miteinander. 1970 hatten die Entwicklungsländer einen geschätzten Anteil an der Weltproduktion von 15 %, die sozialistischen Staaten von 23 %. Aber etwa 51 % aller in der Welttextil- und Bekleidungsindustrie Beschäftigten gehören den Entwicklungsländern an, 19 % den sozialistischen Staaten und nur 30 % den Industrieländern. Aus diesen Zahlen ergibt sich, daß die Industrieländer den Konkurrenzkampf vor allem durch niedrige Beschäftigungszahlen bei hohem technologischen Standard der Produktionsanlagen führen, während die Entwicklungsländer bei hoher Beschäftigungszahl mit extrem niedrigen Löhnen arbeiten. Verglichen mit dem entsprechenden Anteil anderer Produktionsgruppen der verarbeitenden Industrie ist der Anteil der aus den Entwicklungsländern stammenden Textil- und Bekleidungsausfuhr an der gesamten entsprechenden Weltausfuhr herausragend hoch und kräftig wachsend: Stammten 1963 schon 15,2 % der Welttextilexporte aus Entwicklungsländern, so waren es 1974 bereits 22,8 %, während die Staatshandelsländer mit ca. 9 % ihren Anteil konstant hielten. Die Importe der Industrieländer aus Entwicklungs- und Staatshandelsländern stiegen vor allem aufgrund der Exportsteigerungen der Entwicklungsländer von 30,7 % (1970) auf 48,9 % (1974)[92].

Für diese hohen Exportanteile der Entwicklungsländer sind folgende für die Industrialisierung von Entwicklungsländern typische Faktoren verantwortlich: Einzelne Entwicklungsländer haben sich relativ ausschließlich der Textilerzeugung gewidmet, so insbesondere Taiwan und Hongkong. Andere Entwicklungsländer sehen aufgrund der Erfolge dieser Entwicklungsländer hier ebenfalls eine Chance, eine verarbeitende Industrie zu errichten, und wenden sich vermehrt und ebenso ausschließlich diesem Sektor zu.

Alle diese Entwicklungsländer verfügen aufgrund der absoluten Armut des Großteils ihrer Bevölkerung nicht über einen großen inländischen Absatzmarkt. Sie exportieren im Gegensatz zu Industrieländern und Staatshandelsländern nahezu alles, was sie erzeugen. Und da die Löhne extrem niedrig sind und bleiben müssen, – denn hierauf beruht schließlich ihr internationaler Konkurrenzvorteil, ist eine Änderung in diesem Punkt sobald nicht zu erwarten. D.h., die Entwicklungsländer erobern zunehmend einen Exportsektor, ohne daß dieses in absehbarer Zeit die Lage der eigenen Bevölkerung so erheblich verbessern würde, daß weitere Expansionen der Industrie auch vom eigenen Binnenmarkt aufgefangen werden könnten. Damit aber ist die weitere Öffnung der Märkte in den Industrieländer unabdingbare Voraussetzung künftigen industriellen Aufschwungs der Entwicklungsländer, wenn das im folgenden beschriebene Industrialisierungskonzept weiter ausgebaut werden soll.

Am Beispiel Hongkongs lassen sich die Mittel, Wege und Erfolge dieser Art weltmarktbezogener Industrialisierung gut deutlich machen[93]: Investoren erwarten hier, daß sie in der Regel nach 5 Jahren das Zwei- bis Dreifache ihrer Investition erwirtschaftet haben. Die durchschnittliche Arbeitszeit betrug im verarbeitenden Bereich 1971 56,1 Wochenstunden, 11 % der Beschäftigten arbeiteten 75 und mehr Stunden pro Woche. Offiziell arbeiten allein 12.500 Kinder zwischen 10 und 14 Jahren (über 10 % aller Beschäftigten) in der Bekleidungsindustrie, die Zahl der illegal Beschäftigten dürfte jedoch bedeutend höher liegen. Der Stundenlohn erwachsener Arbeiter lag im Textil- und Bekleidungsbereich 1975 zwischen 3,28 und 3,90 Hongkong-Dollar. Damit liegen die Löhne noch deutlich über dem Niveau eines Entwicklungslandes wie Süd-Korea. Gewerkschaften spielen in Hongkong keine Rolle: 1971 waren von 101.390 Arbeitern im Textilbereich nur 1.965 organisiert und zwar in 3 (!) konkurrierenden Gewerkschaften. Dabei darf Hongkong nicht etwa als bloßer untypischer Extremfall angesehen werden, es stellt lediglich ein besonders fortgeschrittenes Beispiel einer Entwicklung dar, die in absehbarer Zukunft immer größere Teile der Bevölkerung in den Entwicklungsländern erfassen wird.

Mit diesen Zahlen soll nur kurz angedeutet werden, daß eine weltmarktbezogene Industrialisierung der Entwicklungsländer, welche die Binnenstrukturen unverändert läßt oder sogar einem Manchestertum frühkapitalistischer Prägung bewußt freigibt, für die Bevölkerung der Entwicklungsländer einen sehr zweifelhaften Gewinn darstellt. Bedacht werden muß insbesondere, daß in den meisten Fällen die Industrialisierungsgewinne in den Händen weniger Privateigentümer hängenbleiben, die zudem häufig genug ihrerseits wieder Ausländer sind und ihre Gelder nach Möglichkeit zurück ins Ausland transferieren.

Die verarbeitende Industrie in den Industrieländer reagierte auf den wachsenden Konkurrenzdruck aus den Entwicklungsländern zunächst mit gesteigerten Rationalisierungsbemühungen. Als sich die Kosten auf diesem Wege nicht hinreichend senken ließen, da die verbleibenden Arbeitskräfte nach den Gesetzen und durch gewerkschaftlichen Widerstand weiterhin entsprechende Löhne sowie die in den Industrieländern üblichen Sozialleistungen erhalten mußten, änderten viele Industrieunternehmen ihre Taktik. Sie verlagerten ihre Produktion in Entwicklungsländer und zwar auf dem relativ hohen technologischen Niveau, das in den Industrieländern zuvor bestand. Insofern ist die Kritik der IG Textil und Bekleidung richtig, daß eine Verlagerung von Textilproduktionsstätten aus Industrieländern sich nicht auf besonders arbeitsintensive Produktionsvorgänge bezieht. Dasselbe gilt heute auch für eine Großzahl von Auslandsinvestitionen der Industrieländern in anderen Bereichen.

Folge in den Industrieländern sind steigende Arbeitslosenzahlen in diesem Sektor, wobei vor allem Frauen betroffen sind. So ging die Beschäftigungszahl in der EG der 6 ursprünglichen Mitglieder im Textil- und Bekleidungsbereich zwischen 1965 und 1974 um etwa 18 % und in der Bundesrepublik Deutschland von 1960–1976 sogar um 37 % zurück[94]. Im Vergleich zur bisherigen „heimischen" Industrie der Entwicklungsländer (die häufig auch schon Ausländern gehörte) produzieren derartige verlagerte Betriebe jetzt mit denselben niedrigen Löhnen, aber noch weniger Beschäftigten. Sie sind daher den in den Industrieländern noch verbleibenden Unternehmen, häufig aber auch den bisherigen Unternehmen der Entwicklungsländer überlegen. Die Gesamtheit der Bevölkerung in den Entwicklungsländern profitiert von dieser Art Anlagerungsindustrialisierung also noch weniger als von der bisherigen Exportindustrie, die zudem gefährliche Konkurrenz erhielt. Außerdem werden die Gewinne ausländischer Unternehmen noch viel systematischer in die Industrieländer transferiert, als dieses bei einheimischen Privateigentümern schon der Fall war. Während nämlich Inländern angesichts der Devisenbestimmungen derartiges häufig nur illegal möglich ist, wird der Gewinntransfer Ausländern in entsprechenden Freundschafts-, Handels- und Schiffahrtsverträgen oder Kapitalschutzverträgen zumeist völkerrechtlich noch besonders zugesichert. Darüber hinaus sichern sich Auslandsinvestoren gern durch spezielle Regierungszusagen in diesem Punkt ab, bevor sie ihr Unternehmen in ein bestimmtes Entwicklungsland verlagern.

D.h. im Klartext, von der heutigen Verlagerung der Industrien aus Industrieländern in Entwicklungsländer profitieren allein die hieran beteiligten privaten Unternehmen der Industrieländer in hervorragender Weise, während sich die Situation der Lohnabhängigen in den Industrieländern verschlechtert, in den Entwicklungsländern aber nur unwesentlich oder gar nicht verbessert. Hieraus ergibt sich ohne weiteres, daß die Gewerkschaften der westlichen Industrieländer sowie die internationalen Gewerkschaftsorganissationen derartigen Projekten für eine internationale Arbeitsteilung negativ gegenüberstehen und auch das Welttextilabkommen bereits der Grundkonzeption nach prinzipiell ablehnen[95], da es diese Art der internationalen Arbeitsteilung fortschreibt.

Bereits 1961 wurde der Textilbereich außerhalb des GATT, aber unter Mitwirkung dieser Institution im sog. Baumwoll-Textilabkommen geregelt. Während dieses Abkommen nur Baumwollerzeugnisse erfaßte, bezog sich sein Nachfolge-Abkommen, das Welttextilabkommen (Allfaserabkommen) von 1974[96], auch auf synthetische Fasern. Damit gelang es zum ersten Mal, Natur- und Ersatzprodukte in einem gemeinsamen Abkommen zu regeln, ein Punkt, gegen den sich Industrieländer im Rohstoffbereich bisher immer erfolgreich gewehrt haben. Am 1.1.1978 wurde dieses Abkommen zum ersten Male um 4 Jahre verlängert, ohne daß sich Änderungswünsche durchsetzen konnten.

Nach Art. 1 Abs. 6 des Welttextilabkommens sind die Vertragsparteien durch seinen Abschluß nicht von den allgemeinen GATT-Pflichten entbunden. Da dennoch unübersehbar ist, daß auch durch das Welttextilabkommen von 1974 eine umfassende Liberalisierung im Sinne des GATT vorerst nicht eintritt, wird in Art. 1 Abs. 7 betont, daß es sich mit dem Welttextilabkommen um eine Ausnahmemaßnahme handele, die sich nicht zur Übertragung auf andere Bereiche eigne.

Laut Präambel und Art. 1 verfolgt das Welttextilabkommen das Ziel, die Ausweitung des Handels mit Textilerzeugnissen auf gesunder Grundlage zu fördern, um schrittweise bei diesen Erzeugnissen zum Abbau der Handelshemmnisse und zur Liberalisierung des Welthandels zu gelangen. Dabei sollen die wirtschaftlichen und sozialen Probleme aller beteiligten Länder in diesem Bereich voll berücksichtigt werden, insbesondere bei Entwicklungsländern. Sowohl den traditionellen Lieferanten aus Entwicklungsländern als auch neu hinzukommenden sollen größere Möglichkeiten zur Steigerung ihrer Deviseneinnahmen aus dem Textilhandel geboten werden.

Die Grundkonzeption zu Erreichung dieser anspruchsvollen Zielsetzung ist folgende: Die Industrieländer sollen ihre Handelsschranken im Textilsektor mäßig, aber kontinuierlich abbauen. Dabei muß dieser Abbau so vor sich gehen, daß nicht durch zu schnelles Freigeben der Märkte ein extremer Preisverfall eintritt, welcher auch für Entwicklungsländer den Gewinn der Handelsexpansion gleich wieder zunichte machen würde. Nicht wettbewerbsfähigen Unternehmen soll durch den nur langsamen Abbau Zeit gegeben werden, sich lebensfähigeren Produktionszweigen oder Wirtschaftssektoren zuzuwenden. Andererseits sollen Maßnahmen aufgrund dieses Abkommens den industriellen Anpassungsprozeß in den Teilnehmerstaaten nicht unterbrechen oder beeinträchtigen. Nationaler Protektionismus soll nur noch in den Grenzen dieses Abkommens zulässig sein. Wo Entwicklungsländer als Newcomer in einen Markt eintreten oder im Vergleich zu anderen nur einen geringen Teil der Gesamtausfuhren tätigen, ist eine Sonderbehandlung vorgesehen (Art. 6 Abs. 2 und 3).

Die Durchführung des Abkommens soll eine Textilüberwachungsstelle kontrollieren. Diese wird vom Textilausschuß des GATT eingesetzt, der seinerseits aus Vertretern der Teilnehmerstaaten des Welttextilabkommens besteht (Art. 10 Abs. 1). Die Textilüberwachungsstelle besteht aus einem Präsidenten und acht Mitgliedern, deren Auswahl ausgewogen und weitgehend repräsentativ für die an der Vereinbarung beteiligten Staaten sein soll. Ihre Aufgaben sind vor allem Informationssammlung, Vorschlag von Maßnahmen und Konfliktregulierung. Ihre Entscheidungen haben jedoch jeweils nur Empfehlungscharakter. Vermag sie Probleme nicht zu lösen, kann hiermit der Textilausschuß oder GATT-Rat im normalen GATT-Verfahren befaßt werden.

Grundsätzlich will das Welttextilabkommen verhindern, daß neue Handelsschranken eingeführt oder bestehende verschärft werden (Art. 3 Abs. 1). Bestehende Handelsschranken sollen der Textilüberwachungsstelle gemeldet werden. Soweit sie durch das GATT nicht gerechtfertigt sind, müssen sie daraufhin innerhalb eines Jahres abgeschafft werden, falls sie nicht Gegenstand eines gesonderten Abbauprogramms, besonders geregelter bilateraler Verträge oder zulässiger einseitiger Maßnahmen sind (Art. 2 Abs. 1 und 2). Diese letztgenannten bilateralen Verträge und einseitigen Maßnahmen bilden den tatsächlichen, praxisrelevanten Kernbereich des Abkommens. Sie sind zulässig zur Vermeidung oder Aufhebung einer Marktzerrüttung. Anhang A des Abkommens definiert die Marktzerrüttung als das Vorhandensein eines schwerwiegenden Nachteils oder einer echten Gefahr eines schwerwiegenden Nachteils für die inländischen Produzenten. Der Nachteil muß eindeutig zurückführbar sein auf entweder eine plötzliche und beträchtliche, tatsächliche oder drohende Einfuhrsteigerung oder ein Angebot zu Preisen, die erheblich unter vergleichbaren Inlandspreisen liegen. Die besondere Situation des Ausfuhrstaates soll bereits bei der Prüfung, ob eine Marktzerrüttung vorliegt, mit einbezogen werden.

Liegen diese Voraussetzungen einer Ausnahmeregelung vor, sind vier Arten von Einschränkungen möglich. Im ersten Fall führen bilaterale Verhandlungen zwischen den beteiligten Ländern zu einer vertraglichen Beschränkung, die ein in Anlage B definiertes Niveau nicht unterschreiten darf. Im Fall einer Nichteinigung innerhalb von 60 Tagen darf der betroffene Staat als zweite Möglichkeit einseitig den Import bis zur Grenze des in Anlage B genannten Niveaus beschränken. Verträge und einseitige Beschränkungen dürfen nur für ein Jahr gelten und können nur im Einvernehmen zwischen den unmittelbar betroffenen Teilnehmerstaaten um ein weiteres Jahr verlängert werden, wobei dann das nach Anlage B zulässige Niveau in der Regel um mindestens 6 % anzuheben ist. Bei dem Auftreten neuer Faktoren ist allerdings eine weitere Verlängerung zulässig. Als Drittes sind während der ersten 60 Tage vorübergehende einseitige Beschränkungen ohne jede Konsultationspflicht in ganz besonders kritischen Fällen zulässig, die ebenfalls an das Niveau der Anlage B gebunden sind. Nach Anlage B darf durch eine Importbeschränkung nicht ein Niveau unterschritten werden, welches sich berechnet nach der Höhe der tatsächlichen Importe innerhalb eines Zwölfmonatszeitraumes, der zwei oder drei Monate vor Beginn der Verhandlungen oder einseitigen handelsbeschränkenden Maßnahmen anzusetzen ist.

Diese drei ad hoc-Möglichkeiten nach Art. 3 sind sowohl für die Import- als auch für die Exportländer nicht besonders günstig. Denn erstere müssen vorerst die Importe unbeschränkt einlassen, bis sich eine Krise abzuzeichnen beginnt, dann ein aufwendiges Verfahren unter Einschaltung der Textilüberwachungsstelle anstrengen, um nur einen befristeten Importstopp zu erreichen. Letztgenannte müssen erwarten, im Rahmen der Verhandlungen oder gar einseitig auf das Niveau der Anlage B zurückgedrängt zu werden, also mittelfristig überhaupt keine Verbesserung ihrer Importmöglichkeiten zu erhalten. Insofern wirkt das Textilabkommen seiner Konzeption nach bevorzugt auf eine vierte Möglichkeit der Handelsregulierung hin: Nach Art. 4 können Teilnehmerstaaten bereits im voraus bilaterale Abkommen abschließen, um dem Eintritt konkreter Marktzerrüttung vorzubeugen. Für die Importländer bringt diese Möglichkeit den Vorteil, daß die Textilimporte auch kurzfristig keine Phase der völligen Liberalisierung durchlaufen müssen. Welchem konkreten Liberalisierungsdruck die heimische Industrie ausgesetzt werden soll, ist damit der planerischen Disposition der Abnehmerländer überlassen. Andererseits können sich die Lieferländer von derartigen Selbstbeschränkungsabkommen eine höhere Steigerungsrate zu angemessenen Preisen erhoffen, die längerfristig festgelegt ist und auch vor der Konkurrenz anderer Billigimporte geschützt ist. Denn das Ausgangsniveau und die Steigerungssätze, die in bilateralen Selbstbeschränkungsabkommen festgesetzt werden dürfen, müssen auf jeden Fall großzügiger sein als das Minimalniveau der Anlage B.

Bis zum 1. Januar 1978 hatte die EG auf der Grundlage des Art. 4 mit 21 Niedrigpreisländern entsprechende „freiwillige" Selbstbeschränkungsabkommen abgeschlossen. Mit drei weiteren Ländern ausgehandelte Abkommen werden de facto angewendet. Im Ergebnis sind im Fall der EG von 1978 bis 1982 nur 0,2 % der Billigeinfuhren nicht durch beschränkende Abkommen oder Vereinbarungen erfaßt[97]. Die systematische Grundlage dieses Vertragsnetzes bildet eine Verordnung der Kommission über die Einfuhr von Textilwaren vom 30. Dezember 1977[98]. Diese Verordnung stellt eine Zerrüttung des EG-Marktes global fest und unterwirft Textilimporte in Abstimmung mit dem Textilausschuß des Welttextilabkommens einer gemeinschaftlichen Genehmigungspflicht und Höchstmengenregelung. Dabei werden die zulässigen Höchstmengen nicht für die Gemeinschaft global festgelegt, sondern in Abnahmemengen für jedes der EG-Mitglieder aufgesplittert (Bundesrepublik Deutschland 1978: 27 % der Gesamtkontingente). Solange diese Höchstmengen nicht erschöpft sind, stellen die Exportländer für ihre durch ein Ursprungszeugnis bescheinigten Exporte in die EG eine Ausfuhrgenehmigung aus. Binnen 5 Werktagen ab Vorlage hat der Bestimmungsmitgliedsstaat der EG eine entsprechende Einfuhrgenehmigung auszustellen. Sind die zulässigen Importmengen erschöpft, verweigert der Einfuhrstaat die Genehmigung und benachrichtigt das Exportland. Jährliche Steigerungssätze werden durch eine alljährliche Überarbeitung der Verordnung festgelegt. Die Grundstruktur nach vergleichbare Selbstbeschränkungsabkommen sind auch zwischen den Entwicklungsländern und anderen Industrieländern üblich geworden.

Für die EG ergibt sich im Zusammenhang mit dem allgemeinen Präferenzsystem für Entwicklungsländer folgende etwas kompliziert anmutende Situation: Alle Textilimporte, auch die aus Entwicklungsländern, sind absoluten Mengenbeschränkungen unterworfen (gemeinschaftliche Höchstmengenregelung). Im Gegensatz zu den Importen aus Industrieländern kann ein nochmals mengenmäßig beschränkter Teil der Importe aus Entwicklungsländern jedoch zollfrei erfolgen (Gemeinschaftszollpräferenzen für Entwicklungsländer).

Dieses perfekt anmutende Genehmigungs- und Kontrollsystem hat in der Praxis vielfältige Probleme mit sich gebracht. Es wurden Fälle bekannt, in denen die zugesicherten Quoten durch tatsächliche Behinderungen der Importländer nicht ausgenutzt werden konnten. So weigerte sich nach Pressenotizen die EG-Verwaltung 1977, ihre Bücher offenzulegen und Lieferländern mitzuteilen, wieweit die zulässigen Importmengen schon erschöpft seien. Folge derartiger Behinderungen war nach Berechnungen des Deutschen Instituts für Wirtschaftsforschung (DIW), daß beispielsweise 1974 bestehende Präferenzen nur zu 44 % und bestehende Kontingente nur zu 66 % tatsächlich ausgenutzt werden konnten[99]. Häufig ist es Industrieländern darüber hinaus möglich, „ihre" Auslandsunternehmen bei den Importen auch innerhalb von Kontingenten faktisch oder rechtlich zu begünstigen, indem Importgenehmigungen schneller oder längerfristiger im voraus erteilt werden, als bei Importen durch andere Unternehmen. Oder bei der Verzollung verarbeiteter Produkte werden zuvor aus dem Inland zur Verarbeitung exportierte Vorlagen oder Ausgangsbestandteile nicht mitberechnet (§§ 26, 47–52 Zollgesetz), so daß in derartigen

Fällen nicht das gesamte Produkt, sondern nur sein ausländischer Verarbeitungswert verzollt werden muß.

Auf der anderen Seite gibt es auch erhebliche Umgehungsgeschäfte der Entwicklungsländer. So wird die quotenmäßige interne Verteilung auf die EG-Staaten dadurch umgangen, daß bei Erschöpfung der Quote Frankreichs beispielsweise Waren über eine noch freie Quote in die Bundesrepublik gebracht werden, um dann im internen freien Warenverkehr doch noch nach Frankreich gelangen zu können. In den Entwicklungsländern, beispielsweise in Hongkong, herrscht ganz legal ein freier Handel mit Exportquoten. Für 20 % des Warenwertes können Lieferanten entsprechende Exportquoten Hongkongs kaufen. Anderenorts werden, bedeutend billiger, gefälschte Ursprungszeugnisse und Ausfuhrdokumente verkauft. In der Parxis ist es daher durchaus möglich, daß Lieferanten eines Landes die Quoten anderer Länder für sich ausnutzen[100].

Die Entwicklungsländer kritisieren am Welttextilabkommen von 1974 vor allem, daß es den Protektionismus nicht abgeschafft, sondern lediglich legalisiert und formalisiert habe. Selbst mit dem GATT unvereinbare Handelshemmnisse wie insbesondere mengenmäßige Beschränkungen seien nach dem Welttextilabkommen völlig legitim. Textilausschuß und -überwachungsstelle entbehrten jeder Durchsetzungskraft. Die Berechnungsbasis der Anlage B sei zu niedrig angesetzt und vor allem der jährliche Steigerungssatz von 6 % viel zu gering. Auf diese Weise sei es den Industrieländern weiterhin möglich, eine interne Umstrukturierung aufzuschieben und durch Stützungsmaßnahmen die Binnenindustrie wettbewerbsfähig zu erhalten. Sie fordern daher – bisher vergeblich – eine Erhöhung der Grundquoten und Steigerungsraten, eine Stärkung des institutionellen Rahmens und die Einführung eines Zwanges für Industrieländer, nicht wettbewerbsfähige Industriezweige anzupassen, anstatt sie weiterhin zu subventionieren.

Die Industrieländer und die dort noch ansässigen Industrieunternehmen lehnen jede Anpassung außer durch die – von ihnen selbst über das Abkommen reglementierten – Marktgesetze ab. Eine Stärkung des Kontrollsystems wird ebenfalls nicht befürwortet. Das Welttextilabkommen habe sich grundsätzlich bewährt, die Ausnahmemöglichkeiten bei Marktzerrüttung (also praktisch der Regelfall der Anwendung) müßten jedoch erweitert werden. Das bisherige Konsultationsverfahren müsse unter stärkeren Zeitzwang gestellt werden. Die Zuwachsraten von 6 % sollten auf 3 % zurückgeschraubt und bei Entwicklungsländern mit einem hohen Marktanteil noch weiter gesenkt werden. Bei fortbestehender Marktzerrüttung auch innerhalb dieser Kontingente müßten zusätzliche Preisfestlegungen, – also Preiserhöhungen –, vereinbart werden können[101].

Die Textilgewerkschaften der westlichen Industrieländer lehnen das gegenwärtig in den Industrieländern favorisierte Konzept einer internationalen Arbeitsteilung, wie es auch das Welttextilabkommen enthält, ab. Sie fordern daher, den Protektionismus beizubehalten und Arbeitsplatzverlagerungen aus Industrie- und Entwicklungsländern zu bekämpfen, statt wie bisher zu fördern[102]. Dieser Standpunkt ist angesichts der Lage der Beschäftigten in der Textil- und Bekleidungsindustrie der Industrieländer durchaus berechtigt, sollte aber mit der Forderung verbunden werden, derartige öffentliche Gelder den Entwicklungsländern direkt zukommen zu lassen, beispielsweise zur Förderung von Produktionsdiversifizierung.

Darüber hinaus fordern die Gewerkschaften, die Importe aus Entwicklungsländern mit einer angemessenen Sozialsteuer zu belegen, die den Entwicklungsländern von den Industrieländern zur Verbesserung ihrer Infra- und Sozialstruktur anschließend wieder zur Verfügung gestellt werden soll. Ein derartiges Vorhaben dürfte jedoch eine unerträgliche Bevormundung der Entwicklungsländer durch die Industrieländer darstellen, welche zudem mit dem Gedanken präferenzieller Sonderbehandlung aus GATT und UNCTAD nicht zu vereinbaren ist.

Als drittes fordern die Gewerkschaften die Einführung einer Sozialklausel in das Welttextilabkommen, wonach in den textilexportierenden Entwicklungsländern bei den Arbeitsbedingungen die Mindestanforderungen des internationalen Arbeitsamtes eingehalten werden müssen. Eine solche Klausel wäre an sich nur zu begrüßen, da auf diese Weise ein Teil der Industrialisierungsgewinne endlich auch an die Beschäftigten in den Entwicklungsländern weitergeleitet werden müßte. Außerdem ließen sich das Konkurrenzverhalten zwischen Lohnabhängigen in Industrieländern und Entwicklungsländern auf dieser Grundlage abmildern, so daß vielleicht Ansätze einer neuen internationalen Solidarität entstehen könnten. Da derartige Sozialverpflichtungen jedoch vorerst den Zustrom neuen privaten Kapitals in die Entwicklungsländer stoppen oder verlangsamen würden, müßte sich die Gewerkschaften der Industrieländer gleichzeitig auch dafür einsetzen, die öffentliche Entwicklungshilfe der Industrieländer zu erhöhen. Dieses ist bisher leider nicht in ausreichendem Maße der Fall.

Keine Seite hat sich bisher mit Änderungswünschen durchsetzen können, das Welttextilabkommen wurde 1978 lediglich verlängert. Mit den Handelsbeschränkungen dieses Abkommens handelt es sich letztlich um Regulierungsmaßnahmen, welche durch die einseitige und allein weltmarktorientierte Industrialisierung einzelner Entwicklungsländer unumgänglich wurden und kurzfristig nicht völlig aufgegeben werden können. Da die Industrieländer dieses verfehlte Konzept einer internationalen Arbeitsteilung jedoch ins Leben gerufen haben und auch heute noch offiziell als Lösung für die Nord-Süd-Problematik anpreisen, sollten sie auch die Folgen dieses Konzeptes zumindest mittragen helfen und nicht einfach auf die Entwicklungsländer abwälzen.

Eine Fortschreibung der Ausweitungsrate um jährlich nur 6 % oder gar noch weniger dürfte nach einem solchen Lastenverteilungskonzept, wie es auch das Welttextilabkommen ansich enthält, zu niedrig angesetzt sein. Wie Pressemitteilungen zu entnehmen war, konnte sich die Textil- und Bekleidungsindustrie der EG unter Geltung der Selbstbeschränkungsabkommen, also bei einer Steigerungsrate von knapp über 6 % wieder konsolidieren[103]. Dieses aber bedeutet, daß ein Umstrukturierungsdruck auf die Wirtschaft der Industrieländer durch das Welttextilabkommen wenig oder gar nicht ausgeübt wird. Dann aber verfehlt das Abkommen sein selbstgesetztes Ziel. Es wäre also durchaus sinnvoll, die Zulässigkeit von Handelsschranken bei Industrieländern davon abhängig zu machen, ob diese zugleich auch ein realistisches, auf absehbare Zeit berechnetes Umstrukturierungsprogramm vorlegen, und durch größere Pflichtsteigerungsraten auch einen gewissen Druck in diese Richtung auszuüben. Ein Ausbau des Kontrollsystems mit handfesten Kompetenzen würde in dieselbe Richtung wirken.

In seiner gegenwärtigen Fassung jedenfalls dürfte das Welttextilabkommen kein aussichtsreicher Weg sein, Freihandel und internationale Arbeitsteilung im verarbeitenden Bereich selbst dem theoretischen Grundverständnis der Industrieländer nach durchzusetzen. Angesichts der bisherigen „Erfolge" dieses Freihandelskonzepts in der Praxis, sollten sich die Entwicklungsländer jedoch weniger auf eine graduelle Verbesserung derartiger Abkommen konzentrieren, als vielmehr wie schon im Rohstoffbereich nach neuen Mitteln und Wegen zu suchen.

4. Der Beitrag der EG zur Modifizierung des Freihandels

4.1 Die außenhandelspolitische Zielsetzung der EG

Die Europäische Wirtschaftsgemeinschaft (EWG) wurde zusammen mit der Europäischen Atomgemeinschaft (EURATOM) durch die Verträge von Rom am 25. März 1957[1] gegründet und am 1. Januar 1958 in Kraft gesetzt. Beteiligt waren Belgien, die Bundesrepublik Deutschland, Frankreich, Italien, Luxemburg und die Niederlande. Bereits seit 1951 waren dieselben Mitglieder in der Europäischen Gemeinschaft für Kohle und Stahl (EGKS = Montanunion)[2] vereinigt, so daß nunmehr drei unterschiedliche wirtschaftliche Bereiche nebeneinander durch drei getrennte Verträge zwischen denselben Mitgliedern integriert waren. Bereits zum Gründungszeitpunkt 1957/58 verband man die drei Organisationen durch einige gemeinsame Organe: die Versammlung, den Europäischen Gerichtshof (EuGH) und den Wirtschafts- und Sozialausschuß. 1965 wurden dann auch die zentralen Exekutivorgane der drei Gemeinschaften Rat, Kommission und Verwaltung zusammengelegt. Seither hat sich für die zusammengefaßte Gesamtheit dieser drei Organisationen der Begriff „Europäische Gemeinschaften" oder auch nur „Europäische Gemeinschaft" (EG) eingebürgert. Durch die Beitritte von Dänemark, Großbritannien und Irland 1972 zu allen drei Verträgen umfaßt die EG gegenwärtig 9 Mitgliedsstaaten.

Bei der Gründung der EG spielten verschiedene Motive und Entwicklungen eine Rolle, auf die hier nur ansatzweise eingegangen werden soll. Die Gründung der EGKS war getragen von dem Willen, den kriegszerstörten Staaten Westeuropas einen gemeinsamen, koordinierten Wiederaufbau zu ermöglichen. Der westliche Teil des ehemaligen Kriegsgegners Deutschland sollte fest in den westlichen, kapitalistisch orientierten Teil Europas integriert und seine Schwerindustrie (Ruhr, Saar) konfliktfreier als nach 1918 dem westeuropäischen Wiederaufbau nutzbar gemacht werden.

Nachdem die Erfahrungen mit dem integrierten Kohle- und Stahlmarkt positiv verlaufen waren, war es naheliegend, diesen Versuch mit EWG und EURATOM auch in anderen Wirtschaftsbereichen fortzusetzen. Die Schaffung eines großen übernationalen Absatzmarktes durch die EWG sollte die Entstehung größerer Unternehmenseinheiten begünstigen und zu übernationalen, westeuropäischen Großunternehmen führen. Derartige Unternehmen aber könnten, so zumindest die Erwartung, den europäischen Markt durch Großserienproduktion und Spezialisierung kostengünstiger und qualitativ besser beliefern als die bestehenden national begrenzten Unternehmenseinheiten. Zudem könnte sich dadurch die Wettbewerbsfähigkeit der europäischen Industrie auf dem Weltmarkt vor allem gegenüber der bisher überlegenen Konkurrenz US-amerikanischer Großunternehmen verbessern. Durch die Verstärkung der Wirtschaftsmacht Europas war schließlich auch zu hoffen, daß die kleinen westeuropäischen Staaten ihre nachkoloniale politische Bedeutungslosigkeit überwinden und wieder zu einem politischen Machtfaktor aufsteigen könnten[3].

Auf die Binnenintegration und ihre Probleme soll hier nicht weiter eingegangen werden. Im Außenbereich sollte laut Art. 110 EWGV durch die Schaffung einer Zollunion im gemeinsamen Interesse der Mitgliedsstaaten zu einer harmonischen Entwicklung des Welthandels, zur schrittweisen Beseitigung der Beschränkungen im internationalen Handelsverkehr und zum Abbau der Zollschranken beigetragen werden. Die EG hat sich also selbst auf eine liberale Freihandelspolitik im Weltmaßstab verpflichtet.

Die deutlichsten Erfolge der EG-Integration sind an ihrem Außenhandel mit Drittstaaten abzulesen. Mit einem Anteil von 22 % am Welthandel ist die EG gegenwärtig weltgrößter Importeur und Exporteur. Ausgeführt werden verarbeitete Produkte, Maschinen und Fahrzeuge (84 %), eingeführt überwiegend Nahrungs- und Genußmittel sowie Rohstoffe (60 %). Innerhalb der Einfuhren liegen die Entwicklungsländer als Anbieter mit 47 : 46 % noch knapp vor den Industrieländern, bei den Ausfuhren dominieren deutlich die Industrieländer als Abnehmer mit 58 : 30 %[4]. Im internationalen Vergleich gilt die EG als Niedrigzollblock, bestimmte Sektoren und der gesamte Agrarmarkt können jedoch nicht als liberalisiert bezeichnet werden.

In ihrem wirtschaftlichen Umfeld hat die EG ein sehr differenziertes Netz von Sonderbeziehungen entwickelt, welches teilweise mit Anforderungen des GATT kollidiert (s. I.4.2). Mit den EFTA-Staaten besteht seit dem 1.7.1977 eine Freihandelszone. Nicht termingebunden und durch einseitige Vorleistungen der EG ist auch im Mittelmeerraum ein umfassendes Liberalisierungsprojekt geplant. Hier bestehen mit folgenden Staaten unterschiedliche Arten von Assoziierungs- und Handelsverträgen: Griechenland (1961), Türkei (1963), Marokko und Tunesien (1969 u. 1976), Spanien und Israel (1970), Malta (1971) und Algerien (1976). Die ehemaligen Kolonialgebiete der EG-Mitglieder wurden in verschiedenen Assoziierungsverträgen ebenfalls durch einseitige Handelsliberalisierungen mit der EG verbunden, zuletzt im Abkommen von Lomé (1975) (s. I.4.4) und in den Abkommen von Maghreb (1976), die gleichzeitig auch der eben genannten Mittelmeerpolitik der EG zuzuordnen sind. Mit den Staatshandelsländern sind die Kontakte unterschiedlich weit entwickelt: Jugoslawien ist seit 1970 durch ein nicht präferenzielles Handelsabkommen mit der EG verbunden, China seit 1978 ebenfalls. Mit dem Rat für Gegenseitige Wirtschaftshilfe (RGW/COMECON) hat sich die EG bisher nicht auf ein gemeinsames Abkommen einigen können. Da gegenwärtig alle bilateralen Handelsabkommen zwischen EG-Mitgliedsländern und Ländern des RGW ausgelaufen sind, setzt die EG seit 1975 in diesem Bereich autonom Einfuhrregelungen fest, ohne daß dieses den tatsächlichen Warenaustausch wesentlich verändert hätte.

4.2 Europäische Wirtschaftsgemeinschaft und GATT

Mit den grundlegenden Prinzipien des GATT, Gleichbehandlung und Nichtdiskriminierung, ist die partielle Integration einzelner GATT-Mitglieder ansich unvereinbar. Die Gründung von Zollunionen wie der EWG beabsichtigt ja, den eigenen Mitgliedern exklusiv besondere Handelsvorteile einzuräumen, vor allem Nullzollsätze. Entgegen dem Meistbegünstigungsgedanken sollen diese Vorteile gerade nicht an Drittstaaten weitergegeben werden.

Jede auf ausgewählte Staaten beschränkte Handesliberalisierung muß sich jedoch auf die Konkurrenzfähigkeit dritter Wettbewerber nachteilig auswirken, weil jene ja weiterhin höhere Zölle zahlen müssen oder durch das Fortbestehen mengenmäßiger Beschränkungen weniger liefern können als ihre Konkurrenten aus dem Integrationsblock. Durch diese Verschiebung der Wettbewerbspositionen ergeben sich zwangsläufig sogenannte Handelsablenkungen: Während sich der Binnenhandel intensiviert, wird der Außenhandel des Wirtschaftsblocks reduziert oder steigt zumindest weniger schnell an. Derartiges läßt sich auch nach der Gründung der EWG beobachten: Zwar stiegen beide, Außen- und Binnenhandel, in den Folgejahren an. Der Binnenhandel wuchs jedoch schneller als der Außenhandel, so daß die Bedeutung des Außenhandels für die EWG-Länder relativ betrachtet abnahm. Hatte der Außenhandel mit Nicht-EWG-Ländern 1957 noch einen Anteil von 70 % am Gesamtaußenhandel der EWG-Mitglieder, so sank er bis 1974 auf 55 %[5].

Trotz dieser unvermeidbaren Widersprüche regionaler wirtschaftlicher Integration zu den Grundprinzipien des GATT läßt Art. XXIV Abs. 26, 3 und 4 GATT sie ausdrücklich zu. Dieser vordergründigen Inkonsequenz des GATT liegt der Gedanke zugrunde, daß neben dem direkten Weg zu einem einheitlichen Weltmarkt über allgemeine Handelsliberalisierungen auch der indirekte Weg über regional begrenzte, aber dafür umfassendere Handelsliberalisierungen möglich sein muß. Hieran knüpft sich die Erwartung, aufgrund der wirtschaftlichen Integrationsgewinne werde der handelsschaffende Effekt gegenüber dritten GATT-Parteien den handelsablenkenden Effekt des Integrationsprojektes überwiegen. Auf längere Sicht werde daher auch die nur partielle Liberalisierung zu einer weltweiten Ausweitung und Liberalisierung des Handels beitragen[6].

Nach Art. XXIV GATT wird die freiwillige exklusive Wirtschaftsintegration einzelner GATT-Mitglieder daher gestattet. Allerdings müssen bestimmte Voraussetzungen erfüllt sein, welche garantieren sollen, daß die handelsschaffenden die handelsablenkenden Effekte auch tatsächlich überwiegen werden. Insbesondere soll verhindert werden, daß die Beteiligten an Zollunionen oder Freihandelszonen die integrationsbedingte stärkere Konkurrenz auf den Binnenmärkten dadurch abzumildern suchen, daß die Konkurrenz aus Drittländern verstärkt vom Markt ferngehalten wird. Hier handelt es sich um konkrete Rechtspflichten des GATT, eine Art Grundsatzkodex für die Zulässigkeit von wirtschaftlichen Integrationsprojekten[7]:

- Zölle und andere Handelsschranken, ausgenommen solche, die nach anderen GATT-Bestimmungen zulässig sind, müssen für annähernd den gesamten Handel der aus den teilnehmenden Gebieten stammenden Waren beseitigt werden (Art. XXIV Abs. 8).
- Der Abbau der Handelshemmnisse muß sich planvoll und innerhalb eines angemessenen Zeitraumes vollziehen (Art. XXIV Abs. 5c).

– Neue Außenzölle und Außenhandelsvorschriften dürfen in ihrer Gesamtheit nicht höher oder einschränkender sein als die allgemeine Belastung, die vorher bestand (Art. XXIV Abs. 5a + b).

Gründung und anschließende Wirtschaftspolitik der EG haben unter verschiedenen Gesichtspunkten Zweifel an ihrer GATT-Konformität aufkommen lassen. So war bei der Schaffung der Ausnahmenorm des Art. XXIV GATT ursprünglich nur an kleinere Integrationsprojekte gedacht worden. Die EG jedoch ist nach ihrem Zusammenschluß zur weltgrößten Handelsmacht aufgestiegen und nach Wirtschaftspotential, Bevölkerungsstärke usw. allgemein als Großmacht anzusehen. Ein derartig dimensionierter Zusammenschluß nun, behaupten die Kritiker der EG, verändere die Geschäftsgrundlage des GATT vollständig. Daher wäre hierfür eine Vertragsänderung nach Art. XXX GATT erforderlich gewesen. Dem ist jedoch entgegenzuhalten, daß das GATT keinerlei ausdrückliche Größenbegrenzung für Integrationsprojekte enthält und die wirtschaftliche Größenordnung der EG-Gründung damit nicht zu einem GATT-Verstoß führen kann[8].

Die verfahrensmäßige Durchführung der Integration hat hingegen wichtige GATT-Gebote außer acht gelassen. Nach Art. XXIV Abs. 5 GATT ist gefordert, daß sich durch die Vereinheitlichung der Außenzölle die allgemeine Zollbelastung dritter GATT-Parteien nicht erhöhen dürfe, womit sinngemäß die tatsächlichen Importbedingungen in ihrem Durchschnitt gemeint sind[9]. Die EG jedoch berechnete ihren ersten gemeinsamen Außenzolltarif (GZT) nach Art. 19 EWGV aus dem einfachen Mittel der zuvor maximal zulässigen Zollsätze, berücksichtigte also weder real niedrigere Zollsätze noch das unterschiedliche Außenhandelsvolumen von kleinen Hochzolländern und großen Niedrigzolländern. Entgegen den GATT-Geboten verschlechterten sich somit die Importbedingungen dritter Staaten auch über die unvermeidlichen handelsablenkenden Effekte der Integration hinaus.

Zweitens ist heftig umstritten, ob die EG angesichts ihres anhaltenden Agrarprotektionismus im Außen- und Binnenbereich „annähernd den gesamten Handel" i.S. von Art, XXIV Abs. 8 GATT liberalisiert hat. Nach weit verbreiteter Ansicht verbietet das GATT damit nämlich das Ausklammern ganzer Produktgruppen oder Wirtschaftszweige[10], so daß hier eine Ausnahmegenehmigung erforderlich gewesen wäre[11].

Am problematischsten ist jedoch die Assoziierungspraxis der EWG. Im EWGV vorgesehen ist eine Assoziierung nach Art. 131 ff. für überseeische Länder und Hoheitsgebiete und nach Art. 238 für Staaten, Staatenverbindungen oder internationale Organisationen. Die Assoziierung nach Art. 131 war gedacht für ehemalige, noch nicht völlig selbständige Kolonialgebiete der EG-Mitglieder, welche ihre bestehenden Sonderbeziehungen dadurch auf die Gemeinschaft insgesamt übertragen sollten. Ausgehend vom Entwicklungsstand dieser Assoziierungspartner war eine Gegenseitigkeit im Sinne von gleichen Rechtsverpflichtungen auf beiden Seiten nicht vorgesehen. Die Assoziierung nach Art. 238 EWGV hingegen erfordert ausdrücklich gegenseitige Rechte und Pflichten. Als jedoch die ehemaligen Kolonien ihre volle Selbständigkeit erlangt hatten, änderte sich zwar die Rechtsgrundlage ihrer Assoziierung, nicht aber das Prinzip der nur einseitigen Zugeständnisse und

Handelserleichterungen durch die EG. Hinzu kam die Assoziierung weiterer Staaten, insbesondere im Mittelmeerraum, ebenfalls nicht auf der Basis der Gegenseitigkeit. Folge derartiger Assoziierungen ist, daß die hierdurch begünstigten Staaten erhebliche Wettbewerbsvorteile vor anderen Drittländern auf dem EG-Markt erhalten, ohne selbst besondere Liberalisierungsopfer hierfür erbracht zu haben. Politisch noch problematischer ist jedoch die spalterische und entsolidarisierende Auswirkung einer derartig selektiv begünstigenden Assoziierungspolitik[12] auf die Gesamtheit der Entwicklungsländer.

Ebenso wie die Gründung von Zollunionen und Freihandelszonen widerspricht auch die assoziationsbedingte einseitige Vorzugsbehandlung den GATT-Prinzipien der Meistbegünstigung und Nichtdiskriminierung. Für Letztere sieht das GATT jedoch keine Sonderregelung vor. Zur Rechtfertigung ihrer Assoziierungspolitik hat sich die EG daher darauf berufen, diese Assoziierungen dienten der langfristigen Errichtung weiterer Freihandelszonen. Dann jedoch müßte die EG-Assoziierungspolitik sich auch an den Maßstäben des Art. XXIV GATT messen lassen. Diese erfüllt die EG nicht: Jede konkrete Angabe über die Errichtung der behaupteten Freihandelszone fehlt in den Abkommen. Es gibt keinen konkreten Plan nebst Programm und angemessener Zeitspanne seiner Verwirklichung, wie in Art. XXIV Abs. 5c GATT gefordert. Des weiteren ist durch die nur einseitige Handelsliberalisierung keine annähernd den gesamten Handel umfassende Liberalisierung nach Art. XXIV Abs. 8 GATT eingetreten, da der gesamte Export der EG in die assoziierten Gebiete ausgeklammert ist. Die Assoziierungspolitik der EG stellt also ein nach dem GATT unzulässiges Präferenzsystem dar[13].

Dennoch ist im GATT über verbale Rügen hinaus nichts gegen die Assoziierungspolitik der EG unternommen worden. Innerhalb der Entwicklungsländer setzte sich vielmehr immer deutlicher der Wunsch durch, selbst in den Genuß derartiger Vorzugsbehandlung zu kommen. Die beherrschende Tendenz in GATT und UNCTAD geht daher gegenwärtig dahin, allen Entwicklungsländern zugängliche Präferenzen neu zu schaffen und vorhandene – möglicherweise unzulässige Präferenzsysteme – allen Entwicklungsländern zu öffnen. Diesem Trend ist die EG mit der Errichtung eines allgemeinen Präferenzsystems (s. I.4.3) und der Öffnung des Abkommens von Lomé (s. I.4.4) für weitere beitrittswillige Entwicklungsländer teilweise nachgekommen.

Im übrigen ist zweifelhaft, inwieweit das GATT für die EG als Völkerrechtssubjekt Verbindlichkeit hat. Denn einerseits sind alle EG-Mitglieder auch Vertragsparteien des GATT und somit verpflichtet, den GATT-Grundsätzen auf ihrem Staatsgebiet zur Durchsetzung zu verhelfen. Andererseits ist die EG als Subjekt des Völkerrechtes dem GATT niemals beigetreten und somit auch nicht unmittelbar daran gebunden. Je mehr Kompetenzen die EG-Mitgliedsstaaten nun auf die EG-Organe übertragen, umso schwächer wird faktisch die direkte Bindung der Gemeinschaft an das GATT.

Der EuGH hat zu dieser Frage entschieden: Auch ohne selbst Vertragspartei zu sein, sei die EG an das GATT gebunden. Denn Art. 110, 234 Abs. 1 EWGV bezögen sich auch auf das GATT und stellten klar, daß bestehende Rechte durch den EWGV nicht berührt werden sollten. Auch sei eine Delegation außenhandelspolitischer Kompetenzen auf die EG-Organe durch die Mitgliedsstaaten regelmäßig nur unter der Voraussetzung GATT-konformen Handels dieser Organe erfolgt. Andererseits dürfe sich ein einzelner Mitgliedsstaat der EG der Gesamtgemeinschaft gegenüber jedoch nicht vor Gericht darauf berufen, eine EG-Regelung sei nicht GATT-konform und deshalb ungültig. Denn ein solches Recht sehe das GATT selber nicht vor[14]. Dadurch bestätigt der EuGH jedoch tatsächlich, daß die einzelnen Mitgliedsstaaten der EG keinerlei reale Durchsetzungsmöglichkeit zur Erfüllung ihrer GATT-Verpflichtungen mehr haben, soweit eine Gemeinschaftszuständigkeit besteht. Die Unsicherheit über Anwendungsbereich und Durchsetzbarkeit des GATT hat sich also um ein weiteres Problemfeld erweitert, weil das GATT zwar die wirtschaftliche, nicht jedoch die wirtschaftspolitische Integration mit Übertragung hoheitlicher Rechte auf ein neues Völkerrechtssubjekt in seinem Konzept vorhergesehen hat.

4.3 Gemeinsamer Außenzolltarif und allgemeines Präferenzsystem

Die EG als Zollunion verfügt im Außenverhältnis gegenüber Drittländern seit 1968 über einen Gemeinsamen Zolltarif (GZT). Darüber hinaus ist nach Art. 113 EWGV die gesamte gemeinsame Handelspolitik nach einheitlichen Grundsätzen zu gestalten. Ziel dieser Handelspolitik hat nach dem EWGV über eine bloße Vereinheitlichung hinaus die schrittweise Beseitigung der Beschränkungen im internationalen Handelsverkehr und insbesondere der Zollabbau zu sein (Art. 18, 110). Nachdem im folgenden kurz dargestellt worden ist, wie die Außenhandelsbeziehungen der EG organisiert und abgewickelt werden, soll vor allem darauf eingegangen werden, auf welche Weise und in wessen Interesse die EG ihren eigenen Liberalisierungszielen nachkommt.

Nachdem der GZT eingeführt worden ist, ist die Gemeinschaft für die Zollfestsetzung zuständig, während den Mitgliedsstaaten nur die Durchführung der Zollerhebung verbleibt. Über alle Fragen der autonomen Ausgestaltung des GZT entscheidet der Ministerrat (Art. 28). Müssen Veränderungen des GZT im Zusammenhang mit dem Abschluß eines Handelsvertrages erfolgen, ist folgendes Verfahren nach den Art. 113 f. vorgeschrieben: Die Kommission führt nach vorheriger Abstimmung mit dem Rat die Verhandlungen, der Rat schließt dann im Namen der Gemeinschaft die Verträge ab. Handelt es sich um einen Assoziierungsvertrag, muß zuvor noch das Europäische Parlament (Versammlung) angehört werden. Innergemeinschaftliche Rechtsverbindlichkeiten erhalten die jeweiligen Zolltarife durch entsprechende Ratsverordnungen, ohne daß die einzelnen EG-Staaten hier noch mitwirken müßten. Die Zollerhebung soll auch künftig bei den Staaten verbleiben. Art. 27 fordert hier jedoch eine Rechtsvereinheitlichung. Zu diesem Zweck hat der Rat daher eine größere Anzahl von Verordnungen und Richtlinien erlassen, so daß der Handlungsfreiraum der Staaten auch hier eingeschränkt ist.

Auch unter Geltung des GZT können einzelne EG-Staaten abweichende Zollsätze erheben. Soweit Mitgliedsstaaten vor der Einführung des GZT entsprechende bilaterale Verträge abgeschlossen hatten, gelten deren niedrigere Zollsätze gem. Art. 20 ff. bis zum Auslaufen der Verträge fort. Neue nationale Zollsenkungen können gemäß Art. 25 EWGV nach Zustimmung der zuständigen EG-Organe erfolgen, wenn ansonsten in dem antragstellenden Staat bei bestimmten Gütern die Versorgung nicht gesichert wäre und keine nachteilige Handelsverlagerung zu anderen Mitgliedern zu befürchten ist.

Mengenmäßige Beschränkungen fallen bisher ansich noch unter nationale Zuständigkeit. Eine Zentralisierung hat jedoch auch hier schon eingesetzt. Seit 1972 sind die EG-Mitgliedsstaaten durch Ratsbeschluß[15] verpflichtet, sich vor jeder autonomen Änderung von Einfuhrregelungen mit den anderen Mitgliedsstaaten in Verbindung zu setzen (Konsultationspflicht). Soweit die Gemeinschaft im Rahmen ihrer außenhandelspolitischen Kompetenz Verhandlungen mit einem Drittland über den Abschluß eines Handelsvertrages führt, besteht für autonome Änderungen eine Genehmigungspflicht des Rates. Seit 1974 besteht eine Liberalisierungsliste, in deren Geltungsbereich mengenmäßige Beschränkungen ansich unzulässig sind[16]. Führt die Liberalisierung allerdings in einem Mitgliedsstaat zu Problemen, müssen Konsultationen in einem besonders geschaffenen beratenden Auschuß erfolgen. Droht Gemeinschaftserzeugern durch die Liberalisierung ein Schaden, wird der Import der fraglichen Waren gemeinschaftlicher oder einzelstaatlicher Überwachung unterstellt. Das bedeutet, derartige Waren können nur noch nach Vorlage eines Einfuhrdokuments an der Grenze der EG abgefertigt werden. Das Dokument stellen die Mitgliedsstaaten auf Antrag binnen fünf Werktagen aus. Entsteht den Gemeinschaftserzeugern dennoch ein ernsthafter Schaden oder droht ein solcher Schaden auch nur weiterhin, werden Importe nur noch nach Vorlage einer förmlichen Einfuhrgenehmigung durch das EG-Importland eingelassen und evtl. wieder neue Kontingente festgesetzt.

Bereits im Rahmen des GZT bestehen also unterschiedliche gemeinschaftliche und einzelstaatliche Zollsätze, sowie ebenso unterschiedliche mengenmäßige Beschränkungen gemeinschaftlicher oder einzelstaatlicher Art nebeneinander. Der wichtigste Fall ist, daß eine Senkung oder Aussetzung des GZT für bestimmte Warengruppen durch die Festsetzung mengenmäßiger Beschränkungen in ihren Auswirkungen wieder begrenzt wird. Festzuhalten ist noch, daß Gemeinschaftskontingente oft nicht global für den gesamten Gemeinsamen Markt bzw. für alle potentiellen Exportländer gemeinsam gelten. Sie sind vielmehr häufig quotenmäßig auf externe Lieferländer und EG-interne Abnehmerländer aufgeteilt.

Noch komplizierter werden die Regelungen des EG-Außenhandels dadurch, daß die EG einerseits assoziierten Staaten und andererseits allen Entwicklungsländern gemeinsam besondere Handelsvorteile einräumt. In der Praxis bestehen daher jeweils in Gestalt eines Geflechtes aus unterschiedlichen Zollsätzen und Mengenbeschränkungen mit dem GZT und dem allgemeinen Präferenzsystem zwei allgemeine EG-Außenhandelssysteme nebeneinander. Zusätzlich gibt es je nach Anzahl der Assoziierungsverträge weitere Zollvergünstigungen und Mengenbeschränkungen für einzelne Staaten oder Staatengruppen.

Im internationalen Vergleich gilt die EG mit einem durchschnittlichen Zollsatz von 7 % als Niedrigzollgebiet[17]. Diese Zahl täuscht allerdings über einzelne durchaus sehr hohe Zollsätze hinweg. Zudem ist der Zollsatz des GZT nach dem jeweiligen Verarbeitungsgrad einer Ware gestaffelt. Rohstoffe werden zu niedrigen oder Nullzollsätzen importiert, um der heimischen Industrie innerhalb des Gemeinsamen Marktes günstige Produktionsvoraussetzungen zu schaffen und die extreme Rohstoffarmut der Gemeinschaft auszugleichen. Mit dem Verarbeitungsgrad steigt der Zoll, bei Kaffee 1966 beispielsweise auf 9,6 % bei geringem Verarbeitungsgrad (Bohnen) und auf 15 % bei höherem Verarbeitungsgrad (geröstet)[18]. Auf diesem Wege werden besonders die Entwicklungsländer weiter in der Rolle des reinen Rohstofflieferanten mit allen ihren Nachteilen festgehalten.

Im Interesse der Erweiterung eigener Exportmöglichkeiten hat die EG vor allem in den GATT-Runden immer wieder auf weitere Zollsenkungen auf der Basis der Gegenseitigkeit gedrungen. Von dieser Praxis ist sie erst in der Tokio-Runde etwas abgerückt, als sie unter Hinweis auf ihre schon bestehenden niedrigen Zollsätze stärkere Zollsenkungen der anderen Industrieländer mit dem Ziel einer Zollharmonisierung forderte. Hier hat die weltweite Rezession ihre Auswirkungen auf die Liberalisierungsfreudigkeit der EG erkennen lassen.

In allen Zollrunden galt für die Politik der EG, wie auch für die Politik anderer Industrieländer, daß die Interessen der Entwicklungsländer wenig Berücksichtigung fanden (s. auch I.2.2.1). So haben viele spektakuläre Zollsenkungen der EG für Entwicklungsländer interessante Bereiche z.B. der agrarischen Produkte gar nicht berührt oder aber die strukturelle Benachteiligung der Entwicklungsländer sogar noch verstärkt. Denn trotz Zollsenkung kann sich die tatsächliche Schutzrate der Außenzölle für die heimische verarbeitende Industrie noch erhöhen. Die Differenz der Zollsätze für Rohmaterial und Endprodukt kann nämlich größer werden und dadurch den Konkurrenzvorteil heimischer Verarbeiter verbessern. Betrug beispielsweise die Zolldifferenz zwischen unbearbeitetem oder grob geschnittenem Holz einerseits und Sperrholz, Latten und anderen Kunsthölzern andererseits vor Beginn der Kennedy-Runde 10 % bei Einzelzollsätzen von jeweils 5 % und 10 %, so betrug sie nach Abschluß der Kennedy-Runde und erfolgter Zollsenkung 13 % bei Einzelzollsätzen von jeweils 0 % und 13 %[19].

Auch mengenmäßige Beschränkungen wurden nur bei globaler Betrachtung zunehmend abgebaut. Gegenwärtig fallen von ca. 1.200 Zollpositionen der EG gegenüber GATT-Mitgliedern nur noch ca. 50 unter mengenmäßige Beschränkungen. Darunter befinden sich bezeichnenderweise aber für Entwicklungsländer besonders wichtige Warengruppen wie Textilien und agrarische Produkte[20]. Zudem erklärte sich die EG häufig nur dann und insoweit zur Liberalisierung bereit, wie potentielle Großimporte sich zu „freiwilliger" Selbstbeschränkung verpflichtet haben. Die Drohung, ansonsten nach dem GATT Dumping- oder Subventionsausgleichszölle zu erheben (s. hierzu I.2.2.3 u. 2.2.4), hat es häufig auch nachträglich erleichtert, wettbewerbsverschärfende Liberalisierungseffekte unter der Hand wieder zurücknehmen zu können. Dieser Etikettenschwindel mit angeblich umfassenden Liberalisierungen hat im Welttextilabkommen von 1974 vorerst seinen krönenden völkerrechtlichen Abschluß erfahren (s. I.3.5.2).

Insgesamt ist also unverkennbar, daß die Liberalität der allgemeinen EG-Außenhandelspolitik stark vom Eigeninteresse geprägt ist und daß dieses Eigeninteresse somit auch ihre Begrenzung darstellt. Das allgemeine Präferenzsystem der EG hingegen steht unter dem Anspruch, die EG wolle hier einmal gegen ihre kurzfristigen wirtschaftspolitischen Eigeninteressen handeln zugunsten langfristiger entwicklungspolitischer Verbesserungen aufseiten der Entwicklungsländer. Es bleibt die Frage, ob die Gemeinschaft diesem Ziel auf dem Weg über einseitige, freiwillige Sonderzugeständnisse im Außenhandel zumindest nähergekommen ist oder ob sich gerade mangels entsprechender völkerrechtlicher Verpflichtung und Kontrolle doch wieder das Eigeninteresse durchgesetzt hat.

Das allgemeine Präferenzsystem der EG gilt seit dem 1. Juli 1971 für Halb- und Fertigerzeugnisse aus den Entwicklungsländern. Es wird gegenwärtig von mindestens 104 Staaten genutzt, darunter mit Rumänien und Bulgarien auch von zwei Mitgliedsstaaten des RGW. Sein Volumen stieg von 500 Mio Rechnungseinheiten für das zweite Halbjahr 1971 auf 6,5 Mrd. Rechnungseinheiten für 1977[21]. Von der EG wurde dieses Zollvergünstigungssystem einseitig und unter Verzicht auf eine Gegenseitigkeit der Zugeständnisse in Kraft gesetzt. Voraussetzung für die EG war und ist nur, daß die anderen westlichen Industrieländer ebenfalls entsprechende Maßnahmen durchführen.

Konkret besteht es aus verschiedenen Ratsverordnungen, die jedes Jahr erneuert werden müssen. Ein Rechtsanspruch der Entwicklungsländer auf eine Beibehaltung des Systems ist in diesen Verordnungen ausgeschlossen. Die EG kann es daher jederzeit ganz oder teilweise zurückziehen (soweit sich nicht aus UNCTAD- und GATT-Beschlüssen etwas anderes herleiten läßt). Für den Fall, daß das allgemeine Präferenzsystem im Zusammenhang mit Sonderpräferenzen aus Assoziierungsverträgen zu Schwierigkeiten führt, hat die EG die Möglichkeit der Rücknahme ausdrücklich vorgesehen. Nach Ansicht der EG kommt dem allgemeinen Präferenzsystem im Konfliktfall mit ihrer Assoziierungspolitik also nachrangige Bedeutung zu; eine Entscheidung, welche zeigt, daß die Politik der EG gegenüber Entwicklungsländern nach wie vor spalterisch ausgerichtet ist.

Im Rahmen des allgemeinen Präferenzsystems verlangt die EG für die im einzelnen aufgeführten Waren aus Entwicklungsländern niedrigere Zollsätze, als nach dem GZT ansich vorgesehen. Diese Zollsenkungen sind jedoch bei „empfindlichen Produkten, bei denen sich die Gemeinschaft in einer ungünstigen Lage befindet"[22], mengenmäßig beschränkt. Diese Beschränkungen ergehen entweder in Form von Kontingenten oder von Plafonds, – letztere sind zeitlich begrenzte Höchstmengen –, und sind auf die verschiedenen EG-Staaten aufgespalten. Lieferstarken Entwicklungsländern wird im Rahmen der Kontingente oder Plafonds ein bestimmter Puffer zugeteilt, das ist eine mengen- oder wertmäßig bestimmte Importquote innerhalb eines Begünstigungszeitraums. Bei Erreichen des Puffers werden die Waren dieses Entwicklungslandes für den restlichen Begünstigungszeitraum von der Präferenzgewährung ausgeschlossen und zum GZT abgefertigt. Hierdurch soll verhindert werden, daß einzelne Entwicklungsländer ein Präferenzkontingent ganz oder überwiegend für sich benutzen und schwächere Konkurrenten völlig aus dem Gemeinsamen Markt verdrängen. Berechnet wurden die mengenmäßigen Beschränkungen anfangs auf der Basis der Einfuhrwerte der begünstigten Länder des Jahres 1971. Ab 1977 wurde das Jahr 1974 gewählt. Ausgeweitet werden sie jedes Jahr zusätzlich um 5 %[23].

Um zum Präferenzzollsatz abgefertigt zu werden, muß ein Importeur an der EG-Grenze ein Ursprungszeugnis (evtl. noch eine Echtheitsbescheinigung) und eine Ausfuhrgenehmigung in die EG, alles ausgestellt im Exportland, vorlegen. Die Zollbehörden des EG-Staates, welcher den Import aufnehmen soll, sind dann zur Austellung einer Importgenehmigung verpflichtet, soweit Kontingente, Plafonds und Puffer nicht erschöpft sind.

Mit der Errichtung von Zollpräferenzen zugunsten der Entwicklungsländer war folgende Hoffnung verbunden: Wenn die Industrieländer ihre Importzölle für Einfuhren aus Entwicklungsländern ermäßigten oder gar beseitigten, gegenüber anderen Ländern aber beibehielten, so könnten die Exporteure der Entwicklungsländer ihre Erzeugnisse weiterhin zu dem bisherigen zollmodifizierten Binnenpreis und nicht zum niedrigeren Weltmarktpreis absetzen. Der zuvor als Zoll an die Industrieländer abgeführte Betrag stünde damit den Entwicklungsländern als zusätzlicher Ressourcentransfer zur Verfügung. Ein weiterer Vorteil für Entwicklungsländer, aber auch für Industrieländer wäre zu erwarten, wenn durch die Zollsenkung die internationale Arbeitsteilung vervollkommnet werden könnte und zusätzliche Spezialisierungsgewinne anfielen. Schließlich sei auch denkbar, daß derzeitig kostengünstigere Anbieter aus Nichtentwicklungsländern durch die Begünstigung der Entwicklungsländer aus dem Markt gedrängt würden, was ein zusätzliches finanzielles Opfer der Industrieländer zugunsten der Entwicklungsländer bedeutete. Zudem sei die Öffentlichkeit der Industrieländer für eine derartige Maßnahme immer noch leichter zu gewinnen als für einen direkten Ressourcentransfer z.B. in Form von Krediten und Schenkungen[24].

Ein Ressourcentransfer hat jedoch in der Praxis angesichts zahlreicher Inkonsequenzen und Halbherzigkeiten nicht in dem erwarteten Maße stattgefunden[25]. Ein entscheidender Mangel ist, daß auch im Rahmen des allgemeinen Präferenzsystems die Zollsätze für verarbeitete Produkte häufig über denen für Rohstoffimporte liegen oder aber, daß die Nullzollsatzkontingente nur einen Teil der Exporte aus Entwicklungsländern aufnehmen können wie im Textilbereich. Die verarbeitende Industrie anderer Industrieländer kann Handelshemmnisse häufig durch Investitionen in der EG unterlaufen. Dieses ist im Fall der amerikanischen Industrie besonders deutlich nachweisbar. Den Unternehmen aus Entwicklungsländern fehlt es hierzu jedoch an Kapital und Erfahrung gleichermaßen. Ein wichtiger Teil der verarbeitenden Industrie aus Industrieländern kann gegenwärtig generell zum Nullzollsatz in den Gemeinsamen Markt importieren, nachdem die EG 1977 mit den restlichen EFTA-Staaten eine Freihandelszone gebildet hat. Im Umfang vergleichbare Liberalisierungen enthält das allgemeine Präferenzsystem nicht, da dieses den Nullzollsatz durchaus nicht regelmäßig zur Folge hat. Darüber hinaus unterfallen überhaupt nur etwa die Hälfte der zollpflichtigen Importe aus Entwicklungsländern dem allgemeinen Präferenzsystem. Die zahlreichen Ausnahmen von der Präferenzliste erklären sich aus der Befürchtung, Präferenzen für die fraglichen Produkte könnten für konkurrierende inländische Industrien, für den Handel mit anderen Industrieländern oder für den Handel mit assoziierten Entwicklungsländern zu Problemen führen.

Etwa 9/10 der Importe, die von den allgemeinen Präferenzen profitieren, unterliegen auf der anderen Seite mengenmäßigen Beschränkungen[26]. Die Begrenztheit dieser Kontingente und ihre zu geringe Steigerungsrate von nur 5 % jährlich sind ein Hauptkritikpunkt. Denn die durchschnittliche jährliche Steigerungsrate lag in Entwicklungsländern bei der Herstellung verarbeiteter Produkte z. B. zwischen 1971 und 73 bei 9,7 %. Sie konnte damit also von dem allgemeinen Präferenzsystem bereits nicht aufgefangen werden. Selbst diese Steigerungsrate halten Experten jedoch für völlig unzureichend, um die strukturelle Ungleichgewichtigkeit des Welthandels zwischen Industrieländern und Entwicklungsländern künftig auszugleichen[27].

Andererseits bewirkt allein die Kompliziertheit und Unübersichtlichkeit des Präferenzsystems häufig, daß Entwicklungsländer ihnen zugeteilte Quoten im Endergebnis nicht ausnutzen können. Hinzu kommt verstärkend, daß viele Entwicklungsländer aufgrund ihrer bisher einseitigen kolonialen Bindung an ein bestimmtes EG-Mitgliedsland nicht in der Lage sind, ihre Exporte entsprechend dem Quotensystem der EG über alle 9 Mitgliedsstaaten zu streuen. Allerdings hat diese EG-interne Quotelung den Vorteil, daß eine Entflechtung der altkolonialen Kontakte nunmehr dringlicher wird. Nur wäre hier und in anderen organisatorischen Fragen eine unbürokratische Hilfe der zuständigen EG-Organe dringend erforderlich. Das allgemeine Präferenzsystem scheint aber eher dazu angetan, dem Bürokratismus der EG ein neues optimales Betätigungsgebiet zu schaffen. Zudem kann die Unübersichtlichkeit des Systems dazu benutzt werden, für die Binnenwirtschaft problematische, aber nach dem allgemeinen Präferenzsystem dennoch zulässige Importe für eine Weile an der Grenze zu stoppen oder gar abzuwehren.

Schließlich ist auch das Durchführungsverfahren selbst nachteilig für die Entwicklungsländer geregelt: Die Frage, ob ein Import zum GZT oder zum Präferenzzollsatz abgewickelt werden kann, entscheidet sich im Regelfall frühestens bei Vorlage der Importdokumente an der Grenze der EG. Hiermit ist jedoch nicht der Erzeuger im Entwicklungsland, sondern der zumeist aus der Gemeinschaft stammende Importeur befaßt. Läßt sich der komplizierte Berechnungsvorgang durch die EG-Behörden nicht schnell genug abwickeln, muß der Importeur vorerst den vollen Zollsatz bezahlen und erhält später dann gegebenenfalls eine Erstattung nach dem Präferenzzolltarif. Folge ist, daß der Hersteller im Entwicklungsland seine Verkaufspreise nicht im voraus hierauf ausrichten kann und meist auch nachträglich nicht in den Genuß dieser Gelder kommt[28]. Der erhoffte Ressourcentransfer von Industrieländern an Entwicklungsländer findet in der Praxis also häufig nur zwischen Staat und privatem Importeur innerhalb der EG statt. Bedenkt man zudem noch, daß viele Export-Produktionsstätten in Entwicklungsländern sich im Eigentum von Staatsangehörigen der Industrieländer befinden und der verbleibende Rest meist einer kleinen, privilegierten Schicht gehört, die ihrerseits keinerlei Anlaß hat, Präferenzzollgewinne an den Staat oder gar die breite Bevölkerung der Entwicklungsländer weiterzugeben, so darf man ganz sicher sein: von dem geringen möglichen Ressourcentransfer über Präferenzzölle gelangt in die Grenzen der Entwicklungsländer kaum etwas und in die breite Bevölkerung der Entwicklungsländer absolut nichts.

Insgesamt darf man sagen: Die Präferenzzölle der EG verlieren bei genauerer Betrachtung nahezu alle Vorteile, mit denen sie der Weltöffentlichkeit angepriesen werden. Und die EG stellt hier keinen Ausnahmefall da. Die bestehenden Präferenzsysteme westlicher Industrieländer erfassen zwar einen relevanten Anteil der Importe, 1977 bereits ein Viertel der zollpflichtigen Einfuhren der präferenzgewährenden Länder; – wobei nicht vergessen werden darf, daß Industrieländer im Rahmen von Freihandelszonen, Zollunionen und Assoziierungen einen großen Teil ihrer Importe zollfrei oder jedenfalls günstiger als zum Präferenzzollsatz abwickeln. Die Präferenzsysteme sind jedoch derartig mit Erschwernissen und Ausnahmen gespickt, daß ein weiteres für eine derartige Vorzugsbehandlung in Betracht kommendes Viertel der Importe aus Entwicklungsländern bisher nicht in den Genuß der Präferenzzölle gekommen ist[29]. Auch wird bezweifelt, ob es wirklich gerade die Handelserleichterung der Präferenzsysteme war, die die Exporte der Entwicklungsländer in Industrieländer gesteigert hat. Immerhin ist unabhängig hiervon ein steigender Importbedarf der Industrieländer z.B. bei Rohstoffen feststellbar. Für die ärmsten Entwicklungsländer haben sie sicherlich nur wenig bedeutet[30]. Da Präferenzsysteme in der vorliegenden Form jedoch die wirtschaftlichen Belange der Industrieländer gut berücksichtigen und eine positive Öffentlichkeitswirkung haben, dürfte eine grundlegende Umgestaltung vorerst nicht zu erwarten sein. Denn schließlich werden sie einseitig und freiwillig „gewährt". Für eine grundlegende Veränderung der Weltwirtschaftsordnung, wie Entwicklungsländer sie fordern müssen, sind Präferenzsysteme daher eine Sackgasse.

4.4 Das Abkommen von Lomé, ein Beitrag der EG zur Errichtung einer neuen Weltwirtschaftsordnung?

Die meisten EG-Mitgliedsstaaten verfügten bei ihrem Eintritt in die Gemeinschaft über eine Anzahl handelspolitischer Sonderbeziehungen zu ihren ehemaligen Kolonialgebieten. Nach Art. 131 bzw. 238 EWGV war es möglich, diese Sonderbeziehungen auf die Gemeinschaft zu übertragen. In den Abkommen von Jaunde (1963, 1969) wurden 17 afrikanische Staaten und Madagaska, in dem Abkommen von Arusha (1968/69) Kenia, Tansania und Uganda mit der EG der 6 verbunden. Durch Großbritanniens Beitritt zur EG wurde es notwendig, auch diejenigen Staaten mit der EG zu verbinden, die bisher im Rahmen des Commonwealth of Nations Sonderbeziehungen zu Großbritannien gehabt hatten. Das Ergebnis dieser Bemühungen war das Abkommen von Lomé 1975[31]. Es wurde zwischen der EG und 46 Entwicklungsländern des afrikanisch-karibisch-pazifischen Raum (sog. AKP-Staaten) ausgehandelt und trat 1976 für eine Laufzeit von 5 Jahren in Kraft. Da das Abkommen am 1. März 1980 ausläuft, waren bereits im Herbst 1978 erste Verhandlungen über seine Erneuerung angelaufen, die im Sommer 1979 in ihre Endphase eintraten.

Das Abkommen von Lomé ist ein „gemischtes Abkommen". Denn auf Seite der EG waren auch die einzelnen Mitgliedsstaaten an der Unterzeichnung beteiligt, da nicht alle geregelten Fragen in die Kompetenz der Gemeinschaftsorgane fielen. Vertragliche Grundlage bildet auf Seite der EG die Assoziierung nach Art. 238 EWGV.

Weil jedoch seine Voraussetzungen im Sinne von Gegenseitigkeit nicht voll erfüllt sind und weil die AKP-Staaten zur Wahrung ihrer gleichberechtigten Beteiligung den Begriff „Kooperation" dem der „Assoziierung" vorzogen, wird letzterer Begriff im Abkommen nicht verwendet. Im Gegensatz zu anderen Assoziierungsabkommen ist das Abkommen von Lomé für den Beitritt weiterer AKP-Staaten offen, so daß es 1978 bereits 53 Staaten umfaßte. Das Abkommen verfügt über einen AKP-Ministerrat zur Beratung und Entscheidung grundlegender Fragen, einen Botschafterausschuß zur Führung der ständigen Geschäfte und eine Beratende Versammlung. Dennoch hat das Abkommen keine neue juristische Person des Völkerrechts geschaffen[32]. Ähnlich wie im Fall des GATT handelt es sich vielmehr um einen multilateralen völkerrechtlichen Vertrag, welcher sich zu seiner organisatorischen Durchführung rein zweckgebunden bestimmter Institutionen bedient.

Im folgenden soll kurz auf die Grundstruktur des Abkommens und ihre Problematik eingegangen werden. Anschließend werden zentrale Neuerungen des Abkommens im handelspolitischen Bereich (Handelsliberalisierung, Stabex, Zuckerprotokoll) diskutiert, um dann zum Schluß die Änderungsvorschläge beider Seiten vorzustellen.

Das Abkommen von Lomé ist eher als sonstige Assoziierungsabkommen der EG geeignet, die Solidarität und Integration der Entwicklungsländer untereinander zu fördern. Durch seine prinzipielle Offenheit – für AKP-Staaten – ist es weitgehend vermieden worden, innerhalb einzelner Regionen die Entwicklungsländer gegeneinander auszuspielen. Auch in dem institutionellen Überbau des Abkommens werden die AKP-Staaten einheitlich als eine Abkommenspartei behandelt, welche sich gegebenenfalls erst intern eine Haltung erarbeitet und diese dann geschlossen gegenüber der EG vertritt (Art. 73 Abs. 2). Ähnlich wirkt auf wirtschaftlichem Gebiet das Prinzip des kumulativen Ursprungs (Art. 9), nach welchem Produkte der AKP-Staaten auch dann die Begünstigung dieses Abkommens wahrnehmen können, wenn sie in mehreren AKP-Staaten gemeinsam hergestellt worden sind. Auch die Tatsache, daß die Meistbegünstigungsverpflichtung der AKP-Staaten gegenüber der EG sich nicht auf die wirtschaftlichen Beziehungen zwischen AKP-Staaten oder zwischen diesen und anderen Entwicklungsländern bezieht, wirkt in dieselbe Richtung. Eine verstärkte wirtschaftliche Integration der Entwicklungsländer untereinander also wird durch das Prinzip des kumulativen Ursprungs gefördert und durch die nur begrenzte Meistbegünstigungsverpflichtung zumindest nicht behindert.

Auf der anderen Seite darf nicht übersehen werden, daß das Lomé-Abkommen seiner Konstruktion nach ein regional begrenztes Abkommen bleibt. Wichtige Entwicklungsländer Südamerikas und Asiens, z. B. Indien, sind von seinen Vergünstigungen ausgeschlossen. Afrika wird durch das Lomé-Abkommen einerseits und die präferenzielle Mittelmeerpolitik der Gemeinschaft andererseits in zwei getrennte Zonen aufgeteilt. Dem Vorwurf spalterischen Vorgehens innerhalb der Entwicklungsländer könnte die EG endgültig nur entgehen, wenn das Abkommen von Lomé ebenso wie das Allgemeine Präferenzsystem allen Entwicklungsländern geöffnet würde. Daran ist tatsächlich jedoch bisher von keiner der beteiligten Seiten gedacht.

Die Betonung des Exklusivcharakters der Beziehungen EG-AKP-Staaten zeigt sich auch in Details: So dürfen Aufträge, die von der EG im Rahmen dieses Abkommens finanziert werden, im Regelfall nur an Unternehmen der Vertragsparteien vergeben werden. Die Beteiligung von Drittländern muß Ausnahmecharakter haben und fallweise durch die EG genehmigt werden (Art. 56).

Die Gemeinschaft ist schon gegenwärtig für die AKP-Staaten der wichtigste Handelspartner, der etwa 54 % ihrer Exporte aufnimmt und ca. 44 % ihrer Importe liefert[33]. Das System zur Stabilisierung der Exporterlöse (Stabex) verstärkt diese Bindung noch. Denn nach Art. 16 werden Ausgleichszahlungen nur für Exportrückgänge im Handel mit der EG gezahlt. Verlagert ein AKP-Staat nun, wie es eigentlich wünschenswert wäre zur Verminderung direkter wirtschaftlicher Abhängigkeit und Streuung des Absatzrisikos, seine Exporte teilweise in eine andere Region, verliert er für diese Mengen die Möglichkeit einer EG-Erlösstabilisierung und geht damit andererseits ein größeres außenwirtschaftliches Risiko ein.

Ein zweiter grundsätzlicher Vorzug des Abkommens ist es, daß die AKP-Staaten der EG prinzipiell als gleichberechtigte Vertragspartner gegenüberstehen. Die Institutionen des Abkommens sind paritätisch besetzt oder auf eine Zustimmung beider Seiten angewiesen. Diese Gleichheit wird allerdings an entscheidender Stelle durchbrochen. So kann die EG einseitig die vertraglich zugesicherten Handelsvergünstigungen wieder zurücknehmen, wenn durch ihre Anwendung wirtschaftliche Schwierigkeiten in der EG auftreten; dem AKP-Ministerrat werden diese Maßnahmen lediglich bekanntgegeben (Art. 10), Konsultationen zwischen den Vertragsparteien finden nur nachträglich statt (Art. 11 Abs. 3). Die Gelder des Systems zur Stabilisierung der Ausfuhrerlöse verwaltet die Kommission der EG und nicht der AKP-Ministerrat (Art. 19 Abs. 3 u. 5). Auch die Gelder für finanzielle Zusammenarbeit werden von der EG unter Einschaltung ihrer entwicklungspolitischen Institutionen und aufgrund von Einzelverhandlungen mit den Empfängerstaaten vergeben (Art. 43 Abs. 1). Der AKP-Ministerrat überprüft diese Maßnahmen einmal jährlich und legt lediglich allgemeine Leitlinien fest (Art. 41). Eine Teilnahme der AKP-Staaten an den Beschlüssen des Europäischen Entwicklungsfonds (EEF) findet entgegen ihrem Wunsch nicht statt, da die EG ihre volle Kompetenz bei der Mittelvergabe auch in dieser abgeschwächten Form nicht aufgeben wollte. Die hierbei gelieferte Begründung, es handele sich schließlich um die Vergabe europäischer Steuergelder[34], ist nicht überzeugend. Denn alle Entwicklungshilfezahlungen an multilaterale Vergabestellen sind letztendlich Steuergelder einzelner Industrieländer, ohne daß dieses bisher zu vergleichbaren Vorbehalten oder tatsächlichen Problemen geführt hätte.

Drittens ist positiv zu werten, daß die Lasten und Pflichten des Lomé-Abkommens grundsätzlich ungleich zugunsten der Entwicklungsländer verteilt sind. Zahlungen leistet nur die Gemeinschaft, insgesamt 3.390 Mio Rechnungseinheiten (RE). Der Abbau der Handelsschranken durch die EG erfolgt einseitig. Die AKP-

Staaten dürfen die EG im Rahmen der Meistbegünstigung nur nicht schlechter behandeln als andere Nichtentwicklungsländer (Art. 7). Diese Ungleichheit der Pflichten ist durchaus zu begrüßen, auch wenn sie mit den GATT-Geboten für integrative Sonderzusammenschlüsse (Art. XXIV) und der entsprechenden Assoziierungsvorschrift der EWG (Art. 238) kollidiert. Es handelt sich hier um ein Abrücken von Paritäts- und Freihandelsgedanken, welches selbst das GATT in seinem Teil IV gegenüber Entwicklungsländern akzeptiert hat. Ursächlich für die Völkerrechtsverstöße einseitiger EG-Entwicklungshilfepolitik in Handelsfragen ist bei genauerer Betrachtung die regionale Begrenztheit dieser Politik. Hier müßte daher auch die entscheidende politische und völkerrechtliche Kritik ansetzen: Statt formaler Gleichstellung der heutigen Vertragsparteien müßte zur Beseitigung von Kollisionen mit GATT und EWG-Vertrag eher eine Ausweitung und Verallgemeinerung der heutigen Abkommenstypen auf alle Entwicklungsländer gefordert werden.

Zu begrüßen ist viertens, daß innerhalb der beteiligten Entwicklungsländer nach dem Entwicklungsstand differenziert wird. Die am wenigsten entwickelten Staaten, diejenigen ohne direkten Zugang zum Meer und die Inselstaaten genießen sowohl im Zusammenhang mit der Stabilisierung der Exporterlöse als auch bei der finanziellen und technischen Zusammenarbeit eine Sonderbehandlung. Diese Differenzierung könnte auch für andere entwicklungspolitische Projekte, z.B. das integrierte Rohstoffprogramm der UNO, Vorbild sein. Es muß allerdings darauf geachtet werden, daß diese ansich sachgerechte Differenzierung nicht zur Spaltung der Entwicklungsländer genutzt wird.

Diese vier positiven Strukturmerkmale des Abkommens von Lomé konnten durch die AKP-Staaten nur unter besonderen Voraussetzungen gegen den Widerstand der EG durchgesetzt werden. So traten die Entwicklungsländer schon zu Beginn der Verhandlungen überraschend geschlossen und mit einheitlichem Programm auf. Dieses war nicht zuletzt dem vorausgegangenen Einsatz der Organisation für afrikanische Einheit (OAU) zu verdanken[35].

Auf der anderen Seite wurde die EG-Verhandlungsposition durch verschiedene weltwirtschaftliche Belastungen geschwächt. Die EG als extrem rohstoffarmer Zusammenschluß war und ist seit der allgemeinen Rohstoff- und Energiekrise auf eine Kooperation zumindest mit einzelnen Entwicklungsländern angewiesen. Durch die Ungleichmäßigkeit des wirtschaftlichen Aufschwunges innerhalb der Gemeinschaft und die Vertiefung aller hierauf beruhenden Gegensätze in der weltweiten Wirtschaftskrise der 70er Jahre wurde eine einheitliche Verhandlungsposition der Gemeinschaft erschwert.

Diese Ausgangskonstellation hatte sich für die Neuverhandlungen Lomé II 1978/79 verschoben, so daß eine Verbesserung des Abkommens zugunsten der AKP-Staaten auf Schwierigkeiten stieß. Die Handlungseinheit der Entwicklungsländer war bereits im Verlauf der UNCTAD V 1979 gebröckelt. Hinzukamen im AKP-Bereich unterschiedliche Positionen der afrikanisch-frankophonen Staaten einerseits und der karibisch-anglophonen Staaten andererseits. Die EG hingegen konnte sich außenpolitisch konsolidieren. Im Endergebnis blieb angesichts der starren Haltung der EG auf Seiten der AKP-Staaten eine gewisse Bitterkeit, obwohl der Status quo und damit die vier strukturellen Positiva gewahrt werden konnten.

Im einzelnen hat das Abkommen von Lomé den AKP-Staaten eine erhebliche und einseitige Handelsliberalisierung der EG gebracht. Mit Ausnahme des Agrarbereichs haben Waren der AKP-Staaten gegenwärtig einen freien Zugang zum EG-Markt (Art. 2 ff.). Waren, die direkt oder indirekt der Agrarpolitik der Gemeinschaft unterfallen, erhalten hingegen nur eine präferenzielle Besserstellung gegenüber Drittländern. 1975 setzte sich der Export der AKP-Staaten in die EG folgendermaßen zusammen: 40,7 % Agrarerzeugnisse, davon 15,5 % Waren der gemeinsamen Agrarpolitik, und 34,5 % Erdöl. Dennoch sollen nach Angaben der Kommission gegenwärtig mehr als 99 % aller Einfuhren aus AKP-Staaten tatsächlich einen freien Zugang zum Gemeinschaftsmarkt besitzen[36]. Bei den verbleibenden 1 % handelt es sich dem Durchschnitt nach um einen recht geringen Anteil. Hiervon sind aber einzelne Bereiche wie z. B. Zitrusfrüchte, Getreide oder Rindfleisch erheblich betroffen. Zudem sind die Handelsliberalisierungen im Agrarbereich nicht durch das Abkommen selber in Kraft gesetzt worden, sondern durch autonome Verordnungen der EG. Auch wenn sich die Gemeinschaft ihren Vertragspartnern gegenüber global zur Wahrung der einmal eingeräumten Agrarvorteile verpflichtet hat, wird durch die Art der Regelung doch erneut der absolute Vorrang der gemeinschaftlichen Agrarpolitik betont und damit die Chance vertan, diese Agrarpolitik für eine dynamische Entwicklung der Warenströme der AKP-Staaten in die Gemeinschaft zu öffnen[37].

Der Bereich Zucker wird im Lomé-Abkommen separat geregelt (Art. 25 und Protokoll 3). Hier wurden zum ersten Male im Rohstoffbereich feste Liefer- und Abnahmeverpflichtungen zu einem jährlich neu auszuhandelnden Preis festgelegt. Dieser Preis darf nicht unter dem innergemeinschaftlichen Zuckerproduzenten garantierten Preis liegen. Damit ist im Bereich Zucker also durch Ankoppelung an das innergemeinschaftliche Agrarsystem eine Quasi-Indexierung des Zuckerpreises erreicht worden[38]. Im allgemeinen werden feste Liefer- und Abnahmeverpflichtungen von den Industrieländern als zu dirigistisch abgelehnt. Da jedoch ohne das Zuckerprotokoll der Abschluß des gesamten Abkommens infrage gestellt war, zeigte sich die EG konzessionsbereit. Sie behielt sich jedoch vor, einseitig über eine Aufkündigung des Protokolls entscheiden zu können. Hiervon ist gegenwärtig jedoch nicht die Rede. Das Zuckerprotokoll ist nicht nur als ein Instrument der Entwicklungshilfe, sondern auch als Versorgungssicherungsmaßnahme der EG anzusehen, falls auf dem Weltmarkt Zuckerknappheit eintritt.

Verarbeitete Produkte exportieren die AKP-Staaten bisher nur in geringem Umfang. Hier könnte sich das Prinzip des kumulativen Ursprungs (Art. 9, Prot. Nr. 1) positiv auswirken. Danach können verschiedene Verarbeitungsgänge in verschiedenen AKP-Staaten erfolgen. Durch die Anerkennung des kumulierten Ursprungs verhindert die EG also, daß den AKP-Staaten, die kooperieren und sich ggf. zu Zollunionen oder Freihandelszonen zusammenschließen, beim Export von Erzeugnissen, die in dem Integrationsraum verarbeitet wurden, Nachteile entstehen[39].

Entscheidender muß jedoch sein, inwieweit die EG die AKP-Staaten bei ihrer Industrialisierung unterstützt. Einen Abschnitt über Industrialisierungshilfe erhielt das Abkommen erst unter massivem Druck der AKP-Staaten. Er bleibt aber inhaltlich unverbindlich, wenn auch viele wichtige Punkte angesprochen werden. Darüber hinaus wurde ein Ausschuß für industrielle Zusammenarbeit (Art. 35) eingesetzt und ein Zentrum für industrielle Entwicklung (Art. 36) geschaffen. Das Zentrum in Brüssel soll vor allem Informationen und Kontakte an die AKP-Staaten weitergeben. Der Ausschuß soll diese Arbeit lenken und kontrollieren. Mit der Gründung dieser Institution war die Hoffnung verbunden, die europäische Wirtschaft könnte dazu angeregt werden, ihre Investitionen in AKP-Staaten zu erhöhen.

Ob diese Hoffnung begründet ist, konnte bisher noch nicht überprüft werden. Allgemein ist festzustellen, daß die privaten Investitionen der Gemeinschaft in den Entwicklungsländern seit 1972 stagnieren[40]. Bewegung dürfte hier vermutlich nicht durch neue Ausschüsse, sondern nur durch handfeste finanzielle Förderung seitens der EG oder konkrete Investitionsschutzzusagen der Entwicklungsländer zu erwarten sein. Art. 38 spricht hier allgemein nur von erforderlichen Maßnahmen, die jede Seite jeweils zur Förderung der Industrialisierung in AKP-Staaten zu treffen hat. Die Kommission der EG war bei den Neuverhandlungen 1978/79 darum bemüht, diese Vorschrift zu konkretisieren und die AKP-Staaten vertraglich zur Schaffung eines günstigeren „Investitionsklimas" zu verpflichten.

Finanzielle Förderung von Industrialisierungsprojekten ist im Abkommen vorgesehen. Die Gelder haben sich gegenüber den Abkommen von Jaunde bedeutend gesteigert. Sie verteilen sich jetzt allerdings auch auf eine größere Anzahl von Staaten, so daß im Ergebnis nicht sicher entschieden werden kann, ob sich die Mittel im Vergleich zu Jaunde bezogen auf den einzelnen Staat tatsächlich erhöht haben. Die öffentliche Hilfe der EG soll jährlich rund 600 Mio RE betragen, darunter zu 70 % verlorene Zuschüsse. Sie macht jedoch bezogen auf die gesamten Entwicklungshilfeleistungen der Gemeinschaft und ihrer Mitgliedsstaaten nur einen Anteil zwischen 5 und 6 % aus[41]. Eingesetzt werden sollen die Gelder bevorzugt zur Förderung der industriellen Kooperation der EG-AKP-Staaten, zur Verbesserung der regionalen Kooperation der AKP-Staaten untereinander, zur Förderung der Weiterverarbeitung und Diversifizierung, zur Errichtung von Mittel- und Kleinbetrieben und für Infrastrukturmaßnahmen. Für den künftigen Verlauf der Industrialisierung in AKP-Staaten muß besonders entscheidend sein, welche Art von Industrialisierung tatsächlich hervorgebracht wird und wie die EG sich künftiger AKP-Konkurrenz gegenüber verhält.

In der Praxis ist hier ein Trend zur Finanzierung von Großprojekten erkennbar, die von der EG und anderen multilateralen sowie bilateralen Institutionen getragen werden. Hierzu zählen u.a. eine Klinkerfabrik in Togo, ein Staudamm und ein Ölpalmenprojekt in Ghana, Eisenbahnen in Obervolta und Sudan, der Abbau von Erzlagerstätten in Mauratanien und Wasserkraftanlagen in Fidschi. Nahezu ausnahmslos werden also große Energie- und Infrastrukturprojekte finanziert. Ob dabei allerdings die Interessen der AKP-Staaten an einer eigenen Nutzung ihrer Rohstoffvorkommen und einer „angepaßten" Industrialisierung gewahrt bleibt, ist noch offen. Das Auswahl- und Letztentscheidungsrecht der EG bei solchen Projekten spricht eher gegen diese Hoffnung. Ein Indiz könnte auch sein. daß Industrieprojekte, die eine Konkurrenz für entsprechende Branchen in der EG bedeuten könnten, bisher kaum gebilligt wurden[42].

Nach Art. 3 Abs. 3 des Abkommens sind von der allgemeinen Liberalisierung solche Waren ausgeschlossen, für welche zwischen den Vertragsparteien besondere internationale Abkommen bestehen. Auf diese Weise ist auch für AKP-Staaten der Textilimport in die EG entsprechend den Möglichkeiten des Welttextilabkommens (s. I.3.5.2) beschränkt. Für andere Bereiche, in denen die Industrie der EG künftig Konkurrenz zu erwarten hätte, wären ähnliche Abkommen denkbar. Zudem läßt Art. 10 des Abkommens autonome Schutzmaßnahmen der EG für den Fall zu, daß ernste Störungen für einen Wirtschaftsbereich der Gemeinschaft oder einzelner Mitgliedsstaaten auftreten oder daß auch nur Schwierigkeiten auftreten, die derartige Beeinträchtigungen nach sich ziehen könnten.

In diesem letzten Punkt, der Einbeziehung auch nur möglicher Beeinträchtigungen, geht das Lomé-Abkommen sogar über das Abkommen von Jaunde hinaus. Damit hat die allgemeine und weltweit zu beobachtende Tendenz der Industrieländer, sich angesichts rezessiver Tendenzen vom Freihandel ab und dem Protektionismus zuzuwenden, konkreten Niederschlag gefunden. Die EG hat sich hier jedenfalls ein Instrumentarium geschaffen, welches künftige Konkurrenz aus AKP-Staaten problemlos vom Gemeinsamen Markt fernhalten könnte. Daß dieser Punkt bei den AKP-Staaten sowenig Kritik geerntet hat, liegt auf derselben Linie wie die Tatsache, daß auch die UNCTAD bisher in Industrialisierungsfragen gegenüber den Industrieländern eine vergleichsweise weiche Linie vertritt (s. I.3.5.1). Angesichts des geringen vorhandenen Industriepotentials in Entwicklungsländern ist das Problembewußtsein auf diesem Gebiet noch nicht sehr stark entwickelt.

Eine weitere entwicklungspolitisch besonders interessante Neuerung ist das System zur Stabilisierung der Exporterlöse (Stabex). Ähnliches haben die Industrieländer auf der UNCTAD den Entwicklungsländern als Lösung für ihre Rohstoffprobleme generell angeboten. Die reservierte Haltung der Entwicklungsländer beruht vor allem auf Erfahrungen mit einem Vorläufer des EG-Stabex-Systems, der Ausgleichsfinanzierung des Internationalen Währungsfonds (IWF). Das IWF-System trat bereits 1963 in Kraft, nachdem die Entwicklungsländer widerwillig zugestimmt hatten. Es hat sich bisher als nicht sehr großzügig erwiesen und wurde 1966 und 1975 gewissen Lockerungen unterzogen mit dem Erfolg, daß es seit 1976 mit 2,6 Mrd $ doppelt so stark in Anspruch genommen wurde wie in seiner gesamten vorherigen Geschichte[43]. Nach dem IWF-System kann ein Mitgliedsstaat des IWF, der ohne sein Verschulden Zahlungsschwierigkeiten im Zusammenhang mit dem Rohstoffhandel hat, in Form von Sonderbeziehungsrechten IWF-Gelder erhalten. Der auszugebende Betrag darf maximal 75 % der vorher zugeteilten Quote nicht überschreiten und muß in jedem Fall verzinst und nach 3 bis 5 Jahren zurückgezahlt werden[44].

Das Stabex-System der EG (Art. 16 ff.) ist für die Empfängerstaaten bedeutend günstiger geregelt. Für die Laufzeit des Abkommens wurden 375 Mio RE, das waren 1976 ungefähr 450 Mio US-$, zur Verfügung gestellt. Fällt der Erlös aus EG-Importen oder ausnahmsweise auch aus allen übrigen Importen bei einem Produkt, dessen Exportanteil über 7,5 % des Gesamtexportwertes eines AKP-Staates ausmacht (Abhängigkeitsschwelle), um 7,5 % oder mehr (Schwankungsschwelle), kann der betroffene Staat einen Finanztransfer bei der Kommission der EG beantragen. Für 34 weniger entwickelte AKP-Staaten wurden die Schwellen auf 2,5 % fixiert. Ist der Erlösrückgang nicht darauf zurückzuführen, daß der AKP-Staat ihn durch seine Handelspolitik selber beeinflußt hat (z. B. Verlagerung von Exporten in Drittländer), schließt die Kommission mit ihm ein Transferabkommen. Der Kredit erfolgt zinslos und muß in den nächsten 5 Jahren zurückgezahlt werden. Die 24 ärmsten AKP-Staaten sind von der Rückzahlungsverpflichtung entbunden. Eine Verwendungskontrolle steht der EG entgegen ihren ursprünglich geäußerten Wunsch nicht zu, ihr muß jedoch Bericht erstattet werden.

Das Stabex-System erfaßte ursprünglich 12 Erzeugnisgruppen (Erdnüsse, Kakao, Kaffee, Baumwolle, Kokosnuß, Palmwaren, Leder/Häute/Felle, Holz, Bananen, Tee, Rohsisal, Eisenerz) und ist inzwischen auf weitere Produkte ausgedehnt worden. Im ersten Anwendungsjahr (1975) betrafen 68 % der getätigten Transferzahlungen Konjunkturschwächen, 32 % waren durch Naturereignisse und Katastrophen bedingt. 57 % aller Zahlungen erfolgten an die am wenigsten entwickelten Länder ohne Rückzahlungsverpflichtung[45].

Die Erfahrungen mit dem Stabex-System sind innerhalb des kurzen Anwendungszeitraums als positiv zu bewerten. Im Vergleich zum IWF-System greift der Ausgleich schon bei recht geringen Erlösschwankungen ein, ist im Einzelfall nicht quotenmäßig begrenzt, erfordert keine Zinsen und bietet flexible Rückzahlungsbedingungen. Die Entwicklungsländer halten Systeme zur Stabilisierung der Rohstofferlöse wie das EG- oder IWF-System jedoch allgemein nur für einen zweitbesten Weg zur Lösung ihrer Probleme. Sie kritisieren generell, daß im Gegensatz zum Ausgleichsmechanismus eines Rohstoffonds (s. I.3.3.3) Zahlungen nur erfolgen, wenn eine Exporterlösschwankung bereits eingetreten ist und das Land einen speziellen Antrag gestellt hat. Auch eine Rückzahlungsverpflichtung wird angesichts der angespannten Finanzlage der meisten Entwicklungsländer abgelehnt. Letztlich wirkt ein derartiges Stabilisierungssystem auch im besten Fall immer nur konservierend. Die Entwicklungsländer müssen jedoch angesichts ihrer drängenden Wirtschaftsprobleme vor allem Lösungen anstreben, die ihnen ein steigendes Handelseinkommen und neue Ressourcen erschließen.

Im Rahmen der Neuverhandlungen vertraten die AKP-Staaten über einen Erhalt des Ist-Zustandes hinaus folgende Verhandlungspositionen[46]:

1. Die Stabex-Warenliste sollte erweitert und die Transferbedingungen sollten weiter abgemildert werden.
2. Die Gelder für finanzielle und technische Zusammenarbeit sollten erhöht, die Zusammenarbeit selber intensiviert werden.
3. Die industrielle Zusammenarbeit sollte verstärkt, Diversifizierung und Umstrukturierung der Wirtschaft der AKP-Staaten sollte verbunden werden mit einer Umstrukturierung auch der Wirtschaft innerhalb der EG.
4. Ein Verhaltenskodex für transnationale Geschäfte sollte ausgearbeitet werden.

Die Gemeinschaft stand gerade den Punkten 2 bis 4 sehr kritisch gegenüber. Sie wollte ihre „empfindlichen Sektoren“ eher vermehrt konkurrenzgeschützt sehen. Eine Vertiefung der industriellen Zusammenarbeit bot sie vor allem in Form einer verstärkten Förderung von Privatinvestitionen an. Diese Förderung sollte vor allem dadurch geschehen, daß die AKP-Staaten ihrerseits das „Investitionsklima" verbesserten. Zu diesem Zweck forderte die EG im einzelnen[47]:

1. Aufnahme der Menschenrechte in das Abkommen durch einen besonderen Hinweis auf die Rechte des Einzelnen.
2. Aufnahme von Grundregeln des Investitionsschutzes, welche enthalten sollen: Transparenz und Stabilität der Investitionsbedingungen, keine Diskriminierung von Investitionen, Modalitäten für den Kapitaltransfer, Behandlung des Anlagekapitals nach den Grundsätzen von Recht und Billigkeit, Verhalten der Investoren, Schlichtungsverfahren.
3. Unter der Voraussetzung, daß ein Abkommen nach 2. vorliegt, wollte die EG ihren Investoren eine Garantie zur Abdeckung des politischen Risikos anbieten. Finanziert werden sollte das System durch Versicherungsprämien der beteiligten Unternehmen und Haushaltsmittel der Gemeinschaft.

Die EG wollte also Fortschritte in der industriellen Zusammenarbeit mit den AKP-Staaten, wie im übrigen auch bei anderen Entwicklungsländern, abhängig machen von vorherigen umfassenden Garantien für das privatkapitalistisch wirtschaftende Eigentum ihrer Unternehmen im Ausland. Die AKP-Staaten lehnten derartiges als eine unzulässige Einmischung in ihre Hoheitsrechte ab. Die Menschenrechte seien bereits im Rahmen der UN hinreichend und in sinnvollerem Zusammenhang geregelt. Dieses Thema gehöre nicht in ein Abkommen über wirtschaftliche und politische Zusammenarbeit und sei nicht einmal in den EG-Verträgen selber genannt. – Mit dem letzten Hinweis treffen die Entwicklungsländer einen wunden Punkt der EG-Verträge, welcher auch innerhalb der EG-Mitgliedsstaaten unter der Thematik „Grundrechte" schon zur Kritik Anlaß gegeben hat[48]. – Die Frage der Behandlung von Auslandsinvestitionen sei nicht beschränkt auf das Verhältnis EG-AKP-Staaten zu diskutieren und gehöre in diejenigen Gremien, welche sich um die Einführung eines allgemeinen Verhaltenskodex für transnationale Gesellschaften bemühten[49].

Nach der 4. AKP-EG-Ministerkonferenz über eine Erneuerung des Abkommens von Lomé Ende Juni 1979 zeichnete sich folgende Lösung ab: Das Abkommen wird einige grundsätzliche Feststellungen über die Förderung und den Schutz von Investitionen enthalten. Die Menschenrechte werden nicht aufgenommen. Die EG erwog jedoch bei der Unterzeichnung von Lomé II eine einseitige Erklärung zu den Menschenrechten abzugeben und sich selbst zur fallweisen Überprüfung der ggf. erforderlichen Maßnahmen zu verpflichten. Wie derartige EG-Maßnahmen aussehen könnten, wurde bereits unter der Geltung von Lomé I demonstriert: Die EG lehnte die Finanzierung eines Industrialisierungsprojektes in Äquatorialguinea mit der Begründung ab, dort würden die Menschenrechte nicht geachtet[50]. Die AKP-Staaten hatten für den Fall einer entsprechenden EG-Erklärung bereits eine Gegenerklärung angekündigt, in der u.a. auf die Rassismusfrage eingegangen werden sollte.

Vor der feierlichen Unterzeichnung des Abkommens am 31. Okt. 1979 konnte dieses Problem jedoch noch entschärft werden. Die Mitgliedsstaaten der OAU hatten ihr Bekenntnis zu den Menschenrechten durch ihre Staatschefs in der Entschließung von Monrovia im Juli 1979 bekräftigt, die Mitgliedsstaaten des Commonwealth durch ihre Premierminister in der Entschließung von Lusaka im August 1979. Auf diese Erklärung wurde bei der Unterzeichnung von Lomé II auf beiden Seiten Bezug genommen; das Kommissionsmitglied Cheysson verlas sie sogar im Wortlaut[51].

Wichtiger als diese Globalerklärungen dürften aber die einzelnen Bestimmungen des Abkommens sein und bleiben. Im Handelsbereich allgemein waren angesichts der bestehenden weitgehenden Liberalisierung keine Verbesserungen zu erwarten. Im landwirtschaftlichen Sektor wurden allerdings einige neue Konzessionen der EG beschlossen, ohne jedoch mengenmäßige Begrenzungen bzw. Einfuhrabgaben vollständig aufzugeben. Die Handelserleichterungen betreffen Produkte, die für den Außenhandel einzelner AKP-Staaten von zentraler Bedeutung sind[52] [53]. Obwohl hier auf AKP-Seite also von einer überragenden Bedeutung gesprochen werden kann und auf der anderen Seite für die EG nicht gerade Zentralpunkte der Binnenwirtschaft betroffen sind, konnte sich die EG nicht zu einem völligen Abbau ihrer Einfuhrhindernisse entschließen[54].

Deutliche Veränderungen haben sich im Stabex-System ergeben. Das bestehende System wird von bisher 34 Waren und Nebenprodukten ausgeweitet auf 44. Der Stabex umfaßt nunmehr fast alle für die Ausfuhr der AKP-Staaten wichtigen landwirtschaftlichen Grunderzeugnisse. Die Mittel wurden von 382 Mio RE aufgestockt auf 550 Mio RE[55]. Der Anwendungsbereich wurde erweitert, indem die Abhängigkeits- und Schwankungsschwellen von 7,5 % auf 6,5 % bzw. von 2,5 % auf 2 % herabgesetzt worden sind. Unter Berücksichtigung inflationsbedingter Minderungen dürften diese an sich zu begrüßenden Ausweitungen durch die vorgenommene Aufstockung der Mittel nicht voll gedeckt werden können. Bereits unter Geltung des alten Stabex-Systems reichten die Mittel nicht immer aus[56].

Eine deutliche Verbesserung des Abkommens haben die AKP-Staaten beim Handel mit mineralischen Produkten erzielen können. Eisenerz wurde aus dem bisherigen Stabex-System ausgegliedert und mit weiteren Mineralien (Kupfer, Phosphat, Mangan, Kobalt, Bauxit und Tonerde, Zinn) in einem neuen Stabilisierungssystem zusammengeschlossen. Die Mittel sollten ursprünglich nur 200 Mio RE, jetzt 280 Mio RE betragen. Um die Mittel nicht zu überschreiten, wurden die Abhängigkeitsschwelle auf 15 % (für die am wenigsten entwickelten Länder, Binnen- und Inselstaaten 10 %) und die Schwankungsschwelle auf 10 % festgesetzt. Bei Überschreiten dieser Werte kann das betroffene Land von der EG einen Beitrag zur Finanzierung von Vorhaben oder Programmen zwecks Erhaltung oder Wiederherstellung seiner Produktions- oder Ausfuhrkapazität in Form von Sonderdarlehn erhalten. Der Zinssatz beträgt 1 %, die Laufzeit 40 Jahre bei 10 tilgungsfreien Jahren[57]. Die Vergabe der Mittel ist also langfristiger angelegt als im Stabex für agrarische Produkte. Dafür ist die Verwendung jedoch rein zweckgebunden. Die Bindung geht damit bedeutend weiter als die Verwendungskontrolle, welche die EG bei den Verhandlungen um Lomé I vergeblich gefordert hatte.

In der Schaffung des Mineralienfonds tritt das seit Lomé I deutlich gestiegene Versorgungsinteresse der EG zutage. Auch bei der Vergabe der sonstigen Mittel des Abkommens hat die EG deutliche Akzente in dieselbe Richtung gesetzt: Auf dem Gebiet der Geologie und des Bergbaus soll technische und finanzielle Hilfe geleistet werden. Die hierauf bezogenen Finanzierungsinstrumente werden erhöht bzw. neu eingeführt. Darüber hinaus kann die Europäische Investitionsbank sich außerhalb des

Abkommens aus Eigenmitteln an der Finanzierung von Vorhaben im Bergbau und Energiebereich beteiligen, die von vorrangigem Interesse für beide Seiten sind, und zwar bis zur Höhe von 200 Mio RE. Schließlich eröffnet Lomé II die Möglichkeit, zwischen der Gemeinschaft einerseits und allen interessierten AKP-Staaten andererseits besondere Abkommen zum Schutz und zur Förderung von Investitionen im Bergbau und Energiesektor zu schließen[58].

Der Hauptkonfliktpunkt der Verhandlungen um Lomé II lag jedoch auf finanziellem Gebiet. Ursprünglich hatten die AKP-Staaten, welche sich von 46 beim Abschluß von Lomé I 1975 nunmehr auf 58 vermehrt haben, eine drastische Erhöhung der Mittel auf insgesamt 10 Mrd RE und mehr gefordert. Die EG ihrerseits war anfangs nur bereit, mit einer Erhöhung von 3,39 Mrd RE auf 5,107 Mrd RE in etwa einen Inflationsausgleich zu zahlen[59]. Jetzt verfügt Lomé II zwar über 5,607 Mrd RE[60], bleibt damit aber immer noch weit unter den Forderungen der AKP-Staaten. Nach Abschluß der Verhandlungen kritisierte denn auch ihr Sprecher, die so zögernd gewährten Mittel machten dennoch nur 0,01 % der Haushalte der großen Mitgliedsstaaten Deutschland, Frankreich und Großbritannien aus[61]. Diese Haltung der EG ist geradezu unverständlich, wenn man einerseits bedenkt, wie stark die EG selbst das Lomé-Abkommen immer in den Vordergrund entwicklungspolitischer Auseinandersetzungen zwischen Industrie- und Entwicklungsländer stellt, und andererseits erinnert, daß kein Mitglied der EG bisher das von der UNO geforderte Ziel von 0,7 % für öffentliche Entwicklungshilfe erreicht.

Die EG verweist zu ihrer Entlastung auf Mittelvergabe außerhalb des Abkommens wie die 200 Mio RE der Europäischen Investitionsbank im Bergbau und Energiesektor, 300 Mio RE in Form von Nahrungsmittelhilfe und weiteren 25 Mio RE als Gemeinschaftsbeitrag zu Projekten, die zusammen mit Nichtregierungsorganisationen finanziert werden[62]. Sie übersieht hierbei allzugern, daß diese Mittel zum großen Teil ebenso auch wirtschaftlichen Interessen der EG selbst dienen sollen.

Eine deutliche Verstärkung ihres Einflusses auf die Mittelvergabe konnten die AKP-Staaten nicht durchsetzen. Interessant sind jedoch zwei neue Gewichtungen bei der Mittelvergabe durch das Abkommen selbst. Die regionale Zusammenarbeit soll verstärkt werden. Der hierfür zweckgebundene Höchstbetrag wurde von bisher 300 Mio RE auf nunmehr 600 Mio RE verdoppelt. Man hofft, damit neue Anstöße für große regionale Projekte zu geben. Andererseits fand auch die Erkenntnis Eingang in das Abkommen, daß Kleinstvorhaben sich für die Lösung vieler Probleme als besonders zweckmäßig erwiesen haben[63]. Ob hier in der Praxis jeweils die angemessenste Alternative zwischen Groß- oder Kleinprojekt gewählt wird, bleibt allerdings erst einmal abzuwarten. Bisher hat die Liebe zum Großprojekt häufig triumphiert[64], sicherlich auch, weil die Wirtschaft der zahlenden und liefernden EG besser auf derartige Projekte eingestellt ist.

Zweitens sollen Kofinanzierungen erleichtert werden. Unter Lomé I wurden fast 40 Projekte dieser Art finanziert. Die Gesamtinvestitionen betrugen 3 Mrd RE, wovon die EG 484 Mio bereitstellte und ihre Mitgliedsstaaten 458 Mio. Hinzukamen dann vor allem beträchtliche Mittel arabischer Fonds mit 582 Mio RE und der Weltbank mit 364 Mio RE. Der Anteil der arabischen Fonds steigerte sich hierbei von 14 % (1977) auf 20 % (1978)[65].

Teil II: Schutz und Kontrolle des Privateigentums durch das Völkerrecht

1. Privateigentum und kapitalistische Weltwirtschaft

Nach dem Territorialitätsgrundsatz unterliegen alle privaten Personen, Sachen und Rechte der nationalen Rechtsordnung desjenigen Staates, in dessen Hoheitsgebiet sie sich gerade befinden. Dieses ist die völkerrechtliche Konsequenz der Anerkennung staatlicher Souveränität. Der Schutz im Ausland belegenen Eigentums war damit jahrhundertelang allein der Konzessionsbereitschaft bzw. dem Verhandlungsgeschick der Staaten überlassen. Art und Umfang wurden meist in besonderen zweiseitigen Verträgen (siehe II.2.1) genauer festgehalten. Dieser Weg bot zwar keinen absoluten oder umfassenden Schutz, war aber unproblematisch, solange die wirtschaftlichen Kontakte zwischen den Staaten vorrangig in Form des Warenaustausches erfolgten und weltweit Einigkeit bestand über die prinzipielle Beurteilung und Behandlung von privatem Eigentum. Soweit sich größere Eigentumswerte auf Dauer im Ausland befanden, lagen sie in Kolonien und standen dadurch weiterhin unter der schützenden Souveränität des Heimatlandes.

Erst das Ende der Kolonialzeit und die Entwicklung der Kolonialgebiete zu formal unabhängigen, souveränen Staaten einerseits sowie die ständig steigende wirtschaftliche Bedeutung von Auslandsinvestitionen andererseits ließen die Frage eines weltweiten völkerrechtlichen Eigentumsschutzes dringender werden. Hinzukam, daß mit der UdSSR, China u.a. souveräne Staaten entstanden waren, welche die wirtschaftliche Priorität und Unantastbarkeit des Privateigentums grundsätzlich verneinten und auf dem Wege der Enteignung/Sozialisierung auch entsprechend verfuhren. Ein Teil der Entwicklungsländer sympatisiert heute mit derartigen Wirtschaftsmodellen oder praktiziert sie bereits. Während also einerseits der Bestand an fremder Souveränität unterliegendem Eigentum bis in die Gegenwart drastisch stieg, zerbrach andererseits sein traditioneller Schutz. Hierin liegt die Vorgeschichte der aktuellen Diskussion über das Verhältnis zwischen staatlicher Souveränität und völkerrechtlich garantiertem Eigentumsschutz. Genauer gesagt handelt es sich hier um die Frage, ob es ein völkerrechtliches Verbot entschädigungsloser Enteignungen von Ausländervermögen gibt und welche Konsequenzen aus dem wirtschaftlichen Selbstbestimmungsrecht der Staaten zu ziehen sind. (siehe II.2).

Die verschiedenen politischen Fronten für diese Diskussion ergeben sich aus der heutigen Verteilung und Struktur von Auslandsinvestitionen[1]. Die sozialistischen Staaten Osteuropas und Asiens verfügen über keinerlei nennenswerte Auslandsinvestitionen und lassen private Investitionen innerhalb ihrer Staatsgrenzen nur in seltenen Ausnahmefällen zu. Entwicklungsländer kommen bisher nur als Gastländer für Auslandsinvestitionen in Betracht, von einigen spektakulären Minderheitsbeteiligungen erdölexportierender Länder einmal abgesehen. Das gefährdete Auslandseigentum liegt demnach also in den Händen privater Eigentümer, die in den westlichen Industrieländern beheimatet sind. Mehr als die Hälfte aller Auslandsinvestitionen befinden sich in US-amerikanischem Eigentum, in Lateinamerika sogar zwei Drittel. Der Rest wird von wenigen westlichen Industrieländern kontrolliert, vor allem durch Frankreich, Großbritannien, Japan, Kanada, die Niederlande, die Schweiz und die BRD.

Die regionale Verteilung der Direktinvestitionen zeigt, daß etwa zwei Drittel auf Industrieländer und ein Drittel auf Entwicklungsländer entfallen. Knapp die Hälfte aller Auslandsinvestitionen wird von nur acht Industrieländern untereinander getätigt. Auch der Investitionsschwerpunkt der BRD liegt in Europa, dann folgen die USA, Kanada und Brasilien. Innerhalb der Gruppe der Entwicklungsländer sind die Auslandsinvestitionen ungleich verteilt: von mehr als 120 Entwicklungsländern vereinigen sechs (Argentinien, Brasilien, Indien, Mexiko, Nigeria, Venezuela) allein 40 % des Bestandes auf sich. Regionaler Schwerpunkt aller Auslandsinvestitionen ist mit einem Anteil von 55 % Lateinamerika. Die koloniale Komponente ist in vielen Entwicklungsländern noch erkennbar, indem das Kapital der ehemaligen Kolonialmacht deutlich dominiert. Rein quantitativ betrachtet, handelt es sich bei der Frage des Enteignungsschutzes also nicht um eine Kontroverse, deren Fronten genau zwischen Industrie- und Entwicklungsländern verlaufen müßten.

Die Entwicklungsländer sind hier jedoch einseitig und intensiver betroffen. Sie befinden sich ausschließlich in der Rolle des Gastlandes. Eine Investition, welche in einem Industrieland nur einen geringen Anteil des Binnenbestandes ausmachen würde, kann im Entwicklungsland bereits einen ganzen Wirtschaftssektor oder sogar die gesamte Wirtschaft majorisieren. Durch dieses Größenverhältnis und die Tatsache, daß die meisten Entwicklungsländer unter extremer Knappheit der öffentlichen Finanzen leiden, muß eine allgemeine Entschädigungspflicht soziale Strukturreformen hier häufig unmöglich machen. – Dabei ist der Bedarf nach grundlegenden sozialen Umschichtungen nirgends so groß wie gerade in Entwicklungsländern. – Derartige Probleme können angesichts des Ausmaßes ausländischer Investitionen allerdings auch in Industrieländern auftreten. So versuchten die Unternehmen der BRD die Einführung der paritätischen Mitbestimmung in Großunternehmen u.a. dadurch zu torpedieren, daß sie diese zumindest bei ausländischen Unternehmen als nach Völkerrecht entschädigungspflichtige Teilenteignung deklarierten[2].

Branchenmäßig dominiert bei Direktinvestitionen gegenwärtig der Bereich der verarbeitenden Industrie. Es wird vorrangig in Wachstumsindustrien auf rasch expandierenden Märkten investiert. In Entwicklungsländern allerdings entfällt immer noch etwa die Hälfte des Bestandes auf den Rohstoffbereich und weniger als ein Drittel auf die verarbeitende Industrie. Dabei verfügen die Entwicklungsländer im Gegensatz zu den Industrieländern kaum über inländische verarbeitende Industrie. Das Bestreben der Entwicklungsländer ist also einerseits darauf gerichtet, den ausländischen Einfluß im Rohstoffbereich zurückzudrängen. Hier decken sich ihre Bestrebungen mit denen rohstoffreicher Industrieländer wie Kanada und Australien. Andererseits möchten sie ausländische Rohstoffproduzenten zur Weiterverarbeitung innerhalb der eigenen Grenzen zwingen und vor allem auch eigene nationale verarbeitende Industriezweige aufbauen.

Gerade den Aufbau eigener Industrien behindert jedoch der bisher völlig unangefochtene Schutz des geistigen Eigentums, welches sich ganz überwiegend in den Händen von Unternehmen aus den westlichen Industrieländern befindet. Die Entwicklungsländer haben bisher verschwindend geringen Anteil an dem geistigen Eigentum, welches doch unerläßliche Voraussetzung jeder Industrialisierung ist. Weniger als 5 % der Weltforschungskapazität befindet sich in Entwicklungsländern, weniger als 1 % der registirerten Patente gehören ihnen. Vom ohnehin niedrigen Sozialprodukt gehen weniger als 0,2 % in die Forschungsfinanzierung[3]. Das Potential an ausgebildeten Wissenschaftlern und Technikern ist klein und wird zudem durch Abwanderung in Industrieländer (sog. brain drain) noch verstärkt[4]. Technologietransfer ist daher ein Problem, welches für Entwicklungsländer künftig die Bedeutung der Sachwertenteignung weit überflügeln dürfte. Die Finanzleistungen von sechs Entwicklungsländern (Argentinien, Brasilien, Kolumbien, Mexiko, Nigeria, Sri Lanka) für Patente, Lizenzen, Kno-how, Warenzeichen, Management und Dienstleistungsgebühren machen gegenwärtig bereits sieben Prozent ihrer gesamten Ausfuhren aus. Die Zahlungen für die Nutzung geistigen Eigentums steigen nach Schätzungen des UNCTAD-Sekretariats um durchschnittlich 20 Prozent im Jahr[5]. Für Industrieländer ist die ausländische Verfügung über zukunftsträchtige Technologien, wie sie beispielsweise die US-amerikanische Dominanz auf dem europäischen Computermarkt darstellt[6], ebenfalls ein Problem. Zu seiner Lösung stehen hier jedoch weit mehr Wege offen, da die finanziellen Mittel zum Ankauf ausländischer Technologie oder gar zur Beteiligung an dem betreffenden ausländischen Unternehmen zumindest dem Grundsatz nach vorhanden sind.

Im Rohstoffbereich läßt sich gegenwärtig beobachten, daß das Weiterbestehen des geistigen Eigentums verbunden mit der Größe und Flexibilität der betroffenen Unternehmen an sich erfolgreich durchgeführte Sachwertenteignungen in ihrer Wirksamkeit erheblich beeinträchtigen kann. Die Entwicklungsländer haben in den vergangenen Jahren zahlreiche Enteignungen durchgeführt, insgesamt betrachtet aber nicht den erhofften Erfolg gehabt[7]. Die bedrängten Rohstoffkonzerne haben ihre Aktivitäten daraufhin nämlich tendenziell verlagert und sich verstärkt der Erschließung von Rohstoffquellen in entwickelten Ländern zugewendet. Die rohstoffverarbeitenden Unternehmen in den Industrieländern wiederum versuchen, sich ihre Bezüge durch den Erwerb eigener Quellen oder den Abschluß langfristiger Lieferverträge mit den verstaatlichten Unternehmen zu sichern. Im Ergebnis sehen sich die Entwicklungsländer also neuer Konkurrenz gegenüber gekoppelt mit einem Rückgang ausländischer Investitionen. Die horizontale Konzentration wurde abgelöst durch eine vertikale Integration der Produktionsprozesse, ohne daß die Marktposition der Entwicklungsländer sich dabei wesentlich verstärkt hätte. Alte oder neue ausländische Konzerne kontrollieren nämlich weiterhin die Versorgung des Entwicklungslandes mit Kapital, technischen Kenntnissen, Management und Marketing-Methoden, welche nach der Enteignung teuer erworben werden müssen. Häufig erfolgt der Rohstoffabbau auch nach der Enteignung weiterhin durch das alte

Unternehmen jetzt in der Form bezahlter Dienstleistungen, die zusätzlich noch den Vorteil haben, nicht den Schwankungen der Rohstoffpreise zu unterliegen. Eine angemessene völkerrechtliche Lösung des Enteignungsproblems birgt daher nur praktische Erfolgsaussichten, wenn zugleich auch in der Frage des geistigen Eigentumsschutzes (siehe II.3) ein Fortschritt erzielt wird. Außerdem ist erforderlich, daß das Geschäftsverhalten der multinationalen Großunternehmen stärker kontrolliert wird, da staatliche Einschränkungen selbst in ihrer radikalsten Form, der Enteignung, ansonsten ins Leere laufen.

Die Auslandsinvestitionen haben nicht nur quantitativ zugenommen, sie haben in Gestalt der multinational operierenden Unternehmen auch qualitativ zu neuen Dimensionen geführt. Von 1961 bis 1971 hat sich der Bestand ausländischer Direktinvestitionen weltweit um 50 Prozent auf 165 Mrd. US-Dollar erhöht[8]. In mehreren Industrieländern übersteigt die Auslandsproduktion bereits bei weitem den Wert der Exporte, in vielen anderen ist eine ähnliche Entwicklung nur noch eine Frage der Zeit[9]. Zudem wird ein immer größerer Teil des nominellen Außenhandels der Staaten inhaltlich zum konzern- oder unternehmensinternen Binnenhandel. Die Auslandsinvestitionen sind heute nämlich in hohem Maße auf relativ wenige Unternehmen konzentriert. In der BRD beispielsweise vereinigten die sieben größten Auslandsproduzenten 1971 fast die Hälfte der gesamten Auslandsproduktion auf sich. Am deutlichsten ist diese Konzentration in Entwicklungsländern. Hier kann die Problematik von Auslandsinvestitionen und die Problematik multinationaler Konzerne als identisch bezeichnet werden[10].

Die traditionellen Steuerungs- und Eingriffsmittel der souveränen Staaten sind durch die Existenz multinationaler Konzerne sowohl in Industrie- als auch in Entwicklungsländern in Frage gestellt, allerdings in jeweils unterschiedlichem Maße. Insbesondere die bisherigen Mittel nationaler und internationaler Wettbewerbs- und Fusionskontrolle (siehe II.4) laufen immer offensichtlicher ins Leere. Darüber hinaus werden auch alle anderen Bereiche staatlicher Wirtschaftspolitik zunehmend betroffen. Die Forderung nach einer verstärkten Kontrolle der multinationalen Unternehmen wird daher weltweit erhoben. Entsprechend ihrer jeweiligen Betroffenheit bevorzugen die Industrieländer jedoch unverbindliche, appellative Steuerungsmittel. Die Entwicklungsländer hingegen fordern konkrete völkerrechtliche Pflichten und Sanktionen für derartige Unternehmen. (siehe II.5).

Ursächlich für die Zurückhaltung der Industrieländer in der Kontrollfrage ist, daß die Industrieländer unter der heute bestehenden Handlungsfreiheit der multinationalen Unternehmen nicht nur leiden, sondern vor allem in der Position des Heimatlandes auch profitieren. – Wobei nicht übersehen werden soll, daß sich dieser Gewinn innerhalb der Industrieländer auf bestimmte gesellschaftliche Gruppen zentriert, während andere vor allem die negativen Folgen zu tragen haben. – Eine effektive internationale Kontrolle zu unterstützen, würde zudem bedeuten, daß die Industrieländer in diesem Präzedenzfall von ihrer marktwirtschaftlich orientierten Grundposition Abstriche machen müßten. Ein solches Abrücken wiederum könnte auch in anderen Bereichen der nationalen und internationalen wirtschaftspolitischen Diskussion für die Industrieländer und die in ihnen herrschenden Gruppen Nachteile bringen.

Entwicklungsländer befinden sich ausschließlich in der Position des Gastlandes multinationaler Unternehmen. Als Gewinn ergibt sich für sie eindeutig feststellbar lediglich, daß die Investitionen multinationaler Unternehmen in ihren Grenzen Produktionsstätten und Arbeitsplätze schaffen, die das Entwicklungsland aus eigenen Mitteln nicht hätte aufbauen können. Alle darüber hinausgehenden positiven Auswirkungen multinationalen Engagements wie Technologietransfers, Qualifizierung der Bevölkerung, Verbesserung der Außenhandels- und Zahlungsbilanz usw. stellen sich höchst selten und eher nebenbei ein. Nicht Entwicklungshilfe, sondern private Gewinnerzielung ist das Interesse, dem sich das Gesamtverhalten der multinationalen Unternehmen bisher ausschließlich unterzuordnen hat. Für die Wirtschafts- und Sozialstruktur der Entwicklungsländer hat diese Orientierung viele ausgesprochen negative Folgen, die in Industrieländern in vergleichbarer Form fehlen.

Auf die Einzelheiten der problematischen Auswirkungen multinationaler Aktivitäten in Entwicklungsländern soll hier nicht eingegangen werden[11]. Die Annahme, derartige private Investitionen könnten die öffentliche Entwicklungshilfe der Industrieländer ersetzen oder ihr auch nur zugeordnet werden, ist jedenfalls abwegig. Von den erwirtschafteten Gewinnen derartiger Unternehmen kommt den Entwicklungsländern in Form von Abgaben kaum etwas zugute. Meist übersteigt der Gewinntransfer deutlich die jährlich erfolgenden Direktinvestitionen[12]. Allgemein problematisch ist, daß sich in Entwicklungsländern der Aufschwung der ausländisch majorisierten Wirtschaftssektoren häufig ohne positiven Bezug oder gar zu Lasten der übrigen Wirtschaftsbereiche vollzieht. Dadurch werden die Gegensätze zwischen einer kleinen privilegierten Oberschicht und der verarmten Masse der Bevölkerung weiter verschärft mit den entsprechenden politischen Konsequenzen[13]. Darüber hinaus greifen multinationale Unternehmen bei Bedarf direkt in die Innen- oder Außenpolitik von Entwicklungsländern ein, wie die Aktivitäten ITTs zum politischen Umsturz in Chile oder der Bananenkrieg zwischen Costa Rica und Panama, angestiftet durch die United Fruit Co., extrem, aber nicht untypisch belegen[14]. Staatliche Souveränität und innenpolitische Selbstbestimmung sind in Entwicklungsländern durch die Aktivitäten multinationaler Unternehmen viel stärker gefährdet als in Industrieländern.

Sowohl der Enteignungsproblematik als auch der Kontrollfrage kommt gegenwärtig also besondere Aktualität zu. Ein Interessengegensatz zwischen Industrie- und Entwicklungsländern liegt hier zwar nicht in jedem Einzelfall vor, ist jedoch durchaus eine typische Ausgangskonstellation. Die Gewerkschaftsbewegung der Industrieländer hat sich in der Enteignungsproblematik bisher zumeist auf den nationalen Aspekt beschränkt. Vorstöße wie im Zusammenhang mit der Einführung der paritätischen Mitbestimmung in der BRD zeigen jedoch, daß der international-völkerrechtliche Aspekt auch in den Industrieländern selber aktuelle Bedeutung gewinnen kann. In der Frage der Kontrolle multinationaler Unternehmen hat sie hingegen bereits eindeutige Positionen bezogen und konkrete Maßnahmen ergriffen, auf welche später noch genauer eingegangen werden soll (s. II.5.3).

2. Völkerrechtlicher Schutz des Privateigentums

Der völkerrechtliche Schutz von Auslandsinvestitionen verhindert Eingriffe und Reglementierungen des ausländischen Staates nicht. Auch Enteignungen sind prinzipiell gestattet. Der Streit über das Ausmaß des völkerrechtlichen Eigentumsschutzes betrifft nur die Frage, ob eine Enteignung ausländischen Vermögens auch ohne Entschädigungsleistung (sog. Konfiskation) zulässig ist und welche Anforderungen gegebenenfalls an eine Entschädigung zu stellen sind.

Auf den ersten Blick scheint nicht ersichtlich, warum die Beantwortung dieser Fragen auch für den Geltungsbereich des Grundgesetzes von erheblicher Bedeutung sein sollte. Denn die Art. 14, 15 GG beschränken den Eigentumsschutz ihrem Wortlaut nach nicht auf Inländer. Art. 19 Abs. 3 GG dehnt den Grundrechtsschutz jedoch nur auf inländische juristische Personen aus, so daß nach h.M. und dem Wortlaut der Verfassung der Schutz des Eigentums ausländischer juristischer Personen durch die Art. 14, 15 GG nicht gewährleistet ist[1]. In diesem Fall richtet sich daher der Enteignungsschutz ausschließlich danach, ob entsprechende völkerrechtliche Normen existieren, die auch im Geltungsbereich des Grundgesetzes konkret anwendbar sind. Da sich die Rechtsweggarantie des Art. 19 Abs. 4 GG auch auf ausländische juristische Personen bezieht, könnten entsprechende Rechte im Konfliktfall auch vor deutschen Gerichten geltend gemacht werden.

Soweit völkerrechtliche Verträge einen Enteignungsschutz enthalten, müssen verschiedene Voraussetzungen erfüllt sein, damit sie in der Bundesrepublik Deutschland Geltungskraft haben. 1. muß die Bundesrepublik dem Vertrag entsprechend Art. 59 Abs. 1 GG durch den Bundespräsidenten völkerrechtlich verbindlich zugestimmt haben (Außenwirksamkeit). 2. muß der Vertrag auch nach nationalem Recht in Kraft gesetzt sein, wozu es im Regelfall (Art. 59 Abs. 2 GG) eines Zustimmungsgesetzes in Form eines Bundesgesetzes bedarf (Binnenwirksamkeit: 1. Stufe). Völkerrechtliche Normen, die sich mit ihrem Inhalt direkt an die nationalen Rechtssubjekte wenden, sind bereits unter diesen zwei Voraussetzungen unmittelbar anwendbar. Ihr innerstaatlicher Rang in der Normhierarchie richtet sich nach dem Zustimmungsgesetz, entspricht also im Regelfall demjenigen einfachen Bundesrechts. Völkerrechtliche Normen, die sich ihrem Inhalt nach direkt nur an die vertragschließenden Staaten wenden, bedürfen 3. noch konkretisierender nationaler Ausführungsbestimmungen (Binnenwirksamkeit: 2. Stufe). Ihr Rang bestimmt sich innerstaatlich nach dem Rang der Ausführungsnorm.

Auch ohne besonderen Vertrag und ohne spezielle Zustimmung der Bundesrepublik sind nach Art. 25 GG die allgemeinen Regeln des Völkerrechts verbindlich. Sie sind Bestandteil des Bundesrechts, gehen aber sonstigen Gesetzen vor, so daß sie zwischen Verfassungsnormen und normalem Bundesrecht einzuordnen sind. Sie haben unmittelbare Geltung für die Bewohner des Bundesgebietes, zu welchen nach allgemeiner Ansicht auch sämtliche Ausländer mit entsprechendem Aufenthaltsort gehören. Art. 25 GG bezweckt, das gesamte allgemeine Völkergewohnheitsrecht in das innerstaatliche Recht der Bundesrepublik zu übernehmen. Auch ein nur gewohnheitsrechtlich anerkannter Eigentumsschutz für ausländisches Vermögen hätte daher für den Bereich der Bundesrepublik Bedeutung, sofern er als allgemeines Völkerrecht anzusehen ist[2].

2.1 Vertraglicher Schutz von Auslandsinvestitionen

Bereits in den traditionellen Freundschafts-, Handels- und Schiffahrtsverträgen befanden sich stets einige Klauseln zur Regelung der Eigentumsfrage. Diese Klauseln repräsentieren als Bestandteil eines Vertragstypus, der jahrhundertelang wichtigstes völkerrechtliches Kooperationsinstrument zwischen den Industrieländern war, den zwischen Industrieländern bestehenden Konsens in der Eigentumsfrage. So sichert auch heute noch der deutsch-amerikanische Freundschafts-, Handels- und Schiffahrtsvertrag vom 29. Okt. 1954[3] in Art. V dem Eigentum der Staatsangehörigen und Gesellschaften des anderen Vertragsteils im eigenen Staatsgebiet „weitestgehenden Schutz und Sicherheit" zu. Eine Enteignung darf nur „zum allgemeinen Wohl unter Gewährung einer gerechten Entschädigung und der Möglichkeit, den Rechtsweg zu beschreiten", erfolgen. Die Entschädigung muß dem Wert des entzogenen Eigentums entsprechen, tatsächlich verwertbar sein, ohne unnötige Verzögerung erfolgen und spätestens im Zeitpunkt der Enteignung auf angemessene Art und Weise vorbereitet sein. Mit diesen Enteignungsanforderungen ist zugleich in Grundzügen dasjenige Maß an Eigentumsschutz umrissen, welches die Industrieländer weltweit auf der Ebene des allgemein geltenden Völkerrechts, also unabhängig vom Abschluß einzelner Verträge, verankert sehen möchten.

Im Vergleich mit der Eigentumsregelung der Bundesrepublik Deutschland fällt auf, daß wichtige grundgesetzliche Bindung im deutsch-amerikanischen Vertrag Art. V nicht auftauchen: es fehlt die Sozialpflichtigkeit des Art. 14 Abs. 2 GG und die Interessenabwägung zwischen Eigentümer und Allgemeinheit bei der Festlegung der Höhe der Entschädigungsleistung nach Art. 14 Abs. 3 Satz 2 GG. Diese Besserstellung gegenüber Inländern wird von der Völkerrechtslehre kapitalexportierender Staaten, also der Industrieländer, fast einhellig begrüßt und völkerrechtlich sogar über bestehende Verträge hinaus zum allgemein geltenden Gewohnheitsrecht deklariert (s. folgender Abschnitt).

Wie problematisch eine vertragliche Besserstellung von Auslandseigentum selbst zwischen Industrieländern ist, zeigen völkerrechtliche Einwände gegen die Einführung der paritätischen Mitbestimmung in der BRD. Die deutschen Unternehmerverbände legten ein Gutachten vor, in dem die Einführung der paritätischen Mitbestimmung als Verletzung des Art. V des deutsch-amerikanischen Vertrages deklariert wurde. Soweit Unternehmen mit amerikanischer Beteiligung betroffen seien, werde hierdurch eine entschädigungslose Enteignung von Ausländervermögen vorgenommen. Ob eine derartige Mitbestimmungsregelung aufgrund der grundgesetzlichen Sozialpflicht zulässig sei, spiele keine Rolle, da diese Sozialpflicht nicht für den völkerrechtlichen Vertrag gelte[4].

Nun stellt die gesetzliche Aufstockung der Drittelparität der Arbeitnehmer im Aufsichtsrat zu einer – leider immer noch inkonsequenten – Halbparität überhaupt keinen Eingriff in den völkerrechtlich geschützten Eigentumsbereich dar. Denn der Erlaß allgemeiner Gesetze, die Inhalt und Schranken des Eigentums näher bestimmen, z.B. die sozialen Pflichtbindungen des Eigentums gegenüber dem vorhergehenden Rechtszustand stärker betonen, lassen den völkerrechtlich geschützten Eigentumsbereich unberührt[5]. Vermögensmäßig bringt die Erhöhung des Mitbestimmungspotentials der Arbeitnehmerseite keinerlei Veränderung für die Aktionäre. Herrschaftsmäßig wird der auch nach vorherigem Recht nur sehr vermittelt wirksame Einfluß des Aktionärs auf das Handeln der Gesellschaftsorgane abgeschwächt, indem die Berücksichtigung von Arbeitnehmerinteressen verstärkt wird. Die grundlegende formalrechtliche Pflicht zur Wahrung der Gesellschaftsinteressen gilt aber nach wie vor auch für Arbeitnehmervertreter in Aufsichtsrat und Vorstand (§§ 99, 116 AktG)[6]. Gerade auch die bisherigen Erfahrungen mit vergleichbaren Mitbestimmungsmodellen lassen kaum erwarten, daß die Aktiengesellschaften sich künftig auch nur tendenziell in „Arbeitnehmergesellschaften" verwandeln werden. Das hat das BVerfG durch sein Urteil vom März 1979 auch bestätigt[7].

Dennoch ist es ein sehr bedenklicher Interpretationsansatz, ausländisches Eigentum über völkerrechtliche Verträge von grundgesetzlichen Sozialbindungen freizustellen. Denn auf diesem Wege könnten weitergehende Konkretisierungen des grundgesetzlichen Sozialstaatspostulates effektiv verhindert werden. Das Unternehmergutachten geht jedoch auch hier von falschen Prämissen aus. Denn die grundgesetzliche Sozialbindung des Eigentums kann durch Völkerrecht, welcher Art auch immer, mit innerstaatlicher Rechtswirkung nicht aufgehoben werden. Für Vertragsrecht ergibt sich dieses bereits aus der Art seiner innerstaatlichen Umsetzung in geltendes Recht. Die hierfür erforderliche Zustimmung durch ein parlamentarisches Gesetz nach Art. 59 Abs. 2 GG kann immer nur unter Respektierung des Art. 14 Abs. 2 GG erfolgen. Auch nach der Zustimmung hat der völkerrechtliche Vertrag nur den Rang eines einfachen Bundesgesetzes und unterliegt damit weiterhin den Bindungen des Grundgesetzes[8]. Ist der Wortlaut eines derartigen Vertrages unklar oder unvollständig, muß er entsprechend der Normhierarchie des Grundgesetzes verfassungskonform ausgelegt werden[9]. Selbst wenn man das Entschädigungsgebot über den deutsch-amerikanischen Vertrag hinaus zu einer allgemeinen Regel des Völkerrechts erhöhen möchte, wie es ein Teil der bundesrepublikanischen Völkerrechtslehre (s. II.2.2) versucht, könnte dieses vor deutschen Gerichten nicht zu einem anderen Ergebnis führen. Denn auch eine derartige Regel würde nach der Normhierarchie des Grundgesetzes (Art. 25) unterhalb der grundgesetzlichen Sozialpflicht anzusiedeln sein. Im übrigen ist es seit Verabschiedung des Grundgesetzes vom 23. Mai 1949 für Ausländer rechtlich ausgeschlossen, Eigentum ohne entsprechende Sozialbindungen überhaupt zu erwerben. Die Privilegierung des deutsch-amerikanischen Vertrages könnte sich also nur auf früher erworbenes Eigentum beziehen.

Diese eben dargestellte Betrachtungsweise folgt jedoch nur nationalem Recht der BRD und ist nur verbindlich für bundesdeutsche Gerichte. Auf der internationalen

Ebene, also bei zwischenstaatlichen Verhandlungen und vor internationalen Gerichten wie dem IGH, wird allein unter völkerrechtlichen Gesichtspunkten geurteilt. Das Völkerrecht aber verwehrt es Staaten im Interesse der internationalen Rechtssicherheit und Rechtsklarheit, sich gegenüber völkerrechtlichen Verträgen auf entgegenstehendes innerstaatliches Recht zu berufen, soweit es nicht beispielsweise über entsprechende Vorbehalte auch Bestandteil des völkerrechtlichen Vertrages geworden ist. Die Normhierarchie des Völkerrechtes ist also eine andere als die des Grundgesetzes[10]. Hierin liegt nach allgemeiner Ansicht auch keine unzulässige Einschränkung der staatlichen Souveränität, soweit der Staat die völkerrechtliche Norm aufgrund seiner souveränen Entscheidung selber bindend in Kraft gesetzt hat. Da der deutsch-amerikanische Vertrag keinen Hinweis auf die grundgesetzliche Sozialpflicht des Eigentums enthält, er aber andererseits durchaus als Ergebnis einer völkerrechtlich zulässigen souveränen Selbstbindung der BRD anzusehen ist, besteht die Möglichkeit, daß die Sozialpflichtigkeit des Grundgesetzes vor internationalen Gremien nicht hinreichend berücksichtigt wird. – Derartige Konstellationen machen verständlich, warum souveräne Staaten sich internationalen Konfliktlösungsinstanzen wie beispielsweise dem IGH regelmäßig unter Vorbehalten oder nur für konkrete Einzelfälle unterwerfen (z.B. Fakultativklausel Art. 36 Statut des Internationalen Gerichtshofes.) – Insofern besteht zwar bisher keine aktuelle Gefahr, daß eine internationale Konfliktregulierungsinstanz gegen den souveränen Willen der BRD zu einer grundgesetzwidrigen Entscheidung gelangen könnte. Um jedoch nationalen und internationalen Interpretationsaspekt derartiger Eigentumsschutzbestimmungen in Einklang zu bringen, wäre es dringend geboten, die Sozialpflichtigkeit direkt in entsprechende Eigentumsschutzverträge aufzunehmen. Damit wäre auch endlich ein erster Schritt getan, die Sozialpflichtigkeit des Eigentums auf der völkerrechtlichen Ebene zu fixieren; – eine Weiterentwicklung, die angesichts fortschreitender Internationalisierung der Produktion und damit auch der Eigentumsbeziehungen dringend geboten scheint.

Noch problematischer ist die Privilegierung von Auslandsinvestitionen durch völkerrechtliche Verträge, wenn sie zwischen Industrie- und Entwicklungsländer vorgenommen wird. Denn hier fehlt es zusätzlich noch an der tatsächlichen Gegenseitigkeit der Privilegierung, da Entwicklungsländer über keine entsprechenden Auslandsinvestitionen verfügen. Dennoch findet dieselbe Eigentumsklausel auch hier Verwendung. Üblich ist der Abschluß spezieller Kapitalschutzverträge wie beispielsweise dem Vertrag zwischen der Bundesrepublik Deutschland und dem Haschemitischen Königreich Jordanien über die Förderung und den gegenseitigen Schutz von Kapitalanlagen vom 15. Juli 1974[11]. Um irrtümlichen Interpretationen dieses Titels vorzubeugen: Investitionen werden durch derartige Verträge nur auf die Weise gefördert, daß das Gastland ihnen optimale Aufenthaltsbedingungen garantiert. An eine Verpflichtung zur Investitionsförderung durch das Heimatland ist nicht gedacht. Es werden also wie auch schon im Handel formal gleiche Berechtigungen ausgetauscht, nicht wirtschaftlich gleichbedeutsame, aber inhaltlich differierende Rechtspositionen.

Im einzelnen sind Zentralpunkte dieses und anderer Kapitalschutzverträge:

- die Einräumung der Meistbegünstigung für Auslandsinvestoren und ihr Eigentum (Art. 2),
- Enteignungsschutz mit Entschädigungspflicht und Rechtsweggarantie nach den traditionellen vertraglichen Standards der westlichen Industrieländer (Art. 3),
- freier Transfer der erzielten Gewinne und des investierten Kapitals (Art. 4).

Den Belangen der Auslandsinvestoren tragen derartige Verträge also optimal Rechnung. Jede konkrete Verpflichtung oder auch nur unverbindliche Verhaltensmaxime für das ausländische Kapital fehlt. Die Prämisse derartiger Verträge lautet, ausgedrückt auch in der Vertragspräambel: Die Verträge würden die private wirtschaftliche Initiative beleben und ohne weiteres den Wohlstand beider Völker mehren. Daß die praktischen Erfahrungen mit Auslandsinvestitionen bisher diese Annahme widerlegen, wurde einleitend unter II.1 knapp angedeutet. Auf die konkrete inhaltliche Ausgestaltung von Kapitalschutzverträgen hat diese Erkenntnis bisher keinerlei Einfluß gehabt. Allerdings sind die Entwicklungsländer mit dem Abschluß derartiger Verträge zurückhaltender geworden, wie die Verhandlungen der EG mit den AKP-Staaten über ein Abkommen Lomé II erkennen lassen.

Würde es den westlichen Industrieländern allerdings gelingen, den von ihren Investoren favorisierten Eigentums- und Enteignungsschutz auf der Ebene des allgemeinen Völkerrechts in Form eines weltweiten, multilateralen Vertrages festzuschreiben, wäre der Abschluß einzelner bilateraler Kapitalschutzverträge künftig weitgehend entbehrlich. – Obwohl selbstverständlich auch ein multilateraler Vertrag immer nur diejenigen Staaten völkerrechtlich bindet, die ihn konkret unterzeichnet haben. – Für einen möglichst weltweiten Schutz des Privateigentums wäre es der günstigste Weg, ein entsprechendes Menschenrecht über die UNO kodifizieren zu lassen. Hierdurch ließe sich auch das Argument der sozialistischen Völkerrechtslehre aus der Welt schaffen, welches Ausländern jeden allgemeinen völkerrechtlichen Anspruch auf weitergehende Rechte als Inländer abspricht[12]. Denn auch Inländer könnten sich auf ein Menschenrecht „Privateigentum" berufen. Hiermit zeigt sich jedoch auch sogleich die politische Unmöglichkeit eines derartigen Vorgehens. Eine völkerrechtliche Aufwertung und Überhöhung des Privateigentumsschutzes mit Wirkung sogar noch für Inländer muß für alle sozialistisch orientierten Staaten völlig unakzeptabel sein, da sie im Widerpsruch zur gesamten wirtschafts- und sozialpolitischen Grundkonzeption dieser Staaten steht.

Daher ist in der internationalen Menschenrechtsdiskussion tatsächlich eher ein Zurückdrängen des Eigentumsschutzes zu beobachten. Die „allgemeine Erklärung der Menschenrechte" vom 10. Dezember 1948[13] enthält in Art. 17 noch eine Verankerung des Privateigentumsgedankens. Nach Abs. 1 hat jeder Mensch „allein oder in Gemeinschaft mit anderen ein Recht auf Eigentum". Nach Abs. 2 darf niemand „willkürlich seines Eigentums beraubt werden". Das Privateigentum wird also anerkannt. Eine Enteignung hingegen nur durch das Willkürverbot begrenzt. Ein Entschädigungsgebot ist nicht enthalten. Diese Erklärung und damit auch die prinzipielle Anerkennung des Privateigentums hat keine völkerrechtliche Verbindlichkeit für die Staaten[14]. Nach der Präambel handelt es sich vielmehr um eine Absichtserklärung der Generalversammlung, welche das „zu erreichende gemeinsame Ideal" in Form eines moralischen Appells formuliert. Wie dünn 1948 der Konsens selbst über die hier ausgedrückten Ideale war, zeigt sich darin, daß sich die sozialistischen Staaten Osteuropas, Südafrika und Saudi-Arabien der Stimme enthielten[15].

Immerhin deutet diese Resolution an, daß die große Mehrheit der UN-Mitglieder den Schutz des Privateigentums noch für einen völkerrechtlich zu verankernden Wert hielt, was auch Hinweise auf die damals noch überwiegend vorherrschende Rechtsüberzeugung zuläßt. Diese Mehrheiten zugunsten eines Eigentumsschutzes bestanden weiter bis zum Anfang der 60er Jahre. Am 14. Dezember 1962 fand noch eine Resolution die Zustimmung der Generalversammlung, nach der jede Enteignung eine angemessene Entschädigung vorzusehen habe[16].

Bald darauf trat jedoch ein deutlicher Umschwung in der Beurteilung der Eigentums- und Enteignungsproblematik ein. Nach jahrelangen Diskussionen wurden am 16. Dezember 1966 zwei Menschenrechtskonventionen zur Unterzeichnung ausgelegt: die „Konvention über wirtschaftliche, soziale und kulturelle Rechte" und die „Konvention über staatsbürgerliche und politische Rechte"[17]. Im Gegensatz zur „allgemeinen Erklärung der Menschenrechte" enthalten diese Konventionen für die Unterzeichnerstaaten bindendes Völkerrecht. Das Eigentum wird jedoch in beiden Konventionen nicht einmal mehr erwähnt. Stattdessen wurde das Selbstbestimmungsrecht der Völker und Staaten festgehalten, welches im Gegenteil die Verfügungsgewalt der Völker und Staaten über das Eigentum betont (Einzelheiten s. II.2.3).

Die Verabschiedung der „Charta der wirtschaftlichen Rechte und Pflichten der Staaten" vom 12. Dezember 1974[18] zeigt allerdings, daß gegenwärtig bereits eine den Wünschen der westlichen Industrieländer entgegengesetzte Position in der Enteignungsfrage über eine breite Mehrheit in der UN-Generalversammlung besteht: Nach Art. 2 Abs. 2c der Charta „soll" der enteignende Staat eine Entschädigung zahlen, muß dieses also nicht mehr zwingend. Die Entschädigung soll angemessen sein. Alle Umstände, die der enteignende Staat für wesentlich hält, können jedoch zur näheren Bestimmung der Angemessenheit herangezogen werden. Streitfragen sollen nicht nach Völkerrecht, sondern nach dem innerstaatlichen Recht des enteignenden Staates und vor seinen Gerichten entschieden werden[19]. Diese Resolution hat wie sonstige UN-Resolutionen nur Empfehlungscharakter, ist selber also kein verbindliches Völkerrecht. Sie kann jedoch wie auch frühere Resolutionen wichtige Aufschlüsse über abweichende Rechtsüberzeugungen und mehrheitlich vertretene Rechtspositionen geben. Wie stark in der Eigentumsfrage hier gegenwärtig der Dissens ist, zeigen die Gegenstimmen von 6 westlichen Industrieländern, darunter auch der Bundesrepublik Deutschland, und die Enthaltung von 10 weiteren. Mit Iran und Kuwait erklärten 1974 auch zwei Entwicklungsländer ihren Vorbehalt speziell zur Enteignungsfrage[20]. Dennoch bestehen mit 118 uneingeschränkten Ja-Stimmen gegenwärtig in der UNO deutliche Mehrheiten zugunsten einer entschädigungslosen Enteignung, ohne daß es allerdings bisher ein universalgeltendes Abkommen zur Regelung dieser Frage gäbe.

Innerhalb Westeuropas bestand und besteht hinsichtlich der Eigentumsproblematik nach wie vor Konsens, welcher auch in den entsprechenden Europäischen Menschenrechtskodifikationen Ausdruck gefunden hat. Es überrascht eher, daß die „Europäische Konvention zum Schutze der Menschenrechte und Grundfreiheiten" vom 14. November 1950[21] die Eigentumsfrage nicht erwähnt. Erst das Zusatzprotokoll vom 20. März 1952[22] enthält in Art. 1 eine Eigentumsgarantie für natürliche und juristische Personen. Enteignungen sind demnach nur im öffentlichen Interesse, durch Gesetz und unter den durch die allgemeinen Grundsätze des Völkerrechtes vorgesehenen Bedingungen zulässig[23]. Dabei lag der Formulierung zur Entschädigungsfrage die im westeuropäischen Völkerrecht damals wie heute vorherrschende Ansicht zugrunde, es bestünde ein allgemeines völkerrechtliches Gebot, bei Enteignungen von Ausländervermögen prompt, angemessen und effektiv zu entschädigen (s. II.2.2). Für Inländer hingegen enthält die Europäische Menschenrechtskonvention keinerlei Entschädigungsgebot.

Art. 1 des Zusatzprotokolls ist allerdings von Luxemburg und Österreich nur unter dem Vorbehalt[24] unterzeichnet worden, daß das Feindvermögen, also das private Eigentum der Staatsangehörigen des ehemaligen Kriegsgegners Deutschland, vom Enteignungsschutz ausgenommen werde. In der Praxis haben auch andere westeuropäische Staaten nach dem 1. und 2. Weltkrieg deutsches Auslandseigentum konfisziert. Auch westliche Industrieländer verstehen sich also darauf, bei Enteignungen politische Differenzierungen je nach Art und Herkunft der Eigentümer zu treffen. Anderslautende völkerrechtliche Verträge[25] hinderten hieran nicht. Den Entwicklungsländern allerdings werfen die Industrieländer politische Differenzierung in jedem Fall als unzulässige Diskriminierung vor. ... Außerhalb der genannten Vorbehalte ist die Europäische Menschenrechtskonvention mit dem genannten Zusatzprotokoll und weiteren Protokollen gegenwärtig in Westeuropa geltendes Völkerrecht. Mit der Europäischen Kommission für Menschenrechte und dem Europäischen Gerichtshof für Menschenrechte verfügt sie im Gegensatz zu den UN-Konventionen von 1966 auch über entsprechende Kontroll- und Sanktionsmittel[26].

2.2 *Gewohnheitsrechtliches Konfiskationsverbot als allgemein geltendes Völkerrecht?*

Da es bisher keinen umfassenden vertraglichen Schutz von Auslandsinvestitionen gibt, kommt der Frage nach möglichen gewohnheitsrechtlichen Bindungen besondere Bedeutung zu. Gewohnheitsrecht ist eine allgemein anerkannte Quelle des Völkerrechts. Es hat prinzipiell denselben Geltungs- und Durchsetzungsanspruch wie vertraglich festgeschriebenes Völkerrecht und entsteht in der Regel durch langandauernde gleichartige Übung unter einer sie tragenden Rechtsüberzeugung. Gewohnheitsrecht kann sowohl zwischen vielen als auch zwischen wenigen Völkerrechtssubjekten entstehen. Entsprechend kann es Geltung beanspruchen zwischen allen Völkerrechtssubjekten (universales Völkergewohnheitsrecht) oder nur bestimmten (partikulares Völkergewohnheitsrecht, regionales Völkergewohnheitsrecht oder Völkergewohnheitsrecht eines Rechtskreises)[27].

Die h.M. in Rechtsprechung und Literatur der westlichen Industrieländer ist der Auffassung, es bestehe nach wie vor ein Verbot entschädigungsloser Enteignung von Auslandsvermögen (Konfiskationsverbot) in Form allgemein geltenden Völkergewohnheitsrechts. Hierfür spräche die jahrhundertealte gemeinsame Übung aller Staaten und die gemeinsame Rechtsüberzeugung, wie sie heute noch geltenden völkerrechtlichen Verträgen, aber auch staatlichen Verfassungsgarantien zu entnehmen sei. Im Rahmen des sog. völkerrechtlichen Mindeststandards könne ein Ausländer im Falle der Enteignung Entschädigung verlangen, selbst wenn dieses Inländern nach nationalem Recht verwehrt sei. Diese Entschädigung müsse angemessen, prompt und effektiv sein. Angemessen bedeute, daß in der Regel voller Ersatz des tatsächlichen Wertes zu leisten sei. Prompt beinhalte, daß die Entschädigungszahlung direkt im Zusammenhang mit dem Vollzug der Enteignungsmaßnahme zu erfolgen habe, also ein unbestimmtes Hinausschieben in die Zukunft sowie endlose Ratenzahlungen unzulässig seien. Effektiv meine, daß die Entschädigungsleistung für den Empfänger auch tatsächlich zum Erwerb neuen Eigentums einsetzbar sein müsse. Dieses sei insbesondere dann nicht der Fall, wenn die Entschädigung mangels Transferierbarkeit nicht ins Ausland gebracht werden könne. Enteignungen, die sich nur gegen Ausländer richteten, verstießen zudem gegen das völkerrechtliche Diskriminierungsverbot[28].

In Einzelheiten ist diese Ansicht auch innerhalb der westlichen Industrieländer zunehmend relativiert worden. So erfolgten im Anschluß an den 2. Weltkrieg in vielen Ländern Europas große Enteignungen, die häufig bestenfalls noch zu globalen Entschädigungsabkommen führten. Das heißt, der enteignende Staat zahlte dem Staat, dessen Staatsangehörige enteignet worden waren, einen Pauschalbetrag und überließ ihm die Verteilung. In anderen Fällen wurde sehr langfristig abgezahlt, individuell nur teilentschädigt oder nicht in transferierbaren Werten gezahlt. Daraus schließt ein Teil der Lehre in der BRD, daß die internationale Rechtsüberzeugung den strengen Grundsatz der vollen Entschädigung heute nicht mehr vertrete. Der Gedanke der sozialen Pflichtbindung des Eigentums habe aus den nationalen Rechtsordnungen allmählich auch auf die internationale Rechtsordnung Auswirkungen gehabt. Insbesondere hätten die Ausländer an den Opfern und Lasten einer allgemeinen sozialen Reform teil und könnten in derartigen Fällen keinen vollen Wertersatz verlangen. Ansonsten würde nämlich die gewollte Umwandlung bereits an der Höhe der Schadensersatzforderungen scheitern[29]. Den konsequenten Schritt, eine allgemeine völkerrechtliche Entschädigungspflicht völlig fallen zu lassen, tut allerdings auch dieser realitätsnähere Teil der westlichen Völkerrechtslehre nicht.

Im Sinne dieser neuen Völkerrechtslehre entschieden auch LG und OLG Bremen in dem „Indonesischen Tabaksfall“, als zwei enteignete niederländische Gesellschaften in Bremen Tabak aus ihren ehemaligen indonesischen Plantagen beschlagnahmen lassen wollten. Nach Ansicht des OLG Bremen kann bei Globalenteignungen zur Veränderung der Sozialstruktur nicht der volle und sofortige Wertersatz gefordert werden. Die Entschädigung müsse vielmehr nur aus den Erträgen der nationalisierten Unternehmungen geleistet werden und nach Zeit und Höhe mit den Verhältnissen des enteignenden Staates in Einklang gebracht werden. Zudem brachte das

Gericht dem besonders belasteten Verhältnis zwischen ehemaliger Kolonie und Angehörigen einer ehemaligen Kolonialmacht besonderes Verständnis entgegen: Eine nur gegen derartige Ausländer gerichtete Enteignung sei keinesfalls diskriminierend. Es handele sich vielmehr um eine sachgerechte Differenzierung, da die „Einstellung des ehemaligen Kolonialvolkes zu seinen ehemaligen Kolonialherren naturgemäß eine andere als zu anderen Ausländern" sei[30]. Die hier vertretene Rechtsauffassung begünstigte in der Folgezeit, daß sich das Zentrum des europäischen Tabakhandels von Amsterdam, dessen Gerichte in einem Parallelverfahren im Interesse der eigenen Staatsbürger entschieden hatten, nach Bremen verlagerte[31].

Diese politische und juristische Einschätzung entschädigungsloser Enteignung hätte richtungsweisend für eine Neubestimmung des Verhältnisses zwischen der Bundesrepublik Deutschland und den Entwicklungsländern sein können. Sie wurde jedoch bedauerlicherweise nicht weiter verfolgt. Hierbei spielten mit Sicherheit der Vorrang der politischen und ökonomischen Beziehungen zu den westlichen Nachbarn, aber auch der steigende bundesrepublikanische Auslandsinvestitionsbestand eine wichtige Rolle. Die vor bundesrepublikanischen Gerichten entschiedenen Enteignungen betrafen zumeist Enteignungen der sozialistischen Staaten Osteuropas[32]. Der verbleibende Teil behandelte die entschädigungslose Enteignung deutschen „Feindvermögens" in den westeuropäischen Nachbarstaaten nach 1945[33]. Hier förderten die politischen Spannungen zwischen Ost und West, insbesondere das Klima des kalten Krieges, und die direkte Betroffenheit bundesrepublikanischer Staatsbürger eine Rechtsprechung der konsequenten Ablehnung entschädigungsloser Enteignungen.

Bezogen auf die neuentstandenen sozialistischen Staaten geht das westliche Völkerrecht hier von völlig falschen Prämissen aus. Die traditionelle Annahme, allgemeines Völkergewohnheitsrecht gelte selbst dann uneingeschränkt weiter, wenn ein neu entstandener Staat ausdrücklich seinen gegenteiligen Willen erklärt habe[34], muß angesichts veränderter sozialer Realitäten aufgegeben werden. Sie war zutreffend und praktisch durchsetzbar, solange die neuentstandenen Staaten jeweils den grundlegenden sozioökonomischen Bezugsrahmen der bereits bestehenden Staaten teilten und deshalb auch keinen größeren Widerstand gegen die Übernahme bestehenden allgemeinen Völkerrechts leisteten. Sie kann jedoch nicht übertragen werden auf die Entstehung von Staaten, die wie die UdSSR 1917 diesen Bezugsrahmen nicht teilten, weil sie nämlich auf völlig veränderten sozioökonomischen Grundlagen beruhen und deshalb bestimmte Teile des vorgefundenen allgemeinen Völkerrechtes von Anfang an konsequent ablehnten. Hier müßte eher der Rechtsgedanke des IGH Anwendung finden, wonach gegen den erklärten Willen eines Staates kein ihn bindendes allgemeines Völkerrecht entstehen kann[35]. Die neuere Völkerrechtslehre der westlichen Industrieländer stimmt dementsprechend mit der sozialistischen Völkerrechtslehre darin überein, daß nicht alle tradierten allgemeinen Völkerrechtsnormen gegenüber sozialistischen Staaten weiterhin Geltung haben und daß den alten Normen auch neue hinzugefügt werden müssen[36], wendet diese Erkenntnis jedoch auf die Eigentumsfrage nicht an.

Zur Bestimmung desjenigen Völkerrechts, welches nach der Entstehung sozialistischer Staaten weiterhin allgemeine Geltung beanspruchen kann, sollte sinnvollerweise auf folgendes Kategorialgerüst zurückgegriffen werden: Es gibt einerseits einen Bestand als kapitalistisch einzuordnender Völkerrechtsnormen, welche von den sozialistischen Staaten entsprechend ihren gesellschaftlichen Prämissen nicht geteilt werden können. Es gibt andererseits einen Bestand als sozialistisch zu bezeichnender Völkerrechtsnormen, die den gesellschaftlichen Prämissen der kapitalistischen Staaten widersprechen. Und es gibt drittens einen Bestand als demokratisch zu bezeichnender Völkerrechtsnormen, die mit den sozioökonomischen Grundstrukturen beider Seiten übereinstimmen und daher auch im Sinne einer allgemeinen Rechtsüberzeugung konsensfähig sind. Nur die letztgenannten können weiterhin allgemeine Geltung beanspruchen. Die Entschädigungspflicht gehört mit Sicherheit in den Kreis derjenigen Normen, die sich auf sozialistische Staaten nicht übertragen lassen. Denn gerade in der Bewertung und Behandlung des privaten Eigentums an Produktionsmitteln, und um solches handelt es sich ja bei Auslandsinvestitionen zumeist, unterscheiden sich beide Seiten grundlegend. Die gewohnheitsrechtliche allgemeine Geltung des völkerrechtlichen Mindeststandards und ein hieraus abgeleitetes Entschädigungsgebot sind daher von den sozialistischen Staaten zu Recht stets abgelehnt worden[37].

Auf das Verhältnis zwischen Industrie- und Entwicklungsländern läßt sich diese kategoriale Zuordnung nicht ohne weiteres übertragen. Denn bei Entwicklungsländern fallen politische Emanzipation von den Industrieländern und Veränderung der eigenen sozioökonomischen Grundstrukturen häufig zeitlich relativ weit auseinander. Die gesellschaftliche Veränderung hat hier oft langfristig-prozeßhaften Charakter, der eine Neubestimmung des völkerrechtlichen Standortes zu einem bestimmten Zeitpunkt nicht mit gleicher Klarheit möglich macht. Die Integration der Entwicklungsländer in den bei ihrer Entstehung vorgefundenen völkerrechtlichen Normenbestand muß daher genauer untersucht werden. Eine grundlegende, eindeutig festlegbare Neuorientierung in der Eigentumsfrage kann nur bei Entwicklungsländern wie Kuba angenommen werden, da hier die sozioökonomischen Strukturen ebenso wie in den osteuropäischen Staaten sprunghaft verändert wurden.

Der völkerrechtliche Standort fast aller Entwicklungsländer hat sich in der Enteignungsfrage seit Entstehung der UNO bis hin in die 70er Jahre derart grundlegend gewandelt, daß auch hier das gewohnheitsrechtliche Entschädigungsgebot keine Geltung mehr beanspruchen kann. Die mit überwältigender Mehrheit angenommene „Charta der wirtschaftlichen Rechte und Pflichten der Staaten" demonstriert diesen Wandel eindrucksvoll, da hier wie schon dargestellt, nach Art. 2 Abs. 2c der enteignende Staat keine Entschädigung mehr zahlen muß und Streitigkeiten vor nationalen Gerichten nach nationalem Recht zu entscheiden sind. Zwar ist es zutreffend, wenn westliche Völkerrechtler darauf hinweisen, daß UN-Resolutionen selber kein verbindliches Völkerrecht schaffen. Es ist auch richtig, daß nicht jede Zustimmung zu einer UN-Resolution auf eine entsprechende Rechtsüberzeugung und hierauf beruhendes Gewohnheitsrecht hinweist[38]. Es ist aber ebenso möglich, daß durch die Zustimmung zu einer Resolution bereits einer Rechtsüberzeugung und geltendem

Völkergewohnheitsrecht Ausdruck verlieren wird. Denn nach Art. 13 Abs. 1a UN-Charta sollen derartige Empfehlungen „die fortschreitende Entwicklung des Völkerrechtes sowie seine Kodifizierung“ begünstigen. Kodifiziert wird jedoch häufig, was zumindest ein Teil der Beteiligten schon vorher als rechtens ansah. Im Einzelfall muß zur völkerrechtlichen Einordnung von UN-Resolutionen also ihr gesamter Entstehungszusammenhang herangezogen werden.

Wie schon im vorherigen Abschnitt dargestellt, steht die Charta der wirtschaftlichen Rechte und Pflichten mit andern UN-Resolutionen und Kodifikationen in einer eindeutigen Entwicklungslinie (s. II.2.1). Diese Linie beginnt mit der Menschenrechtserklärung von 1948, deren anzustrebende Ideale eine Entschädigung bei Enteignungen bereits nicht mehr enthalten. Sie verläuft weiter über die beiden Konventionen von 1966, welche die Eigentumsfrage völlig ausklammern, im Zusammenhang mit dem Selbstbestimmungsrecht Gegenpositionen aber bereits anklingen lassen. Und sie endet vorerst bei der Charta von 1974, welche zum ersten Mal konsequent die Zulässigkeit von Konfiskationen erklärt, das Privateigentum aus seiner völkerrechtlichen Privilegierung loslöst und der staatlichen Souveränität unterordnet. Diese Entwicklung dokumentiert, wie eine Minderheitenposition langsam zu einer Mehrheitsposition aufsteigt und sich als neue Rechtsüberzeugung international artikuliert.

Selbst die Kritiker der Charta geben diesen Sachverhalt wider Willen zu, wenn sie herabsetzend einräumen, die Charta formuliere hier als einseitige Interessenbegünstigung die Ideologie, „an die die Mehrheit der Generalversammlung glaubt“[39]. Was hier als Glaube an Ideologien diskreditiert wird, eben dieses ist bei mehr um Objektivität bemühter Betrachtung die zur Entstehung neuen Gewohnheitsrechtes erforderliche Rechtsüberzeugung. Daß diese Rechtspositionen in der Weise einseitig sind, daß sie Industrieländer im Vergleich zum vorhergehenden Zustand benachteiligen, vermag ihre Rechtsqualität nicht zu mindern. Auch das allgemeine Entschädigungsgebot war in diesem Sinne einseitig, ohne daß die Industrieländer an seiner völkerrechtlichen Geltung gezweifelt hätten, – weil eben sie die einseitig Begünstigten waren.

Diese völkerrechtliche Bedeutung der Charta macht auch verständlich, warum die Industrieländer ihre Verabschiedung so bekämpft haben, warum gerade Länder mit einem großen Bestand an Auslandsinvestitionen sich nicht nur der Stimme enthielten, sondern dagegen stimmten. Hier sollte der Gefahr vorgebeugt werden, in den Geltungsbereich neuen Völkergewohnheitsrechts ohne weiteres einbezogen zu werden. Nur in diesem Zusammenhang ist es verständlich, daß Iran und Kuwait ihre Zustimmung zu der Charta ausdrücklich mit der Erklärung verbanden, sie billigten entschädigungslose Enteignungen nicht[40]. 118 Staaten sahen sich, trotz der Warnungen und versteckten Drohungen der Industrieländer und trotz des Beispiels zweier Entwicklungsländer, nicht zu einer Zustimmung unter Abschwächungen oder Vorbehalten veranlaßt, – weil sie von einer entsprechenden Rechtsüberzeugung ausgingen. Diese 118 Staaten repräsentieren heute also ein Völkergewohnheitsrecht, welches das private Auslandsvermögen der Souveränität seines Aufenthaltsstaates unterstellt und die Regelung der Entschädigungsfrage der souveränen Entscheidung des Aufenthaltsstaates überläßt.

Ihre Rechtsüberzeugung kann allerdings nicht dazu führen, daß den westlichen Industrieländern eine neue gewohnheitsrechtliche Norm aufgezwungen wird, da sich gegen den ständig und deutlich geäußerten Willen eines Staates weltweites Völkergewohnheitsrecht eben nicht bilden kann. Diese Respektierung des souveränen staatlichen Willens muß jedoch für beide Seiten in der Auseinandersetzung um den Schutz des Privateigentums gelten. Es muß also akzeptiert werden, daß das Völkerrecht sich in der Entschädigungsfrage aufgespalten hat und ein – sozial modifiziertes – Entschädigungsgebot bestenfalls zwischen westlichen Industrieländern noch Geltung beanspruchen kann. Dieser Annahme widerspricht auch nicht die Tatsache, daß viele Entwicklungsländer bis in die Gegenwart hinein noch Entschädigungen zahlten. Denn diese Entschädigungszahlungen erfolgten bei genauerer Betrachtung nur unter dem massiven politischen und wirtschaftlichen Druck der Industrieländer und entgegen der zuvor ausdrücklich bekundeten Rechtsüberzeugung, wie der „chilenische Kupferfall" beispielhaft dokumentiert. Darüber hinaus zeigt der „chilenische Kupferfall", daß mit einer rechtsdogmatischen Trennung verschiedener Völkerrechtskreise für den Einzelfall nur wenig gewonnen ist.

Chile erzielt 66,7 % seiner Exporterlöse aus dem Verkauf von Kupfer[41]. Es stellt 10,2 % der Weltkupferförderung und deckt 25 % des Kupferimportes der BRD[42]. El Teniente ist die größte chilenische Kupfermine, die sich in wechselnder Rechtsform seit 1905 im Eigentum des US-amerikanischen Kupfermultis Braden/Kennecot befand. Als die chilenische Regierung unter Allende 1970/71 umfassende Sozial- und Wirtschaftsreformen in Angriff nahm, wurden durch Gesetz auch alle größeren Kupferminen einschließlich El Teniente verstaatlicht. Eine Entschädigung war nach dem Enteignungsgesetz möglich, erfolgte jedoch praktisch nicht, weil die Regierung den Wert der Mine gegen zuvor gemachte „Übergewinne" des Multis aufrechnete. Daraufhin warnte der Multi durch Rundschreiben alle potentiellen Abnehmer vor dem Kauf von El Teniente-Kupfer und versuchte, im Ausland angelandete Kupferbarren durch die örtlichen Gerichte beschlagnahmen zu lassen. Ein entsprechender Rechtsstreit wurde 1972/73 vor hamburger Gerichten ausgetragen.

Eine Kollision der unterschiedlichen Völkerrechtsanschauungen in der Entschädigungsfrage hätten die Hamburger Gerichte leicht vermeiden können, wenn sie eine materielle Beurteilung der chilenischen Enteignungsvorgänge insgesamt unter dem Hinweis auf die Unantastbarkeit der chilenischen Souveränität abgelehnt hätten. Die vom US-amerikanischen Supreme Court entwickelte Act of State Doctrine[43] besagt, daß eine auf ausländischem Hoheitsgebiet formgültig vollzogene Enteignung durch die Gerichte anderer Staaten mangels entsprechender Kompetenz nicht nachgeprüft werden darf, sondern anerkannt werden muß. Dieser Grundsatz respektiert fremde Souveränitätsrechte umfassend und befolgt auch den Grundsatz der territorialen Beschränkung staatlicher Gewalt auf das eigene Staatsgebiet konsequent. Sie hat allerdings für westliche Industrieländer den Nachteil, daß die Schutzmöglichkeiten für Auslandsinvestitionen reduziert werden. Daher ist die Act of State Doctrine auch in den USA wieder aufgegeben, in der BRD aber zu keiner Zeit übernommen worden.

Das LG Hamburg überprüfte also unter Verletzung chilenischer Souveränitätsrechte den chilenischen Enteignungsvorgang anhand seiner eigenen Völkerrechtsanschauungen und kam erwartungsgemäß zu dem Ergebnis, die Enteignung sei völkerrechtswidrig[44]. In der weiteren Entscheidungsfindung versäumte es das Gericht jedoch nicht, die Konsequenzen dieses angeblichen Völkerrechtsverstoßes unter Wahrung der fallspezifischen Wirtschaftsinteressen der BRD zu entwickeln. Hierbei waren einzubeziehen das allgemeine Schutzbedürfnis für die steigende Anzahl deutscher Auslandsinvestitionen. Dieses Schutzbedürfnis war im Vergleich zum indonesischen Tabaksfall Anfang der 60er Jahre eminent angewachsen und verbot vergleichbare Sympathiekundgebungen für entschädigungslose Enteignungen ausländischer Vermögenswerte in Entwicklungsländern. Auch die engen wirtschaftlichen und politischen Kontakte zu anderen Industrieländern und insbesondere die starke Anlehnung der BRD an die USA verboten jede Aufweichung der prinzipiellen Einstellung in der Enteignungsfrage. Andererseits mußten die derzeit positiven Regierungskontakte zwischen der BRD und Chile sowie das Versorgungsinteresse der rohstoffarmen Bundesrepublik Berücksichtigung finden. Die wirtschaftlichen Folgen der Bremer Tabakentscheidung hatten bereits deutlich gezeigt, daß Entwicklungsländer auf negative Urteile durch Handelsverlagerungen reagieren können, so daß ein bestimmtes Industrieland direkt nicht mehr beliefert wird. Das chilenische Kupfer ließ sich für die Bundesrepublik selbst kurzfristig damals kaum ersetzen, da auch die anderen Kupferlieferanten der Dritten Welt mit einem Lieferboykott drohten. Langfristig wären auch andere Rohstoffzulieferungen aus konfiszierten Quellen, wie beispielsweise der Ölimport aus Lybien, gefährdet worden.

Daher folgerte das LG Hamburg aus der Völkerrechtswidrigkeit der entschädigungslosen Enteignung nicht ihre Nichtigkeit. In Befolgung des Territorialitätsgrundsatzes sei eine im Ausland erfolgte Konfiskation vielmehr wirksam und bleibe es auch, wenn die konfiszierte Sache erst später ins Ausland verbracht werde. „Ein anderer Standpunkt würde zu untragbaren Verwicklungen politischer und wirtschaftlicher Art führen und die internationale Ordnung stören“[45]. Auf diese Weise wurde der BRD der Weg offengehalten, ihren Rohstoffbedarf aus Chile und allen anderen Entwicklungsländern weiter decken zu können.

Diese Entscheidung besagt jedoch andererseits nicht, daß die BRD auch Konfiskationen anerkennen würde, die eigene Auslandsinvestitionen betreffen. Eine politisch wertende Differenzierung ermöglicht deutschen Gerichten nach innerstaatlichem Recht Art. 30 EGBGB, der sogenannte "ordre public". Art. 30 EGBGB ist eine Norm nationalen Rechts, welche als sogenannte Kollisionsnorm Ausnahmen zum völkerrechtlichen Territorialitätsgrundsatz enthält. Ihrem Wortlaut nach sind ansich wirksame ausländische Gesetze von deutschen Staatsorganen nicht anzuwenden, „wenn die Anwendung gegen die guten Sitten oder den Zweck eines deutschen Gesetzes verstoßen würde“. Erforderlich ist nach h.M. erstens ein Kollisionstatbestand, wie er in den Augen deutscher Gerichte bei Konfiskationen stets vorliegt. Zweitens wird aus dem Begriff „Anwendung“ in Art. 30 EGBGB abgeleitet, daß über die Kollision hinaus eine besondere, konkrete Inlandsbeziehung des Tatbestandes erforderlich ist. Eine hinreichende Inlandsbeziehung ist nach allgemeiner Ansicht nicht schon dadurch gegeben, daß ein deutsches Gericht den Fall zu entscheiden hat oder sich die Sache selber im Inland befindet[46]. Sie ist kein rein räumlich zu fassender Begriff, sondern wird auch durch andere Faktoren wie die Beteiligung eines Deutschen, die Einwirkung auf deutsche Verhältnisse oder das Gewicht des Verstoßes beeinflußt[47]. Es handelt sich also um eine politisch wertende Norm allgemein zum Schutz heimischer öffentlicher Interessen. Würde man sie ohne weiteres dazu benutzen, im Ausland wirksam konfiszierte Werte auf Bundesgebiet wieder zurückfordern zu können, würde jeder Handelsverkehr mit denjenigen Staaten bald aufhören, die im Wege der Konfiskation sämtliche Produktionsmittel in ihrer Hand vereinigt haben. Die Beteiligung der BRD am Welthandel wäre unmöglich gemacht[48]. Insofern ist Art. 30 EGBGB „ein Störfaktor im internationalen Rechtsleben"[49], der bei Konfiskationen in der Regel nur eingesetzt wird, wenn deutsches Auslandseigentum betroffen ist. Mit dem Hinweis, das Kupfer habe sich lediglich zur Reinigung auf dem Gebiet der BRD befunden, wurde Art. 30 EGBGB mangels Inlandsbeziehungen im chilenischen Kupferfall daher nicht angewendet.

Auf diesem komplizierten Wege akzeptierte das deutsche Gericht die Konfiskation des chilenischen Staates, ohne sie völkerrechtlich zu billigen und ohne auch nur die Hoffnung zu erwecken, für die Konfiskation deutscher Auslandsinvestitionen könne vor deutschen Gerichten Ähnliches gelten. Hier zeigt sich, wie auch in anderen Konfiskationsfällen, daß die westlichen Industrieländer entschädigungslose Enteignungen zwar allgemein kompromißlos ablehnen, im aktuellen Einzelfall jedoch flexibel im Sinne eigener wirtschaftlicher und politischer Interessen entscheiden. In dieser interessenbedingten Aufspaltung der Industrieländer im Einzelfall liegt eine gewisse Hoffnung für Entwicklungsländer, ihre sozioökonomische Entwicklung künftig stärker selbst bestimmen zu können.

Im Fall Chiles benötigten die Vereinigten Staaten und ihre multinationalen Unternehmen die Solidarität der anderen Industrieländer nicht. Sie beseitigten die ihnen mißliebige Regierung Allende durch ein differenziertes Bündel außenwirtschaftlicher Repressalien und innenpolitischer Einmischungen. – Danach wurde der hamburger Prozeß nicht weiter betrieben. Die neuen Machthaber einigten sich vielmehr gütlich mit dem amerikanischen Multi. Eine derartige Intervention ausländischer Staaten (oder sogar privater Unternehmen) in die inneren Angelegenheiten eines Staates zum Schutz von Auslandsinvestitionen ist durchaus kein Einzelfall. Sie wird noch dadurch gefördert, daß die Heimatstaaten von Auslandsinvestitionen häufig über Versicherungs- oder Bürgschaftserklärungen für das Enteignungsrisiko „ihrer" Auslandsunternehmen aufzukommen haben. Wenn die westlichen Industrieländer allerdings auf dem Wege der völkerrechtswidrigen Gewaltanwendung anderer Staaten zur Einhaltung ihrer Enteignungsstandards zwingen, kann das Weiterbestehen einer allgemeinen Rechtsüberzeugung realistischer Weise nicht mehr behauptet werden. Der internationale Konsens ist hier seit längerem zerbrochen und läßt sich auch durch eindeutig völkerrechtswidrige Gewaltmaßnahmen nicht wieder herstellen.

2.3 Das Recht auf wirtschaftliche Selbstbestimmung

Das Selbstbestimmungsrecht stellt gegenwärtig eine völkerrechtliche Fundamentalnorm im Konflikt zwischen Industrieländern und Entwicklungsländern dar. Seine völkerrechtliche Verankerung und Weiterentwicklung hat im Fall des Enteignungsschutzes bereits eine Rechtsposition der Industrieländer beseitigt, durch welche die wirtschaftliche Autonomie der Entwicklungsländer stark begrenzt wurde. Künftig darf erwartet werden, daß noch weitere Rechtspositionen bzw. völkerrechtliche Freiräume, die bisher den Industrieländern und ihren Privatunternehmen eine wirtschaftliche Einflußnahme auf die Verhältnisse in Entwicklungsländern erleichterten, auf der Grundlage des Selbstbestimmungsrechts abgebaut werden. In Betracht kommt hier ein heute schon diskutiertes Verbot wirtschaftlicher Gewaltanwendung[50] und eine völkerrechtliche Kontrolle multinationaler Konzerne (Einzelheiten s. II.5.2). Denn das Selbstbestimmungsrecht schützt heute nicht nur den Anspruch jedes Volkes, sich in einer freigewählten Form politisch zu organisieren, also einen souveränen Staat zu bilden, sondern auch den autonomen Fortbestand des auf seiner Grundlage gebildeten Staates.

Diesen autonomen Fortbestand schützt auch die staatliche Souveränität, so daß sich Selbstbestimmungsrecht und Souveränitätsrecht überschneiden können. Während jedoch unter Souveränitätsgesichtspunkten vor allem Eingriffe in die Angelegenheiten eines Staates bedenklich sind, welche diesem Staat durch das Völkerrecht eindeutig in Form bestimmter souveräner Rechte zugeordnet worden sind, wie insbesondere Personalhoheit, Gebietshoheit und Völkerrechtsunmittelbarkeit, schützt das Selbstbestimmungsrecht den Autonomiebereich eines Staates umfassender: Alle tatsächlichen Eingriffe, Beeinflussungen und Verfälschungen der eigenständigen Entwicklung eines Volkes von außen können einen Eingriff in sein Selbstbestimmungsrecht darstellen. Insofern erweitert das Selbstbestimmungsrecht den Schutz, den die staatliche Souveränität bereits bietet[51].

Der konkrete Bedeutungsinhalt des Selbstbestimmungsrechts hat sich im Verlaufe seiner Entwicklung stark gewandelt. Handelte es sich anfangs ausschließlich um ein politisches Nationalitätenrecht, so hat es sich gegenwärtig vor allem zu einem wirtschaftlichen Staatenrecht hinentwickelt, ohne allerdings seine alten Inhalte aufzugeben. Der Anwendungsbereich des Selbstbestimmungsrechts hat sich demnach deutlich erweitert. Begleitet wurde diese Erweiterung von einer immer detaillierteren Fixierung des Rechtes und seiner aktuellen Anwendungsbereiche. Es ist also falsch, den Rechtscharakter des Selbstbestimmungsrechts wegen dieser Vielfältigkeit seiner Anwendungsmöglichkeiten leugnen zu wollen, wie es die Völkerrechtslehre der westlichen Industrieländer allzu gern versucht[52].

Die Ursprünge des Selbstbestimmungsrechts gehen zurück auf die Unabhängigkeitserklärung der Vereinigten Staaten von Amerika vom 4. Juli 1776 und wurden fortgeführt in der Französischen Revolution 1789. Der Ausgangsgedanke war, daß wie die Individuen auch die Völker gleich seien und ein unveräußerliches Freiheitsrecht hätten. Hatte das Selbstbestimmungsrecht in diesen ersten Revolutionen vorwiegend konstitutionellen Charakter, bezog sich also vorrangig auf die freie Wahl der Regierungsform in einem gegebenen Staat, so wurde es im 19. Jahrhundert zu einem Recht jeder Nation, sich in einem selbstgewählten Staat zusammenschließen zu können. Damit bildete es die völkerrechtliche Legitimation, unter der sich die modernen europäischen Nationalstaaten aus den alten Vielvölkerstaaten entwickeln konnten[53]. Alsbald wurde das Selbstbestimmungsrecht jedoch wieder auf die mächtigsten, nunmehr staatlich organisierten Nationen beschränkt. Man sah in den neuentstandenen europäischen Nationalstaaten insbesondere keinerlei Anlaß, den Gedanken der Selbstbestimmung auch auf die ausgebeuteten und unterdrückten Kolonialvölker zu beziehen. Das Recht auf Selbstbestimmung umfaßte ohne weiteres auch das Recht der Kolonialmächte, ihre Kolonialpolitik nach eigenem Interesse zu bestimmen[54].

An dieser interessenbedingten Begrenzung des Selbstbestimmungsgedankens änderte sich bis in die Völkerbundzeit hinein nichts. Zwar wurde die Forderung nach nationaler Selbstbestimmung während des 1. Weltkrieges von den Westalliierten unter Führung Wilsons wieder aufgenommen. Die Erklärungen blieben jedoch inhaltlich vage, weiterhin nur auf europäische Nationen bezogen und fanden darüber hinaus in den gleichzeitig abgeschlossenen Geheimverträgen keine Entsprechung[55]. In die Völkerbundsatzung von 1919[56] fand selbst Wilsons abgeschwächter Selbstbestimmungsgedanke keinen Eingang. Vor allem den britischen Kolonialinteressen war es zu verdanken, daß in Art. 10 der Völkerbundsatzung[57] nur die schon bestehende politische Unabhängigkeit geschützt wurde.

Eine neue politische Stoßrichtung erhielt das Selbstbestimmungsrecht von völlig anderer Seite, nämlich durch die europäische Arbeiterbewegung. Im Zusammenhang mit dem Gedanken des proletarischen Internationalismus wurde die Selbstbestimmungsforderung weltweit für alle Völker erhoben, ohne die nationale Komponente deshalb aufzugeben. Im Gegensatz zu den vorausgegangenen und nachfolgenden bürgerlichen Theoretikern entwickelte der Marxismus-Leninismus ein klar umrissenes Konzept, in dessen Mittelpunkt das weltweite Recht auf Lostrennung und Bildung eines selbständigen Nationalstaates stand. Nationale und koloniale Frage wurden dabei weitgehend als Einheit gesehen. Dieses politische Autonomiekonzept wurde juristisch nicht verselbständigt vertreten, sondern im Sinne einer Zweckbindung den jeweiligen besonderen Erfordernissen der sozialistischen Revolution untergeordnet[58]. Die sozialistische Selbstbestimmungsforderung wurde zu einer starken Triebkraft der bolschewistischen Revolution 1917. Nach ihrem Sieg erhob Lenins „Dekret über den Frieden" das Selbstbestimmungsrecht für alle Völker zu einer zentralen Friedensforderung und bereitete den Westalliierten bei der tatsächlichen Friedensregelung wegen ihrer Geheimverträge und kolonialen Egoismen starke Legitimationsprobleme.

1927 tagte in Brüssel ein „Kongreß gegen den Imperialismus und für nationale Unabhängigkeit". Hier trafen sich zum ersten Mal die Vertreter der Freiheitsbewegungen abhängiger Länder mit den Vertretern der antikolonialen Bewegung in den Mutterländern. Ausgehend von Lenins Analyse des Imperialismus hieß es in dem Manifest:

„Die auf dem Kongreß versammelten Vertreter der unterdrückten Völker und der Arbeiterklasse aller Erdteile haben im Interesse der Sicherung ihrer elementaren Rechte und deren Entwicklung untereinander ein brüderliches Bündnis geschlossen ...“

In einer Resolution verlangte der Kongreß,

„daß das Selbstbestimmungsrecht der Völker, zu dem der sogenannte Völkerbund nur ein Lippenbekenntnis ablegt, durch völlige Freigebung aller Kolonialvölker, sowie durch sofortige Annulierung sämtlicher, der völligen Gleichberechtigung widersprechenden Verträge tatsächlich verwirklicht wird.“[59]

Bedauerlicherweise blieb der Kongreß eine Episode und ohne nachweisbare Auswirkungen auf die internationale Entwicklung zwischen den Weltkriegen. Es gelang nicht, beide politische Bewegungen dauerhaft miteinander zu verbinden.

Erst im Verlauf des 2. Weltkriegs fand der Gedanke der Selbstbestimmung auch im Westen wieder Befürworter. Im Punkt 3 der „Atlantik-Charta“ vom 14. August 1941[60] wurde das Selbstbestimmungsrecht zur Forderung für alle Völker erhoben[61], ohne daß England sich in seinem Bemühen durchsetzen konnte, die Länder der Dritten Welt aus dem Geltungsbereich auszuschließen. Allerdings war die Atlantik-Charta kein völkerrechtlicher Vertrag, sondern eine gemeinsame politische Absichtserklärung Großbritanniens und der USA, welcher sich die UdSSR später anschloß[62]. Trotz dieser politischen Willensbekundungen war das Selbstbestimmungsrecht in den ersten Entwürfen für eine Satzung der Vereinten Nationen nach Abschluß des 2. Weltkrieges nicht enthalten. Es wurde erst auf Drängen der UdSSR in der heute vorliegenden Form aufgenommen[63].

In der Charta der Vereinten Nationen vom 26. Juni 1945[64] wird das Selbstbestimmungsrecht an zwei Stellen ausdrücklich erwähnt. In Art. 1 wird zum Ziel erhoben, „auf der Achtung vor dem Grundsatz der Gleichberechtigung und Selbstbestimmung der Völker beruhende Beziehungen zwischen den Nationen zu entwikkeln“[65]. In dem Kapitel über internationale Zusammenarbeit auf wirtschaftlichem und sozialem Gebiet, Art. 55, wird die Formulierung des Art. 1 noch einmal im Zusammenhang mit der wirtschafts- und sozialpolitischen Zielsetzung der Vereinten Nationen wiederholt. Stabilität und Wohlfahrt, deren genauere Voraussetzungen die folgenden Abschnitte des Art. 55 ausführen, werden hier zu unerläßlichen Voraussetzungen des Selbstbestimmungsrechtes erklärt. Die wirtschaftliche Komponente des Selbstbestimmungsrechts ist also bereits in der UN-Charta Art. 55 angelegt. Art. 56 verpflichtet alle Mitglieder auf die Ziele des Art. 55 und damit auch auf eine Verwirklichung des Selbstbestimmungsrechts hin[66].

Die h.M. in der Völkerrechtslehre der westlichen Industrieländer hält das Selbstbestimmungsrecht der UN-Charta in der vorliegenden Form lediglich für eine Handlungsmaxime der Vereinten Nationen ohne volle rechtliche Verpflichtung der Mitglieder[67]. Diese Ansicht berücksichtigt weder die Formulierung des Art. 56 noch die Entstehungsgeschichte des Selbstbestimmungsrechts hinreichend. Zu folgen ist vielmehr der Gegenmeinung, vertreten in den sozialistischen Staaten und den Entwicklungsländern, welche das Selbstbestimmungsrecht der UN-Charta Art. 1 und 55 als „allgemein verbindliches Grundprinzip des Völkerrechtes“ bezeichnet[68].

Die Rechtsverbindlichkeit des Selbstbestimmungsrechts wird auch durch die „Deklaration über die Prinzipien des Völkerrechts betreffend die freundschaftlichen Beziehungen und die Zusammenarbeit zwischen den Staaten in Übereinstimmung mit der Charta der Vereinten Nationen" vom 24. Oktober 1970 (Prinzipiendeklaration)[69] bestätigt. Die „Prinzipiendeklaration" hat kein neues Recht geschaffen, sondern nur eine authentische Interpretation bestehender Regelungen geliefert. Einstimmig angenommen wird diese Interpretation auch von den westlichen Industrieländer geteilt, ohne daß dieses in ihrer Literatur bisher rezipiert worden wäre. Zum Thema Selbstbestimmung der Völker heißt es hier, alle Völker hätten das Recht, völlig frei und ohne Einmischung von außen über ihren politischen Status zu entscheiden und ihre wirtschaftliche, soziale und kulturelle Entwicklung zu gestalten und jeder Staat sei verpflichtet, dieses Recht zu achten und seine Verwirklichung zu fördern[70]. Das Selbstbestimmungsrecht ist also mit seiner politischen, wirtschaftlichen, sozialen und kulturellen Komponente nach Ansicht aller UN-Mitglieder bereits aufgrund der UN-Charta verpflichtendes Recht.

Die tatsächliche Bedeutung des Selbstbestimmungsrechts beruhte in die 60er Jahre hinein vor allem auf seiner politischen Komponente. Es bildete die völkerrechtliche Legitimationsbasis für die politische Emanzipation und Loslösung der ehemaligen Kolonien von den alten europäischen Kolonialmächten. Selbstbestimmung meinte also vorrangig Selbstregierung, während die Frage der Nationalität in den Hintergrund trat, weil diese in vielen Kolonien naturgemäß nicht dieselbe Rolle spielen konnte wie auf dem europäischen Kontinent. Waren 1945 nur 31 Entwicklungsmitglieder als souveräne Staaten Mitglieder der Vereinten Nationen, so stieg ihre Zahl bis 1976 auf 109 an, womit sie heute über eine 2/3 Mehrheit in der Generalversammlung verfügen. Nur allzubald wurde jedoch erkennbar, daß die politische Unabhängigkeit an der tatsächlichen Abhängigkeit der Entwicklungsländer von den Industrieländern nur wenig änderte. Die politische Selbstbestimmung der Entwicklungsländer läuft solange ins Leere, wie ihre tatsächlichen Entwicklungsvoraussetzungen vor allem über den wirtschaftlichen Bereich weiterhin fremdbestimmt bleiben.

Die wirtschaftliche Dominanz der Industrieländer beruht darauf, daß die Ausbeutung der Rohstoffquellen auch nach Erreichen der Unabhängigkeit in der Hand privater Eigentümer aus den Industrieländern verblieb. Dasselben gilt für die allmählich entstehenden weiterverarbeitenden Betriebe. Aber nicht nur die Eigentumsbeziehungen, die gesamte Binnenwirtschaftsstruktur der Entwicklungsländer bedingt in ihrer Ausrichtung auf die Industrieländer ein vielfältiges Netz von Abhängigkeiten, welches durch soziokulturelle Verflechtungen noch verstärkt wird[71]. Die Enteignung der Ausländer ist daher zwar erste Voraussetzung einer Verminderung der Abhängigkeit von den westlichen Industrieländern, reicht jedoch zur Erreichung dieses Zieles keinesfalls aus. Dasselbe zeigen auch die Erfahrungen mit bereits durchgeführten Sozialisierungsprogrammen[72]. Ein wichtiger zweiter Schritt müßte die Verstärkung der Kontrolle über die multinationalen Konzerne sein, unter deren Einfluß sich die Weltwirtschaft weiterhin entwickelt, auch nachdem einzelne Staaten ihre Wirtschaft nationalisiert haben. Darüber hinaus wäre darauf hinzuarbeiten, neben der militärischen auch die wirtschaftliche Gewaltanwendung in das allgemeine Gewaltanwendungsverbot der Charta der Vereinten Nationen aufzunehmen.

Über eine verstärkte Verankerung des wirtschaftlichen Selbstbestimmungsrechts läßt sich eine entsprechende Strategie zur Weiterentwicklung des Völkerrechts sinnvoll und erfolgreich in die Praxis umsetzen. Daher steht es seit Mitte der 60er Jahre zunehmend im Brennpunkt internationaler Resolutionen und Kodifikationen. Ein erster Erfolg wurde bereits am 14. Dezember 1960 mit der „Deklaration über die Gewährung der Unabhängigkeit an die kolonialen Länder und Völker" (Dekolonisierungs-Deklaration)[73] erzielt. Unter 2. wurde hier das Selbstbestimmungsrecht aller Völker bekräftigt und betont, daß ihnen kraft dieses Rechtes auch ihre wirtschaftliche, soziale und kulturelle Entwicklung freistehen müsse[74].

In der „Resolution über die ständige Souveränität über die natürlichen Reichtümer und Hilfsquellen" vom 14. Dezember 1962[75], angenommen mit 87 Stimmen bei 2 Gegenstimmen und 12 Enthaltungen, wird zum ersten Mal das Problem der ausländischen Verfügung über Rohstoffquellen direkt thematisiert, wobei die Resolution zwiespältig gefaßt ist. Einerseits wird das „unveräußerliche Recht aller Staaten, in Übereinstimmung mit ihren nationalen Interessen frei über ihre Naturreichtümer und ihre natürlichen Hilfsquellen verfügen zu können", anerkannt und damit die Legitimität und wertmäßige Unantastbarkeit des ausländischen Eigentums in Frage gestellt[76]. Andererseits werden auch die traditionellen Rechtsstandards der westlichen Industrieländer, insbesondere die Entschädigungspflicht[77] und das Respektieren von Investitionschutzverträgen[78] aufgenommen. In dieser Resolution steht bei genauer Betrachtung also Unvereinbares nebeneinander. Über die eigentliche Frage, wie nämlich das Verhältnis zwischen diesen Rechten sein soll, schweigt die Resolution[79].

1966 klärten dann die beiden UN-Menschenrechtskonventionen[80] das Verhältnis zwischen Selbstbestimmungsrecht und tradierten völkerrechtlichen Standards der westlichen Industrieländer genauer. Sowohl im „internationalen Pakt über wirtschaftliche, soziale und kulturelle Rechte" als auch im „internationalen Pakt über staatsbürgerliche und politische Rechte" wurde auf Drängen der UdSSR, allerdings in abgeschwächter Form[81], das Selbstbestimmungsrecht in gleichlautenden Formulierungen festgelegt[82]. Das Privateigentum wird nicht erwähnt, die Entwicklungsländer sind zudem gemäß Art. 2 Abs. 3 berechtigt, zu entscheiden, inwieweit sie auch Ausländern die im Pakt genannten Rechte gewährleisten wollen. Spätestens mit dem Wirksamwerden dieser Konvention dürften sich eigentlich selbst Völkerrechtler der BRD nicht mehr der Erkenntnis verschließen können, daß das Selbstbestimmungsrecht verbindliches Völkerrecht darstellt. Denn beide Konventionen haben Rechtsgeltung für ihre Vertragsstaaten, zu denen seit Ende 1973 auch die BRD gehört. 1976 wurde dann auch die zu ihrem Inkrafttreten erforderliche Zahl an Unterzeichnern erreicht.

Die „Charta der wirtschaftlichen Rechte und Pflichten der Staaten"[83] konkretisiert das wirtschaftliche Selbstbestimmungsrecht inhaltlich genauer und zeigt auf, welche konkretere Rechtsfortbildung auf der Basis des Selbstbestimmungsrechtes erfolgt ist bzw. künftig erfolgen soll. Auf ihre wichtigste Einzelregelung, die Aufhebung des völkerrechtlichen Entschädigungsgebotes in Art. 2 Abs. 2c, wurde bereits im vorigen Abschnitt ausführlich hingewiesen. Zum Thema ausländischer Investitionen allgemein sagt Art. 16 Abs. 2, daß ein Staat nicht das Recht habe, „Investitionen zu fördern oder zu unterstützen, die ein Hindernis für die Befreiung eines gewaltsam besetzten Gebietes darstellen können". Vorhandene ausländische Investitionen werden in Art. 2 Abs. 2a ausdrücklich der staatlichen Souveränität des Gaststaates und seinen nationalen Prioritäten unterstellt, was für multinationale Gesellschaften in Art. 2 Abs. 2b noch genauer ausgeführt wird. Insbesondere sind die Multis selbst Adressat eines völkerrechtlichen Verbotes. Dieses ist eine Neuerung im Völkerrecht, welches sich im Regelfall nur an Staaten und internationale Organisationen der Staaten wendet. Multinationale Gesellschaften dürfen sich nach dem Verbot der Charta nicht in die inneren Angelegenheiten eines Gaststaates einmischen. Die Staaten sollen unter voller Berücksichtigung ihrer Souveränität zum Zwecke der Kontrolle dieser Unternehmen zusammenarbeiten[84]. Hier legt die Charta einen ersten Grundstein für eine künftige völkerrechtliche Kontrollmöglichkeit, auf welche unter II.5 noch genauer einzugehen sein wird.

Allgemein stellt die Charta fest, daß jeder Staat selbst für die Förderung seiner wirtschaftlichen, sozialen und kulturellen Entwicklung verantwortlich ist und seine Ressourcen in seinem Interesse unbeschränkt einsetzen darf und soll (Art. 7). Eine Zusammenarbeit aller Staaten zur Lösung der weltwirtschaftlichen Probleme wird jedoch begrüßt (Art. 8–12). Als besondere Pflicht wird in Art. 16 Abs. 1 u.a. der Abbau von Kolonialismus und Neokolonialismus sowie seiner wirtschaftlichen und sozialen Folgen genannt. Den Industrieländern wird aufgrund ihrer kolonialen und neokolonialen Praktiken die wirtschaftliche Verantwortung und eine besondere Wiedergutmachungspflicht gegenüber den betroffenen Staaten und Völkern auferlegt[85].

Von allgemeinerer Bedeutung für künftige Rechtsfortbildungen ist auch Art. 32, nach welchem den Staaten wirtschaftliche, politische oder sonstige Zwangsmaßnahmen verboten sind, wenn durch sie die Ausübung der souveränen Rechte eines anderen Staates behindert werden soll[86]. Hier wird ein erster Schritt getan, das völkerrechtliche Gewaltanwendungsverbot von militärischer Gewaltanwendung auch auf andere Bereiche auszudehnen.

Die starke Berücksichtigung der Interessen der Entwicklungsländer und insbesondere ihres Rechtes auf Selbstbestimmung prägt also die Willensäußerungen und Rechtsfortbildungsbemühungen der Vereinten Nationen gegenwärtig stark. Diese Entwicklung wird in den westlichen Industrieländern mit großen Vorbehalten betrachtet. So stellt ein maßgeblicher Völkerrechtler der BRD ohne weiteres fest: „Die marktwirtschaftlichen Industrieländer der Welt werden also diese Willensäußerung der Mehrheit der Generalversammlung der Vereinten Nationen ignorieren"[87]. Andere betrachten sie „mit äußerster Vorsicht", soweit die Charta konkrete Rechte schaffen will. Es dürfe nicht vergessen werden, daß diese Resolution der Generalversammlung nocht unter dem Eindruck des Erdölembargos der arabischen Staaten „den Industrienationen mehr oder minder aufgezwungen" worden sei[88]. Diese Reaktionen machen deutlich, daß die politische, wirtschaftliche und kulturelle Emanzipation der Entwicklungsländer durch die bloße Schaffung völkerrechtlicher Positionen keinesfalls gesichert werden wird. Entscheidend ist vielmehr die ökonomisch-politische Machtbasis der Entwicklungsländer, Rechte in solidarischem Handeln auch tatsächlich durchzusetzen.

Bedenklich ist in diesem Zusammenhang eine neue Tendenz, welche die Verhandlungsposition der Entwicklungsländer empfindlich zu schwächen droht: Die Großmächte neigen in den letzten Jahren dazu, für sie zentrale Problembereiche aus der UNO herauszuverlagern und ohne direkte Beteiligung der Entwicklungsländer unter sich zu klären. So erfolgten KSZE, SALT-Verhandlungen, die Dialoge USA-UdSSR bzw. USA-China oder zentrale Friedensverhandlungen (Vietnam, Israel) außerhalb der UNO, obwohl die UNO ihrer satzungsgemäßen Aufgabenstellung nach als Verhandlungsforum besonders geeignet gewesen wäre. Die Großmächte regeln also die zentralen weltpolitischen Probleme untereinander und überlassen die UNO und die Entwicklungsländer in ihr stärker sich selbst[89]. Dadurch vermindert sich der Zwang für die Großmächte, die spezifischen Interessen und Probleme der Entwicklungsländer zu berücksichtigen. Denn die Großmächte sind zur Durchsetzung ihrer eigenen Interessen bei Separatverhandlungen nicht mehr auf die Unterstützung der Entwicklungsländer und ihre 2/3 Mehrheit in der UN-Generalversammlung angewiesen.

Die Konsequenzen können am Beispiel der KSZE dargestellt werden. Die Schlußakte der KSZE[90] erwähnt das Prinzip der Gleichberechtigung und Selbstbestimmung der Völker entsprechend den vorausgegangenen UN-Resolutionen[91]. Auch wird den Entwicklungsländern die Zusage gemacht, ihre Interessen besonders zu berücksichtigen[92]. Eine Einbeziehung der Wirtschaftsprobleme der Entwicklungsländer in eine innereuropäische Konferenz wäre auch durchaus sinnvoll gewesen, da die wesentlichen Wirtschaftsgruppen der KSZE, EG und RGW, jeweils mit Entwicklungsländern kooperieren und es sogar schon eine erhebliche Anzahl von Dreieckskooperationsprojekten gibt[93]. Eine verstärkte wirtschaftliche Ost-West-Kooperation innerhalb Europas birgt nun die Gefahr negativer Auswirkungen auf die Entwicklungsländer in sich. Beispielsweise liefert der RGW in die EG größtenteils Produkte, die wie Stahl und Textilien in direkter Konkurrenz zu Erzeugnissen der Entwicklungsländer stehen. Es dürfte daher für die EG eine naheliegende Versuchung sein, die Importquoten des RGW nicht durch Abbau der Protektion, sondern zu Lasten der Quoten der Entwicklungsländer auszubauen. Trotz der oben erwähnten allgemeinen Zusicherung enthalten die konkreten wirtschaftlichen Ergebnisse der KSZE dennoch keinerlei greifbare Absicherung oder gar Verbesserung für die Entwicklungsländer.

Die neueste Entwicklung geht nun dahin, sogar die Behandlung der wirtschaftlichen Probleme der Entwicklungsländer aus der UNO herauszunehmen. So finden zentrale Tagungen des sogenannten Nord-Süd-Dialoges auf Einladung der westlichen Industrieländer in Europa statt, wobei nur noch ausgewählte Staaten teilnehmen. Die Mehrheitsposition der Entwicklungsländer wird dadurch reduziert und eine Spaltung beispielsweise zwischen erdölexportierenden und anderen Entwicklungsländern zumindest versucht.

Abweichler im Lager der westlichen Industrieländer, wie die skandinavischen Staaten, können ebenfalls umgangen werden. Die politische Unterstützung der Entwicklungsländer durch die sozialistischen Staaten schließlich entfällt ebenso. Um einer Schwächung ihrer internationalen Verhandlungsposition und einer Spaltung des eigenen Lagers vorzubeugen, sollten die Entwicklungsländer zumindest darauf acht geben, daß die Behandlung ihrer Probleme und die Realisierung ihres Selbstbestimmungsrechts direkt in den Vereinten Nationen verbleibt und sich nicht in westeuropäischen Konferenzsälen verläuft.

3. Schutz des geistigen Eigentums und Technologietransfer

Die enteignungsweise Übernahme vorhandener Produktionskapazitäten allein wird die wirtschaftliche Lage der Entwicklungsländer nicht grundlegend verbessern. Denn erstens dürfte es Entwicklungsländern derzeit vielfach nicht möglich sein, die ausländischen Betriebe nach der Enteignung in Eigenregie weiterzuführen. Die meisten ausländischen Investoren in Entwicklungsländern beschäftigen nämlich an den technisch oder kaufmännisch wichtigen Schaltstellen ihrer Betriebe Ausländer, die im Enteignungsfall das Land verlassen. Entsprechend ausgebildete oder gar eingearbeitete Inländer fehlen in den meisten Entwicklungsländern. Auch falls das zu Weiterführung des Betriebes erforderliche Know-how nicht an bestimmte Fachkräfte gebunden ist, kann es im Gegensatz zu den Produktionsanlagen durch Enteignung kaum erfaßt werden, weil es häufig gar nicht entsprechend vergegenständlicht (dokumentiert) ist. Soweit möglich neigen ausländische Investoren aus Sicherheitsgründen dazu, relevante Kenntnisse in ihren enteignungssicheren Heimatländern zu belassen und nur die unbedingt benötigten Details fragmentarisch an den Auslandsbetrieb weiterzugeben. Tatsächlich wird also das Instrument der Produktionsmittelenteignung für Entwicklungsländer stark entwertet, solange es ihnen nicht gelingt, auch über die entsprechenden Kenntnisse und Fertigkeiten zu verfügen.

Zweitens genügen in vielen Entwicklungsländern die vorhandenen Produktionskapazitäten bei weitem nicht, den Binnen- bzw. Exportbedarf zu decken. Hunger und Arbeitslosigkeit sind schon heute ihre vordringlichsten sozialen Probleme, und die Bevölkerung wächst weiterhin stark. Ein wirtschaftliches Wachstum, das weit über dem der westlichen Industrieländer liegt, wäre daher für Entwicklungsländer dringend erforderlich. Der wichtigste Faktor volkswirtschaftlicher Wachstumsprozesse ist heute – neben der Ausstattung mit Kapital, Arbeitskräften und natürlichen Ressourcen – der wissenschaftlich technische Fortschritt. Sein Beitrag zum Wachstum der Arbeitsproduktivität wird gegenwärtig auf 75, wenn nicht gar 90 % geschätzt[1]. Das dringend benötigte Wissen kann jedoch nicht schnell genug in den Entwicklungsländern selbst hervorgebracht werden. Sie sind auf einen Technologietransfer aus den bereits entwickelten Ländern angewiesen. Als Lieferanten kommen in erster Linie nach wie vor die privaten Unternehmen der westlichen Industrieländer in Betracht, die sozialistischen Staaten gewinnen über spektakuläre Einzelfälle hinaus erst allmählich an Bedeutung.

Die Frage der Verfügungsgewalt über geistiges Eigentum muß daher zunehmend in den Mittelpunkt der entwicklungspolitischen Auseinandersetzung zwischen Industrie- und Entwicklungsländern rücken. Daneben spielen diese Punkte selbstverständlich auch innerhalb der westlichen Industrieländer eine Rolle. Zwischen Industrieländern ist die Problematik in der Regel jedoch einfacher lösbar, da es sich um gegenseitige Austauschbeziehungen zwischen wirtschaftlich und politisch gleichberechtigten Parteien handelt. Das bestehende völkerrechtliche Instrumentarium (siehe II.3.1) ist weitgehend von diesen relativ homogenen Regelungsinteressen der Industrieländer geprägt. Weiterentwicklungen in ihrem Sinne zielen vorrangig auf eine stärkere Vereinheitlichung der internationalen Rechtsordnung ohne grundlegende strukturelle Veränderungen ab. Es gibt jedoch auch „technologiearme" Industrieländer wie Kanada, welches dementsprechend in der internationalen Auseinandersetzung um den Schutz des geistigen Eigentums oft auf seiten der Entwicklungsländer zu finden ist[2].

Technologietransfer kann auf verschiedene Art und Weise erfolgen, wobei die Vorstellungen von Industrie- und Entwicklungsländern häufig kollidieren. Umstritten ist beispielsweise, ob die Entwicklungsländer dieselbe Technologie wie die Industrieländer benötigen oder eine ihrem momentanen Entwicklungsstand angepaßte. Die Anpassung läuft dabei im allgemeinen darauf hinaus, technisch einfachere und arbeitsintensivere Verfahren als in den Industrieländern zu verwenden. Die Entwicklungsländer fürchten jedoch, auf diesem Weg veraltete Produktionsanlagen und Techniken geliefert zu bekommen und damit auch künftig hinter den Industrieländern zurückbleiben zu müssen, die nämlich auf der Grundlage der neuesten Erkenntnisse bereits wieder in der Entwicklung fortschreiten. Zudem gibt es bestimmte Verfahrenstechniken, die nur kapitalintensiv betrieben möglich oder rentabel sind[3]. Solange die Entwicklungsländer wie bisher vor allem weltmarktorientiert produzieren, kommt hinzu, daß ihnen von den Industrieländern in der Rolle des Konkurrenten oder Abnehmers bestimmte Qualitätsstandards vorgegeben werden, die durch angepaßte Technologie im oben genannten Sinne oft nicht erfüllt werden können. Es kann daher keinen allgemeingültigen Entwurf für eine geeignete Technologie in Entwicklungsländern geben. Dennoch darf man sagen, daß für Entwicklungsländer generell Technologien, die örtliche Rohstoffe verwenden, lokalen Bedürfnissen dienen, den Einsatz heimischer Arbeitskräfte in größerem Umfang ermöglichen und ohne komplizierte Wartungsdienste auskommen, günstiger sind. Das unterstreichen auch die Erfahrungen der Weltbank mit bereits durchgeführten Projekten[4].

Ein weiterer Diskussionsgegenstand ist, ob für Entwicklungsländer der Technologieimport in Form von fertigen Produkten günstiger ist als in Form von Verfahren, die im Entwicklungsland selbst zur Produktion führen. In vielen Einzelfällen stellt sich diese Wahl nicht, weil bestimmte Produktionsvoraussetzungen besonders in der Anfangsphase der Industrialisierung immer aus dem Ausland bezogen werden müssen. Prinzipiell drängen die Entwicklungsländer aber darauf, die Produktionsstätten im eigenen Land zu haben. Sie hoffen, auf diesem Weg mehr Arbeitsplätze und eine größere Unabhängigkeit von den liefernden Industrieländern zu erlangen. Zudem vermittelt die direkte Arbeit mit Technologie und zur Herstellung neuer Technologie wichtige Kenntnisse, was bei der reinen Konsumtion von technisch hochwertigen Produkten nicht der Fall ist. Entwicklungsländer möchten daher die ausländischen Technologiegeber zur Produktion im Binnenmarkt veranlassen.

Die Industrieländer verweisen demgegenüber auf die Vorteile der internationalen Arbeitsteilung, die – in ihrer heutigen Form – die Industrieländer zum Lieferanten vieler technologisch hochwertiger Produkte bestimme. Stellten die Entwicklungsländer diese Güter dennoch selbst her, käme sie dieses teurer als der Import zu stehen. Nach einer OECD-Studie über Investitionsprojekte westlicher Industrieländer in Entwicklungsländern produzieren am Binnenmarkt der Entwicklungsländer orientierte und auf Initiative ihrer Regierungen hin erfolgte Investitionsprojekte im internationalen Vergleich überwiegend ineffizient: im Durchschnitt hätten die im Lande selbst hergestellten Produkte um rund 1/3 billiger importiert werden können[5].

Die Ursachen dieser Preisdifferenz sind zum einen Teil in den wirtschaftlichen und wirtschaftspolitischen Rahmenbedingungen der Entwicklungsländer zu finden[6]: Den zu kleinen Binnenmärkten, – die häufig nur deshalb so klein sind, weil die Mehrheit der Bevölkerung als Käuferschicht aufgrund ihrer Armut entfällt; den Produktionsvorleistungen, die im Entwicklungsland häufig teurer und/oder schlechter sind als im Ausland – vor allem deshalb, weil das Entwicklungsland eben auf allen Gebieten zugleich am Anfang seiner Industrialisierung steht. Es handelt sich demnach um Verteuerungen, die durch die negativen Auswirkungen der bestehenden internationalen Arbeitsteilung auf Entwicklungsländer bedingt sind. Mit der Aufhebung dieser Art Arbeitsteilung werden daher allmählich auch die Kostennachteile für Entwicklungsländer entfallen, mit denen die Industrieländer die bestehende Arbeitsteilung heute noch legitimieren. Zum anderen Teil sind die beobachteten Verteuerungen jedoch auf Geschäftspraktiken der, meist multinationalen, Investoren selbst zurückzuführen[7], die Gewinne ihrer Tochterunternehmen in Entwicklungsländern am Ort nicht ausweisen, technologische Anpassungen an geringere Betriebsgrößen unterlassen und nationalbestimmte Unternehmen der Entwicklungsländer diskriminieren.

Das Kostenargument der Industrieländer ist in dieser Allgemeinheit also nicht haltbar und dürfte vor allem eigennützigen Interessen entspringen. Beispielsweise der deutsche Export in Entwicklungsländer besteht zu rund 100 % aus industriellen Gütern. Etwa 90 % sind Investitionsgüter und Waren, die der Bearbeitung oder Verarbeitung dienen[8]. Diese Absatzmärkte möchte man sich verständlicherweise langfristig erhalten. – Die Entwicklungsländer aber sollten sich durch derartige Argumente nicht von einem für sie prinzipiell richtigen Weg abhalten lassen und darüber hinaus überlegen, ob bestehende Nachteile der Eigenproduktion nicht durch eine verbesserte Zusammenarbeit der Entwicklungsländer untereinander behoben werden könnten.

Eine zentrale Rolle in der Diskussion um eine neue Weltwirtschaftsordnung und neue Formen des Technologietransfer spielt in jüngster Zeit der nationale und internationale Patentschutz. Das Patent ist die tradierte bürgerliche Rechtsform, in der geistiges Eigentum geschützt und als Handelsware übertragbar gemacht wird[9]. Der Patentinhaber ist im Geltungsbereich des Patents juristisch dem Sacheigentümer gleichgestellt. Dritte dürfen seine Idee nur mit seiner Einwilligung, typischerweise erteilt in der Form des Patentlizenzvertrages, nutzen (sogenanntes Ausschließlichkeitsrecht des Patentinhabers). Eine Enteignung kann durch staatliche Zwangslizenzerteilung an einen Dritten oder den staatlich angeordneten Verfall des Patents erfolgen.

Welche tatsächliche Bedeutung das Patent beim Technologietransfer in Entwicklungsländern heute noch hat, ist nicht genau feststellbar. Die Literatur stimmt darin überein, daß neben den patentierten Ideen in den letzten Jahrzehnten sonstiges ungeschütztes Wissen, das sogenannte Know-how, erheblich an Bedeutung gewonnen hat. Der direkte Anteil der Patente am Prozeß des Technologietransfer wird auf nur etwa 2 % geschätzt. Bei zahlreichen Lizenzgeschäften steht das Patent nicht mehr im Mittelpunkt. Die meisten Patente sind ohne Mitlieferung bestimmten Know-how's überhaupt nicht mehr verwertbar. Neuere Arten des Technologietransfer wie Ausbildung und wissenschaftliche Zusammenarbeit sind frei von patentrechtlichen Fragen[10].

Andererseits liefert das Patentrecht heute noch die einzige international gängige Rechtsform, in der Ideen materialisiert und übertragen werden können. Die Patentlizenz bildet auch das Vorbild für die Übertragung sonstigen Know-how's. Selbst sozialistische Staaten haben entsprechende Rechtselemente vorerst beibehalten[11] oder sogar wieder eingeführt[12]. – Die UdSSR und einige andere ersetzten allerdings das ausschließliche Patent stellenweise durch die nichtausschließliche, insbesondere dem Staat zugängliche Urheberbescheinigung[13], paßten das bürgerliche Privatrecht also ihren spezifischen gesellschaftlichen Bedürfnissen an. – Auch wenn der Patentanteil am Technologietransfer zahlenmäßig gering ist, kann dieses keine genauen Rückschlüsse auf die Bedeutung des patentrechtlich geschützten Wissens zulassen. Der Patentschutz dürfte nämlich vor allem den Kernbereich desjenigen Wissens von einer allgemeinen Nutzung ausschließen, dem für den wissenschaftlich-technischen Fortschritt zentrale Bedeutung zukommt. Typischerweise haben sich die fortgeschrittensten Entwicklungsländer wie Brasilien und Mexiko in der Diskussion um den internationalen Patentschutz besonders stark engagiert; Länder also, die am ehesten in der Lage sind, fortgeschrittene, nach wie vor patentrechtlich geschützte Technologie zu verwerten[14].

Trotz seiner tendenziell abnehmenden Bedeutung steht der Patentschutz also zu Recht im Brennpunkt des Konfliktes zwischen Industrie- und Entwicklungsländern um neue Rechtsformen für den Technologietransfer. Die Darstellung wird sich daher im folgenden auf patentrechtliche Probleme beschränken. Es sei jedoch an dieser Stelle kurz angemerkt, daß dem Markenschutz nach einer neueren UNCTAD-Studie im Nord-Süd-Dialog künftig ähnliche Brisanz zukommen dürfte[15].

Die Dominanz der westlichen Industrieländer stellt sich nach einen UNCTAD-Bericht vom 23.4.1974[16] und Statistiken der WIPO[17] wie folgt dar: etwa 80–85 % der Patente in Entwicklungsländern befinden sich im Eigentum von Ausländern überwiegend aus westlichen Industrieländern. 90–95 % dieser Patente werden im Lande selbst nicht ausgeübt, sondern sichern lediglich den Import entsprechender Erzeugnisse ab. Westliche Autoren setzen teilweise den Anteil der Importschutzpatente nur bei 25–30 % an und behaupten, der Rest werde überhaupt nicht verwendet[18]; – eine für Entwicklungsländer auch nicht vorteilhaftere Relativierung. Demgegenüber betrug im selben Zeitraum der Prozentsatz von Anmeldungen aus Entwicklungsländern in Industrieländern nur etwa 0,3 % der Gesamtanmeldungen.

Neben der geringen Forschungskapazität der Entwicklungsländer begünstigt auch ihr heutiges Patentrecht diese Entwicklung: Die Mehrheit ihrer Patentgesetze sieht keine Vorprüfung vor, sondern nur eine formale Prüfung der Anmeldeunterlagen. In den westlichen Industrieländern übliche Erfordernisse wie Neuheit und wissenschaftlich-technische Höhe der Erfindung werden nicht geprüft. Selbst, wo derartige Prüfungen vorgesehen sind, können sie die Behörden der Entwicklungsländer mangels entsprechender Fachkenntnisse nicht vornehmen. Daher können in diesen Ländern auch Erkenntnisse patentiert werden, die in Industrieländern keinen Neuheitswert mehr haben und in Entwicklungsländern dann effektiv nur dazu dienen, andere Auslandskonkurrenten vom Markt fernzuhalten. Inländer können sich diesen Vorteil kaum zunutze machen, da sie nicht rechtzeitig genug über entsprechendes Wissen verfügen, Ausländer aus Industrieländern ihnen also typischerweise bei der Patentanmeldung zuvorkommen.

Andere Patentgesetze wiederum sehen als koloniale Reste noch heute vor, daß eine Erfindung für ihre Patentierung zuvor im ehemaligen Mutterland patentiert werden muß[19]. Unberechtigte Patenterteilungen an Ausländer können damit zwar ausgeschlossen werden, soweit das Mutterland nicht eigene Staatsangehörige begünstigt. Die Patentanmeldung für Inländer wird jedoch stark erschwert.

Wesentliche Züge dieses „technologischen Kolonialsystems"[20] sind für die Entwicklungsländer durch völkerrechtliche Verträge festgeschrieben, wie im folgenden (II.3.1) näher zu zeigen sein wird. Die UNCTAD spricht davon, daß sich die Industrieländer über diese Verträge ein „umgekehrtes Präferenzsystem" zulasten der Entwicklungsländer geschaffen haben, und ist treibende Kraft entsprechender Veränderungen. Ähnlich wie im internationalen Handel will sie auch auf dem Gebiet des Technologietransfer ein Präferenzsystem zugunsten der Entwicklungsländer schaffen (siehe II.3.2).

Für die Wirtschaft der Entwicklungsländer hat die patentrechtliche Dominanz der Industrieländer vielfältige Nachteile. Die Tatsache, daß ihnen die benötigte Technologie häufig überteuert verkauft wird, ist hier noch der geringste Schaden. Oft erhalten Entwicklungsländer aufgrund ihrer mangelnden Sachkompetenz und allgemein schwachen Verhandlungsposition Waren, die den gestellten Anforderungen nur unzureichend genügen, weil die Qualität schlecht ist oder lokale Besonderheiten vom Lieferanten nicht mit eingeplant wurden[21]. Schwerer wiegen jedoch die wirtschaftlichen Knebelungen, die mit dem Technologietransfer auf privater Basis aus den Industrieländern heute verbunden sind. Das Ausschließlichkeitsrecht ermöglicht es dem Patentinhaber, sowohl die Produktion im Binnenmarkt als auch den Import durch Dritte zu verbieten. Diese Einsatzmöglichkeit als „Sperrpatent" macht die Wirtschaft des Entwicklungslandes von der privaten, gewinnorientierten Entscheidung des Inhabers abhängig: er kann Art und Umfang der Patentausübung völlig frei bestimmen und ist im besonderen nicht zur Produktion im Entwicklungsland selbst verpflichtet[22]. Soweit aufgrund des Patents tatsächlich im Entwicklungsland produziert wird, nutzen die Patentinhaber ihre Machtposition regelmäßig dahingehend aus, den Export dieser Erzeugnisse zu beschränken und oft sogar völlig zu verbieten[23].

Daß die Entwicklungsländer dennoch einen Patentschutz bieten und im letzten Jahrzehnt vermehrt in die entsprechenden internationalen Abkommen drängten, geschah vor allem aus der Hoffnung heraus, den Technologietransfer aus westlichen Industrieländern zu erleichtern und auszuweiten. Diese Hoffnung hat sich jedoch bisher nicht erfüllt[24]. – Eine Einschränkung des Patentschutzes in Entwicklungsländern hingegen zeigt sofort Wirkung: Im Fall Indiens sanken die Anmeldungen ausländischer Patente um 40 % im Laufe von nur 4 Jahren[25]. Untersuchungen in Ägypten und Sri Lanka zeigten darüber hinaus, daß bei einem Rückgang der Patentanmeldungen mit einer Verzögerung von 1 bis 2 Jahren auch der Import dieser Entwicklungsländer entsprechend fiel[26]. Die Gefahr wirtschaftlicher Sanktionen ist also deutlich gegeben, besonders wenn ein Entwicklungsland im Alleingang von internationalen Standards abweichen will.

Die Anmeldung von Patenten in Entwicklungsländern hat für diese zumindest den Vorteil, daß ihnen ansonsten geheimes Wissen mitgeteilt wird. Der Erfinder muß nämlich in der Patentbeschreibung eine Aufgabe und die dazugehörige Lösung offenbaren, so daß der Durchschnittsfachmann imstande ist, die in der Patentschrift enthaltenen Lehre auszuführen[27]. Erst nach einer solchen Offenlegung ist es Entwicklungsländern überhaupt möglich, das geistige Eigentum stärkeren Sozialbindungen zu unterwerfen und ggf. zu enteignen. Dieser Vorteil einer Zugriffsmöglichkeit sollte allerdings nicht zu hoch eingeschätzt werden. Die Kenntnis der den Patentschriften aus den Industrieländern zugrundeliegenden hochentwickelten Technologie bleibt ohne den Zugang zu dem dazugehörigen Produktions-Know-how in vielen Fällen wertlos. Dieses aber ist in den Patentschriften nicht enthalten[28]. Die ausländische Konkurrenz allerdings wäre auch ohne dieses zur Ausübung der Erfindung in der Lage. Sie neigt in solchen Fällen jedoch dazu, die gefährdeten Rechte des Patentinhabers zu respektieren. Über entsprechende Erfahrung verfügt beispielsweise Italien mit der multinationalen Pharmaindustrie: auch ohne Patentschutz machte die multinationale Industrie von den pharmazeutischen Entwicklungen der Konkurrenten keinen Gebrauch; entsprechende Aktivitäten kamen höchstens von kleineren inländischen Herstellern, die dann als „Patent-Haie“ diskriminiert wurden[29].

Trotz dieser Schwierigkeiten haben Entwicklungsländer in jüngster Zeit einzeln oder sogar kollektiv ihr Patentrecht in Richtung auf stärkere Kontroll- und Eingriffsmöglichkeiten des Staates hin verändert. Die Staaten des Anden-Pakts sind hier besonders weit vorangeschritten. Die individuellen Interessen der Erfinder und Patentinhaber werden verstärkt öffentlichen Interessen und Nützlichkeitserwägungen untergeordnet. Entwicklungspolitisch wichtige Technologie insbes. im pharmazeutischen Bereich wird weitgehend patentfrei gehalten. Schutzfristen werden verkürzt, die Zwangslizenzerteilung im öffentlichen Interesse erleichtert. Das Ausschließlichkeitsrecht zur Einfuhr wird dem Patentinhaber genommen. Lizenzverträge werden vor ihrer Wirksamkeit auf ihren entwicklungspolitischen Effekt hin überprüft und ggf. nicht genehmigt[30]. Derartige Versuche stoßen jedoch allzubald nicht nur auf praktische Schwierigkeiten, sondern auch auf völkerrechtliche: sie kollidieren mit dem heutigen internationalen Patentschutz, dem der folgende Abschnitt gewidmet ist.

3.1 *Internationaler Patentschutz: Pariser Verbandsübereinkunft und WIPO*

Das geistige Eigentum wird international durch mehr als 22 multilaterale Verträge geschützt[31]. Von zentraler Bedeutung ist insbes. die Pariser „Verbandsübereinkunft zum Schutz des gewerblichen Eigentums" vom 20.3.1883 (PVÜ)[32]. Sie schützt neben den hier interessierenden Patenten auch Gebrauchs- und Geschmacksmuster, Warenzeichen, Dienstleistungsmarken, Handelsnamen, Herkunftsangaben und Ursprungsbezeichnungen. Daneben bezieht sie sich auf die Unterdrückung unlauteren Wettbewerbes (Art. 1 Abs. 2 PVÜ). Zur Erfüllung dieser vielfältigen Aufgaben wurde, wie auch in vielen anderen Schutzabkommen auf dem Gebiet des geistigen Eigentums, ein „Verband zum Schutze des gewerblichen Eigentums" gegründet (Art. 1 Abs. 1 PVÜ), der sogenannte Pariser Verband. Als Verband hat die Pariser Übereinkunft daher institutionalen und organisatorischen Charakter, wodurch sie sich einer internationalen Organisation moderner Prägung annähert.

Bereits zu den 11 Gründungsstaaten der PVÜ gehörten einige Entwicklungsländer. 1976 waren in ihr etwa 90 Staaten zusammengeschlossen, darunter die westlichen Industrieländer, u.a. auch die BRD, zahlreiche Entwicklungsländer sowie sozialistische Länder, darunter fast alle Mitgliedsstaaten des RGW[33]. Trotz ihrer Mitgliedschaft haben Entwicklungsländer in den nunmehr fast 100 Jahren seines Bestehens keinerlei maßgeblichen Einfluß auf den Pariser Verband gehabt[34]. Das dürfte sowohl auf ihre wirtschaftlich schwache Position als auch auf die Abstimmungsregelungen des PVÜ zurückzuführen sein. Im übrigen ist das Problembewußtsein bezogen auf derartige Fragen in den Entwicklungsländern selbst recht neuen Datums.

Die PVÜ wurde insgesamt 6 mal geändert, zuletzt in Stockholm am 14. Juli 1967. Neben dieser neuesten Fassung sind auch noch ihre letzten drei Vorgänger von Den Haag 1925, London 1934 und Lissabon 1958 in Kraft. Denn jede Neufassung der PVÜ stellt in völkerrechtlicher Hinsicht gegenüber den bestehenden Fassungen einen neuen völkerrechtlichen Vertrag dar, der durch selbständige Ratifikation und Beitritt zugänglich und mit den Vorfassungen durch Übergangsbestimmungen verklammert ist (z.B. Art. 27 PVÜ von 1967)[35]. Änderungen sollen gemäß Art. 18 PVÜ auch weiterhin erfolgen, um „Verbesserungen herbeizuführen, die geeignet sind, das System des Verbandes zu vervollkommnen".

Die verfahrensmäßig-organisatorischen Vorschriften der Art. 13 bis 16 PVÜ können nach Art. 17 PVÜ mit 3/4- bzw. 4/5-Mehrheit geändert werden. Sie gelten danach, eine Neuerung von 1967, auch für überstimmte Mitglieder. Die materiellen Regelungen können nach h.M. in der BRD nur einstimmig geändert werden, obwohl der Wortlaut der PVÜ zu dieser Frage nichts aussagt. Statt dessen wird sich auf bestehendes Völkergewohnheitsrecht berufen und auf die Tatsache, daß bisher alle Revisionsbeschlüsse einstimmig gefaßt worden seien. Daneben wird auch der Grundsatz der souveränen Gleichheit der Staaten gemäß Art. 2 UN-Charta herangezogen, – eine in anderen Zusammenhängen von westlichen Industrieländern weniger betonte Vorschrift[36]. Ein Übergang zum Mehrheitsprinzip könnte demnach nur einstimmig erfolgen. Dieser Punkt wird in Entwicklungsländern zunehmend kritisiert oder sogar bestritten, weil er Veränderungen in ihrem Sinne faktisch vereitelt.

Nach Art. 19 PVÜ ist es Mitgliedern gestattet, neben der PVÜ noch Sonderabkommen zum Schutze des gewerblichen Eigentums abzuschließen. Derartige Abkommen dürfen aber nicht mit der PVÜ kollidieren. Die westeuropäischen Industrieländer haben von dieser Möglichkeit vielfach Gebrauch gemacht. In Form regionaler Sonderabkommen ist in Westeuropa die Rechtsvereinheitlichung mit dem Ziel einer europäischen Patentunion weit fortgeschritten[37]. Das Kollisionsverbot spielt für Industrieländer eine unmaßgebliche Rolle, weil die PVÜ ihren Regelungsinteressen weitgehend entspricht, – da sie schließlich von ihnen geschafffen und maßgeblich weiterentwickelt wurde. Die Entwicklungsländer zeigen zunehmend auch Interesse, sich in Separatabkommen zu organisieren, werden durch das Kollisionsverbot des Art. 19 PVÜ hierbei aber in vieler Hinsicht gehindert. Denn ihre wirtschaftlichen Bedarfe und rechtlichen Regelungsinteressen kollidieren mit zentralen Punkten der PVÜ. So wurde die im vorherigen Kapitel erwähnte Patentgesetzgebung des Anden-Blocks in ihrer endgültigen Form viel stärker an die Grundsätze der PVÜ angepaßt als ursprünglich geplant war. Die PVÜ verfügt zwar über kein eigenes Sanktionssystem; einem Verbandsland, welches schwer konventionswidrige nationale Gesetze erläßt, droht jedoch die internationale Isolierung[38].

Kernstück der PVÜ ist die Inländerbehandlung nach Art. 2[39]. Demnach haben die Staatsangehörigen und nach Art. 3 PVÜ auch die sonstigen Bewohner eines Verbandslandes in allen übrigen Verbandsländern einen Anspruch auf Gleichbehandlung mit Inländern in bezug auf die Vorteile beim Schutz des gewerblichen Eigentums. Die Gleichbehandlung darf ausdrücklich nicht davon abhängig gemacht werden, daß Ausländer im Inland wohnen oder niedergelassen sind. An dieser Vorschrift brechen sich viele entwicklungspolitische Programme der Entwicklungsländer. Denn eigene Staatsangehörige können patentrechtlich nicht besonders gefördert, Ausländer nicht benachteiligt werden, um dem bestehenden nationalen Nachholbedarf der Entwicklungsländer zu entsprechen.

Art. 4 PVÜ enthält das Prinzip der Unionspriorität. Demnach bewirkt die Anmeldung eines Patents in einem Verbandsland binnen 12 Monaten, die für alle einheitlich festgelegt sind, ein Prioritätsrecht auch in anderen Verbandsländern[40]. Die Anmeldung in einem Industrieland gibt dem Anmelder 1 Jahr lang ein Vorgriffsrecht in allen übrigen Verbandsländern, also auch in jedem Entwicklungsland. Wo die Forschungskonkurrenz stark ist, dürften nationale Teams aus Entwicklungsländern damit nicht nur für eine Patentanmeldung im Ausland, sondern auch im eigenen Land regelmäßig zu spät kommen. Der Aufbau eigener Forschungskapazitäten in Entwicklungsländern, bisher kaum erfolgt (Entwicklungsländer verfügen derzeit maximal über 5 % der Weltforschungskapazität[41]), lohnt sich daher in vielen Fällen auch künftig nicht.

Über die Anmeldung hinaus gilt nach Art. 4 PVÜ für die einzelnen nationalen Patente das Prinzip der Unabhängigkeit[42]. D.h., die national verliehenen Schutzrechte sind außerhalb der Prioritätsfrage völlig separat zu betrachten. Für Entwicklungsländer bedeutet dieses, daß ein Patent bei ihnen weitergelten kann, wenn es im Herkunftsland schon längst überholt und erloschen oder sogar überhaupt nicht wirksam entstanden ist, falls es nur im Entwicklungsland gültig angemeldet wurde.

Selbstverständlich stellt sich dieses Problem theoretisch auch in den Industrieländern. Praktisch wird es dort jedoch kaum relevant, weil die materielle Überprüfung in Industrieländern effektiver und die übernationale Zusammenarbeit besser ist. Andererseits bietet das Prinzip der Unabhängigkeit den Entwicklungsländern die Möglichkeit, den Bestand von Patenten und den Umfang der mit ihnen verbundenen Berechtigungen anders als in Industrieländern zu regeln. Dieser Freiraum muß jedoch sogleich relativiert werden: Die für Entwicklungsländer besonders interessanten Punkte Enteignung und Importschutz sind in der PVÜ detailliert vorgeschrieben.

In der besonders brisanten Frage der Patententeignung gibt Art. 5A Abs. 2–4 PVÜ dem nationalen Gesetzgeber enge Vorgaben[43]. Bei „Mißbrauch" des Ausschließlichkeitsrechts aus dem Patent z. B. durch unterlassene oder ungenügende Ausübung kann eine Zwangslizenz erteilt werden, falls zuvor bestimmte Fristen verstrichen sind: 4 Jahre nach Patentanmeldung bzw. 3 Jahre nach Patenterteilung. „Berechtigte Gründe" des Patentinhabers für die unterlassene oder ungenügende Ausübung der Erfindung verhindern auch dann noch die Zwangslizenz. Private wirtschaftliche Kalküle des Patentinhabers – insbesondere der Hinweis, die Produktion im Entwicklungsland selbst sei zu teuer oder doch teurer als der Import, – dürften damit in der großen Mehrzahl der Fälle in Entwicklungsländern eine Zwangslizenzierung ausschließen. „Berechtigte Gründe" des Entwicklungslandes für eine Zwangslizenzierung sind jedenfalls nicht weiter geregelt. Das privatwirtschaftliche Interesse hat das letzte Wort. Darüber hinaus vertritt ein Teil der Lehre in der BRD die Ansicht, die Enteignungsregelung des Art. 5A PVÜ beziehe sich überhaupt nicht auf die Inanspruchnahme von Patenten aufgrund öffentlichen Interesses[44]. Eine Sozialpflichtigkeit des geistigen Eigentums wäre demnach in der PVÜ überhaupt nicht festgelegt. Zu einer derartig verengenden Interpretation des allgemein formulierten Mißbrauchsverbots besteht jedoch keinerlei Anlaß aus rechtsdogmatischer Sicht. Es handelt sich um eine interessenbedingte Blickverengung zugunsten der privaten Patentinhaber.

Ein Verfall des Patents kann nach der PVÜ erst vorgesehen werden, wenn eine Zwangslizenz zur Verhütung der Mißbräuche nicht ausreichen würde. Ist eine Zwangslizenz erteilt worden, darf erst nach Ablauf von 2 weiteren Jahren ein Verfahren auf Verfall des Patents eingeleitet werden. Ein Verfall des Patents dürfte daher – wenn überhaupt – im Regelfall frühestens nach 5 bis 6 Jahren möglich sein. Diese Fristen sind sehr lang, wenn man andererseits berücksichtigt, wie schnellebig der wissenschaftlich-technische Fortschritt gegenwärtig ist: Die durchschnittliche Laufdauer von Patenten beträgt derzeit nur etwa 5 bis 6 Jahre gerechnet vom Tage der Anmeldung[45]. Der Verfall eines Patentes dürfte sich daher heute in den meisten Fällen mit seiner wirtschaftlichen Entwertung decken.

Die in Entwicklungsländern so heftig kritisierte Bildung von Importmonopolen wird durch das Zusammenwirken verschiedener Artikel der PVÜ ermöglicht. Hierzu gehört 1. das bereits erwähnte Prinzip der Unabhängigkeit der nationalen Patente nach Art. 4 PVÜ. Denn nur bei einem nach nationalen Märkten getrennten Patentschutz ist es möglich, in einem Entwicklungsland patentieren zu lassen, was in einem Industrieland nicht patentrechtlich schützbar ist und daher in Konkurrenz zu gleichartigen Produkten steht.

Allerdings sollte es der Grundsatz der Unabhängigkeit den Entwicklungsländern auch ermöglichen, bei Bedarf Zusammenhänge mit ausländischen Patenten gesetzlich herzustellen. Das Territorialitätsprinzip verbietet zwar die Regelung von Sachverhalten im Ausland, erlaubt es aber, Regelungen im Inland an Auslandssachverhalte anknüpfen zu lassen. Dennoch geht ein Teil der Rechtsprechung in Industrieländern davon aus, das Prinzip der Unabhängigkeit verbiete es beispielsweise, der Erschöpfung des Patentrechts durch den Verkauf einer patentierten Vorrichtung über die Grenzen des betreffenden Landes hinaus Wirkung zuzumessen[46]. Art. 4 PVÜ wird hier extensiv ausgedehnt, um dem Patentinhaber ein differenziertes Vorgehen auf verschiedenen Märkten zu sichern. Die Organe der Europäischen Gemeinschaft allerdings versuchen in jüngster Zeit, im Interesse besserer Marktintegration die trennende Wirkung nationaler Patente zu bekämpfen. Hier bahnt sich also ein Prozeß des Umdenkens an.

Zweitens bestimmt Art. 5 quarter PVÜ[47], daß der Inhaber eines Verfahrenspatents in einem Verbandslsand gegen Importe ebenso vorgehen kann wie gegen im Lande selbst hergestellte Erzeugnisse, wenn sie nach seinem patentierten Verfahren hergestellt werden. Der Patentinhaber kann also aufgrund seines Ausschließlichkeitsrechts nicht nur die konkurrierende Herstellung im Binnenmarkt, sondern auch jeden Import verbieten.

Drittens setzt Art. 5A Abs. 1 PVÜ fest[48], daß ein Import geschützter Produkte durch den Patentinhaber selbst nicht den Verfall des Patents zur Folge haben darf. Dem Patentinhaber kann damit grundsätzlich nicht die Wahlfreiheit genommen werden, ob er sein Patent durch Produktion im Binnenmarkt oder Import ausüben will. Die Entscheidung für den Import kann also nur noch durch Staatseingriff verändert werden, wenn die sehr engen Voraussetzungen für die Erteilung einer Zwangslizenz oder des Patentsverfalls vorliegen. Kostenargumente des Patentinhabers dürften jedoch immer zur Hand sein, um seine Entscheidung für den Import als nicht mißbräuchlich zu legitimieren und eine Zwangslizenzerteilung auszuschließen.

Das Zusammenwirken dieser drei Regelungen der PVÜ trifft die Entwicklungsländer zugleich bei der Verwirklichung zweier zentraler Zielsetzungen. Erstens wird es ihnen durch das Importmonopol des Patentinhabers unmöglich gemacht, ihren Bedarf auf dem Weltmarkt bei dem tatsächlich günstigsten Anbieter zu decken. Sie vergeben mit dem Patent im Einzelfall immer zugleich auch ihren gesamten Binnenmarkt an einen einzigen privaten Anbieter, der dann für die Laufzeit seines Patents ausschließlich orientiert an seinen kommerziellen Interessen entscheiden kann. Zweitens wird ihre Industrialisierungspolitik durch die Wahlfreiheit des Patentinhabers zwischen Import und Produktion erheblich beeinträchtigt.

Am 24. Juli 1967 wurde in Stockholm eine internationale Organisation gegründet, die dem Pariser Verband übergeordnet und den Interessen der Entwicklungsländer stärker verpflichtet ist: Die „Weltorganisation für geistiges Eigentum“ (WIPO)[49]. Es handelt sich um eine Spezialorganisation der UNO mit dem Ziel, den Schutz des geistigen Eigentums weltweit zu fördern und die verwaltungsmäßige Zusammenarbeit zwischen den verschiedenen Verbänden auf diesem Gebiet zu gewährleisten (Art. 3). Am 26. April 1970 trat das WIPO-Abkommen in Kraft. 1975 erfaßte es bereits 11 Abkommen auf dem Gebiet des geistigen Eigentums, die Integration 5 weiterer steht demnächst an[50]. Im einzelnen soll die WIPO darüber hinaus den Abschluß neuer internationaler Konventionen und die Angleichung innerstaatlicher Rechtsvorschriften fördern, Entwicklungsländern juristisch-technische Hilfe gewähren und Informationen sammeln und verbreiten. 1976 waren 66 Staaten in ihr zusammengeschlossen[51], u.a. auch die BRD.

Organisatorisch im Mittelpunkt der WIPO stehen die zwei wichtigsten Verbände zum Schutz des geistigen Eigentums: der Pariser Verband und der Verband der Berner „Übereinkunft zum Schutz von Werken der Literatur und Kunst" vom 9. September 1886. Das internationale Büro der WIPO wird von einem Generaldirektor geleitet und untersteht der Aufsicht der Mitgliedsstaaten durch Generalversammlung und Konferenz der WIPO und die Organe der Einzelverbände. Es leistet die eigentlich praktische Arbeit. Die Zentralstellung der Pariser und Berner Verbände zeigt sich darin, daß ihre Exekutivausschüsse gemeinsam den Koordinisierungsausschuß der WIPO bilden (Art. 8). Der Koordinierungsausschuß entwirft u.a. die Tagesordnung der Generalversammlung und der Konferenz und schlägt der Generalversammlung den Generaldirektor zur Wahl vor. Jeder Staat verfügt hier über eine Stimme, entschieden wird mit einfacher Mehrheit, die auf Antrag in beiden Verbänden getrennt ermittelt werden muß.

Die Generalversammlung der WIPO beschicken alle Mitgliedsstaaten, die zumindest Mitglied eines der angeschlossenen Verbände sind. Hier wird die Koordination der verschiedenen Verbände vorgenommen und der Generaldirektor ernannt (Art. 6). Die Konferenz (Art. 7) wird von allen Mitgliedsstaaten unabhängig von ihrer speziellen Verbandsmitgliedschaft beschickt. Sie kann Empfehlungen zu Fragen von allgemeinem Interesse auf dem Gebiet des geistigen Eigentums aussprechen, wobei jedoch die Zuständigkeit und Unabhängigkeit der Verbände zu wahren ist.

Diese Konstruktion schließt es also aus, daß die Nichtverbandsmitglieder direkt gestaltenden Einfluß auf die Arbeit der Verbände nehmen können. Durch die starke Stellung des Pariser bzw. Berner Verbandes besteht selbst für die Mitglieder anderer Verbände kaum Aussicht, WIPO-Entscheidungen bezüglich der jeweiligen Verbandspolitik herbeizuführen, falls diese vom betroffenen Verband nicht mitgetragen werden. Kompetenzen, um die Durchsetzung getroffener Entscheidungen zu erzwingen, fehlen ohnehin. Die Existenz der WIPO kann daher den Entwicklungsländern den Konflikt mit Industrieländern im Rahmen des Pariser Verbandes nicht ersparen, sondern bestenfalls von außen unterstützend wirken.

Das internationale Büro der WIPO gewährt den Entwicklungsländern vor allem praktische Hilfe: Es unterstützt sie bei der Modernisierung ihres gewerblichen Rechtsschutzes, arbeitet Mustergesetze aus, ermöglicht Ausbildungsprogramme in Form von Studienaufenthalten und Seminaren, stellt kostenlos Expertenhilfe zur Verfügung und vieles mehr. Als die Klagen der Entwicklungsländer lauter wurden, verabschiedete die WIPO 1973 ein „ständiges technisch-juristisches Programm für den Erwerb von im Zusammenhang mit dem gewerblichen Rechtsschutz stehenden

Techniken durch die Entwicklungsländer", dem für den Technologietransfer besondere Bedeutung zukommt[52].

Über diese Maßnahmen hinaus, an denen neben der WIPO auch der Pariser Verband direkt beteiligt war, haben lange Zeit weder Verband noch WIPO eine Revision der PVÜ im Interesse der Entwicklungsländer erwogen. Weder in Stockholm 1967 noch in Wien 1973 wurden diese Fragen überhaupt diskutiert. Statt dessen waren beide Organisationen einseitig auf eine vereinheitlichende Fortentwicklung des internationalen Patentschutzes ausgerichtet, wie die Industrieländer sie angeregt hatten. Erst auf Druck der UNCTAD, die sich auch hier zum profiliertesten und wirkungsvollsten Interessenvertreter der Entwicklungsländer entwickelt hat, trat in der WIPO eine leichte Umorientierung ein, die auch auf den Pariser Verband und die PVÜ Auswirkungen haben könnte.

3.2 Reform der internationalen Regeln des Technologietransfers im Kräftespiel zwischen UNCTAD und WIPO

Die Forderung nach einer Revision des internationalen Patentschutzes ist seit 1961 in der UN-Generalversammlung[53] erhoben worden. Schon die UNCTAD I 1964 erwähnte diesen Punkt – allerdings nur am Rande. Erst seit 1970 wurde hier ein präzises Forderungskonzept für eine Revision erarbeitet, das eine deutliche Stoßrichtung gegen die WIPO enthält. Aus der Sicht vieler Entwicklungsländer ist die WIPO der konservative Wächter über den unveränderten Fortbestand des Patentschutzes und insbesondere der PVÜ. Auf der UNCTAD III 1972 faßten die Entwicklungsländer ihr Reformkonzept zu einer umfassenden Resolution zusammen[54]. Zentralpunkte waren die Suche nach neuen Möglichkeiten, den Technologietransfer in Entwicklungsländern international zu regeln, und die Aktualisierung eines Berichtes über die Rolle der Patente beim Technologietransfer in Entwicklungsländern, der bereits 1964 erstellt worden war[55].

1974 öffnete sich die UN-Generalversammlung den Forderungen der UNCTAD. Die „Erklärung über die Errichtung einer neuen Weltwirtschaftsordnung"[56] enthält unter 4p Folgendes:

- Zugang für Entwicklungsländer zu den Errungenschaften der modernen Wissenschaft und Technik;
- Übermittlung technischer Kenntnisse an die Entwicklungsländer;
- Schaffung einer einheimischen Technologie zum Nutzen der Entwicklungsländer.

Konkreter noch wurde das dazugehörige „Aktionsprogramm für die Errichtung einer neuen Weltwirtschaftsordnung"[57] der UNO aus demselben Jahr. Es lautete auf:

- Entwicklung eines Verhaltenskodex für Technologietransfer;
- Verbesserung der Zugangsbedingungen zu moderner Technologie;
- Anpassung der kommerziellen Praktiken bei der Vermittlung von Technologie an die Bedürfnisse der Entwicklungsländer und Verhindern von Rechtsmißbrauch auf diesem Gebiet.

Weiteren Nachdruck versucht diesen Forderungen die UN-„Charta der wirtschaftlichen Rechte und Pflichten der Staaten"[58], ebenfalls aus dem Jahr 1974, zu verleihen. Nach Art. 13 der Charta[59] hat prinzipiell jeder Staat das Recht, den wissenschaftlichen und technischen Fortschritt zur Beschleunigung seiner wirtschaftlichen und sozialen Entwicklung zu nutzen. Die Sozialpflichtigkeit des geistigen Eigentums wird hier zum ersten Mal ausdrücklich formuliert. Alle Staaten sollen beim Technologietransfer zusammenarbeiten, wobei alle „legitimen" Interessen der Inhaber, Lieferanten und Empfänger, gebührend zu berücksichtigen sind. Zum ersten Mal also werden die privaten Interessen auf der Geberseite nicht pauschal verabsolutiert, sondern differenzierend betrachtet und geschützt. Ihnen werden bestimmte Interessen der Entwicklungsländer und der dortigen Technologieempfänger ausdrücklich als gleichrangig gegenübergestellt. Gab also in der PVÜ das begründete private Interesse im Konfliktfall den letzten Ausschlag, so muß nach dieser Resolution ein Interessenausgleich zwischen beiden Seiten gefunden werden. Schließlich wird mit deutlicher Zielrichtung auf den Pariser Verband und die WIPO eine verstärkte Zusammenarbeit aller Staaten beim Technologietransfer und besonders bei der Entwicklung „international anerkannter Richtlinien oder Vorschriften" gefordert. Es sollen also rechtsverbindliche Änderungen getroffen werden. Bei der unterschiedlichen Bewertung der UN-Charta von 1974 zwischen Industrie- und Entwicklungsländern hat Art. 13 keine zentrale Rolle gespielt. Hierfür dürfte entscheidend gewesen sein, daß Art. 13 selber geltendes Recht noch nicht aufheben will, sondern eher programmatischen Charakter hat, und daß Art. 13 noch nach einem Interessenausgleich und einer Kompromißlösung auf dem Verhandlungswege sucht.

Ebenfalls 1974 wurde der Bericht über die Rolle des Patentsystems beim Technologietransfer in Entwicklungsländern veröffentlicht, den die UNCTAD 1972 angefordert hatte. Er belegte die bereits dargestellten Nachteile für Entwicklungsländer in anschaulicher Weise und erlangte große Beachtung in der Weltöffentlichkeit. Die westlichen Industrieländer lehnten ihn als gefährlich einseitig ab, konnten sich seinem Druck aber dennoch nicht entziehen. War bisher Inaktivität die einzige Antwort der Industrieländer auf die Veränderungsforderungen der Entwicklungsländer gewesen, so setzte sich jetzt sprunghaft die Erkenntnis durch, daß ein Kompromiß bald gefunden werden müsse, sollte die Auseinandersetzung nicht ähnlich wie in der Enteignungsfrage und im Rohstoffhandel eskalieren. Bereits 4 Wochen nach dem Bericht kam es in der WIPO zu ersten Gesprächen, wie die PVÜ unter Berücksichtigung der Probleme der Entwicklungsländer zu revidieren sei. Ein hierfür eingesetzter ad hoc-Sachverständigenausschuß aus Regierungsvertretern der PVÜ-Mitgliedsstaaten nahm 1975 seine Arbeit auf. Die UNCTAD allerdings verließ sich auf die Erfolge des Jahres 1974 nicht, sondern arbeitete parallel zur WIPO weiter an der Konkretisierung ihres Programms.

Die Sprecher der Entwicklungsländer legten dem WIPO-Ausschuß 1975 einen Katalog von 14 Fragen vor, die letzterer als Arbeitsgrundlage akzeptierte. Die Fragen bezogen sich auf[60]:

1. den Grundsatz der Inländerbehandlung (Art. 2 PVÜ),
2. das Prinzip der Unabhängigkeit der nationalen Patente (Art. 4 PVÜ),
3.–5. den Zwang zur Ausübung des Patents bzw. die Zwangslizenzerteilung (Art. 5A PVÜ),
6. präferenzielle Behandlung der Entwicklungsländer,
7. technische Hilfe,
8. andere Schutzformen für Erfindungen,
9. Fragen des Warenzeichen-, Geschmacksmuster- und Herkunftsschutzes,
10. die Möglichkeit einer nur teilweisen Mitgliedschaft in der PVÜ für Entwicklungsländer,
11. die Streichung der Kolonialklausel (Art. 24 PVÜ),
12. Abbau des Importschutzes bei Verfahrenspatenten (Art. 5 PVÜ),
13. Überprüfung des Prioritätenrechts (Art. 4 PVÜ),
14. Überprüfung des Einstimmigkeitsprinzips.

Im Mittelpunkt des in sich noch unsystematischen Forderungskataloges steht der Abbau der Inländerbehandlung nach Art. 2 PVÜ. UNCTAD und Entwicklungsländer sind der Auffassung, daß die hierdurch verankerte Gleichbehandlung aller Patentinhaber nur zwischen gleichen Partnern funktionieren kann. Entsprechend den Berichtsergebnissen von 1974 liege jedoch zwischen Industrie- und Entwicklungsländern extreme Ungleichheit bezüglich der Verfügungsmacht über geistiges Eigentum vor. Auf der Basis der Ungleichheit jedoch könne die formale Gleichbehandlung beider Seiten immer nur die fortwährende Unterdrückung und Übervorteilung der schwächeren Seite sichern. Die Erfahrungen mit dem Freihandelskonzept insbesondere im Rohstoffbereich geben den Entwicklungsländern hier durchaus recht. Ähnlich wie im Rahmen des GATT fordern sie daher auch im Rahmen der PVÜ eine präferenzielle Behandlung durch die Industrieländer[61] beim Technologietransfer.

Im einzelnen wollen die Entwicklungsländer entgegen Art. 2 PVÜ die Möglichkeit erhalten, bestimmte Schutzrechtstypen nur an Inländer vergeben und Inländer auch bei der Festsetzung der Voraussetzungen für die Patentfähigkeit, den Schutzfristen u.ä. begünstigen zu können. Ausschließlichkeitsrechte aus dem Patent sollen aufgespalten und differenziert verliehen werden, so daß inländische Forschungsergebnisse mit umfangreicheren Privilegien ausgestattet werden können als ausländische, damit sich Forschung im Entwicklungsland selbst eher lohnt. Ausländische Patentinhaber sollen an den Lasten und insbesondere den Kosten künftiger inländischer Forschung und Entwicklung beteiligt werden. Das Recht der Industrieländer seinerseits soll Erfinder und Patentinhaber aus Entwicklungsländern begünstigen, beispielsweise die Prioritätsfrist für Erfindungen aus Entwicklungsländern verlängern oder wenigstens die Patentgebühren ermäßigen. Auf diesem Weg hoffen die Entwicklungsländer, längerfristig ihre Patentbilanz zu verbessern.

Ein zweiter zentraler Forderungspunkt der Entwicklungsländer zur Veränderung der PVÜ bildet der Versuch, die patentrechtliche Absicherung von Importrechten zu unterbinden. Zu diesem Zweck fordert die UNCTAD, jeden irgendwie gearteten Hinweis auf Importrechte aus der PVÜ zu streichen. Betroffen wären hier insbesondere Art. 5A Abs. 1 und Art. 5 quarter PVÜ.

Der dritte zentrale Veränderungswunsch zielt darauf ab, der Berücksichtigung öffentlicher Interessen Eingang in die PVÜ zu verschaffen und sie mindestens gleichrangig neben dem Schutz privater Interessen anzusiedeln. Angesichts der überragenden wirtschaftlichen Bedeutung des geistigen Eigentums und insbesondere seiner entwicklungspolitischen Schlüsselposition für technischen Fortschritt und wirtschaftliches Wachstum kann eine entsprechende Umstrukturierung der PVÜ nur begrüßt werden. Es besteht keinerlei Anlaß, geistiges Eigentum vor sonstigem Eigentum zu privilegieren. Eigentum allgemein aber unterliegt heute völkerrechtlich einer Sozialpflicht, wie die Tatsache seiner Enteignungsfähigkeit und die Lösung des Entschädigungsproblems im letzten Kapitel (s. II.2) zeigten. Allerdings darf nicht übersehen werden, daß sich eine Sozialpflicht gegenüber geistigen Eigentumswerten noch schwieriger wird praktisch durchsetzen lassen.

Schließlich fordern die Entwicklungsländer grundlegende strukturelle Veränderungen der PVÜ. So soll das umstrittene Einstimmigkeitsprinzip durch das Mehrheitsprinzip ersetzt werden. Industrieländer sehen für diesen Fall die Einheitlichkeit des Pariser Verbandes gefährdet. Denn bei einer einstimmig angenommenen Revision sei die Wahrscheinlichkeit viel höher, daß der veränderte Vertrag auch von allen Verbandsstaaten tatsächlich ratifiziert werde. Eine Bindungserstreckung wie bei rein formalen Änderungen der PVÜ würde dem Abhilfe schaffen, wird jedoch von den Industrieländern abgelehnt[62]. Erste Ansätze erhält allerdings bereits Art. 27 Abs. 3 PVÜ, der in Stockholm 1967 eingefügt wurde. Denn hiernach geht im Verhältnis zwischen PVÜ-Mitgliedern älterer Fassung und PVÜ-Mitgliedern der Stockholmer Fassung Letztere vor. Im Grunde sind Einstimmigkeitsprinzip und Ausschluß jeder Bindungserstreckung von Vertragsänderungen bis zu ihrer ausdrücklichen Ratifizierung veraltete und höchst umständliche Verfahren, die in neueren internationalen Organisationen längst aufgegeben worden sind. Sie machen eine Organisation unflexibel und verhindern, daß notwendige Anpassungen rechtzeitig erfolgen können. Ihre Aufgabe dürfte damit früher oder später auch im Interesse der Industrieländer selbst liegen.

Eine Alternative könnte vielleicht kurzfristig darin zu finden sein, einer anderen Forderung der Entwicklungsländer nachzugeben und ihnen einen selektiven Beitritt zu ermöglichen[63]. In Form von Vorbehalten könnten dann bestimmte Schutzrechtstypen oder Einzelbestimmungen der PVÜ für das betreffende Entwicklungsland unanwendbar bleiben. Aber einerseits hilft dieser Weg den Entwicklungsländern nicht, die bereits Mitglieder der PVÜ sind. Andererseits würden sich die Vorbehalte der Entwicklungsländer vermutlich gerade auf die Zentralnormen der PVÜ beziehen, so daß sich gefragt werden muß, was ein Beitritt unter derartigen Vorbehalten im Positiven für alle Beteiligten überhaupt noch bringen kann. Für Einzelfälle könnte hier dennoch eine Lösung liegen.

In ähnliche Richtung zielt der Wunsch, das Kollisionsverbot des Art. 19 PVÜ zumindest für Entwicklungsländer aufzuheben. Dadurch wäre es den Entwicklungsländern rechtlich möglich, untereinander abweichende Vereinbarungen zu treffen und so auf begrenztem Raum unter ähnlich interessierten Parteien ein alternatives Schutzrechtsystem zur PVÜ zu errichten. Gerade Letzteres fürchten die Industrieländer[64]. Denn eine Spaltung oder Regionalisierung des Patentschutzes würde ihre eigene zentrale Position auf diesem Gebiet über den Pariser Verband und die WIPO erheblich schwächen.

Diese Angst ist jedoch unbegründet, solange die tatsächliche technologische Vormachtstellung der Industrieländer noch andauert. Auch heute wären die Entwicklungsländer letztlich nicht gehindert, ein Alternativabkommen zur PVÜ zu schaffen, wenn sie dann noch genügend technologische Unterstützung aus dem Ausland erhielten. Sobald sich alternative Technologielieferanten anbieten werden oder die eigenständige Entwicklung der Entwicklungsländer entsprechend fortgeschritten sein wird, können die westlichen Industrieländer einer ihnen unangenehmen Wahl allerdings nicht mehr ausweichen: Kompromißbereitschaft oder Aufspaltung der Weltwirtschaftsordnung. Sollten sie sich schon heute für den Kompromiß entscheiden, wäre dieses langfristig sicherlich von größerem Vorteil – gerade für sie selbst. Denn gewinnbringende Wirtschaftsbeziehungen lassen sich langfristig nur auf konsensualer Basis erhalten und ausbauen, gerade wenn daneben eine wachsende Konkurrenz besteht. Und diese Konkurrenz ist in Gestalt der industrialisierten sozialistischen Staaten schon heute vorhanden. Allerdings sind die sozialistischen Staaten Anfang der Siebziger Jahre überwiegend PVÜ und WIPO beigetreten, haben sich also auf der Ebene des Völkerrechts mit dem bestehenden Schutzsystem vorerst arrangiert.

UNCTAD und WIPO arbeiten gegenwärtig also in gewisser Konkurrenz nebeneinander an der Reform der PVÜ. Die Entwicklungsländer setzen hier realistischerweise stärker auf die UNCTAD, die 1976 noch einmal in der Resolution 88 ihren Forderungen Nachdruck verliehen hat und auf eine arbeitsteilige Fortführung der Arbeiten in WIPO (Schwerpunkt: Rechtsfragen) und UNCTAD (Schwerpunkt: Wirtschafts- und Entwicklungsfragen) drängt[65]. Die Industrieländer versuchen, die UNCTAD aus der Diskussion der Sachfragen weitgehend herauszuhalten und betonen den Vorrang der WIPO nach der innerorganisatorischen Kompetenzaufteilung der UNO.

Ansonsten waren die Reaktionen in westlichen Industrieländern unterschiedlich. Bundeswirtschaftsminister Friedrichs erklärte im Anschluß an die UNCTAD IV, es sei „auf die Dauer für die Kooperation beider Seiten besser, wenn statt einer schematischen Gleichbehandlung von Entwicklungsländern und Industrieländern in geeigneten Bereichen eine sachlich gerechtfertigte Bevorzugung der Dritten Welt anerkannt" werde[66]. Die EG hingegen hält die Revision der Pariser Übereinkunft „vielleicht nicht für das geeignetste Mittel", den Technologietransfer in den Entwicklungsländern zu verbessern[67]. In der patentrechtlichen Literatur der Bundesrepublik Deutschland schließlich werden die Forderungen der Entwicklungsländer ziemlich übereinstimmend als „Erosion des Patentrechts überhaupt" abgelehnt. Ihre Realisierung würde dieser Ansicht nach „wahre Dammbrüche" zur Folge haben und die private Wirtschaft von weiteren Geschäften mit Entwicklungsländern abhalten[68].

Alternativ wird von dieser Seite vorgeschlagen, die Grundprinzipien der PVÜ beizubehalten und den Technologietransfer nur praktisch zu erleichtern. Die Zusammenarbeit der EG mit AKP-Entwicklungsländern nach dem Abkommen von

Lomé 1976 (s. I.4.4) auf dem Gebiet des Technologietransfer wird hier als besonders vorbildhaft angeführt[69]. Über die bloße Schaffung zweier neuer Institutionen, dem Ausschuß für industrielle Zusammenarbeit und dem Zentrum für industrielle Entwicklung (Art. 35 und 36 Lomé-Abkommen), konnten hier positive tatsächliche Auswirkungen noch nicht festgestellt werden. Die Entwicklungsländer jedenfalls halten auch das Lomé-System für dringend verbesserungsbedürftig. Schließlich wird den Entwicklungsländern empfohlen, statt mit Zwang auf Privatunternehmen, der sowieso vergeblich sein werde, doch lieber mit besonderen Vergünstigungen und Anreizen zu arbeiten[70]. Die Entwicklungsländer haben jedoch angesichts ihrer desolaten wirtschaftlichen Lage nichts an das Ausland zu verschenken. Ausländische Technologiegeber haben schon heute eine privilegierte Stellung in Entwicklungsländern. Sie noch weiter zu begünstigen wäre höchst gefährlich, weil damit inländische Konkurrenten noch stärker geschädigt oder ihr Entstehen überhaupt verhindert würde.

Dennoch hofft die UNCTAD heute noch auf kooperative Lösungen im Bereich des Technologietransfer. Es werden jedoch auch Alternativen ins Auge gefaßt. Die Resolutionen der UNCTAD IV und V legen die Grundlagen für einen Arbeitsverbund der Dritten Welt im Technologiebereich und für gegenseitige Hilfe[71]. In nationalen und regionalen Technologiezentren sollen alle für Entwicklungsländer relevanten Informationen gesammelt werden. Die Entwicklungsländer erhalten damit größere Marktübersicht und bessere Auswahlmöglichkeiten. Den regionalen Zentren kommt weiterhin die Aufgabe zu, die technische Entwicklung in ihrer Region zu koordinieren. Nationale Zentren haben ähnliche Steuerungs- und Beratungsaufgaben auf ihrer Ebene. Darüber hinaus sollen letztere sich jedoch auch an konkreten Vertragsabschlüssen beratend und gestaltend beteiligen.

Letztgenanntes stößt in der Literatur der westlichen Industrieländer auf Ablehnung, weil so das Marktkorrektiv völlig ausgeschaltet werde[72]. Demgegenüber wäre zu entgegnen, daß angesichts bestehender Ungleichgewichtigkeit zwischen Anbieter und Nachfrager im Technologiebereich ein Marktkorrektiv auf diesem Wege überhaupt erst eingeführt würde. Nur durch die direkte Einschaltung der staatlichen Technologiezentren in den konkreten Vertragsschluß kann sichergestellt werden, daß zentral gesammelte Informationen und planerische Absichten auch tatsächlich in die konkreten Verträge eingehen. Sie ist damit unablässige Voraussetzung einer realistischen Umorientierung innerhalb der Entwicklungsländer.

Ebenfalls überwiegend abgelehnt wird in den Industrieländern der dritte Reformversuch der UNCTAD neben der Veränderung der PVÜ und dem Konzept des Arbeitsverbundes: Die Entwicklung eines internationalen Verhaltenskodex für den Technologietransfer. Nach den bisherigen Arbeitsergebnissen des UNCTAD-Komitees für Technologietransfer und einer weiteren Arbeitsgruppe von Regierungssachverständigen handelt es sich um eine sehr umfangreiche Regelung der wirtschaftlichen Beziehungen zwischen Entwicklungs- und Industrieländern einschließlich der bei ausländischen Direktinvestitionen und bei der Tätigkeit multinationaler Unternehmen auftretenden Fragen. Für den Abschluß von Technologiekaufverträgen ist insbesondere vorgesehen[73]:

– ein langer Katalog unzulässiger Vertragsklauseln;
– das Verbot der Kartellabsprache zwischen Technologielieferanten;
– die zwingende Vereinbarung von Recht und Gerichtsstand des Empfängerlandes;
– das Verbot an Technologielieferanten, ihre Patentrechte in anderen Ländern zur Abwehr von Importen aus Entwicklungsländern zu nutzen.

Neben den konkreten Inhalten ist vor allem die Frage der Rechtsverbindlichkeit umstritten. Während die Entwicklungsländer seine Durchsetzung nur bei entsprechender Rechtsverbindlichkeit gewährleistet sehen, halten die Industrieländer diese Lösung für „planerisch-superdirigistisch"[74]. Auf der UNCTAD IV 1976 konnte jedenfalls keine Einigung erzielt werden. Die Resolution 89 sah vor, daß eine neu zu bildende Expertengruppe einen neuen Entwurf formulieren soll. Auch die UNCTAD V brachte keinen Fortschritt[75]. Nunmehr gelten die Hoffnungen der Entwicklungsländer der für 1979/80 unter Schirmherrschaft der UNCTAD geplanten UN-Konferenz über restriktive Geschäftspraktiken und der im Frühjahr 1980 geplanten WIPO-Konferenz zur Revision der PVÜ.

Die Industrieländer empfehlen den Entwicklungsländern, zur Verstärkung legitimer Kontrollinteressen doch eher auf bestehende Möglichkeiten des Patentrechts und darüber hinaus des Wettbewerbsrechts zurückzugreifen. Wie schon die Industrieländer sollten nun auch die Entwicklungsländer ihr nationales Wettbewerbsrecht ausbauen und hierdurch Import- und Vertriebsmonopole und -kartelle kontrollieren[76]. Auf die wettbewerbsrechtlichen Möglichkeiten wird im nächsten Kapitel genauer eingegangen werden. Die Entwicklungsländer jedenfalls, so viel sei schon in diesem Zusammenhang bemerkt, dürfen von diesem Rechtsinstrument keine Lösung ihrer Probleme mit ausländischer privater Wirtschaftsmacht erwarten. Denn die Reichweite nationaler Wettbewerbsgesetze ist nach dem Völkerrecht umstritten und abhängig von der tatsächlichen wirtschaftlichen Stärke des anwendenden Staates.

4. Internationales Wettbewerbsrecht (Kartell- und Fusionskontrolle)

Die wirtschaftliche Verflechtung der nationalen Märkte untereinander steigt ständig. Maßgeblich beteiligt sind hieran multinational organisierte Großunternehmen. Ihr Anteil am Welthandel wird gegenwärtig auf 50 %, ihr Anteil am Auslandsinvestitionsbestand auf etwa 75 bis 80 % geschätzt[1]. Diesen Unternehmen ist es angesichts ihrer Größe und spezifischen Arbeitsweise in viel stärkerem Maße möglich, den internationalen Wettbewerb zu ihren Gunsten zu verfälschen, als traditionellen nationalen Unternehmen. Damit gewinnt neben dem staatlichen Protektionismus auch die private Wettbewerbsbeeinträchtigung international zunehmend an Bedeutung. Vor allem Entwicklungsländer sind der Marktmacht privater Multis ziemlich alternativlos ausgeliefert.

Die weltweite Orientierung multinationaler Unternehmen führt auch nicht ohne weiteres dazu, bestehende Marktgrenzen zu beseitigen, um so wenigstens der staatlichen Wirtschaftsprotektion langsam den Boden zu entziehen. Denn erstens besteht die nationale Anbindung der Multis vorerst weiter fort. Ihre Eigentumsstruktur beispielsweise ist noch eindeutig national bestimmbar. Aus diesem Grunde ist es durchaus sinnvoll von deutschen, europäischen oder amerikanischen Multis zu sprechen. Die Protektion der nationalen Staaten wird durch die Multis nicht hinfällig. Jene sind vielmehr bemüht, den Internationalisierungsprozeß zugunsten des noch nationalen Kapitals zu unterstützen, also „ihre" Multis zu protegieren[2].

Zweitens bedeutet globale Orientierung bei Multis nicht, daß bestehende Marktgrenzen ignoriert oder aktiv beseitigt würden. Marktgrenzen werden vielmehr in das Handlungskonzept derartiger Unternehmen einbezogen und optimal nutzbar gemacht. Am Beispiel des Gemeinsamen Marktes der EG ist darüber hinaus erkennbar, daß Multis in vielen Fällen nationale Marktgrenzen auf privater Basis beibehalten oder erneuern, wo die Staaten sie gerade abgebaut haben. Denn enger umgrenzte Märkte können leichter kontrolliert und gegen Konkurrenz verteidigt werden. So bietet das Nebeneinander nationaler Märkte in vielen Fällen die Möglichkeit, größtmöglichen Gewinn kombiniert mit optimaler Existenzsicherheit zu erzielen. Die Schaffung eines einheitlichen Weltmarktes wird daher durch die Existenz multinationaler Unternehmen zwar tendenziell begünstigt, im Einzelfall aber durch diese nicht aktiv angestrebt.

Ein anschauliches Beispiel, wie sich globale Orientierung und nationale Marktaufspaltung kombinieren lassen, lieferte jüngst die United Brands Co. (UBC) mit dem Verkauf ihrer Chiquita-Bananen auf dem Gemeinsamen Markt[3]. Auf der Produktionsstufe ist UBC Eigentümerin großer Pflanzungen in Mittel- und Südamerika. Zusätzlich hat sie viele unabhängige Produzenten durch Anbauverträge an sich gebunden. Durch eine breite geographische Streuung des Anbaus und eine ausgeklügelte Differenzierung der angebauten Sorten ist UBC weitgehend von witterungs- oder krankheitsbedingtem Produktionsausfall geschützt. Eigene Verarbeitungsstätten und zu 2/3 eigene Transportkapazitäten garantieren eine nahezu schwankungsfreie Versorgung mit Bananen. Die Lieferungen für den Gemeinsamen Markt werden in Bremerhaven und Rotterdam angelandet und dort an die Chiquita-Reifereien und

Vertragshändler verkauft. Diese erfahren etwa 4 Tage vor Ankunft des Schiffs, wieviele Bananen sie zu welchem Preis erhalten. Die Preise schwanken trotz kontinuierlicher Versorgung um wöchentlich bis zu 50 %. Zwischen einzelnen EG-Märkten treten Preisunterschiede bis zu 110 % auf. Die UBC-Verkaufszentrale setzt Preise und Liefermengen nämlich aufgrund von Informationen ihrer örtlichen Agenten abgestimmt auf die jeweiligen Marktgegebenheiten fest. Da alle UBC-Abnehmer die erhaltenen Bananen nur gereift weiterverkaufen dürfen, dann aber ein weiterer Transport unmöglich ist, sind die nationalen Märkte für Chiquita-Bananen gegeneinander abgeriegelt. Eine Konkurrenz der billigeren gegen die teuereren Bananen derselben Sorte findet daher auf dem Gemeinsamen Markt nicht statt. Auf diese Weise schaltet UBC den Wettbewerb auf ihrer Absatzstufe aus und zwingt die Endverkäufer zu ihren Bedingungen und entsprechend ihrer globalen Unternehmensstrategie zu verkaufen. Dabei ist sichergestellt, daß besondere saisonale Vorteile einzelner Märkte sich nicht zugunsten der Händler, sondern zugunsten der UBC auswirken.

Selbst ohne wettbewerbswidriges Verhalten bewirken multinationale Unternehmen längerfristig eine Reduktion des Wettbewerbs auf den einzelnen Märkten, indem sie unterlegene nationale Unternehmen aus dem Markt drängen, aufkaufen oder zur Gegenkonzentration zwingen. Die Internationalisierung von Handel und Produktion verstärkt daher den Wettbewerb nicht unbedingt, sondern gefährdet ihn durch eine beschleunigte Konzentration und größere Möglichkeiten der Marktmanipulation. Das internationale Wettbewerbsrecht jedoch hat kein Mittel anzubieten, dieser Entwicklung entgegenzuwirken. In der vorhandenen Form kann es bestehende Marktmacht nicht kontrollieren und die fortschreitende internationale Konzentration nicht verhindern. Teilweise fördert es die Konzentrationsprozesse sogar, wie in den folgenden Abschnitten noch näher gezeigt werden wird.

Ein multinationales völkerrechtliches Abkommen zum Schutze des internationalen Wettbewerbs gibt es bis heute nicht, obwohl es an entsprechenden Initiativen nach 1945 nicht gefehlt hat. Kapitel V der Havanna-Charta (Einzelheiten s. I.2.1) war diesen Fragen gewidmet. Art. 46 verpflichtete jeden Staat, geeignete Maßnahmen zu treffen, „um einschränkende Handelspraktiken ..., die im internationalen Handel den Wettbewerb beschränken, den Zugang zu den Märkten begrenzen oder einer monopolistischen Kontrolle Vorschub leisten, in allen Fällen zu verhindern, in denen diese Praktiken schädliche Auswirkungen für die Entwicklung der Erzeugung oder des Handels haben und die Erreichung eines der grundsätzlichen Ziele (der Welthandelsorganisation) beeinträchtigen könnte." Diese Verpflichtung sollten die Staaten also durch nationale Gesetze erfüllen. Lediglich eine Zusammenarbeit mit einer internationalen Kommission war vorgesehen. Deren Ersuchen, Feststellungen und Empfehlungen sollten berücksichtigt werden[4].

Als das Scheitern der Havanna-Charta erkennbar wurde, versuchte der Wirtschafts- und Sozialrat der UN (ECOSOC) den wettbewerbsrechtlichen Teil der Charta in ein separates Abkommen zu überführen. 1955 wurde ein entsprechender Entwurf zum letzten Mal im ECOSOC erörtert, jedoch ohne Erfolg. Stattdessen verlagerte sich die Diskussion in die Gremien des GATT[5]. Parallel wurden dieselben

Fragen auch im Europarat diskutiert. 1951 legte das Sekretariat dem Europarat einen Entwurf vor. Er enthielt die materiellrechtlichen Vorschriften der Havanna-Charta ergänzt um die Verpflichtung, sämtliche wettbewerbsbeschränkenden Abreden bei einer europäischen Kartellbehörde registrieren zu lassen. Darüber hinaus war eine Verbindung mit dem Rechtsschutzsystem der Europäischen Menschenrechtskonvention im Gespräch. Die Mitgliedsstaaten des Europarats hatten erhebliche Bedenken. Dennoch hielt die Beratende Versammlung diesen Entwurf 1954 für ein konsensfähiges Minimum, – um die weitere Behandlung der Angelegenheit parallel zu den UN an das GATT zu verweisen[6].

Das GATT setzte 1954 eine Expertengruppe zur Klärung der wettbewerbsrechtlichen Probleme ein. Diese Gruppe hielt ein multilaterales Abkommen zur Kontrolle internationaler wettbewerbsbeschränkender Praktiken von vornherein für unrealistisch. Auf ihren Vorschlag hin beschloß das GATT lediglich, den Mitgliedsstaaten Konsultationen zu empfehlen, wenn die Vorteile der Handelsliberalisierung durch wettbewerbsbeschränkende Praktiken eingeschränkt würden. Das Ergebnis der Konsultationen sollte dem Sekretariat des GATT mitgeteilt und von diesem bekanntgemacht werden. Die Konsultationsempfehlung vom 18. Dezember 1960 ist bisher nicht angewandt worden[7]. Das überrascht nicht, denn zwischenstaatliche Verhandlungen sind auch ohne Beteiligung des GATT-Sekretariats möglich und entsprechend praktiziert worden. Eine allgemeine Veröffentlichung der Konsultationsergebnisse, – und hierin lag letztlich die einzige Besonderheit der GATT-Konsultationsempfehlung –, mußte den beteiligten Staaten angesichts der internationalen Brisanz derartiger Einigungen, die oft zu Lasten dritter Wettbewerber gehen, eher unangenehm sein. Zudem fiel das Zentralproblem des internationalen Wettbewerbsrechts, die exterrritoriale Wirkung nationalstaatlicher Hoheitsakte, nicht unter die Konsultationsempfehlung.

Ende der 60er Jahre griff die UNCTAD (s. I.3.2) das Thema auf. Denn die Verstärkung der internationalen Konzentration und die Exportkartelle der westlichen Industrieländer mußten die Wirtschaft der Entwicklungsländer angesichts ihrer Auslandsabhängigkeit besonders hart treffen. Auf der UNCTAD II 1968 wurde eine genauere Untersuchung der wettbewerbsbeschränkenden Praktiken privater Unternehmen gefordert. Insbesondere sollte herausgefunden werden, inwieweit sie Exportinteressen der Entwicklungsländer beeinträchtigten. 1971 erfolgte ein erster Zwischenbericht des UNCTAD-Sekretariats, der vor allem die Exportkartelle der Industrieländer kritisierte[8]. Wettbewerbskontrolle stand jedoch niemals im Mittelpunkt der UNCTAD-Aktivitäten. Die Entwicklungsländer versprechen sich zu Recht von diesem Weg keine spürbare Verbesserung ihrer Lage.

Das internationale Wettbewerbsrecht war und ist damit eine Domäne der westlichen Industrieländer. Ihre internationalen Einigungsversuche mußten immer wieder scheitern, weil keine gemeinsame Zielvorstellung bestand. Die im einzelnen höchst unterschiedlichen nationalen Wettbewerbskonzepte decken sich auf internationaler Ebene nur in einem Punkt, daß sie nämlich gegeneinander gerichtet sind: Die Erhaltung des Wettbewerbs ist nur für den eigenen Binnenmarkt ein anerkannter Wert. Auf Drittmärkten ist man im Gegenteil bestrebt, Wettbewerb zugunsten der „eigenen“ Unternehmen abzubauen (s. II.4.1). Konzentrationsförderung zu diesem Zweck wird allgemein als legitim betrachtet, ihr kann im Konfliktfall sogar der Binnenwettbewerb geopfert werden (s. II.4.2). Eine internationale Kartell- oder Fusionskontrolle muß unter diesen Umständen eher hinderlich sein. Stattdessen propagiert ein Teil der westlichen Industrieländer mit dem Wirkungsprinzip (s. II.4.3) die Ausweitung seines Wettbewerbsrechtes und seiner Wettbewerbspolitik über das eigene Staatsgebiet hinaus. Das internationale Wettbewerbsrecht besteht gegenwärtig daher nur aus Normen des nationalen Wettbewerbsrechts kombiniert mit international-privatrechtlichen Grundsätzen, die das Verhältnis der divergierenden nationalen Regelungen zueinander klären sollen.

Freundschafts-, Handels- und Schiffahrtsverträge versuchen auf bilateraler Ebene einen ersten Interessenausgleich zu schaffen, bisher jedoch mit geringem praktischen Erfolg. Besonders die USA sind bemüht, in alle ihre Verträge eine entsprechende Klausel aufzunehmen. So sieht der deutsch-amerikanische Vertrag vom 29.10.1954[9] in Art. XVIII Abs. 1[10] bei wettbewerbsbeschränkenden Praktiken, die auf den Handel zwischen den USA und der BRD schädliche Auswirkungen haben können, die Konsultation vor. Soweit keine gesetzliche Regelung entgegensteht, soll jede Partei ihr geeignet erscheinende Maßnahmen zur Beseitigung der schädlichen Wirkungen ergreifen. Derartige Klauseln drücken nur einen recht schwachen wettbewerbspolitischen Konsens aus. Weder wird übergeordnetes neues Wettbewerbsrecht geschaffen, noch wird garantiert, daß das Wettbewerbsrecht des einen Staates auch auf dem Gebiet des anderen Staates gelten soll[11].

Lediglich die in der EG zusammengeschlossenen europäischen Staaten sind in der konsensualen Regelung wettbewerbspolitischer Konflikte einen Schritt weitergegangen. Die Art. 85, 86 EWGV bzw. Art. 60 ff., 65 ff. EGKSV formulieren zum ersten Mal Wettbewerbsregeln, die auf mehrere nationale Märkte gleichermaßen Anwendung finden und neben dem jeweiligen nationalen Wettbewerbsrecht eigenständige Geltung beanspruchen können. Die Kommission der EG überwacht die Einhaltung dieser Vorschriften, kann Genehmigungen und Verbote aussprechen und gegebenenfalls auch erhebliche Geldbußen verhängen. Der EuGH überprüft ihr Verhalten und entscheidet Konflikte mit direkter Rechtsverbindlichkeit für die Verfahrensbeteiligten. Insofern könnte das Vorgehen der EG beispielhaft für umfassendere Regelungen auf internationaler Ebene sein. Andererseits jedoch setzt selbst das EG-Wettbewerbsrecht und die auf ihm basierende Entscheidungspraxis inhaltlich keine neuen Akzente. Es wird lediglich die Vereinheitlichung der innereuropäischen Wettbewerbsinteressen betrieben mit deutlicher Stoßrichtung gegenüber Drittländern, insbesondere gegenüber den USA. Die Formen dieser Vereinheitlichung sind dem nationalen Wettbewerbsrecht entlehnt und setzen dessen internationale Konkurrenzaspekte auf höherer regionaler Ebene fort.

4.1 *Internationale Kartellkontrolle und Privilegierung von Exportkartellen*

Am Beispiel des Exportkartells wird besonders deutlich, in welcher Weise die wettbewerbspolitischen Zielsetzungen der westlichen Industrieländer gegeneinander gerichtet sind. Exportkartelle nennt man wettbewerbsmindernde Unternehmensabsprachen, die sich auf einen Auslandsmarkt beziehen. Während dort die Konkurrenzsituation zugunsten der Kartellmitglieder verbessert wird, bleibt der Binnenmarkt hiervon zumindest bei oberflächlicher Betrachtung unberührt. Nahezu alle nationalen Kartellgesetzgebungen privilegieren daher Exportkartelle[12]. Schließlich können sie den eigenen beteiligten Unternehmen und damit der Binnenwirtschaft nur Vorteile bringen. In besonders fein differenzierter Interessenabgrenzung gilt die Privilegierung von Exportkartellen in den USA sogar nur für die Beteiligung US-amerikanischer Unternehmen[13]. Deutlicher kann nationaler Egoismus wettbewerbsrechtlich nicht formuliert werden.

Auch § 6 Abs. 1 des Gesetzes gegen Wettbewerbsbeschränkungen (GWB)[14] stellt Ausfuhrkartelle von der Unwirksamkeit nach § 1 GWB frei, ,,sofern sie sich auf die Regelung des Wettbewerbes auf Märkten außerhalb des Geltungsbereiches dieses Gesetzes beschränken". Hat ein Exportkartell daneben auch Auswirkungen auf den Binnenmarkt, darf es die Kartellbehörde dennoch gestatten, ,,soweit diese Regelung notwendig ist, um die erstrebte Regelung des Wettbewerbs auf den Märkten außerhalb des Geltungsbereichs dieses Gesetzes sicherzustellen". Die Ausnahmeerlaubnis darf das Kartellamt nach § 6 Abs, 3 nur in zwei Fällen nicht erteilen: 1. wenn ansonsten gegen zwischenstaatliche Abkommen verstoßen würde und 2. wenn die interne Wettbewerbsbeeinträchtigung so wesentlich ist, daß das nationale Interesse an der Erhaltung des Wettbewerbs überwiegt. Die Interessen anderer Staaten an der Haltung des internationalen Wettbewerbs reflektiert das GWB also nur, wenn sie vertraglich festgelegtes Völkerrecht geworden sind und die BRD entsprechend gebunden ist. In Betracht kommen hier bisher nur das EG-Wettbewerbsrecht und die Klauseln bilateraler Freundschafts-, Handels- und Schiffahrtsverträge.

Die bundesrepublikanische Rechtsprechung hat die Privilegierung der Exportkartelle über den Wortlaut des Gesetzes hinaus noch weiter betrieben. Nach Ansicht des BGH[15] müssen Exportkartelle ohne Binnenwirkung nach § 6 Abs. 1 GWB dem Bundeskartellamt nicht einmal angezeigt werden. Die gesetzliche Anzeigepflicht für Kartellabreden beschränkt sich bei Exportkartellen also nur auf solche, die dort Wirkung zeigen, wo sie dieses Sinn und Zweck nach gerade nicht sollen, nämlich auf dem Binnenmarkt. Diese Einschränkung führt zu dem rechtspolitisch geradezu absurd anmutenden Ergebnis, daß es den betroffenen Unternehmen selbst überlassen bleibt, festzustellen, ob ihre Exportabsprache anzeigepflichtig sowie gegebenenfalls unwirksam und strafbar ist. Die hiermit verbundene Rechtsunsicherheit stellt sich für eine kartellfreudige, im Ausland expansiv tätige Industrie durchaus als Gewinn dar. Denn es ist schwer zu sehen, wie das Kartellamt noch über Exportkartelle informiert bleiben soll, wenn ihm durch die Anzeigepflicht nur noch Kartelle bekannt werden, von denen die Unternehmen selbst glauben, daß sie Inlandsauswirkungen haben werden[16].

Nun kann nicht übersehen werden, daß die Exportkartelle des einen Staates die Importkartelle des anderen Staates sind. Auf Importkartelle aber soll das nationale Wettbewerbsrecht selbstverständlich Anwendung finden. Auch über Exportkartelle hinaus stellt § 98 Abs. 2 GWB für alle Wettbewerbsfälle klar, daß dieses Gesetz sich weltweit auf alle Verhalten bezieht, die auf dem Binnenmarkt unerwünschte Auswirkungen zeigen (Wirkungsprinzip, Einzelheiten s. II.4.3). Dadurch entsteht folgende, für eine weltweite Wettbewerbskontrolle nicht sehr förderliche Situation: Auf Importkartelle soll das staatliche Recht Anwendung finden, weil sie sich im Inland auswirken. Da ihre Mitglieder jedoch in der Regel im Ausland ansässig sind, bleibt der Geltungsanspruch des staatlichen Rechts weitgehend theoretisch. Auf Mitglieder von Exportkartellen, die ihren Sitz im Inland haben, soll das inländische Recht dagegen keine Anwendung finden, weil die Wirkungen primär im Ausland eintreten und daher kein nationales Kontrollinteresse besteht[17]. In dieser Logik drückt sich die nationale Gegensätzlichkeit der wettbewerbspolitischen Interessen aus. Sie trägt dazu bei, eine Wettbewerbskontrolle auf internationaler Ebene noch unwirksamer zu machen, als sie es auf nationaler Ebene ohnehin schon ist[18].

Der EWGV[19] erwähnt eine besondere Privilegierung der Exportkartelle nicht ausdrücklich. Das ist allerdings auch nicht notwendig, da Art. 85 EWGV nur Kartelle verbietet, ,,welche den Handel zwischen Mitgliedsstaaten zu beeinträchtigen geeignet sind und eine Verhinderung, Einschränkung oder Verfälschung des Wettbewerbs innerhalb des Gemeinsamen Marktes bezwecken oder bewirken". Die EG-Kartellkontrolle ist also prinzipiell nur binnenmarktorientiert.

Auf dem Gemeinsamen Markt bekämpft die Kommission in der Praxis vor allem Unternehmensabsprachen und Vertragsklauseln, die die nationalen Märkte erneut voneinander separieren und damit den innereuropäischen Wettbewerb aufheben wollen. Mit dem Zucker-Kartell 1968[20] und dem Chinin-Kartell 1969[21] wurden Marktaufteilungen verboten, die nach der Devise, ,,jeder verkauft bei sich", verfahren hatten. Das Verbot des Farb-Kartells 1969[22] betraf die Festsetzung gemeinsamer Preise, die zudem für verschiedene nationale Märkte noch differierten. Auch andere Verkaufssyndikate, die ausschließliche Verkaufsrechte, Lieferquoten oder Preisfestsetzungen enthielten, wurden regelmäßig verboten. Gegenwärtig hat sich die Kommission vor allem der konkurrenzbeeinträchtigenden Wahrnehmung gewerblicher Schutzrechte zugewendet. Auch Warenzeichenrechte, Patent- und Know-how-Verträge enthalten nämlich häufig Wettbewerbs- und Reimportverbote, die im Ergebnis wieder zu einer Trennung der nationalen Märkte führen.

Die Kartellkontrolle der EG-Behörden wird also im Vergleich zur Konzentrationskontrolle, auf die anschließend unter II.4.2 einzugehen ist, relativ aktiv betrieben. Dieser Unterschied mag im ersten Moment überraschen, da sowohl die Kartellierung als auch die Monopolbildung den Wettbewerb beeinträchtigen und letztere sogar noch gravierende Folgen haben muß, da potentielle Wettbewerber dann vollständig beseitigt sind. Die unterschiedlich scharfe Kontrolle von Kartellabreden und Fusionsvorhaben dem EG-Vertrag und der Praxis nach beruht darauf, daß die Weltmarktfähigkeit der europäischen Industrie und vor allem die Konkurrenzfähigkeit gegenüber dem US-amerikanischen Unternehmen immer ein zentrales Anliegen der

EG-Wettbewerbspolitik war und ist. Erreicht werden soll dieses Ziel durch eine Vergrößerung der europäischen Unternehmenseinheiten. Für die Herausbildung europäischer multinationaler Großunternehmen war man ab Mitte der 60er Jahre auch bereit, den innergemeinschaftlichen Wettbewerb zu opfern, nachdem deutlich geworden war, daß allein die Verschärfung des innergemeinschaftlichen Wettbewerbs durch die Beseitigung nationaler Marktgrenzen den erhofften Konzentrationseffekt nicht bewirken konnte. Konzentrationsförderung zur Erreichung international wettbewerbsfähiger Großunternehmen steht daher heute im Zentrum der EG-Wettbewerbspolitik[23].

Die Kartellbildung jedoch wird diesem Ziel in vielen Fällen nicht gerecht. Im Gegensatz zur Unternehmensfusion schafft die Kartellabrede keine größeren Produktionseinheiten und kann daher bestimmte wirtschaftliche Vorteile nicht ermöglichen: insbesondere werden weder die Finanzbasis erweitert, noch die Produktion ausgeweitet und/oder die Stückkosten gesenkt. Eine innereuropäische Kartellabsprache kann die Konkurrenzvorteile US-amerikanischer Großunternehmen in derartigen Fällen also nicht aufwiegen. Andererseits jedoch beseitigt die Kartellabsprache bereits den Wettbewerb, welcher anderenfalls möglicherweise die Vergrößerung einiger Wettbewerber zu Lasten der übrigen mit sich gebracht hätte. Statt dessen versuchen die Kartellbeteiligten bei unveränderten internen Produktionsgegebenheiten aus demselben Markt über die Ausschaltung des Konkurrenzdrucks gemeinsam mehr Gewinn als zuvor zu ziehen.

Durch eine vorzeitige Aufgabe des Wettbewerbs unter noch selbständigen Unternehmen wird also leicht der Zeitpunkt für den Vollzug der Konzentration selbst hinausgeschoben. Die in der Kartellabsprache niedergelegte Solidarität entspricht damit häufig dem allgemeinen Interesse innerhalb eines kapitalistisch organisierten Marktes nicht. Denn sie richtet sich nicht auf Entfaltung der Produktivität und damit letztlich auf Verwertung, sondern auf individuell erhöhte Profitanteile[24]. Die unterschiedliche Behandlung von Kartellen und Fusionen hat also durchaus ihre rationale Begründung.

Im übrigen eröffnet Art. 85 Abs. 3 EWGV verschiedene Möglichkeiten, Kartelle zu gestatten, wenn diese wettbewerbspolitisch für günstig gehalten werden. Die EG-Kommission beabsichtigt ihren eigenen Verlautbarungen nach keineswegs, sich einer „vernünftigen" Zusammenarbeit zwischen Unternehmen zu widersetzen[25]. Sie hat zur Vereinfachung des Verfahrens bestimmte Arten von Vereinbarungen durch Gruppenfreistellungen ausdrücklich genehmigt. Im Mittelpunkt dieser Freistellungen stehen Vereinbarungen zur wissenschaftlich-technischen Vereinheitlichung, die Kooperation zwischen Klein- und Mittelbetrieben, sowie Vereinbarungen von geringer Bedeutung[26]. Angesichts der weltweiten Krise in bestimmten Wirtschaftsbereichen, so der Kunstfaser-, Werft- und Erdölraffinerieindustrie, erwägt die Kommission gegenwärtig, sogenannte Krisenkartelle zur Kapazitätsreduzierung zuzulassen, ohne jedoch gleichzeitig auch Marktaufteilungen oder Preisabsprachen zu tolerieren. Der EGKS-Vertrag sieht in Art. 58 eine entsprechende Quotierung in Kooperation zwischen EG-Behörden und Unternehmen bereits vor.

Schließlich genehmigt die Kommission im Einzelfall durch Negativattest bzw. Freistellung weitere Kartellabsprachen[27]. Häufig werden die Wettbewerbsbeeinträchtigungen als ,,nicht spürbar" qualifiziert und damit ignoriert. Hier zeigt sich stellenweise bereits eine Rückkoppelungswirkung der Konzentrationsförderungspolitik der EG. So wurden in der Sache Christiani und Nilson einer dänischen Firma und ihrer niederländischen Tochterfirma Negativatteste für eine Marktaufteilungsvereinbarung mit der Begründung erteilt, daß zwischen beiden Firmen ohnehin kein Wettbewerb bestehe. Die Kommission hielt die Aufteilung der Märkte für eine ,,Aufteilung der Aufgaben innerhalb derselben Wirtschaftseinheit", weil es sich um eine 100 %ige Tochter handelte[28]. Eine derartige Betrachtungsweise läßt erwarten, daß die zunehmende internationale Konzentration wichtigen Teilen der bisherigen EG-Kartellkontrolle allmählich den Boden entziehen und auch vor den bisherigen Fixpunkten, Marktaufteilung und Preisabsprache, nicht haltmachen wird.

Auffällig ist, daß an vielen Kartellabreden innerhalb des Gemeinsamen Marktes auch Unternehmen aus Drittländern beteiligt waren. Am Farbstoffkartell beispielsweise waren unter 17 Herstellern aus der BRD BASF und Bayer, aus der Schweiz Geigy, Ciba (beide heute fusioniert) und Sandoz, aus Italien ACNA, aus Frankreich Francolor und aus Großbritannien, damals noch nicht EG-Mitglied, ICI beteiligt. Hier dokumentiert sich deutlich die globale Orientierung multinationaler Unternehmen. Kooperation und Konzentration machen weder an den nationalen noch an den europäischen Marktgrenzen halt. Die EG-Wettbewerbspolitik kann daher nicht gleichgesetzt werden mit der Wettbewerbspolitik der EG-Multis. Über eine breite Ausdehnung des Auswirkungsgedankens als Anknüpfung für wettbewerbskontrollierende Maßnahmen versuchen die EG-Organe, der globalen Orientierung ,,ihrer" Multis entgegenzuarbeiten und auch das Verhalten externer Wettbewerber in ihre Wettbewerbskontrolle einzubeziehen, jedoch nicht mit großem Erfolg.

Eine EG-Wettbewerbskontrolle kann sich einer weiteren Internationalisierung der Unternehmenskooperation und -konzentration ebensowenig widersetzen, wie eine staatliche Wettbewerbskontrolle. Das Wirkungsprinzip ist ein Steuerungsinstrument, welches im einzelnen zwar zu spektakulären Ergebnissen, global aber nicht zu grundlegenden Strukturveränderungen geführt hat. Nationale, bzw. europäische Konzentrationsförderung innerhalb der eigenen Grenzen dürfte hier jeweils ein erfolgversprechenderes Mittel sein, national bzw. regional begrenzte Konkurrenzaspekte praktisch umzusetzen.

4.2 *Internationale Fusionskontrolle contra Konzentrationspolitik*

Die nationale bzw. regionale Gegensätzlichkeit des internationalen Wettbewerbsschutzes wiederholt sich auf dem Gebiet der Fusionskontrolle. Die Konzentration ausländischer Unternehmen wird auf dem Binnemarkt über das Wirkungsprinzip bekämpft, die Konzentration eigener Unternehmen auf Drittmärkten jedoch ignoriert oder gefördert, soweit sie keine negativen Folgen für den Binnenmarkt erwarten läßt. Die Konzentrationsbewegung in der eigenen Wirtschaft für den Binnenmarkt wird unterschiedlich beurteilt. Dabei zeigt das Beispiel der USA, daß eine strenge Kontrolle der Binnenkonzentration die Konzentration auf Drittmärkten sogar fördern kann, wenn die Unternehmen vorher schon Weltformat erreicht haben[29]. In den Verfügungen amerikanischer Gerichte ist das Verbot einer konkreten Fusion häufig mit der Auflage verbunden, in dem betroffenen Wirtschaftszweig oder allgemein für 10 Jahre keine weitere Fusion vorzunehmen. Die amerikanische Praxis tendiert ferner dahin, den 100 größten Unternehmen praktisch jedes Wachstum durch Fusion zu untersagen. Angesichts der zuvor erreichten Größe bedeutet dieses Verbot für die betroffenen Unternehmen jedoch lediglich, daß sie ihre Expansionskräfte verstärkt und erfolgreich auf Drittmärkte richten müssen[30].

Andererseits wurden durch die strenge Fusionskontrolle und eine entsprechend weite Auslegung des Wirkungsprinzips ausländische Gegenoffensiven auf dem amerikanischen Markt erschwert. Selbst Fusionen in Drittländern, deren direkt beteiligt Firmen in den USA gar nicht tätig sind, werden über das Wirkungsprinzip erfaßt: So hielten die amerikanischen Antitrustbehörden die Fusion der schweizer Gesellschaften Ciba und Geigy in der Schweiz erst für unbedenklich, als sich beide Unternehmen bereiterklärten, die konkurrierenden Produktlinien aus einer ihrer amerikanischen Tochtergesellschaften auszugliedern und auf einen unabhängigen Dritten zu übertragen[31].

Angesichts der Überlegenheit amerikanischer Unternehmen war und ist Fusionskontrolle in Europa ein eher zweitrangiges Ziel, das von Anstrengungen zur Konzentrationsförderung stellenweise völlig überlagert wird. In das deutsche GWB wurde eine besondere Fusionskontrolle überhaupt erst 1973 aufgenommen, nachdem die hohen Konzentrationsziffern in Wissenschaft und Öffentlichkeit immer stärker kritisiert worden waren. In den ersten Nachkriegsjahren hatten alliierte Entflechtungsmaßnahmen und Fusionsverbote zwar versucht, eine Dekonzentration zu erzwingen und zu erhalten, jedoch ohne Erfolg. Die 50 größten Industrieunternehmen steigerten zwischen 1954 und 1969 ihren Anteil am Gesamtumsatz der Industrie von 25,4 auf 44,8 %. Zusätzlich steigerte sich noch die finanzielle Verflechtung zwischen einzelnen rechtlich selbständigen Unternehmensgruppen durch gegenseitige Beteiligungen und die Bankbeteiligungen. 11 der 15 größten Unternehmen der BRD gehörten bereits vor dem 2. Weltkrieg zu dieser Spitzengruppe[32].

§ 24 Abs. 1 GWB sieht nurmehr eine Fusionskontrolle vor, „wenn durch einen Zusammenschluß eine marktbeherrschende Stellung entsteht oder verstärkt wird". Derartige Zusammenschlüsse können vom Bundesminister für Wirtschaft jedoch erlaubt werden, wenn nach § 24 Abs. 3 GWB „im Einzelfall die Wettbewerbsbeschränkung von gesamtwirtschaftlichen Vorteilen des Zusammenschlusses aufgewogen wird oder der Zusammenschluß durch ein überragendes Interesse der Allgemeinheit gerechtgertigt ist." Besonders genannt wird in diesem Zusammenhang die Wettbewerbsfähigkeit außerhalb des Geltungsbereiches des GWB[33]. Das Interesse an internationaler Wettbewerbsfähigkeit überlagert demnach schon dem Wortlaut des Gesetzes nach deutlich das Interesse an Konzentrationskontrolle auf dem Binnenmarkt.

Nach Berichten der Monopolkommission und des Bundeskartellamtes hat sich die Konzentrationsbewegung trotz des § 24 GWB quantitativ und qualitativ weiter fortgesetzt. Von den bis 1976 angemeldeten insgesamt 1.400 Zusammenschlüssen oder Zusammenschlußvorhaben waren etwa die Hälfte nach dem GWB kontrollpflichtig. In ca. 20 Fällen untersagte das Bundeskartellamt den Zusammenschluß. Die meisten Verbote wurden jedoch durch eine Ministererlaubnis, gerichtliche Entscheidung oder das Kartellamt selbst später wieder abgewendet. Die Fusionskontrolle hat sich demnach eher wie eine Fusionserlaubnis ausgewirkt[34].

Was bleibt, ist unter diesen Umständen eine wettbewerbsrechtliche Mißbrauchsaufsicht. Durch sie soll nicht die Konzentration selbst, sondern nur ihre negativen Auswirkungen auf den Binnenmarkt bekämpft werden. Nach §§ 22 ff. GWB wird vor allem das Preisverhalten der Großunternehmen kontrolliert[35]. Diese Kontrolle ist schon vom Ansatz her wenig aussichtsreich. Wo mangels entsprechender Wettbewerber kein Wettbewerb mehr gegeben ist, kann auch eine Verhaltenskontrolle ihn nicht wieder herstellen oder auch nur simulieren. Denn der notwendige Bezugspunkt für ein mögliches wettbewerbskonformes Alternativverhalten fehlt bereits. Selbst bei Oligopolen ist Wettbewerb theoretisch zwar möglich, aus der Verhaltenslogik der Unternehmen heraus jedoch häufig nicht sinnvoll. Falls nämlich bei wenigen etwa gleichstarken Wettbewerbern die individuelle Marktposition durch Wettbewerb nicht verbessert werden kann, weil kein Unternehmen das andere aus dem Markt zu drängen vermag, bietet sich hier auch ohne besondere wettbewerbswidrige Zielsetzung Parallelverhalten oder gar Kooperation an. Es stellt sich also bereits auf der Stufe des Oligopols die Frage, welchen Wettbewerb das Wettbewerbsrecht überhaupt schützen soll.

Nicht Wiederherstellung oder Schutz des Wettbewerbes kann daher vorrangiges Ziel einer Mißbrauchskontrolle sein. Denn dieses Ziel hat man mit der Gestattung einer Konzentration bereits aufgegeben. Was bleibt, ist die Verhinderung sogenannter „Auswüchse". D.h., durch die Mißbrauchsaufsicht werden Unternehmensegoismen gebremst, die mit der Konzentration nicht wesensnotwendig zusammenhängen, den betroffenen Mitkonkurrenten oder Verbraucher und damit möglicherweise eine breitere Öffentlichkeit jedoch trotzdem gegen die Wirtschaftskonzentration als solche mobilisieren könnten. Die „Idee vom Wettbewerb" wird durch das GWB gepflegt, nicht unbedingt der Wettbewerb selbst. Knieper spricht in diesem Zusammenhang zutreffend von einem Legitimationsgewinn bei gleichzeitiger substanzieller Wirkungslosigkeit[36].

Der EWG-Vertrag sieht seinem Wortlaut nach eine Fusionskontrolle auch gegenwärtig nicht vor. Verboten ist nach Art. 86 lediglich die mißbräuchliche Ausnutzung einer beherrschenden Stellung auf dem Gemeinsamen Markt oder auf einem wesentlichen Teil desselben. Die prinzipielle Problematik einer Mißbrauchskontrolle stellt sich hier ebenso wie im nationalen Bereich. Wie schon bei der Kartellkontrolle suchen die EG-Behörden auch hier vor allem, den Gemeinsamen Markt vor privaten Aufspaltungstendenzen zu schützen. So wurde das einleitend erläuterte Vertriebssystem der UBC mit einer Geldbuße von 1 Mio RE geahndet[37].

Generell fällt auf, daß die EG amerikanische Unternehmen einer besonders scharfen Mißbrauchsaufsicht unterwirft[38]. Zu den erklärten Zielen der Industriepolitik der EG gehört es, europäische Unternehmen auf dem Weltmarkt, insbesondere gegenüber US-Unternehmen, konkurrenzfähig zu halten oder zu machen. Deshalb muß einerseits der Konzentrationsprozeß innerhalb Europas beschleunigt werden, um zu mit US-Firmen vergleichbaren Unternehmensgrößen zu kommen. Darüber hinaus muß Europa als Zentrale multinationaler Unternehmen erhalten und eine Strategie gegen Investitionen aus Drittländern entwickelt werden[39].

Die Konzentrationsförderungsmaßnahmen der EG und der Geltung des Art. 86 EWGV[40] brachten jedoch nicht den erhofften Erfolg. Das Konzept vom europäischen Multi als Wettbewerbskontrahent des amerikanischen Multis scheiterte sowohl an der nationalen Verhaftung als auch an der globalen Orientierung der in Europa entstandenen Multis. Auch heute überwiegen innerhalb der EG noch bei weitem Konzentrationsbewegungen im nationalen Bereich. Soweit Fusion zwischen Unternehmen verschiedener europäischer Nationalität stattfanden, blieben sie Ausnahmefälle und zerbrachen teilweise schon bald wieder[41]. Wenn EG-Unternehmen in andere Teile des Gemeinsamen Marktes expandieren, bleibt die Grenzüberschreitung meist national dominiert: Die Unternehmen gründen dann typischerweise Tochterfirmen. Soweit schließlich grenzüberschreitende Kooperation stattfindet, sind hieran gerade die offiziell ungeliebten amerikanischen Unternehmen beteiligt. Die Zusammenarbeit mit einem amerikanischen Unternehmen ist für europäische Unternehmen in doppelter Hinsicht attraktiver als die Zusammenarbeit mit anderen Europäern. Erstens kann der Vorsprung des Amerikaners beispielsweise auf technologischem Gebiet oder in Fragen des Managements und Marketings gegen die europäische Konkurrenz ausgespielt werden. Zweitens kann der amerikanische Partner dem europäischen Unternehmen möglicherweise den Zutritt zum attraktiven amerikanischen Markt eröffnen oder erleichtern. Beide Vorteile bietet die Kooperation mit einem ähnlich strukturierten europäischen Kooperationspartner nicht[42].

Für die wettbewerbspolitische Konfrontation zwischen der EG und den USA ist auch typisch, daß die ersten Ansätze zu einer europäischen Fusionskontrolle durch Rechtsfortbildung am Beispiel einer amerikanischen Expansion entwickelt wurden. Im Fall Continental Can[43] wollte ein amerikanisches Großunternehmen der Verpackungsindustrie seine Stellung auf dem Gemeinsamen Markt durch Aufkauf eines europäischen Unternehmens weiter verstärken. Die Continental Can Co.. (USA) besaß 85,8 % des Grundkapitals der Schmalbach-Lubeca AG (BRD). 1979 erwarb Continental über ihre Tochter Europenballage (USA) 80 % der Anteile an Thomassen und Drijver-Verblifa (NL) und besaß damit die wirtschaftliche Verfügungsgewalt über die zwei größten europäischen Verpackungshersteller. Der EuGH erklärte hierzu, ein mißbräuchliches Verhalten könne auch vorliegen, wenn ein marktbeherrschendes Unternehmen seine Stellung weiter verstärkt, so daß nur noch von ihm beherrschte Unternehmen auf dem Markt blieben[44], gestattete im Ergebnis allerdings die konkrete Fusion.

In Ausfüllung dieser neuen Kompetenz hat die Kommission im Juli 1973 dem Rat eine Verordnung über die Kontrolle von Unternehmenszusammenschlüssen vor-

geschlagen[45]. Die für das Verhältnis zu anderen Wettbewerbsordnungen bestimmende Regelung lautet: „Jedes Vorgehen, das unmittelbar oder mittelbar einen Zusammenschluß zwischen Unternehmen oder Gruppen bewirkt, durch den diese die Möglichkeit erlangen oder verstärken, einen wirksamen Wettbewerb auf dem Gemeinsamen Markt oder auf einem wesentlichen Teil desselben zu verhindern, ist mit dem Gemeinsamen Markt unvereinbar, sofern mindestens eines der beteiligten Unternehmen seinen Sitz im Gemeinsamen Markt hat und der Zusammenschluß dazu führen kann, den Handel zwischen den Mitgliedsstaaten zu beeinträchtigen."
Die Grenze gewünschter Fusionsdimensionen wird folgendermaßen festgesetzt:

- Erlaubt sind Fusionen, an denen Unternehmen beteiligt sind, deren Gesamtumsatz weniger als 200 Mio RE beträgt und auf die in keinem Mitgliedsstaat mehr als 25 v.H. des Marktes entfallen.
- Erlaubt sind Fusionen, die für die Verwirklichung eines im allgemeinen Interesse der Gemeinschaft liegenden vorrangigen Zieles unerläßlich sind.

Für allgemein bedenklich werden Fusionen zwischen Unternehmen mit insgesamt 1 Mrd. RE Umsatz und mehr gehalten. Sie müssen nämlich außer bei Aufkauf eines „Kleinunternehmens" (unter 30 Mio RE Jahresumsatz) stets bei der Kommission angemeldet werden. Dabei entsprach eine RE am 31.8.1978 DM 2,57[46].

Dieser Verordnungsvorschlag ist im Rat noch nicht abschließend behandelt worden. Ein europäischer Konsens ist hier ganz offensichtlich schwerer zu finden als in der Kartellkontrolle. Dieses dürfte allgemein darauf zurückzuführen sein, daß eine übernationale Fusionskontrolle bedeutend intensiver in die nationale Wirtschaftsstrukturpolitik eingreifen würde, als die bestehende Kartellkontrolle. Zudem sind selbst im begrenzten europäischen Rahmen die Vorstellungen über eine anzustrebende Unternehmensdimension sehr unterschiedlich. Was für eine größere, international expansive Wirtschaft wie die der BRD noch einen Zusammenschluß geringerer Größe darstellt, mag für einen kleineren Wirtschaftsraum wie Dänemark bereits eine unakzeptable Größenordnung annehmen. Der Gemeinsame Markt hat eben bisher noch nicht zu einem gemeinsamen europäischen Wirtschaftsraum und europäisierten Unternehmens- bzw. Wettbewerbsstrukturen geführt. Angesichts der Tatsache, daß hier ein Konsens noch nicht einmal in Europa in Sicht ist, muß die Annahme völlig illusorisch erscheinen, hier könnte auf absehbare Zeit eine weltweite Vereinbarung möglich werden. Während Kartelle zumindest für den Binnenmarkt weltweit einheitlich abgelehnt werden, besteht für Fusionen noch nicht einmal dieser – selbst noch höchst dünne – Konsens.

4.3 Das Wirkungsprinzip im internationalen Wettbewerbsrecht

Bereits an den Beispielen der vorausgegangenen Abschnitte wurde deutlich: eine nationale Wettbewerbskontrolle kann sich, wenn sie überhaupt irgendeine praktische Wirkung entfalten will, nicht im Sinne strenger Territorialität auf das eigene Staatsgebiet und die darin ansässigen Unternehmen beschränken. Denn einerseits sind an vielen wettbewerbswidrigen Praktiken innerhalb des Binnenmarktes auch im

Ausland ansässige Unternehmen beteiligt, andererseits agieren auch inländische Unternehmen in wettbewerbswidriger Weise auf Drittmärkten.

Vergleichbare Anwendungslücken ergeben sich auch im allgemeinen Strafrecht. Unter weltweitem Konsens wurde daher im internationalen Strafrecht der strenge Territorialitätsgrundsatz um einige Komponenten erweitert: Nach § 3 StGB findet das deutsche Strafrecht auf alle Taten Anwendung, die im Inland begangen werden, in diesem Fall also auch gegenüber Ausländern (Territorialitätsprinzip). Bei wichtigen Rechtsgütern staatspolitischer Natur wie im Fall von Verrats-, Sabotage- und Kriegsdelikten gilt inländisches Strafrecht nach § 4 StGB auch für Auslandstaten (Schutzprinzip). Bei einigen weltweit pönalisierten Delikten, wie z.B. Völkermord, wird nach § 6 StGB ebenso verfahren (Weltrechtsprinzip).

Die Verbotstatbestände des Wettbewerbsrechtes sind mit ihren Strafandrohungen dem Wirtschaftsstrafrecht und damit auch den Grundsätzen des internationalen Strafrechts zuzuordnen. Diese Anknüpfungsmöglichkeit ist in vielen westlichen Industrieländern dazu benutzt worden, das gesamte internationale Wettbewerbsrecht nach den Prinzipien des internationalen Strafrechtes auszuweiten. Unter der wettbewerbsrechtlichen Bezeichung „Wirkungsprinzip" ist das strafrechtliche Schutzprinzip zur Ausdehnung nationaler Wettbewerbskontrolle herangezogen worden, ein in der internationalen Rechtswissenschaft höchst umstrittenes Vorgehen. Demnach ist der Binnenwettbewerb ein Rechtsgut vergleichbar der Staatssicherheit und muß deshalb auch gegen äußere Beeinträchtigungen geschützt werden, soweit diese Binnenwirkungen zeigen. Die USA haben sogar die These von der unbedingten Höherrangigkeit des Wettbewerbsschutzes vorgetragen und damit versuchsweise das Weltrechtsprinzip zur Legitimation herangezogen[47]. Diese These ist jedoch völlig unglaubhaft, wenn man sich der nationalen Begrenztheit des Wettbewerbsschutzes beispielsweise im Zusammenhang mit der Kontrolle von Exportkartellen erinnert.

Die Ausweitung der Wettbewerbskontrolle über das Wirkungsprinzip ist deshalb problematischer als die Ausweitung des allgemeinen Strafrechts, weil mit der Wettbewerbskontrolle auch die nationale Wettbewerbspolitik ausgeweitet wird. Es handelt sich nicht nur um eine neutrale Abwehr unzulässiger Einwirkung in die Binnenwirtschaft, sondern zugleich immer auch um den Export eigener wirtschaftsstrukturpolitischer Vorstellungen in das Ausland. Kartelle und Fusionen, die man nach den eigenen Wirtschaftsmaximen auf dem Binnenmarkt verboten hätte, verbietet man über das Wirkungsprinzip auch auf Drittmärkten, mit deren Maximen sie möglicherweise in Einklang stehen. Das Wirkungsprinzip ist damit zwar eine plausible Antwort auf die nationalen Egoismen der vorhandenen Kartell- und Fusionskontrolle, jedoch aggressiver Art. Es orientiert sich ebenso wie jene allein am eigenen nationalen Bedarf. Die internationalen Konflikte werden durch dieses Instrument der Wettbewerbskontrolle um einen zusätzlichen Bereich erweitert.

Die Ausweitung der nationalen Wettbewerbskontrolle über das Wirkungsprinzip betrifft allerdings nur die Entscheidungsfindung, nicht zugleich auch ihre Vollstreckung. Im internationalen Wettbewerbsrecht ebenso wie im internationalen Strafrecht bleibt die Vollstreckungszuständigkeit nach einhelliger Ansicht auf das eigene Staatsgebiet beschränkt. Angesichts der starken internationalen Wirtschaftsverflechtung verfügen jedoch entsprechend starke Staaten auch innerhalb ihrer eigenen Grenzen über ausreichendes Sanktionspotential, wie später noch gezeigt werden wird.

Das Wirkungsprinzip tastet demnach durch den Export nationaler wettbewerbspolitischer Ansprüche in jedem Fall die Rechte anderer Staaten an. Wirtschaftliche Souveränität und Selbstbestimmung würden ganz offensichtlich ausgehöhlt und völkerrechtswidrig beeinträchtigt, wollte ein Staat alle Sachverhalte regeln, die für ihn irgendwelche Bedeutung und damit Binnenwirkung im weistesten Sinne haben. Aufgrund der weltweiten Wirtschaftsverflechtung könnte demnach nämlich jeder Staat nahezu alles regeln und sich zumindest dem Anspruch nach ständig in die inneren Angelegenheiten anderer Staaten einmischen. Das Wirkungsprinzip, will man es überhaupt akzeptieren, benötigt also dringend eine konkretisierende Einschränkung. Die h.L. in der BRD fordert hier wie schon bei der Kollisionsnorm des Art. 30 EGBGB (s. II.2.2) eine „hinreichend starke Inlandsbeziehung". Ohne eine solche sei bereits die Regelung von Auslandssachverhalten ein völkerrechtlicher Mißbrauch[48]. Diese Inlandsbeziehung ist allerdings eine politisch wertende Größe, über welche im konkreten Einzelfall ebenso wie bei der Anerkennung von Konfiskationen kaum ein internationaler Konsens besteht. Die allgemein gefaßten Mindestanforderungen lassen sich wie folgt umschreiben: Nach dem allgemeinen völkerrechtlichen Grundsatz der sinnvollen Anknüpfung ist das Inland zum Erlaß kartellrechtlicher Hoheitsakte nur dann, aber auch immer dann zuständig, wenn beträchtliche, unmittelbare und vorhersehbare Inlandswirkungen vorliegen[49].

In der Praxis wird das Wirkungsprinzip sehr unterschiedlich angewendet. Besonders exponierte Verfechter des Wirkungsprinzips sind die USA und die BRD[50]. In der BRD findet das GWB gem. § 98 Abs. 2 Anwendung „auf alle Wettbewerbsbeschränkungen, die sich im Geltungsbereich dieses Gesetzes auswirken, auch wenn sie außerhalb des Geltungsbereiches dieses Gesetzes veranlaßt werden." In der Praxis allerdings ist deutsches Wettbewerbsrecht noch niemals auf einen Fall angewendet worden, in der Tat und Täter völlig im Ausland blieben und nur die Auswirkungen ins Inland reichten. Das Bundeskartellamt hat sich hier nach einem besonderen Opportunitätsprinzip selbst beschränkt und zurückgehalten[51].

Die USA ihrerseits schöpften beispielsweise 1955 im „Alcoa-Fall"[52] das Wirkungsprinzip bis in seine extremsten Möglichkeiten aus. In diesem spektakulären Fall hatten ein französisches, ein schweizerisches, ein britisches, zwei deutsche und ein kanadisches Unternehmen der Aluminiumindustrie in der Schweiz eine gemeinsame schweizer Gesellschaft gegründet, an der sie ihrer Produktionskapazität entsprechend beteiligt waren. Die schweizer Gesellschaft bestimmte für die beteiligten Unternehmen Produktionsquoten, mittelbar auch Mindestpreise und ferner die Importquoten für die USA. Die amerikanische Regierung ging daraufhin gegen die kanadische Gesellschaft vor und erreichte in der zweiten Instanz ihre gerichtliche Verurteilung. Nach Ansicht des damaligen Richters entspricht es gesicherter Rechtsauffassung, daß jeder Staat sogar solchen Personen, die zu ihm nicht in einem Treueverhältnis stehen, Verpflichtungen auferlegen kann für ein Verhalten außerhalb seiner Grenzen; vorausgesetzt, es hat innerhalb seiner Grenzen Wirkungen, die dieser Staat mißbilligt. Da die schweizer Vereinbarungen eindeutig gesetzeswidrig gewesen wären, wenn sie in den USA getroffen wären, müsse dasselbe wegen der importbeschränkenden Auswirkungen auch für eine im Ausland getroffene Vereinbarung gelten.

Im „schweizer Uhrenfall" 1963[53] ging die amerikanische Gerichtsbarkeit sogar noch weiter: Hier sollte gegen die Satzungen schweizer Unternehmerverbände vorgegangen werden, die strenge Regelungen für den Export von Uhren und Uhrenteilen enthalten und durch Verträge mit fast allen Herstellern westlicher Länder untermauert sind. Die amerikanischen Gerichte sahen hierin eine unzulässige Kartellierung und verpflichteten die schweizer Beklagten, die Satzung ihres Unternehmensverbandes zu ändern und die Verträge mit anderen Herstellern zu lösen. Die Durchsetzung des Urteils scheiterte allerdings am Protest der Schweiz, die ihre Souveränität verletzt sah.

Der EGKS-Vertrag[54] folgt in den Artikeln 65, 66 ebenfalls dem Wirkungsprinzip. Nach Art. 80 ist das EGKS-Recht jedoch allgemein nur anwendbar auf Unternehmen, die innerhalb des Gemeinsamen Marktes produzieren. Den amerikanischen Fällen vergleichbare Konstellationen können daher nicht auftreten. Der EWG-Vertrag[55] folgt dem Wirkungsprinzip ohne die personelle Beschränkung des EGKS-Vertrags. Nach Art. 84 sind alle Kartelle verboten, „welche den Handel zwischen Mitgliedsstaaten zu beeinträchtigen geeignet sind und eine Verhinderung, Einschränkung oder Verfälschung des Wettbewerbs innerhalb des Gemeinsamen Marktes bezwecken oder bewirken". Nach Art. 86 ist der Mißbrauch einer beherrschenden Stellung „auf dem Gemeinsamen Markt oder auf einem wesentlichen Teil desselben" verboten, „soweit dieses dazu führen kann, den Handel zwischen Mitgliedsstaaten zu beeinträchtigen".

Die Rechtsprechung des EuGH hat sich hier praktisch allerdings zurückgehalten. Im „Fall Continental Can"[56] und im „Farbstoff-Fall"[57] wurde jeweils davon ausgegangen, daß das verklagte Unternehmen durch seine abhängige Tochter direkt im Gemeinsamen Markt gehandelt habe. Die notwendige territoriale Anknüpfung entsprechend beispielsweise § 3 StGB war damit bereits gegeben, so daß auf das Wirkungsprinzip nicht näher eingegangen werden mußte. Die Kommission der EG hat sich allerdings im Farbstoff-Fall zur Unterstützung ihres Antrages hilfsweise auch auf das Wirkungsprinzip berufen und somit erkennen lassen, daß sie gegebenenfalls auch entferntere Sachverhalte zu kontrollieren gedenkt. Internationale Proteste blieben auch der EG-Praxis nicht erspart. So intervenierte die britische Regierung im Farbstoff-Fall auf diplomatischem Wege und verwahrte sich gegen die Verurteilung der britischen Firma ICI. Sie unterstrich bei dieser Gelegenheit, daß sie das Wirkungsprinzip prinzipiell ablehne[58].

Obwohl die Kommission sich für das Wirkungsprinzip ausgesprochen hat, hat sie es in ihrem Vorschlag zu einer Fusionsverordnung (s. II.4.2) nur eingeschränkt übernommen. Denn nach Art. 1 Abs. 1 der Verordnung soll weitere Anwendungsvoraussetzung neben der Wirkung innerhalb des Gemeinsamen Marktes sein, daß mindestens eines der beteiligten Unternehmen seinen Sitz im Gemeinsamen Markt hat. Dadurch ist allerdings nicht unbedingt ausgeschlossen, daß auch Fusionen ausländischer Unternehmen im Ausland kontrollpflichtig werden, falls nämlich die europäischen Töchter dieses Unternehmens über den Begriff Beteiligung in die Bewertung der Fusion einbezogen werden.

Im internationalen Wettbewerbsrecht ist bisher nicht abschließend geklärt, wie die Zurechnung von Handlungen und Wirkungen erfolgen soll, wenn ein Unternehmen teils direkt, teils aber vermittelt über seine juristisch selbständigen Tochterfirmen handelt. Diese Lücke wiegt umso schwerer, da die Gründung rechtlich selbständiger Tochterfirmen für multinationale Unternehmen ein bevorzugtes Vorgehen darstellt. Die Handlungsstrategien werden dann in der zentralen Muttergesellschaft entwickelt und von den verschiedenen Tochtergesellschaften ohne jede eigene wettbewerbswidrige Zielsetzung ausgeführt. Im „Continental-Can-Fall“ beispielsweise erwarb das amerikanische Unternehmen die zusätzliche europäische Beteiligung nicht direkt, sondern über eine amerikanische Tochter, die rechtlich selbständig war. Im „Farbstoff-Fall“ stimmten die 17 Mutterunternehmen in der Schweiz ihr Verhalten ab und wiesen dann ihre europäischen Töchter auf dem Gemeinsamen Markt zu entsprechenden Preiserhöhungen an. In beiden Fällen ignorierte der EuGH kurzerhand die rechtliche Selbständigkeit der Töchter: Soweit die Tochtergesellschaft ihr Marktverhalten nicht autonom bestimme und im fraglichen Fall entsprechende Weisungen der Muttergesellschaft befolgt habe, könne ihr Verhalten der Mutter zugerechnet werden[59].

Die Probleme bei wettbewerbsrechtlichen Verfahren mit exterritorialer Reichweite beginnen jedoch bereits mit der Zustellung entsprechender Prozeßdokumente an das ausländische Unternehmen. Die Schweiz beispielsweise untersagt gesetzlich die Postzustellung ausländischer Hoheitsakte, so daß schon eine unerkannte Versendung ausländischer Gerichtsladungen an schweizer Adressaten ihre Souveränitätsrechte verletzt. Die EG-Behörden beschritten diesen Weg dennoch im „Farbstoff-Fall“ gegenüber dem schweizer Unternehmen Geigy. Ein weiteres Dokument stellten sie kurzerhand dem Tochterunternehmen Geigys innerhalb des Gemeinsamen Marktes zu. Beides wurde von dem betroffenen Multi ohne Erfolg gerügt. Der EuGH entschied, daß es in der Schweiz gegenwärtig keine praktikable Zustellungsmöglichkeit gäbe. Der Gemeinschaft könne daher nicht unter Berufung auf das Völkerrecht die Befugnis abgesprochen werden, das Erforderliche zu tun, um die Wirksamkeit ihrer Maßnahmen gegen wettbewerbsbeeinträchtigende Praktiken auf dem Gemeinsamen Markt auch dann zu gewährleisten, wenn der Urheber dieser Handlung seinen Sitz in einem Drittland hat. Da der Zweck der Zustellung, dem Betroffenen die Wahrnehmung seiner Rechte in der Gemeinschaft zu ermöglichen, durch die tatsächliche Kenntnisnahme erreicht sei, sei die Rüge zurückzuweisen. Auch eine Zustellung an die inländische Tochter sei, wenn auch fehlerhaft, der Mutter gegenüber wirksam, da die Kenntnisnahme tatsächlich erfolgt sei[60].

Bei der Beweiserhebung werden die Probleme noch größer, da die Beweise sich häufig im Ausland befinden. Es wird deshalb sogar manchenorts erwogen, eine gesetzliche Schuldvermutung zu Lasten des Unternehmens zu schaffen, um dieses als beweispflichtig zur Vorlage der entsprechenden Akten zu veranlassen[61]. Die USA haben hier vielfältige Wege beschritten, die allesamt völkerrechtlich sehr zweifelhaft waren. Die Entsendung von Untersuchungsbeamten ins Ausland ist ganz eindeutig wegen Verstoßes gegen die ausländische Souveränität unzulässig. Man versuchte diese Praxis dennoch zu rechtfertigen, indem man sich zuvor die Zustimmung des betroffenen Unternehmens holte. Eine unter Strafandrohung oder gesetzlicher Schuldvermutung gegebene Zustimmung wird jedoch beispielsweise in der Schweiz nicht anerkannt[62]. Ebenso scheiterten die USA mit sogenannten Fishing-Orders, in denen die inländische Tochter oder Vertriebsstelle unter Androhung hoher Strafe gezwungen werden sollte, die Geschäftsunterlagen des ausländischen Unternehmens vorzulegen. Bereits 11 Staaten, allerdings nicht die BRD, haben besondere Gesetze erlassen, die eine Strafandrohung für das Verbringen von Geschäftsunterlagen in das Ausland vorsehen[63]. Bei der Untersuchung des Chinin-Kartells wählten die USA einen besonders bedenklichen Weg: Die First National City Bank in New York wurde durch Gerichtsurteil und unter Androhung hoher Geldbußen sowie einer Haftstrafe gegen einen ihrer Direktoren gezwungen, unter Verletzung des deutschen Bankgeheimnisses Geschäftspapiere eines Kunden der deutschen Filiale der Bank den Kartellbehörden der Vereinigten Staaten zugänglich zu machen[64].

Die Vollstreckung ist wegen der hier eindeutigen Grenzen des Territorialitätsprinzips besonders problematisch. Direkt kann das Unternehmen im Ausland nur über eine Mitwirkung des ausländischen Staates erreicht werden, diese Bereitschaft zur Mitwirkung fehlt jedoch regelmäßig. Die Nichtbefolgung wettbewerbsrechtlicher Hoheitsakte im Ausland kann weiter unter inländische Strafandrohung gestellt werden. Auch privatrechtliche Sanktionen im Inland sind denkbar, indem z.B. dem geschädigten Konkurrenten ein Anspruch auf dreifachen Schadensersatz eingeräumt wird. Der Adressat inländischer Hoheitsakte wird abzuwägen haben, ob er der Androhung auch im Ausland Folge leistet oder die inländische Sanktion in Kauf nimmt. Ein Ausweichen vor der Sanktion ist nur durch endgültige Aufgabe aller Investitionen und Geschäftsbeziehungen im handelnden Staat möglich, also praktisch unmöglich[65], – jedenfalls soweit es sich um große Industrieländer handelt. Entwicklungsländer und kleinere Industrieländer können sich eine derartige Kraftprobe mit ausländischen Unternehmen in der Regel nicht leisten. Auch diese territorial begrenzte Vollstreckungspraxis hat im Einzelfall zu internationalen Protesten geführt[66].

Wenn Unternehmen übernational kooperieren, ihr Verhalten aber aufgrund verschiedener nationaler Gesetze kontrolliert wird, die jeweils verschiedenen nationalen Interessen folgen, kommt es hin und wieder unvermeidlich zu widersprüchlichen Handlungsanweisungen an ein und dasselbe Unternehmen. Erkennt ein Staat wettbewerbsrechtliche Hoheitsakte eines anderen Staates erfolgreich nicht an, entstehen sogenannte „hinkende Rechtsverhältnisse“. ICI (Großbritannien) beispielsweise hatte mit Dupont (USA) ein Abkommen zur Aufteilung des Weltmarktes für Kunstfasern geschlossen und u.a. durch die Erteilung gegenseitiger ausschließlicher Lizenzen durchgeführt. Vor amerikanischen Gerichten wurden beide Unternehmen daraufhin verurteilt. Das Gericht forderte zur Aufhebung der seiner Ansicht nach unzulässigen Marktaufteilung insbesondere die Rückgabe der ausgetauschten Lizenzen. ICI hatte eine der erhaltenen Lizenzen jedoch bereits an eine englische Firma in

Form einer ausschließlichen Unterlizenz weiterveräußert. Auf die Klage dieses englischen Lizenznehmers gegen ICI entschied ein englisches Gericht, daß es die amerikanische Gerichtsbarkeit nicht anerkenne, soweit diese gesetzliche Rechte eines englischen Staatsangehörigen, der der Rechtsgewalt der amerikanischen Gerichte nicht unterworfen sei, vernichten oder verändern würde. ICI wurde daher in England zu einer ausschließlichen Lizenzerteilung verurteilt, welche ihr nach dem amerikanischen Urteil zuvor gerade untersagt worden war. Um einen derartigen Konflikt zu vermeiden, erging das amerikanische Urteil damals allerdings unter dem Vorbehalt der Beachtung ausländischer Rechte[67].

Derartige "saving clauses" sind in der amerikanischen Praxis zum internationalen Wettbewerbsrecht üblich. Sie lösen jedoch das prinzipielle Problem nicht. Je mehr Abwehrgesetze andere Staaten gegen potentielle ausländische Wettbewerbsmaßnahmen erlassen und je schärfer die internationale Konkurrenzsituation wird, umso unwahrscheinlicher wird eine freiwillige Rücksichtnahme und Selbstbeschränkung in der Praxis. Bereits zur Zeit läßt sich nicht mehr genau absehen, ob die Vereinigten Staaten auch künftig Abwehrgesetze unter allen Umständen beachten werden[68].

Da internationale Kartelle oder Fusionen häufig aufgrund desselben Tatbestandes in mehreren nationalen Märkten wettbewerbswidrige Konstellationen erzeugen, stellt sich schließlich noch das Problem der Doppelbestrafung. Das Chinin-Kartell beispielsweise wurde in der EG und in den USA bestraft. Eine Anrechnung der amerikanischen Strafe wurde seitens der EG jedoch abgelehnt[69]. Das Recht der Europäischen Gemeinschaften enthält, wie auch andere Rechtsordnungen, bisher keine ausdrückliche Regelung über die Anrechnung von anderweitig festgesetzten Wettbewerbsstrafen. Auch ein völkerrechtlicher Anrechnungsgrundsatz besteht nicht[70].

Im Verhältnis zwischen mitgliedsstaatlichen und EG-Bußen hat der EuGH eine Anrechnung nach allgemeinen Billigkeitsgrundsätzen vorgenommen. Seine Entscheidung stützt sich dabei auf eine entsprechende Regelung in Art. 90 Abs. 2 EGKS-Vertrag. Dieser Billigkeitsgedanke wurde auch auf den EWG-Vertrag ausgeweitet, da hier dieselbe EG-typische Überschneidungsmöglichkeit für Sanktionen vorlag. Denn nach beiden EG-Verträgen besteht die Möglichkeit paralleler Verfahren von nationalen Wettbewerbsbehörden einerseits und EG-Wettbewerbsbehörden andererseits bezogen auf denselben Fall und denselben Markt. Die gemeinschaftliche Anrechnungspflicht bei kumulativer Anwendung des mitgliedsstaatlichen und des EG-Wettbewerbsrechts erklärt sich also daraus, daß die Wettbewerbsordnung auf dem Gemeinsamen Markt eine Teilung der Zuständigkeit bestimmt, ohne sachverhaltsmäßige Überschneidungen auszuschließen[71]. Wettbewerbsstrafen dritter Staaten beziehen sich jedoch nicht auf ein Verhalten innerhalb des Gemeinsamen Marktes. Es fehlt an einer entsprechenden Teilung der Zuständigkeiten mit lokaler Überschneidungsmöglichkeit, so daß eine Verallgemeinerung der EG-internen Anrechnung abgelehnt wird.

Unter den Völkerrechtlern ist auch innerhalb der westlichen Industrieländer heftig umstritten, ob das Wirkungsprinzip mit den völkerrechtlichen Grenzen des internationalen Wettbewerbsrechts vereinbar ist. In Betracht kommt, wie vorher im Detail gezeigt, immer wieder ein völkerrechtswidriger Eingriff in fremde Souveränitätsrechte. Die International Law Association (ILA) hat sich auf ihrer Konferenz in New York 1972 intensiv mit diesen Fragen befaßt[72]. Die ILA wurde 1873 gegründet, hat ihren Sitz in London und verfolgt das Ziel, Völkerrecht und internationales Privatrecht zu erforschen, zu klären und zu fördern. Ihre mehr als 4.000 Mitglieder sind überwiegend als Wissenschaftler und Praktiker im Bereich des internationalen Rechts tätig. In etwa 2jährigem Abstand werden Tagungen durchgeführt, um internationale Rechtsprobleme zu behandeln. Ihre Resolutionen können selbstverständlich nicht dieselbe völkerrechtliche Wirkung haben, wie beispielsweise UN-Resolutionen. Denn im Fall der ILA äußern sich nicht Staaten, sondern Privatpersonen ohne entsprechende Völkerrechtsfähigkeit. Kompromisse, die in ILA-Resolutionen gefunden werden, haben jedoch aufgrund der kompetenten Teilnehmerzusammensetzung oft gute Aussichten, in Theorie und Praxis der Industrieländer Einzug zu halten.

Die ILA griff das Thema „Wirkungsprinzip" zum ersten Mal in Tokio 1964 auf und traf damals eine prinzipielle Vorentscheidung für das Territorialitätsprinzip und gegen das Wirkungsprinzip. Bereits 1970 wurde eine Resolution über die Beilegung kartellrechtlicher Streitigkeiten angenommen, welche die Information und Konsultation interessierter Staaten vorsieht[73]. Der Tagung 1972 lag ein Resolutionsentwurf vor, der dem strengen Territorialitätsprinzip entsprach. Auf der Konferenz selbst wurden die entsprechenden Passagen in Richtung auf ein extensives Territorialitätsprinzip hin verändert[74].

Demnach sind die Staaten zuständig im Inland auftretende Handlungen zu regeln (Art. 2). Ausländer dürfen in die Regelung einbezogen werden, soweit ihr Tun oder Unterlassen ein Tatbestandsmerkmal des Delikts im Inland verwirklicht (Art. 3). Das Verhalten einer inländischen, juristisch selbständigen Tochtergesellschaft kann einer ausländischen Muttergesellschaft zugerechnet werden, wenn sie es veranlaßt hat (Art. 4). Bezogen auf die Inlandswirkung eines wettbewerbswidrigen Verhaltens im Ausland gilt nach Art. 5:

> „Die Staaten sind zuständig, Rechtsvorschriften zu erlassen, die ein Verhalten regeln, das im Ausland auftritt und im Inland eine Wirkung hervorruft, sofern
> a) das Verhalten und seine Wirkung Tatbestandsmerkmale der Tätigkeit sind, auf die sich die Vorschrift bezieht,
> b) die Wirkung beträchtlich ist und
> c) als unmittelbare und in erster Linie beabsichtigte Folge des Verhaltens im Ausland auftritt."[75]

Im Fall konkurrierender Zuständigkeit gelten die völkerrechtlichen Prinzipien der Territorialität und Nichteinmischung (Art. 7).

Die Resolution der ILA versucht also, das Wirkungsprinzip zwar nicht völlig abzuschaffen, aber doch stark einzuschränken. Ihm werden starke territoriale Bezüge zur Auflage gemacht, die noch über die im Wettbewerbsrecht der BRD entwickelten Grundsätze zur Inlandsbeziehung[76] hinausgehen. Im Konfliktfall, und der tritt bei Anwendung des Wirkungsprinzips recht häufig ein, gilt zudem nur noch das Territorialitätsprinzip. Die komplizierte Zurechnung zwischen multinationalen Unternehmen und Tochterunternehmen wird eindeutig im Sinne der EG-Behördenpraxis geklärt. Die ILA hat also einen gewissen Kompromiß gefunden. Zu verfrühter Freude besteht dennoch keinerlei Anlaß. Die Durchsetzung dieser Resolution würde vor allem eine starke Zurücknahme US-amerikanischer Kontrollbemühungen erfordern. Bisher sind jedoch, wie die Geschichte am Beispiel von Kapitel V der Havanna-Charta gezeigt hat, alle völkerrechtlichen Regelungsversuche gescheitert, die den Interessen dieses Wirtschaftsgiganten zuwiderliefen. Dasselbe Schicksal dürfte vermutlich auch der ILA-Resolution beschieden sein.

Darüber hinaus sollten die Erwartungen auch an den Territorialitätsgrundsatz im internationalen Wettbewerbsrecht nicht zu hoch angesetzt werden. Denn selbst dieser beseitigt nicht alle Unklarheiten und verwehrt Staaten nicht jede Regelung von Auslandssachverhalten. Insbesondere muß weitgehend offenbleiben, was bloße Auswirkung, was schon Teil einer Handlung und was schließlich sogar Tatbestandsmerkmal ist[77]. Solange die Wettbewerbsinteressen der Staaten international gegeneinander gerichtet sind, solange nationale Konkurrenz die Wettbewerbskontrolle bestimmt (und auch bestimmen muß), solange wird auch der Streit um den räumlichen Anwendungsbereich nationalen Wettbewerbsrechts anhalten. Der Wunsch zur expansiven Anwendung ergibt sich als Konsequenz einer weltwirtschaftlichen Realität, welche zuvor verändert werden müßte, will man den Wunsch und die hierauf beruhenden völkerrechtlichen Konflikte beseitigen.

5. Kontrolle multinationaler Konzerne

Die Tendenz nationaler Unternehmen mit privatkapitalistischen Eigentumsstrukturen, international zu agieren, nahm seine Entwicklung bereits im 19. Jh. und zwar in dem Maße, wie sich die industriekapitalistische Produktionsweise ausbreitete. Die Hauptformen waren Waren- und Kapitalexport bei gleichzeitiger Kolonialisierung der Rohstoffländer; beschäftigungspolitisch profitierten die Unternehmen vor allem in Europa und den USA von der durch Massenarmut erzwungenen Mobilität der Arbeitnehmer in den Industrienationen[1]. Demgegenüber haben sich nach dem Zerfall der Kolonialsysteme und der Erringung eines relativ hohen Lebensstandards der Arbeitnehmer in den Industrienationen, der in jahrzehntelangen sozialpolitischen Auseinandersetzungen durchgesetzt wurde, die Operationsformen international tätiger Konzerne weitgehend verändert. Zwar sind die Industrienationen nach wie vor Immigrationszentren für Arbeitnehmer aus weniger entwickelten Ländern[2]. Ihre Beschäftigung erfolgt jedoch nicht mehr in erster Linie, um das Lohnniveau zu unterschreiten, da sich die Gewerkschaften hiergegen erfolgreich zur Wehr gesetzt haben; vielmehr werden sie in der Mehrzahl zu unqualifizierten Tätigkeiten unter schlechten Arbeitsbedingungen herangezogen[3].

Diese und verschiedene andere Faktoren – wie Marktnähe, Unterlaufen von Importrestriktionen usw. – haben mehr und mehr Direktinvestitionen zur Hauptaktivität multinational handelnder Konzerne werden lassen[4]. Im Wege des Kapitalexportes werden im Ausland Produktionsstätten aufgekauft bzw. aufgebaut oder Beteiligungen an ausländischen Unternehmen eingegangen. Dabei spielen bei der Standortfrage das Lohnkostenniveau, aber auch die gesellschaftspolitischen Rahmenbedingungen des jeweiligen Staates eine erhebliche Rolle. Hat sich ausländisches Kapital in einem Land niedergelassen, so entstehen daraus für die Gastländer – vor allem bei Entwicklungsländern – wirtschaftliche und gesellschaftspolitische Probleme, die auf eine weitgehende Abhängigkeit von der Unternehmenspolitik ausländischer Konzerne hinauslaufen können[5]. Die politischen Implikationen einer solchen Einflußnahme ausländischer Investoren sind dabei am auffälligsten in Chile durch das Engagement von ITT beim Sturz der Allende-Regierung zutage getreten[6].

Von daher ist die Frage nach einer Kontrolle multinationaler Konzerne zu einem Hauptdiskussionspunkt auf internationaler Ebene geworden. Sowohl die UNO und ihre Sonderorganisationen als auch regionale Wirtschaftsorganisationen wie die OECD und EWG, sowie die internationalen Gewerkschaftsorganisationen von IBFG, EGB und WGB haben dazu mehr oder minder weitgehende Forderungen entwickelt. Maßgebliche Impulse gingen dabei von der Gruppe der Entwicklungsländer aus, die ihre Zielvorstellungen in der „Deklaration über die Herstellung einer neuen internationalen Wirtschaftsordnung" auf der UNO-Sondertagung 1974[7] sowie in der „Charta der ökonomischen Rechte und Pflichten der Staaten" auf der UNO Vollversammlung 1974[8] weitgehend einbringen konnten. Dabei können die gegenwärtigen Benachteiligungen der Entwicklungsländer im internationalen Handels- und Warenverkehr, die unter I.3 ausführlich dargestellt wurden, teilweise auf das Konto der multinationalen Konzerne verbucht werden. Von daher kommt es nicht von ungefähr, daß bei der Suche nach einer neuen Weltwirtschaftsordnung gerade das Verhalten bzw. die Existenz multinationaler Konzerne einen zentralen Stellenwert einnehmen. Die Vorschläge reichen dabei von systemimmanenter Domestizierung durch die Auferlegung von Verhaltensregeln für multinationale Konzerne[9] bis zur Lösung des Souveränitätskonflikts im Wege einer Vergesellschaftung der Schlüsselindustrien, an denen die Multis einen maßgeblichen Anteil haben[10]. Eine Schlüsselrolle kommt vor allem bei den Verhaltensregeln der Ausgestaltung von Kontrollinstanzen zu[11]. Auf internationaler Ebene fehlt es an entsprechenden Eingriffsmöglichkeiten internationaler Organe. Ein solches Organ würde sich von vornherein dem Vorwurf aussetzen, mit dem völkerrechtlichen Interventionsverbot bzw. dem Souveränitätsrecht der Staaten unvereinbar zu sein. In bilateralen bzw. multilateralen Verträgen zwischen Staaten, die von multinationalen Konzernen betroffen sind, wären zwar aufeinander abgestimmte Maßnahmen denkbar. Solche Verträge bestehen jedoch nicht. Deshalb wird in der Kontrolldiskussion als wesentlicher Kontrollfaktor der Aufbau einer Gegenmacht durch die Beschäftigten selbst gesehen[12]. Als Wege werden sowohl institutionelle Kontrollmechanismen durch den Einbau von Mitbestimmungsebenen in die internationale Konzernstruktur erörtert (Beispiel: Europäische Aktiengesellschaft) wie eine Gegensteuerung durch Koordination gewerkschaftlicher Aktivitäten bishin zum Abschluß internationaler Tarifverträge und der Durchführung internationaler Solidaritätsaktionen.

5.1 Gesellschafts- und beschäftigungspolitische Auswirkungen

5.1.1 Der wirtschafts- und gesellschaftspolitische Einfluß internationaler Konzerne

Obwohl der Schwerpunkt von Direktinvestitionen multinationaler Konzerne nicht in den Entwicklungsländern, sondern in den Industrienationen liegt – etwa im Verhältnis 30 : 70 %[13] – treten die mit solchem Kapitaltransfer verbundenen wirtschaftspolitischen Probleme besonders massiv in den Entwicklungsländern auf. Zwar gab es im Zusammenhang mit der Verabschiedung des Mitbestimmungsgesetzes 1976 Initiativen von seiten der amerikanischen Handelskammer, sich in die innenpolitische Kontroverse der Bundesrepublik mit einem völkerrechtlichen Gutachten einzumischen, das eine unzulässige Beschneidung amerikanischer Investitionen feststellen wollte[14]. Diese Intervention mußte jedoch im Vergleich zum Verhalten ausländischer Investoren in Entwicklungsländern als betont zurückhaltend bezeichnet werden. So befinden sich etwa eine Reihe ehemaliger Kolonien vor allem in Afrika zwar formal in politischer Unabhängigkeit, wirtschaftlich jedoch in einer nahezu totalen Abhängigkeit von Unternehmen im ehemaligen Mutterland[15]. In den früheren französischen Kolonien befinden sich noch heute alle größeren Wirtschaftsunternehmen, der Handel, die Banken und Versicherungsgesellschaften fast ausschließlich in französischer Hand[16].

Solche neokolonialistischen Strukturen finden sich in Entwicklungsländern mit einer längeren politischen Selbständigkeit zwar nicht in diesem Ausmaß. Eine

Tendenz zu weitgehender wirtschaftspolitischer Abhängigkeit, zur Beherrschung ganzer Wirtschaftsbranchen durch ausländische Unternehmen ist jedoch auch hier festzustellen. Die Ausschaltung der inländischen Konkurrenzunternehmen ist i.d.R. nur eine Frage der Zeit, insbesondere wenn die inländische Industrie sich erst im Entwicklungsstadium befindet und damit im Wettbewerb gegenüber der Finanzkraft und Erfahrung ausländischer Investoren hoffnungslos unterlegen ist. So haben etwa multinationale Elektrokonzerne es in kürzester Zeit geschafft, den brasilianischen Markt völlig unter ihre Kontrolle zu bringen, wobei der ansatzweise entwickelte nationale Industriezweig völlig aufgerieben wurde[17].

Häufig werden ausländische Direktinvestitionen verteidigt und zu einer Art privater Entwicklungshilfe hochstilisiert, indem der Kapitalzufuhr von außen eine wachstumssteigernde Rolle in den Entwicklungsländern zugewiesen wird. In der Praxis hat diese Kapitalzufuhr jedoch das Gegenteil bewirkt: eine ständig zunehmende Verschuldung der Entwicklungsländer[18]. Ferner hat das Wachstum in den Entwicklungsländern mit prokapitalistischen Regierungen und autoritär strukturierten Herrschaftsformen zu äußerst disproportionalen Einkommens- und Vermögensentwicklungen geführt. So wächst etwa in Kenia das Prokopf-Einkommen fast so schnell wie das in Schweden oder der Bundesrepublik. Allerdings sind z.Z. 75 % der Volksschulabsolventen ohne Arbeitsplatz und damit de facto von der Teilhabe am Sozialprodukt ausgeschlossen. Daneben leben 85 % der kenianischen Bevölkerung auf dem Land, wo Industrieansiedlungen aus Rentabilitätsgründen nicht erfolgen und deshalb keine Arbeitsplätze geschaffen werden[19]. Der soziale Zündstoff, den diese Einkommensschere in sich birgt, wird von zahlreichen Entwicklungsländern mit polizeistaatlichen bis faschistischen Methoden zu unterdrücken versucht, etwa in fast allen lateinamerikanischen Staaten, aber auch in Südost-Asien und einigen schwarzafrikanischen Staaten. Die Gewerkschaften sind in solchen Staaten vom Verteilungskampf weitgehend ausgeschaltet, die Koalitions- und Betätigungsfreiheit der Arbeiterschaft unterdrückt[20]. Häufig sind die multinationalen Konzerne dabei behilflich, in den Entwicklungsländern politische Verhältnisse zu erhalten bzw. wiederherzustellen, die für ausländische Investoren günstig sind. Vor allem die Länder Lateinamerikas bieten reichhaltiges Anschauungsmaterial, wie sich die diesen Subkontinent beherrschenden amerikanischen Investoren für die Erhaltung entsprechender politischer Strukturen eingesetzt haben.

Weiter wird an ausländische Investitionen gleichzeitig die Hoffnung auf einen Technologietransfer und die Weitervermittlung und Nutzbarmachung des technischen Know-how geknüpft, die jedoch ebenfalls i.d.R. enttäuscht wird. Stattdessen ist eine wachsende Abhängigkeit von Lizenzen, Industriegüterlieferungen, von Ersatzteilen, Monteuren, Lehrkräften und Managern aus Industrieländern zu konstatieren[21]. Die Weitervermittlung des Know-how wird nicht nur durch die Besetzung technischer Schlüsselpositionen mit Expatriots, d.h. Fachkräften des Konzernmutterlandes unterbunden, sondern auch durch das Abwerben von Fachkräften aus den Entwicklungsländern (brain train)[22].

Die These von der für eine Industrialisierung unerläßlichen Kapitalzufuhr von außen ist schließlich auch bereits historisch widerlegt, betrachtet man etwa die Beispiele der Sowjetunion, Chinas, der osteuropäischen Staaten oder Kubas, die mehr oder minder aus eigener Kraft ohne die geschilderten Souveräntitätsverluste an ausländische Investoren ihre industrielle Entwicklung erfolgreich einleiten konnten. Verwertet man die Erfahrungen dieser Länder für ein entwicklungspolitisches Alternativkonzept, so reicht dies „von der zentralen am Bedarf und nicht am Profit orientierten Planung und Ressourcenverteilung ... über selbstentwickelte und angewandte Technologie bis hin zu überzeugenden Lösungen im Gesundheitswesen, im Bildungswesen oder im Bereich sozialer Sicherungen."[23]

5.1.2 Die beschäftigungspolitischen Auswirkungen multinationaler Kapitalaktivitäten

Angesichts dieser eher negativen Auswirkungen ausländischer Investitionen auf die gesamte wirtschafts- und gesellschaftspolitische Situation von Entwicklungsländern darf ihr beschäftigungspolitischer Effekt von vornherein nicht allzu hoch veranschlagt werden. Gerade die Erwartung an beschäftigungswirksame Auswirkungen ausländischer Investitionen veranlaßt jedoch viele Entwicklungsländer – aber auch zahlreiche Industrienationen, man denke etwa an das Entgegenkommen bundesrepublikanischer Kommunen gegenüber amerikanischen Investitionen[24] einerseits und amerikanischer Bundesländer gegenüber bundesrepublikanischen Investitionen andererseits –, entsprechende Investitionen mit allen Mitteln zu fördern. In vielen Entwicklungsländern wird damit versucht, ihre katastrophale Beschäftigungssituation abzumildern. Allein 2/3 der 1,6 Mrd. erwerbstätigen Weltbevölkerung lebt in Entwicklungsländern, wobei diese Zahl kontinuierlich und proportional fast 5 mal so hoch wie in den Industrienationen zunimmt[25]. Dieser Zunahme an Arbeitskräften steht i. d. R. jedoch keine entsprechende Nachfrage auf dem Arbeitsmarkt gegenüber: In den städtischen Ballungszentren Columbiens etwa besteht eine Arbeitslosenquote von 13,6 %; in Venezuela von 7,9 %; in Malaysia von 9,8 %; auf den Philippinen von 11,6 %; in Sri Lanka von 15,0 %; in Ghana von 11,6 % und in Kenia von 14,6 %[26].

Gemessen an diesen Arbeitslosenzahlen machen sich Beschäftigungsprobleme in den Industrienationen relativ gering aus trotz einer sich auf einem bestimmten Niveau verhärtenden Arbeitslosenquote. Ein Teil dieser Arbeitslosigkeit der Industrieländer ist nun allerdings auf den Umstand zurückzuführen, daß die Produktionsstätten aus ihnen abgezogen und in Staaten der Dritten Welt neu errichtet werden bzw. auf andere Weise die Produktionskapazität dieser Staaten genutzt wird. Auch hierzu einige Zahlen: Die Beschäftigtenzahl der Unternehmen der verarbeitenden Industrie in der Bundesrepublik schwankte in der Zeit von 1961 bis 1975 zwischen 7,5 und 8,5 Mio. Im gleichen Zeitraum wuchs die Beschäftigtenzahl bundesdeutscher Unternehmen der verarbeitenden Industrie in ausländischen Betrieben kontinuierlich von etwa 350.000 im Jahre 1961 auf etwa 1,5 Mio. im Jahre 1975 an[27]. Insgesamt weisen Fröbel u. a. im Zeitraum von 1961 bis 1976 außerhalb der EG und ohne die Textil- und Bekleidungsindustrie 1.716 Auslandsproduktionsstätten (Kapitalbeteiligung über 25 %) von 580 bundesdeutschen Unternehmen der verarbeitenden Industrie nach[28].

Wie sich dieses Engagement bundesdeutscher u.a. Industrieunternehmen im Ausland auf die dortige Beschäftigungssituation auswirkt, ist empirisch noch nicht exakt ermittelt[29]. Bereits aus dem Anteil an Direktinvestitionen, der in die Industrieländer bzw. Entwicklungsländer fließt, lassen sich jedoch gewisse Rückschlüsse ziehen. Im Zeitraum von 1960 bis 1975 gingen jährlich etwa 70 % der bundesdeutschen Direktinvesitionen in kapitalistische Industrieländer und nur 30 % in die Entwicklungsländer. Von dem Anteil, der in Entwicklungsländer ging, fielen wiederum 1/3 auf Spanien und Brasilien[30]. Dieser bundesrepublikanische Trend läßt sich nach einer ILO-Studie über das Verhalten multinationaler Konzerne auch in gewisser Weise verallgemeinern. Danach liegt das Schwergewicht der Auslandsinvestitionen multinationaler Konzerne in Industrienationen, wobei von den 13 bis 14 Mio. Arbeitsplätzen der multinationalen Konzerne nur 2 Mio. auf Entwicklungsländer fallen. Eine Verbesserung der Beschäftigungssituation in den Entwicklungsländern fand durch die Investitionstätigkeit multinationaler Konzerne insgesamt gesehen bisher nur in einem höchst geringen Maße statt. Dazu hat einmal beigetragen, daß überwiegend kapitalintensive Direktinvestitionen mit geringem Beschäftigungseffekt getätigt wurden und zwar sowohl bei der Erschließung und Gewinnung von Rohstoffen als auch im Verarbeitungsbereich[31]. Zum andern wirkte sich gesamtwirtschaftlich auf die Beschäftigungssituation das Bestreben häufig negativ aus, nationale Konkurrenzunternehmen auszuschalten[32].

Welche Auswirkungen Direktinvestitionen auf den Arbeitsmarkt der Länder haben, die solche Investitionen exportieren, ist im einzelnen bisher ebenfalls nur in Ansätzen ermittelt[33]. Für die BRD ist zunächst ein kontinuierliches Ansteigen der Direktinvestitionen bundesdeutscher Unternehmen im Ausland festzustellen, während die Investitionstätigkeit ausländischer Unternehmen in der BRD seit Anfang der 70er Jahre stetig abgenommen hat[34]. Ein Hauptgrund für diese Abnahme ausländischer Investitionstätigkeit in der BRD dürfte dabei in den Veränderungen des Währungssystems seit der Einführung flexibler Wechselkurse im Jahre 1973 liegen, die den BRD-Investitionsmarkt vor allem für US-Investoren erheblich verteuert haben[35]. Während die BRD-Investitionen im Ausland 1971 2,7 Mrd. DM betrugen, beliefen sich die ausländischen Direktinvestitionen in der BRD auf 4,0 Mrd DM. 1975 hat sich dieses Verhältnis bereits umgekehrt: Die BRD-Investitionen ins Ausland stiegen auf 5,25 Mrd. DM an, die ausländischen Investitionen in der BRD sanken auf 2,53 Mrd. DM[36]. Letztere Zahl relativiert sich jedoch durch die Veränderung der Wechselkurse im Jahre 1973 erheblich, bedenkt man, daß allein der US-Dollar gegenüber der DM um nahezu 50 % fiel.

Zwar sind in bestimmten Branchen negative Beschäftigungseffekte durch die Verlagerung von Produktionsstätten ins Ausland ohne weiteres ersichtlich. Die gesamtwirtschaftliche Dimension dieser Auslandsaktivitäten im Hinblick auf den innerstaatlichen Arbeitsmarkteffekt ist jedoch umstritten. So belegt Kebschull[37] anhand verschiedener empirischer Untersuchungen, daß 2/3 der deutschen Auslandsinvestitionen zusätzlich zu den inländischen getätigt werden. Bei Investitionen im

Ausland, die inländische Arbeitsplätze vernichten – etwa bei der Foto-, Uhren-, Radio- und Textilindustrie – soll es sich seiner Meinung nach um Arbeitsplätze in Branchen handeln, die ohnehin wegen fehlender Wettbewerbsfähigkeit über kurz oder lang weggefallen wären.

Ein wesentlich düsteres Bild der beschäftigungspolitischen Auswirkungen von Auslandsinvestitionen zeichnen demgegenüber Fröbel u.a.[38]. Ausgehend von der These einer nahezu unbegrenzten Mobilität des Kapitals sehen sie die Herausbildung eines Weltmarktes für Produktionsstandorte bei gleichzeitiger Herausbildung eines Weltmarktes für Arbeitskräfte. Letzteres sei Ausdruck einer internationalen Arbeitsteilung, die wiederum Folge einer zunehmenden Aufspaltung von Fertigungsprozessen in verschiedene Teilfertigungen sei. Das mache die beliebige Verlagerung von Produktionsstätten möglich und begünstige eine Auswahl nach den günstigsten Produktionsbedingungen. Dieser Prozeß wird empirisch am Beispiel der Textil- und Bekleidungsindustrie aufgezeigt. In diesen Branchen betrug 1960 der Umsatz aus Inlandsproduktion noch 99,3 % des Inlandsverbrauchs, hingegen 1975 nur noch 82,6 % bei einer gleichzeitigen Senkung der Beschäftigungsquote im Inland um ca. 35 %.

Als gemeinsames Fazit dieser Untersuchungen kann man immerhin feststellen, daß die beschäftigungspolitischen Auswirkungen der verstärkten Investitionstätigkeit bundesdeutscher Unternehmen im Ausland für den bundesrepublikanischen Arbeitsmarkt eher negativ und die beschäftigungs- sowie gesellschaftspolitischen Auswirkungen ausländischer Kapitalinvestitionen in den Entwicklungsländern zumindest ambivalent zu beurteilen sind.

5.2 *Internationale Kontrolle multinationaler Unternehmen*

Die meisten Entwicklungsländer stecken angesichts der negativen Effekte ausländischer Investitionen auf ihre nationale Wirtschaft vor einem grundsätzlichen Dilemma: einerseits erhoffen sie sich von der ökonomisch technischen Kraft internationaler Konzerne eine schnellere Überwindung ihrer wirtschaftlichen Rückständigkeit, die sie häufig als einzige Hinterlassenschaft früherer Kolonialmächte geerbt haben. Auf der anderen Seite haben sie ein Interesse an einer spezifischen Nutzbarmachung dieser ökonomisch-technischen Ressourcen, bei der sowohl ein hoher Nutzen für die nationale Wirtschaft herausspringt als auch die bisher konstatierten negativen Effekte ausländischer Investitionen möglichst ausgeschaltet werden. Den Industrienationen kann bei der wachsenden politischen Bedeutung der Entwicklungsländer, die in den internationalen Organen i.d.R. die Mehrheit haben, das negative Image ihrer Großkonzerne mit internationalem Aktionsradius nicht gleichgültig sein, da der schlechte Ruf der Multis meist auf sie zurückfällt. Symptomatisch ist dabei die Auseinandersetzung um eine neue Weltwirtschaftsordnung, in der es nicht nur um ein verändertes Verhalten der Industriestaaten geht, sondern stets im gleichen Atemzug um ein anderes Verhalten privater Investoren. Diese maßgeblich von den Entwicklungsländern intendierte Diskussion, die ihren materialen

Niederschlag in mehreren UNO-Resolutionen gefunden hat mit der „Charta für wirtschaftliche und soziale Rechte“ als bisherigem Höhepunkt, hat in den Industrienationen eine Reihe von Initiativen hervorgerufen, die auf ein politisch opportuneres Investitionsverhalten multinationaler Konzerne abzielen. Bedenkt man, daß bereits in der Gründungsphase des GATT um einen solchen Verhaltenskodex multinationaler Konzerne gerungen wurde, die in der Havanna-Charta schließlich aufgenommenen Regeln jedoch von der Hauptmacht des GATT, den USA, als unverbindliche Empfehlungen behandelt wurden (siehe dazu I.2), so sind diese Initiativen nur vor dem Hintergrund der gewachsenen politischen Bedeutung der Staaten der Dritten Welt erklärbar. Denn in Art. 12 Abs. 1 der Havanna-Charta ist immerhin bereits das Recht jedes Mitgliedsstaates garantiert, „alle notwendigen und geeigneten Vorsichtsmaßnahmen zu treffen, um sicherzustellen, daß die Investierungen des Auslands nicht als Grundlage für eine Einmischung in die inneren Angelegenheiten oder seine nationale Politik dienen“, und „zu entscheiden, ob er künftig Investierungen des Auslandes zulassen wird und in welchem Maße sowie zu welchen Bedingungen“[39].

Anders als 1948 können es sich die Industrienationen heute nicht mehr leisten, die Forderungen der Entwicklungsländer zu ignorieren. Die im Gegenzug zur radikalen Infragestellung der gegenwärtigen Weltwirtschaftsstruktur durch die Entwicklungsländer entwickelten Verhaltensregeln etwa der Internationalen Handelskammer (1972) und der OECD (1976) passen sich einerseits in einem gewissen Umfang bestimmten Kritikpunkten an den Multis an, um andererseits ein für beide Seiten akzeptables Investitionsklima zu fördern[40].

In den Leitsätzen der internationalen Handelskammer werden etwa in den Bereichen Investitionspolitik, Entwicklung, Management, Finanzen, Steuerpolitik, rechtlicher Rahmen, Personalpolitik (einschließlich Arbeits- und Sozialfragen), Technologie (einschließlich Erfindungen, Know-how, fachliche Fähigkeiten) und Handelspolitik Empfehlungen sowohl an Investoren wie auch an die kapitalexportierenden und kapitalimportierenden Staaten gerichtet[41]. Der Grundtenor dieser Leitsätze besteht in einer Aufforderung an die Investoren, durch vertrauensbildende Maßnahmen das Verhältnis zu den Gastländern zu entkrampfen. In die gleiche Richtung zielen die Leitsätze der OECD für multinationale Konzerne von 1976. Diese Initiative ist bereits deshalb besonders hoch zu veranschlagen, da in der OECD, der ursprünglichen Verteilerorganisation für die Marshall-Plan-Gelder die Wirtschaftspolitik der Industrienationen der westlichen Welt koordiniert wird und seine Mitgliedsstaaten 80 % des Kapitals stellen, das in die Entwicklungsländer fließt[42]. In den Leitsätzen[43] wird den Investoren abverlangt, grundsätzlich den wirtschaftspolitischen Zielen der Gastländer Rechnung zu tragen. Sie sollen auf konkurrenzvernichtenden Wettbewerb verzichten, Leitungsfunktionen mit Einheimischen besetzen und die nationalen Gewerkschaften als Verhandlungspartner anerkennen. Auf Zahlung von Bestechungsgeldern soll ebenso verzichtet werden wie auf jede ungehörige Einmischung in die örtliche Politik der Gastländer, wobei man auch Drohungen mit einer Betriebsverlagerung unterlassen soll. Einen ähnlichen Tenor haben die in einem Bericht des Europäischen Parlaments zusammengefaßten Grundsätze[44], die bei einer angestrebten EG-Konvention über internationale wirtschaftliche Aktivitäten beachtet werden sollen. In diesem Orientierungsrahmen wird etwa die Meldung von Investitionen an die Regierung der Gastländer gefordert; eine grundsätzliche Steuerpflicht in dem Land, in dem Einkommen verdient wird; detaillierte Jahresberichte über die Binnenstruktur, das Finanz- und Investitionsverhalten der Unternehmen; Informationspflichten über beschäftigungspolitisch bedeutsame Daten gegenüber den Arbeitnehmern; die Schaffung internationaler Tarifverträge und weitere auch in den OECD-Leitsätzen enthaltene Verhaltensregeln.

Dieser Bericht ist zwar noch eine Vorstufe zu den bereits konkretisierten OECD-Leitsätzen, denen allerdings ebenfalls keine Rechtsverbindlichkeit zukommt, sondern allein empfehlender Charakter. Als Exkulpationsversuch der Industrieländer gegenüber dem Verhalten der Multis sind sie jedoch nicht zu unterschätzen. Dies trifft etwa auch auf den Verhaltenskodex der EWG für Investitionen für Südafrika zu, dessen aktueller Anlaß die weltweite Ächtung des Apartheits-Regimes war[45]. Danach sollen europäische Muttergesellschaften mit Tochterbetrieben in Südafrika jährliche Berichte über die Fortschritte bei der Gleichbehandlung der Arbeitnehmer in Südafrika herausgeben. Den Firmen wird die Zulassung schwarzer Gesellschaften sowie ein Verzicht auf diskriminierende Lohnpolitik abverlangt. Die offiziellen Mindestlöhne sollen daher um 50 % überschritten werden. Ferner werden die Unternehmen aufgefordert, die untersagte Freizügigkeit der schwarzafrikanischen Arbeiter und ihrer Familien zu fördern sowie die Apartheid am Arbeitsplatz und bei den betrieblichen Sozialeinrichtungen aufzuheben. Obwohl auch dieser Kodex rechtsunverbindlich ist, reagierten etwa die bundesdeutschen Unternehmerverbände mit lauter Gereiztheit[46]. Aufgrund des negativen Presseechos über diese Haltung lenkten sie wenig später ein[47]. Inwieweit der Kodex nun tatsächlich eingehalten wird, ist durch das Fehlen von Kontrollmechanismen nur schwer nachprüfbar. Recherchen einer privaten Gruppe kirchlicher Mitarbeiter – die im Mai 1979 veröffentlicht wurden – haben jedoch ergeben, daß der Kodex weder bei den Mindestlöhnen noch bei dem Verbot jeglicher Rassendiskriminierung eingehalten wird[48]. Ähnliche Vorwürfe erhoben zur gleichen Zeit südafrikanische Gewerkschaftsvertreter gegen die Tochterfirmen von VW auf einer Konferenz des Internationalen Metallgewerkschaftsbundes[49].

Insgesamt drängt sich daher der Verdacht auf, daß mit solchen einseitig von den Industrienationen aufgestellten Verhaltensregelungen die Diskussion auf internationaler Ebene möglichst weitgehend in eine bestimmte Richtung vorstrukturiert werden soll.

Dieses Bemühen ist vor allem vor dem Hintergrund der seit 1974 tagenden UN-Kommission für transnationale Unternehmen zu sehen. Diese Kommission wurde gebildet im Zusammenhang mit den energischen Bemühungen der Entwicklungsländer, der von ihnen verlangten neuen Weltwirtschaftsordnung möglichst rasch sichtbare Konturen zu verleihen. Ihr voraus ging eine Art Problemaufbereitung durch eine Gruppe „hervorragender Persönlichkeiten", die vom UN-Generalsekretär im Auftrag des ECOSOC 1972 gebildet worden war[50]. Diese Gruppe, der zum berechtigten Protest der Gewerkschaften zwar zwei Konzernmanager, aber keine Vertreter der internationalen Gewerkschaftsbünde angehörten[51], verfaßte nach einer Reihe von Hearings[52] einen Bericht über die Einwirkungen transnationaler Unternehmen in den Entwicklungsländern, insbes. über den Technologietransfer, die Stellung der Arbeitnehmer, über steuerrechtliche Aspekte sowie Informationsprobleme und schlug die Institutionalisierung einer UN-Kommission für transnationale Unternehmen vor[53]. Der 1974 gebildeten Kommission gehören 48 Regierungsmitglieder an, wobei die afrikanischen Staaten 12, die Staaten Asiens 11, Lateinamerika 10, die sozialistischen Staaten 5 und die westliche Staatengruppe 10 Sitze innehaben[54]. Neben dieser Kommission wurde ein Informations- und Forschungszentrum zur Untersuchung der Aktivitäten transnationaler Unternehmen errichtet[55], das einerseits der Kommission zuarbeiten, andererseits aber auch den Entwicklungsländern Hilfestellung bei Verhandlung mit multinationalen Konzernen leisten soll.

Der Schwerpunkt der UN-Kommission liegt gegenwärtig auf der Ausarbeitung eines Verhaltenskodex für transnationale Konzerne. Dabei haben sich zu den allgemeinen und politischen Fragen folgende Hauptpunkte herausgebildet: Achtung der nationalen Souveränität und des nationalen Rechts; Rücksicht auf Wirtschafts- und Entwicklungsziele; Achtung von sozio-kulturellen Zielen und Werten; Achtung vor Menschenrechten und Grundfreiheiten; Nichteinmischung in die inneren politischen Angelegenheiten: Nichteinmischung in zwischenstaatliche Beziehungen; Beseitigung unlauterer Geschäftspraktiken. Die wirtschaftlichen, finanziellen und sozialen Fragen werden unter den Punkten diskutiert: Eigentum und Herrschaft; Zahlungsbilanzfragen und Finanzierungsprobleme; unternehmensinterne Transaktionen; Besteuerungen; Wettbewerbsbeschränkungen; Beschäftigung und Arbeitnehmerfragen; Verbraucherschutz; Umweltschutz; Rechnungslegung und Unternehmensberichte. Ferner geht es um allgemeine Fragen der Behandlung von transnationalen Unternehmen durch die Heimat- bzw. Gastländer sowie um Enteignungs- und Entschädigungsfragen[56].

Neben den zahlreichen inhaltlichen Kontroversen zwischen den Staaten der Entwicklungsländer und den Industrienationen, die mit steigender Konkretheit der Diskussionspunkte zunehmen, ist u.a. offen, ob sich der Kodex allein an die Unternehmer oder auch an die Gastländer richten soll; ob der Kodex nur als Appell formuliert werden soll oder als ratifikationsfähige und damit verbindliche Konvention; und schließlich die Form der Kontrolle eines solchen Kodex[57]. Dem Kontrollaspekt kommt natürlich ein besonders hoher Stellenwert zu, wobei als völkerrechtliches Problem nicht unerheblich ins Gewicht fallen dürfte, daß hier private Unternehmer, die eigentlich keine Völkerrechtssubjekte sind, in die Pflicht genommen werden sollen. Zum einen wird an einem Ausbau des Forschungszentrums über transnationale Unternehmen zu einer internationalen Kontroll- und Sanktionsbehörde in Anlehnung an die EWG-Wettbewerbsaufsicht gedacht[58], ein wohl kaum realistischer Gedanke angesichts des strikten Souveränitätsprinzips im UNO-System. Eher wahrscheinlich dürfte daher der bei internationalen Konventionen übliche Einbau eines Berichtssystems sein.

Von internationaler Bedeutung sind schließlich die Diskussionsergebnisse der ILO-Konferenz zu Beschäftigungsfragen von 1976, auf der u.a. auch die Rolle der multinationalen Konzerne thematisiert wurde. Wie kaum anders zu erwarten, war die mit dieser Frage befaßte Arbeitsgruppe gespalten: auf der einen Seite die Beschäftigten, die sozialistischen Länder und die Gruppe der „77", auf der anderen Seite die Gruppe der Unternehmer und der kapitalistischen Länder. Das von der Konferenz verabschiedete Dokument stellt das Fehlen eines Konsens fest[59]. In ihrem Positionspapier fordert die Gruppe der Beschäftigten, daß eine Reihe von Kontrollmaßnahmen für die multinationalen Konzerne ergriffen werden und daß die Konvention der ILO über Gewerkschaftsrechte und ihren Schutz, über Organisations- und Verhandlungsrechte, über Beschäftigungspolitik, über die Verträge der Beschäftigten, über ausländische Arbeitskräfte und über Bildungsarbeit auf diese Konzerne angewandt werden. Sie fordert ferner ein echtes Informationsrecht in den multinationalen Konzernen sowie das Recht auf gewerkschaftliche Solidaritätsanktionen und das Verbot des Produktionstransfer bei Arbeitskonflikten. Die Gruppe der Beschäftigten hält eine Stärkung der nationalen Regierungen für notwendig, um sie in die Lage zu versetzen, bestimmte Unternehmenskonzentrationen zu verbieten, die Aktivitäten multinationaler Konzerne in die nationalen Pläne zu integrieren, die Kontrolle des Staates über die Wechselkurse und Preise, die Währungsbewegungen, Investitionen, das Steuer- und Kreditwesen zu sichern. Ferner hat sie sich ausdrücklich für das souveräne Recht der Staaten ausgesprochen, Nationalisierungen mit dem Zweck vorzunehmen, ihre eigene Entwicklung zu beherrschen und die Souveränität über ihre natürlichen Reichtümer zu sichern. Das Recht auf Nationalisierungen sollte vor allem dann angewandt werden, wenn die Interessen der Beschäftigten und des Landes bedroht sind. Die Ausarbeitung eines Verhaltenskodex für multinationale Konzerne wird nachdrücklich unterstützt.

5.3. *Kontrolle durch gewerkschaftliche Gegenmacht?*

5.3.1 Probleme und Perspektiven der internationalen gewerkschaftlichen Kooperation gegen multinationales Konzernverhalten

Außer in den zahlreichen Versuchen, internationales Konzernverhalten durch internationale Verhaltenskodices zu reglementieren, wird eine eher noch wichtigere Gegensteuerung in internationalen Aktivitäten der Gewerkschaften gesehen. Angesichts der in multinationalen Konzernen vorhandenen hochgradigen Zentralisierung der Entscheidungsstrukturen sowie des Einsatzes modernster Technologien zum Aufbau eines weltumspannenden Informationssystems mit zentralen Informationspools stehen die Gewerkschaften zunächst eindeutig im Hintertreffen. Es gibt kein internationales Gewerkschaftszentrum, das Aktivitäten aller nationalen Gewerkschaftsbünde, die von multinationalen Konzernen betroffen sind, koordinieren könnte, von den beschränkteren materiellen Mitteln der Gewerkschaften beim Aufbau von Informationssystemen einmal ganz abgesehen. Das Fehlen eines solchen Zentrums ist Ausdruck der ideologischen Zerrissenheit der internationalen Gewerkschaftsbewegung. Die 1945 angesichts der gemeinsamen Leidenserfahrungen während des Faschismus mögliche Überwindung dieser ideologischen Unterschiede in einem einheitlichen Gewerkschaftsbund, in dem Weltgewerkschaftsbund, hielt vor dem Hintergrund des Kalten Krieges nur bis 1948[60]. Seit diesem Zeitpunkt ist die sozialistisch orientierte internationale Gewerkschaftsbewegung – ähnlich wie vor dem II. Weltkrieg[61] – in zwei konkurrierende Flügel, den Internationalen Bund Freier Gewerkschaften mit Sitz in Brüssel und den Weltgewerkschaftsbund mit Sitz in Prag, gespalten. Daneben repräsentiert der Weltverband für Arbeitnehmer (WVA) die christlich orientierte Gewerkschaftsbewegung (mit der französischen CFDT als bedeutendstem Mitgliederverband in Europa). Der IBFG umfaßte bei seiner Gründung 50 Mio. Mitglieder bei 70 Mio Mitgliedern des WGB. 1966 betrug das Mitgliedsverhältnis 63 : 168 Mio.[62]. Entsprechend seiner Entstehungsgeschichte stand am Anfang der IBFG-Tätigkeit der „Kampf gegen die Ausbreitung des Kommunismus" im Mittelpunkt. 1952 wurde ein Verbot zweiseitiger Kontakte zwischen IBFG-Gewerkschaften und Gewerkschaften des WGB getroffen, das formell erst 1970 aufgehoben wurde[63]. Der in der Praxis schon vorher zu Fall gebrachte Kontaktsperrebeschluß hatte 1969 zum Austritt des AFL/CIO aus dem IBFG geführt[64]. Auf europäischer Ebene entwickelte sich aus der IBFG-Regionalorganisation – die außerdem für Amerika, Afrika und Asien allerdings mit recht unterschiedlicher Beteiligung bestehen – 1969 unter gleichzeitiger Auflösung dieser Regionalorganisation der Europäische Bund Freier Gewerkschaften, der sich 1973 in Europäischer Gewerkschaftsbund umbenannte[65].

Der EGB hat seinen ursprünglichen Richtungscharakter mittlerweile durch den Beitritt aller christlich orientierten und der christlichen Internationale, WVA, angehörenden Gewerkschaftsorganisationen verloren. 1974 wurde schließlich der Aufnahmeantrag der italienischen CGIL angenommen, nachdem diese allerdings zuvor ihre Mitgliedschaft im WGB in eine ruhende umgewandelt hatte. Demgegenüber steht der EGB einer Mitgliedschaft der CGT vor allem wegen ihrer weiteren Zugehörigkeit zum WGB noch ablehnend gegenüber[66]. In noch weiterer Ferne dürfte die Umsetzung des vom Vorsitzenden des sowjetischen Gewerkschaftsbundes 1973 gemachten Vorschlages liegen, den Gewerkschaften der sozialistischen Länder Europas den Beitritt zu ermöglichen[67].

Neben dieser praktischen Annäherung auf der bedeutsamen europäischen Regionalebene bestehen auf internationaler Ebene zwischen WGB und IBFG erst Ansätze einer gemeinsamen Kommunikation, die sich nahezu ausschließlich auf Gewerkschaftstreffen am Rande der ILO-Tagungen (insgesamt dreimal) vollzogen.

In den programmatischen Äußerungen der internationalen Gewerkschaftsbünde zum Vorgehen gegen die internationalen Konzerne bestehen zwar Unterschiede in der Prioritätensetzung und der Einschätzung privater Eigentumsstrukturen, die vom WGB radikal in Frage gestellt werden, während der IBFG hier Hoffnungen auf eine soziale Temperierung hegt. Ein gemeinsames Vorgehen gegen konkrete Auswirkungen des Verhaltens von Multis scheint dadurch jedoch nicht ausgeschlossen. Ferner orientieren der IBFG und der EGB im wesentlichen auf die nationale Gesetzgebung, während der WGB den Schwerpunkt auf die Einheit der Arbeiterbewegung in der Aktion gegen multinationale Konzerne legt.

Der IBFG hat auf seinem 11. Weltkongreß im Oktober 1975 ein Forderungsprogramm zur Kontrolle multinationaler Unternehmen aufgestellt, das auf die Einhaltung der sozialpolitischen Gesetze der Gastländer sowie auf die Übernahme zusätzlicher sozialer Leistungen entsprechend internationaler Vereinbarungen durch die multinationalen Konzerne orientiert, womit die Schwäche der Gewerkschaften und Regierungen in Entwicklungsländern zur Durchsetzung solcher Forderungen ausgeglichen werden soll. Ferner soll den Konzernen eine weitgehende Publizitätspflicht auferlegt werden, die u.a. auch beschäftigungspolitisch relevante Daten umfassen soll[68]. Der gesellschaftspolitische Kontext dieses Forderungsprogramms wurde 1978 in einer „Entwicklungscharta" weiter präzisiert[69]. Darin wird den Industrieländern die maßgebliche Aufgabe bei der Ankurbelung der Weltwirtschaft zugewiesen, wobei die Ausweitung der Industrieproduktion in den Entwicklungsländern vor allem durch Warenproduktion auf dem jeweiligen Binnenmarkt erfolgen soll. Forderungen nach einem integrierten Rohstoffprogramm werden dabei unterstützt. Den nationalen Gewerkschaften wird in diesem Entwicklungsprozeß die Rolle eines Promotors für die Ratifikation der ILO-Normen zugewiesen, flankiert von der internationalen Gewerkschaftsbewegung. Von DGB-Seite wurde an dieser Charta das harmonische Weltbild kritisiert, das den IBFG ungeachtet der historischen Erfahrungen der Arbeiterbewegung in den Industrieländern annehmen läßt, daß bereits im Wege der Diskussion zwischen Regierungen, Grundbesitzern, lokalen Industriellen und evtl. transnationalen Konzernen eine Verbesserung der Gewerkschaftsrechte zu erhoffen wäre[70].

Das 1976 verabschiedete Aktionsprogramm des EGB sieht zwar wesentlich konkretere Schritte vor, richtet sich aber ebenfalls im wesentlichen an den nationalen Gesetzgeber. So sollen Investitionen durch Investitionsmeldestellen überwacht, konzerninterne Vorgänge insgesamt durch Weltjahresabschlüsse nach einheitlichen Regeln transparenter gemacht werden. Dazu soll auch eine obligatorische Vertretung von Arbeitnehmern in den Entscheidungsorganen des herrschenden Konzernunternehmens beitragen. Der Steuerflucht und Steuerhinterziehung soll durch Regeln für die Festsetzung von konzerninternen Rechnungspreisen, die steuerliche Erfassung von Kapitalerträgen, die Einführung einer Quellensteuer und die internationale Zusammenarbeit der Steuerbehörden begegnet werden. Schließlich wird ein ILO-Übereinkommen über die Solidaritätsrechte der Arbeitnehmer angeregt, wobei Sympathiestreiks bzw. Boykottmaßnahmen innerhalb eines abgegrenzten Wirtschaftsgebiets möglich sein sollten, wenn eine internationale Gewerkschaftsorganisation dazu aufruft[71].

Im Gegensatz zu diesen fast ganz auf den Gesetzgeber im nationalen wie im internationalen Bereich abgestellten Forderungskatalogen sieht der Weltgewerkschaftsbund den Hauptansatzpunkt im Vorgehen gegen multinationale Konzerne bei den Betroffenen selbst und hier vor allem in der Entwicklung gemeinsamer antimonopolistischer Aktionen auf internationaler Ebene[72]. Die Äußerungen des WGB zum Problembereich der multinationalen Konzerne bewegen sich daher fast ausschließlich auf der Ebene von Vorschlägen, wie diese gewerkschaftliche Aktionseinheit hergestellt werden könnte.

Im Gegensatz zu dem geringen Grad an internationalen Kontakten zwischen den gewerkschaftlichen Spitzenverbänden ist auf Konzern- aber auch auf Branchenebene die Koordination zwischen den verschiedenen Richtungsgewerkschaften schon wesentlich weiterentwickelt. So finden etwa im internationalen belgischen Solvay-Konzern gemeinsame Treffen der nationalen Einzelgewerkschaften (Frankreich, Italien, Belgien, Österreich) statt, die unterschiedlichen Richtungen angehören[73]. Als bisherige Höhepunkte dieser Koordination sind ein Warnstreik aller beteiligten Gewerkschaftsverbände im Jahre 1972 anzusehen sowie die Bildung einer multinationalen Konzerngewerkschaft[74]. Eine eher punktuelle Gemeinsamkeit stellte die Aktion der italienischen Gewerkschaft CGIL dar, die 1969 den Streik von amerikanischen Bäckern und Konditorarbeitern des multinationalen Konzerns Nabisco durch einen einstündigen Warnstreik unterstützte[75]. Eine Koordination auf Branchenebene hat sich bilateral zwischen den verschiedenen Richtungsgewerkschaften Italiens und Frankreichs herausgebildet[76]. An Aktionsbeispielen sei ferner auf den spektakulären Drei-Länder-Streik im AKZO-ENKA-Glanzstoffkonzern 1972 hingewiesen, der von verschiedenen Richtungsgewerkschaften getragen wurde[77].

Diese Beispiele zeigen, daß in der Aktion gegen multinationales Kapitalverhalten Gemeinsamkeiten zwischen den einzelnen nationalen Gewerkschaften unabhängig vom Richtungscharakter möglich sind. Allerdings war die bisherige Koordination gewerkschaftlicher Aktivitäten sowohl zwischen den verschiedenen Richtungsbünden als auch unter den nationalen Mitgliedsgewerkschaften der einzelnen Bünde selbst mehr oder minder auf die europäische Ebene beschränkt. Auf internationaler Ebene ist die Koordination gemeinsamer Gewerkschaftsaktivitäten wesentlich geringer entwickelt. Die Unterstützung etwa des Hungerstreiks chilenischer Gewerkschaften gegen Verfolgungspraktiken des Pinochet-Regimes durch zahlreiche nationale Gewerkschaftsorganisationen u.a. auch des DGB, markiert bereits ein hohes Niveau internationaler Solidarität. Gerade gegenüber Chile ist die Sensibilität der Gewerkschaften unterschiedlicher Richtungen besonders ausgeprägt, was sich etwa auch in den Boykottaktionen von Hafenarbeitern unter anderem in den USA und Schweden gegen chilenische Schiffe zeigte. Als ein anderes Beispiel praktischer Hilfe auf internationaler Ebene sei auf den Einsatz der IG-Metall für Gewerkschaftskollegen in Marokko hingewiesen: Ein marokkanischer Metallbetrieb, eine Vertragsfirma von Daimler Benz, kündigte umfangreiche Entlassungen an, darunter die der meisten aktiven Gewerkschaftsmitglieder. Die marokkanische Metallgewerkschaft protestierte dagegen bei der Firma und beim Internationalen Metallgewerkschaftsbund. Der IMB setzte sich mit der IG-Metall in Verbindung, diese mit ihrer Stuttgarter Verwaltungsstelle, die ihrerseits Kontakt mit der Firmenleitung von Daimler Benz aufnahm. Die Entlassungen wurden zurückgenommen[78].

Diese praktische Hilfe im Einzelfall kann nicht darüber hinwegtäuschen, daß die Voraussetzungen gewerkschaftlicher Gegenmacht gegen das internationale Kapitalverhalten ansonsten nur in Ansätzen vorhanden sind. Die zur Entfaltung internationaler Strategien gegen Konzernentscheidungen notwendige Koordination und Kooperation bedarf zunächst eines Mindestmaßes an organisatorischer Struktur. Gute

Beispiele sind hier die Weltkonzernausschüsse im Metall- und Chemiebereich, etwa bei Philips[79] oder Dunlop Pirelli[80]. An der Ermittlung und dem Austausch von Informationen über Kapitalbeteiligungen, Investitionsentscheidungen und Rationalisierungstendenzen in diesen Ausschüssen haben die Gewerkschaften des Konzernmutterlandes sowie aller betroffenen Länder der Industrienationen und Entwicklungsländer gleichermaßen ein Interesse[81]. Auf der Grundlage dieser Informationsbasis lassen sich dann gegebenenfalls gemeinsame Aktionen von Publizitätskampagnen über Sympathiekundgebungen bishin zur Koordination von Tarifverhandlungen und Streiks organisieren.

Einen weiteren Schritt zur Vereinheitlichung des Vorgehens gegen multinationale Kapitalmacht würde sicherlich die Integration der bestehenden internationalen Richtungsgewerkschaften in eine einheitliche internationale Organisation bedeuten, in der auch die Branchen international vertreten sein müßten[82]. Hierzu sind allerdings noch nicht einmal Ansätze festzustellen, von den erwähnten Spitzengesprächen bei internationalen Konferenzen staatlicher Organisationen einmal abgesehen.

5.3.2 Kontrolle durch institutionelle Mitbestimmung? Das Projekt einer Europäischen Aktiengesellschaft

Eine Sonderrolle in der Diskussion um die Kontrolle multinationaler Unternehmen kommt dem Projekt einer Europäischen Aktiengesellschaft (SOCIETAS EUROPAE, S. E.) zu, das von der Kommission der EWG entwickelt worden ist[83]. Damit sollen nach Vorstellung der Kommission nicht etwa transnationale Aktivitäten europäischer Muttergesellschaften gebremst, sondern im Gegenteil durch das Anbieten eines rechtlichen Einheitstyps innerhalb der EWG gefördert werden[84]. Die Kommission erhofft sich von einem solchen Einheitstyp eine größere Flexibilität der Unternehmen bei der Ausnutzung günstiger Standorte, wenn der organisatorische Aufwand auf ein Minimum reduziert wird, sowie die Schaffung eines höheren Vertrauenstatbestandes für potentielle Investoren, wenn die rechtlichen Binnenstrukturen von Betriebsteilen sich nicht nach ausländischem Recht bestimmen[85]. Den Rechtstyp der Europäischen Aktiengesellschaft – der weitgehend dem Modell der bundesdeutschen Aktiengesellschaft entspricht – sollen alle Unternehmen wählen können, die ihren Sitz in einem Land der EWG und mindestens eine Betriebsstätte in einem anderen Land der EWG haben. Damit ist also keine Harmonisierung des gesamten Gesellschaftsrechts innerhalb der EWG-Länder beabsichtigt; diesem Zweck dient eher ein anderer Vorschlag der Kommission zur Angleichung des Aktienrechts, in dem u.a. die Einführung einer dualen Verwaltungsstruktur – Geschäftsführung durch einen Vorstand und Kontrolle durch einen Aufsichtsrat – angeregt wird[86]. Vielmehr soll der Rechtstyp der EAG neben die im nationalen Rahmen bestehenden Unternehmenstypen treten und zwar maßgeschneidert für diejenigen Kapitalgesellschaften, die aufgrund ihrer Finanzkraft, ihrer technologischen Ressourcen bzw. ihrer Produktpalette bereits den nationalen Binnenmarkt überschritten haben.

Anders als bei Gründung der EWG, wo sozialpolitische Aspekte eine eher beiläufig behandelte Materie waren[87], stellt heute bei der Schaffung solcher „gemeinschaftsfördernder" Rechtsformen die Berücksichtigung der Arbeitnehmerinteressen in den Unternehmensorganen einen wesentlichen Bedingungsfaktor dar. Und dazu hat sicherlich zum einem der organisatorische Zusammenschluß der nationalen Gewerkschaftsbünde innerhalb der EWG im Europäischen Gewerkschaftsbund beigetragen, zum anderen jedoch auch in erheblichem Maße die Verschärfung der sozialpolitischen Auseinandersetzung in fast allen Ländern Europas, wie sie Ende der 60er Jahre vor allem in Italien und Frankreich, seit Mitte der 70er Jahre durch das Anhalten der Weltwirtschaftskrise verstärkt auch in anderen Ländern sichtbar wurden. Als Ergebnis dieser Auseinandersetzung ist einmal eine Verstärkung des institutionellen Einflusses der Arbeitnehmer auf Unternehmensebene in denjenigen Ländern festzustellen, in denen die Arbeitnehmer auf solche institutionelle Beteiligungsmechanismen orientieren, wie etwa in der Bundesrepublik[88], Dänemark[89] und den Niederlanden[90]. Andererseits hat auch der nichtinstitutionelle Einfluß der Arbeitnehmer auf Unternehmensentscheidungen in den Ländern zugenommen, in denen der Tarifpolitik ein zentraler Stellenwert als Mittel gesellschaftspolitischer Einflußnahme eingeräumt wird, wie in Italien[91], Großbritannien[92] und Frankreich[93]. Diese Zunahme des tarifpolitischen Einflusses der Gewerkschaften wird dabei in Italien und Frankreich nicht zuletzt auf die normative Absicherung der Gewerkschaftsrechte im Betrieb nach den umfangreichen Streikaktionen Ende der 60er Jahre zurückzuführen sein[94].

Vor diesem sozialpolitischen Hintergrund ist es daher nicht verwunderlich, daß in der EAG eine institutionelle Beteiligung der Arbeitnehmer vorgesehen ist. Dies soll auf zwei Ebenen geschehen: auf Unternehmensebene durch Arbeitnehmervertreter im Aufsichtsrat, auf betrieblicher Ebene durch Betriebsräte. Die Beteiligung in den Unternehmensorganen ist dabei von einem ursprünglich vorgesehenen[95] 1 : 2-Verhältnis der Sitze Arbeitnehmer/Anteilseigner zugunsten einer 1 : 1 : 1-Sitzverteilung zwischen Arbeitnehmern, Anteilseignern und einer neueingeführten weiteren Gruppe angehoben worden, die „allgemeine Interessen" repräsentieren soll. Diese Personengruppe muß von der Hauptversammlung der Anteilseigner und dem Betriebsrat der EAG mit 2/3-Mehrheit gewählt werden (Art. 74a, 75b).

Damit folgt die Kommission im wesentlichen dem Vorschlag des Europäischen Gewerkschaftsbundes, der 1970 nach langen internen Auseinandersetzungen um die Frage, ob überhaupt eine institutionelle Mitbestimmung befürwortet werden sollte, ein entsprechendes drittelparitätisches Modell gefordert hatte, allerdings mit weitergehenden Mitbestimmungsrechten für die Vertreter der Arbeitnehmer etwa bei Investitionsentscheidungen, beschäftigungspolitischen Maßnahmen und der Verteilung des Jahresgewinns[96].

Die Repräsentanten „allgemeiner Interessen" benötigen die Untersützung sowohl der Arbeitnehmer als auch der Anteilseigner, was durch den 2/3 Wahlmodus garantiert werden soll. Läßt sich diese Mehrheit nicht erreichen, so entscheidet eine Schiedsstelle, die paritätisch aus Arbeitnehmer und Anteilseignern sowie einem von beiden Seiten gewählten Vorsitzenden zusammengesetzt ist. Im Falle der Nichteinigung auf diesen Vorsitzenden wird dieser vom Präsidenten des für die Gesellschaft zuständigen Gerichts bestellt (Art. 75b, Ziff. 4, 5).

Der auf betrieblicher Ebene zu bildende Betriebsrat (Europäischer Betriebsrat, EBR) soll neben den nach nationalem Recht bereits vorgesehenen Arbeitnehmer-Vertretungen eingerichtet werden, deren weitere Existenz nicht berührt werden soll; allerdings können ihre Befugnisse durch die des EBR im Einzelfall verdrängt werden (§ 101). Der EBR entspricht in etwa dem Gesamtbetriebsrat nach dem Betriebsverfassungsgesetz, wird jedoch direkt gewählt[97] und zwar in jeder Betriebsstelle der Gesellschaft nach einem bestimmten Schlüssel. Beim Wahlmodus fällt positiv das Fehlen des im bundesdeutschen Mitbestimmungsrecht weit entfalteten Gruppenprinzips auf, eine Differenzierung zwischen Arbeitern und Angestellten findet nicht statt[98]. Der EBR soll seine Funktion als „Interessenvertretungsorgan der Arbeitnehmer" (§ 119)[99] durch ein abgestuftes Instrumentarium an Beteiligungsrechten wahrnehmen, wobei das Vorbild des bundesdeutschen Betriebsverfassungsgesetzes allenthalben sichtbar wird. Am stärksten sind seine Beteiligungsrechte bei sozialen und personellen Angelegenheiten (§ 123). Im Gegensatz zur bundesdeutschen Regelung hat er nicht nur bei Einstellungen, sondern bei dem wesentlich gravierenderen Fall der Entlassung ein Zustimmungsrecht (§ 123 Ziff. 1a). Allerdings ist das Zustimmungsrecht durch die Zwischenschaltung eines Schiedsverfahrens ähnlich abgemildert wie nach dem BetrVerfG durch die Einrichtung der Einigungsstelle. Die Schiedsstelle ist paritätisch mit einem vom Konsens beider Seiten getragenen Vorsitz besetzt; bei fehlendem Konsens wird er durch das Gericht am Sitz der EAG bestimmt (§ 128). Der Europäische Gewerkschaftsbund hat in einem Gegenentwurf zu dem Vorschlag der Kommission u.a. die Einrichtung einer solchen Schiedsstelle scharf abgelehnt[100].

Die Mitwirkungsrechte des EBR bestehen im wesentlichen in Anhörungsbefugnissen etwa bei der Arbeitsplatzbewertung, vor Stillegungen, Änderungen in der Unternehmenstätigkeit usw. (§ 124, 125) sowie in einem umfassenden Informationsanspruch (§ 121, 122), der aufgrund seiner geringen Konkretheit jedoch leicht leerlaufen könnte[101]. Problematisch erscheint dabei die Auferlegung einer Geheimhaltungspflicht bei sog. Betriebs- und Geschäftsgeheimnissen bei einer entsprechenden Geheimhaltungsdeklaration des Vorstandes (§ 114), die den Stellenwert der Informationsansprüche für den Aufbau eines multinationalen Frühwarnsystems erheblich beeinträchtigen. Obwohl der Geheimnisbegriff etwa in der bundesdeutschen Literatur erheblich umstritten ist[102] und nicht jede zum Geheimnis erklärte Mitteilung auch tatsächlich geheimzuhalten ist[103], führt eine solche gesetzliche Schweigepflicht zu erheblicher Unsicherheit und begünstigt Tendenzen, Informationen an die Betroffenen nicht weiterzugeben, was wiederum die Möglichkeit erschwert, kollektive Gegenaktionen etwa bei geplanten Stillegungen oder Betriebsverlagerungen frühzeitig zu organisieren. Der EGB fordert in seiner Stellungnahme die Aufhebung einer solchen Geheimhaltungspflicht zumindest gegenüber den Beschäftigten der einzelnen Betriebsstätten[104].

Die EAG und damit auch eine institutionelle Kontrolle der Beschäftigten in einem solchen multinationalen europäischen Unternehmensverbund ist bisher über das Vorschlagsstadium nicht hinausgelangt; die 9jährige Nichtbehandlung im Ministerrat der EWG deutet darauf hin, daß das Projekt zunächst auf Eis gelegt ist. Dies steht in gewissem Widerspruch zu offiziellen Bekundungen, die EWG auch hin zu einer Sozialunion entwickeln zu wollen[105]. Ob dies mit Hilfe der EAG erreicht werden kann, die primär auf eine Beseitigung von Rechtsschranken für transnationale Kapitalaktivitäten abzielt und eine institutionelle Arbeitnehmerbeteiligung eher aus Integrations- und Durchsetzungsaspekten begreift, muß allerdings bezweifelt werden. Die hinter der politischen Hinhaltetaktik stehenden Bedenken dürften eher von der Möglichkeit herrühren, daß im Rahmen eines integrierten Systems von institutionellen und nichtinstitutionellen Einflußmechanismen[106] das transnationale Kapitalverhalten einer verstärkten Kontrolle durch die Arbeitnehmer unterworfen sein könnte.

Teil III: Internationales Arbeitsrecht

1. Internationaler Standard wirtschaftlicher und sozialer Rechte und nationale Arbeiterbewegung

Die in Kapitel II.5 dargestellten Aktivitäten multinationaler Konzerne haben mit aller Deutlichkeit gezeigt, daß nationale Grenzen für den internationalen Kapitalverkehr von geringer Bedeutung sind. Im Gegensatz dazu ist für diejenigen, die aus dem in Produktionsmitteln vergegenständlichten Kapital Werte schaffen, die Arbeitnehmer, eine solche unbegrenzte Mobilität von vornherein nicht gegeben. Persönliche und soziale Bindungen innerhalb eines begrenzten lokalen Raums begründen i.d.R. eher das Gegenteil. Zwar ist durch die modernen Verkehrsmöglichkeiten der grenzüberschreitende Verkehr für Arbeitnehmer als Anbieter ihrer Arbeitskraft erheblich erleichtert worden, was auch zu einer Art neuer Völkerwanderung geführt hat. Grundsätzlich läßt sich jedoch die Arbeitskraft weniger „internationalisieren", wie das Kapital, das äußerst flexibel beim Vordringen in neue Arbeitsmärkte ist, während eine mobile Anpassung der Arbeitnehmer an eine Veränderung der Produktionsstandorte durch die genannten Gründe erschwert wird.

Bereits daraus ergibt sich, daß internationale Arbeitsrechtsnormen ihre aktuelle Bedeutung nicht auf einer spezifischen internationalen Ebene gewinnen können, sondern nur im jeweiligen nationalen Bereich. Die Vorgänge im internationalen Handelsverkehr, wo etwa mit den Vorstellungen über Rohstoff-Fonds eine selbständige internationale Regulierungsebene eingeführt werden soll, finden im arbeitsrechtlichen Bereich keine Parallele.

Internationale Arbeitsrechtsnormen entfalten sich zwar ausschließlich auf nationaler Ebene. Aus dem internationalen Kapitalverkehr ergibt sich jedoch eine gemeinsame Betroffenheit der abhängig Beschäftigten, aus der heraus die Initiative zur Schaffung eines internationalen Arbeitsrechts überhaupt erst erwachsen ist. Bereits im Jahre 1864 hatte diese gemeinsame grenzüberschreitende Betroffenheit zur Bildung der „Internationalen Arbeiter-Assoziation" in London geführt, wobei der damalige äußere Anlaß das Einwerben von Streikbrechern aus dem europäischen Ausland durch englische Unternehmer war, gegen das sich die englischen Gewerkschaften durch Absprache mit europäischen Arbeitervertretern zur Wehr setzen wollten[1]. Die Internationale Arbeiter-Assoziation blieb in der Folgezeit allerdings nicht eine bloße Selbsthilfeorganisation gegen internationale Kapitalaktivitäten, sondern leitete einen weitreichenden Selbstklärungsprozeß über Strategie und Taktik der Arbeiterbewegung ein. Dazu gehörte von Anfang an die Forderung nach gesetzlichen Schutzbestimmungen zugunsten der Arbeitnehmer auf einem einheitlichen Niveau und zwar nicht zuletzt deshalb, um ein Auseinanderspielen der Arbeitnehmer in den einzelnen Ländern aufgrund unterschiedlicher Arbeitsbedingungen zu verhindern. Die Geschichte des internationalen Arbeitsrechts ist damit mit der Geschichte der internationalen Arbeiterbewegung aufs engste verknüpft. So hatten bereits die Internationale Arbeiter-Assoziation wie auch die Zweite Internationale, die 1889 gegründet wurde, mit ihren Forderungen nach Arbeitszeitverkürzung, nach Schutzbestimmungen für Frauen und Jugendliche eine gewisse Reaktion der europäischen Regierungen erzwingen können[2], die im Ergebnis auch zu – allerdings minimalen – internationalen Vereinbarungen wie über das Nachtarbeitsverbot von Frauen und die Phosphorverwendung in der Zündholzindustrie führten.

Die eigentliche Entwicklung eines internationalen Arbeitsrechts begann allerdings erst nach dem I. Weltkrieg mit der Errichtung einer internationalen Organisation neben dem Völkerbund, der ILO, die sich ausschließlich mit der Kodifizierung eines internationalen Arbeits- und Sozialrechts befassen sollte. Die Bildung einer solchen Organisation hatte allerdings durchaus ambivalenten Charakter: einmal bedeutete sie in gewisser Weise ein Nachgeben gegenüber den Forderungen der Arbeiterbewegung nach internationaler Kodifikation der Arbeitsbedingungen; zum anderen sollte sie jedoch auch mit dazu beihelfen, die sozial-revolutionären Bestrebungen am Ende des I. Weltkrieges zu kanalisieren. Die ILO stellte fortan zwar die Plattform dar, von der aus die internationale Arbeiterbewegung ihre Forderungen nach Angleichung der sozialen Lebensbedingungen zur Sprache bringen konnte. Dabei zeigt die Entwicklung der 20er und 30er Jahre, daß für die Durchsetzung solcher Forderungen die Stärke der internationalen und nationalen Arbeiterbewegung von entscheidender Bedeutung war. Das Dilemma der Arbeiterbewegung dieser Zeit lag jedoch gerade in ihrer kräfteverzehrenden Spaltung in einen sozialistisch-demokratischen und einen sozialistisch-kommunistischen Flügel sowohl auf nationaler wie auf internationaler Ebene[3]. Dies führte vor allem in Europa zur Wiederbelebung autoritärer Herrschaftsformen, die einer Umsetzung internationaler Normen zur Verbesserung der Arbeitsbedingungen ablehnend gegenüber standen. Die geringe Zahl von nur ca. 800 Ratifikationen an ILO-Übereinkommen zwischen den Weltkriegen[4] (zum Vergleich: am 1.5.1977 betrug die Gesamtzahl der Ratifikationen 4350[5]) mag dafür ein Indiz sein. Erst die gemeinsame Erfahrung mit dem Zerstörungspotential faschistischer Systeme in Deutschland, Italien und Japan führte nach dem II. Weltkrieg zu einer kurzen Phase der Rückbesinnung auf die gemeinsame Interessenlage abhängiger Beschäftigter in allen Ländern und zu einem organisatorischen Zusammenschluß der sozialistisch orientierten Gewerkschaften im Weltgewerkschaftsbund. Parallelvorgänge auf staatlicher Ebene wie die Bildung einer internationalen Staatengemeinschaft, der UNO, sowie die programmatische Neuorientierung der ILO haben diesen Zusammenschluß der nationalen Gewerkschaftsbünde sicherlich begünstigt. Allerdings gelang es nur für einen knappen Zeitraum von 4 Jahren, die vereinheitlichte Kraft der internationalen Gewerkschaftsbewegung auf nationaler wie auf internationaler Ebene zur Geltung zu bringen. 1948 zerfiel diese Einheit vor dem Hintergrund des kalten Krieges und mit tatkräftiger Unterstützung des amerikanischen Gewerkschaftsbundes AFL wieder in konkurrierende Richtungszentren[6].

Trotz dieser erneuten Spaltung der internationalen Gewerkschaftsbewegung war die Entwicklung der internationalen Sozialpolitik nach dem II. Weltkrieg eine grundsätzlich andere als nach dem I. Weltkrieg. Durch die Ausweitung eines kapitalistischen Wirtschaftssystemen konkurrierenden Systems des Sozialismus im Weltmaßstab veränderten sich die Herausbildung und die Verwirklichungsbedingungen internationaler Normen erheblich. Wenn auch durch die Spaltung der Gewerkschaftsbewegung ihr eigenständiger Einfluß im internationalen Bereich zurückging, so nahm dennoch durch das gleichzeitige Anwachsen der sozialistischen Staatengruppe die Durchsetzungsmöglichkeit sozialpolitischer Forderungen in den internationalen Organen zu. Dabei führte nicht zuletzt auch die Systemkonkurrenz zwischen sozialistischen und kapitalistischen Staaten dazu, daß in den westlichen Industrienationen aus Integrationsgesichtspunkten gegenüber den Forderungen der abhängig Beschäftigten in einem gewissen Umfang Zugeständnisse gemacht wurden. Der Zerfall der Kolonialsysteme und das ständige Anwachsen der Staatengruppe der sogenannten Entwicklungsländer hat diesen Prozeß der Schaffung von Normen zur Verbesserung der Arbeitsbedingungen auf internationaler Ebene eher noch forciert.

Wenn durch diese Veränderungen im internationalen Bereich auch günstigere Bedingungen für die Kodifikation sozialpolitischer Forderungen eingetreten sind, so liegt die Hauptlast bei der Umsetzung entsprechender Normen bei der jeweiligen nationalen Arbeiterbewegung. Dabei kann die eigenständige Ausstrahlungskraft einer internationalen Regelung zur Verbesserung der Arbeitsbedingungen, wie sie vor allem unter dem Zwang eines ständigen Systemvergleichs eintritt, den nationalen Arbeiterbewegungen eine solche Umsetzung durchaus erleichtern. Welcher Widerstand dabei von den ökonomischen Entscheidungsträgern eines Landes zu erwarten ist und wie ihm begegnet werden könnte, wurde am Beispiel der multinationalen Konzerne versucht deutlich zu machen.

Dabei wird eine Durchsetzung internationaler Arbeitsrechtsnormen nicht nur durch das unterschiedliche Reproduktionsniveau in den einzelnen Ländern erschwert. Ein besonderes Problem stellt vielmehr – nimmt man hier die BRD als durchaus typisches Beispiel – die tatsächliche Einbeziehung des internationalen Normenbestandes in die Auseinandersetzung um den Umfang und die Reichweite individueller und kollektiver Rechte der Arbeitnehmer eines Landes dar. Auf internationale Normen – obwohl nach ihrer Ratifikation unmittelbar anwendbares Recht – wird in rechtlichen Auseinandersetzungen in der BRD zu allerletzt, wenn überhaupt Bezug genommen. Ausnahmen bestehen lediglich dort, wo in gesellschaftspolitischen Konflikten Interessenorganisationen wie die Gewerkschaften sich auf bestehende internationale Arbeitsrechtsnormen berufen, um bestimmte Forderungen, auf die sie bereits nach nationalem Recht häufig glauben einen Anspruch zu haben, Nachdruck zu verleihen. Für internationale Arbeitsrechtsnormen gilt somit in noch stärkerem Maße als für das nationale Recht, daß ihre Verankerung in der Rechtswirklichkeit davon abhängt, ob sie von einem sozialen Träger wie etwa den Gewerkschaften aufgegriffen werden.

Das Auseinanderklaffen zwischen Norm und Wirklichkeit ist zwar nicht allein auf das internationale Recht beschränkt, wenn es hier auch besonders augenfällig ist. Es zeigt sich vielmehr überall dort, wo bestimmte Normen durch Nicht-Anwendung einem Prozeß des Vergessens überantwortet oder im Wege der Uminterpretation ihres ursprünglichen Sinns beraubt werden. Ein typisches Beispiel für diese Doppelstrategie aus dem Verfassungsrecht ist etwa der Umgang mit der Sozialisierungsermächtigung in Art. 15 GG[7]. Bei den internationalen Arbeitsrechtsnormen überwiegt nun eindeutig der Versuch, sie durch Ignoranz zu übergehen. Eine Berufung auf einschlägige internationale Arbeitsrechtsnormen in Urteilen hat Seltenheitswert; lediglich EWG-Normen machen hier eine gewisse Ausnahme. Der Grund für diese Zurückhaltung ist nicht allein damit zu erklären, daß bei vielen internationalen Arbeitsrechtsnormen die unmittelbare, d.h. anspruchsbegründende Wirkung umstritten ist. Denn zumindest lassen sich solche Normen als Orientierungspunkte bei der Interpretation nationalen Rechts einbeziehen. So kann man etwa die Auffassung vertreten, daß internationale Arbeitsrechtsnormen den Sozialstaatsauftrag in Art. 20 GG konkretisieren, aus dem gerade bei besonders kontroversen Konfliktfällen eine konkrete Entscheidungshilfe gewonnen werden könnte. Diese naheliegende Annahme, daß mit den internationalen Arbeitsrechtsnormen vom Gesetzgeber der Sozialstaatsauftrag inhaltlich ausgefüllt worden sei und damit das Defizit zumindest zum Teil wettgemacht wurde, das durch das weitgehende Ausklammern sozialer und wirtschaftlicher Grundrechte im Parlamentarischen Rat entstanden ist[8], entspricht jedoch nicht der vorherrschenden Auffassung von einem mehr oder minder bloß programmatischen Charakter des Sozialstaatsbegriffs[9]. Wie die ökonomische Entwicklung der BRD seit 1949 von einer stetigen Verfestigung der traditionellen Eigentums- und Machtstrukturen gekennzeichnet ist, so sind auch die rechtlichen Beziehungen zwischen Kapitaleignern und abhängig Beschäftigten sowie ihren Interessenorganisationen von einer Tendenz zur Bewahrung der unternehmerischen Entscheidungsautonomie einerseits und einer bloßen sozialen Abfederung der Folgen solcher Entscheidungen andererseits gekennzeichnet. In diesem Kontext steht auch die erfolgreiche Entleerung des Sozialstaatsbegriffs von einer Ermächtigungsnorm für Eingriffe in die Wirtschaftsordnung zum Ausgleich von Machtunterschieden zu einer bloßen Programmformel[10]. Es würde daher schon einen gesellschaftlichen Wandel in der BRD markieren, wenn internationale Arbeitsrechtsnormen als Konkretisierung des Sozialstaatsbegriffs akzeptiert würden. Einen solchen Wandel können bei der gegenwärtigen antagonistischen Interessenstruktur der Wirtschaftsordnung und ihren Widerspiegelungen auf der rechtlichen Ebene lediglich die Vertreter der Arbeitnehmerinteressen einleiten. Von ihnen hängt es im wesentlichen ab, ob die BRD internationale Normen des Arbeitsrechts nur zu Prestigegründen und zur Demonstration von Freiheitlichkeit und sozialer Verantwortung nach außen nutzt, ohne daß diese Normen eine tatsächliche Innenwirkung entfalten. Die legitimatorische „Außenwirkung“ internationaler Arbeitsrechtsnormen spielt zwar eine erhebliche Rolle, um die einzelnen Staaten überhaupt zur Ratifikation solcher Normen zu bewegen. Eine tatsächliche Wirkung im Innern entfalten sie jedoch erst dann, wenn die davon Begünstigten, die Arbeitnehmer und ihre Gewerkschaften, als Organisatoren ihrer Durchsetzung in Erscheinung treten.

Daß dies keine abgehobene Tätigkeit ist, sondern unmittelbar in konkrete, die Arbeitnehmer und ihre Gewerkschaften direkt berühende Auseinandersetzungen einbezogen werden kann, zeigt etwa die Berufung auf das ILO-Übereinkommen Nr. 135 durch den DGB bei dem Streit über einen tarifvertraglichen Vertrauensleuteschutz. Die Liste läßt sich beliebig verlängern: im jahrelangen Streit um die Unterstützungsleistung der Bundesanstalt für Arbeit bei Arbeitskämpfen spielte das ILO-Übereinkommen Nr. 102 eine maßgebliche Rolle (vgl. dazu unten Kapitel 3.3.4); in der Kontroverse um den Beamtenstreik haben verschiedene internationale Normen eine wichtige Legitimationsfunktion für seine Zulässigkeit (vgl. dazu unten Kapitel 3.3.2.3). Daneben können internationale Normen unterstützend auf die Forderung der nationalen Gewerkschaften an den staatlichen Gesetzgeber wirken, bestimmte Bereiche gesetzlich zu regeln. Aus den zahlreichen Beispielen dieser Art sei nur auf das ILO-Übereinkommen Nr. 119 bei der Durchsetzung des Maschinenschutzgesetzes von 1968 hingewiesen, das die Berücksichtigung von Sicherheitsregeln bei der Herstellung von Maschinen vorsieht (lesenswert dazu ist die Begründung in der Bundesrats-Drucksache 141/66, S. 5). Die folgende Darstellung will versuchen, diese Ansatzpunkte des internationalen Arbeitsrechts an einzelnen Problemfeldern herauszuarbeiten.

2. Der Beitrag internationaler Organisationen zur Herausbildung völkerrechtlicher Normen zum Schutz der Arbeitskraft

2.0 Allgemeine Vorbemerkung

(1) Die drei großen internationalen Richtungsgewerkschaften, der sozialistisch-sozialdemokratisch orientierte Internationale Bund Freier Gewerkschaften (IBFG), der sozialistisch-kommunistisch ausgerichtete Weltgewerkschaftsbund (WGB) und der christliche Weltverband der Arbeitnehmer (WVA) gehören im System der internationalen Beziehungen zu den nichtstaatlichen Organisationen im Gegensatz zu den staatlichen internationalen Organisationen[1]. Zu den nichtstaatlichen Organisationen werden hauptsächlich gesellschaftliche Zusammenschlüsse gezählt, neben den Organisationen der internationalen Gewerkschaftsbewegung etwa Frauen- und Jugendorganisationen, zahlreiche berufliche und kulturelle sowie sportliche Fachverbände. Ihnen kommt allerdings keine Völkerrechtspersönlichkeit zu, die allein den staatlichen internationalen Organisationen vorbehalten ist. Nur die staatlichen internationalen Organisationen sind „Subjekte des Völkerrechts“[2], d.h. Träger völkerrechtlicher Rechte und Pflichten und Teilnehmer an völkerrechtlichen Rechtsbeziehungen. Sie schaffen durch ihre Vereinbarungen völkerrechtliche Normen, sie sind Träger der durch diese Normen begründeten Rechte und Verpflichtungen und ihnen obliegt die Verwirklichung und Durchführung dieser Normen im Rahmen der jeweiligen Kontrollsysteme[3]. Die Bedeutung der nichtstaatlichen Organisationen bei der Entwicklung völkerrechtlicher Rechtsbeziehungen darf dabei allerdings nicht unterschätzt werden. Er liegt vor allem bei der Einflußnahme auf den Willensbildungsprozeß der Regierungen auf nationalstaatlicher Ebene wie auch im Rahmen der internationalen Organisationen. Eine solche Einflußnahme im Wege der gegenseitigen Information und Konsultation wird auf UNO-Ebene direkt gefördert, indem die UNO-Charta in Art. 71 nichtstaatlichen Organisationen einen Konsultativstatus beim Wirtschafts- und Sozialrat der UNO einräumt. Die UNO teilt diesen Status in drei Kategorien (A, B und C) ein, der eine unterschiedliche Intenstität an gegenseitiger Konsultation beinhaltet und je nach der gesellschaftlichen Bedeutung der jeweiligen internationalen Organisationen verliehen wird. IBFG, WVA und WGB haben entsprechend ihres internationalen Gewichts den A-Status.

(2) Neben dieser Unterscheidung von staatlichen und nichtstaatlichen Organisationen ist im vorliegenden Zusammenhang das Nebeneinander von universellem und partikularem Völkerrecht von Interesse.

Als universelles Völkerrecht wird vor allem der Normenbestand universeller Organisationen angesehen, die allen souveränen Staaten der Welt offenstehen und in denen eine große Anzahl dieser Länder auch als Mitglieder vertreten sind[4]. Universelles Völkerrecht wird dabei allerdings nicht nur von internationalen Organisationen gesetzt, sondern kann sich auch aus zwischenstaatlichen Vereinbarungen entwickeln. Das Universalitätsprinzip ist dabei für die BRD schon deshalb von besonderer Bedeutung, weil Art. 25 GG die „allgemeinen Regeln des Völkerrechts“ in den Rang unmittelbar geltenden Rechts erhebt und die universelle Anerkennung ein entscheidendes Indiz dafür ist, ob man von einer solchen allgemeinen Regel sprechen kann. Auf die Besonderheiten dieser Problematik wird unter Kapitel 4 näher eingegangen.

Demgegenüber gilt als partikulares Völkerrecht das von regional eingegrenzten Staatenorganisationen geschaffene Recht sowie die zwischen einer Mehrzahl regional bzw. ökonomisch-politisch eingrenzbaren Staaten getroffenen Vereinbarungen[5].

Beide Rechtsbereiche können sich überlagern, wenn ein Staat sowohl Mitglied einer universellen als auch einer partikularen Organisation ist. Dies trifft etwa für die BRD als Mitglied der UNO und zahlreicher UNO-Sonderorganisationen einerseits und der EWG sowie des Europarats andererseits zu.

(3) Der Normenbestand des internationalen Arbeitsrechts ließe sich leicht nach diesem systematischen Gesichtspunkt aufsplittern. Dies schien im vorliegenden Zusammenhang nicht sinnvoll, da es für den betroffenen Arbeitnehmer zunächst nicht von Bedeutung ist, welcher Kategorie eine arbeitsrechtliche Regelung im internationalen Bereich zuzuordnen ist. Für ihn ist vielmehr zu allererst interessant, ob bestimmte Problembereiche im Arbeitsverhältnis überhaupt völkerrechtlich geregelt sind. Deshalb soll im folgenden nach einer Darstellung der relevanten internationalen Organisationen, soweit sie mit arbeitsrechtlichen Fragestellungen befaßt sind, der normative Ist-Bestand des internationalen Arbeitsrechts in Problembereiche aufgeschlüsselt werden. Es ist naheliegend, daß Anknüpfungspunkt für die Auswahl der Problembereiche spezifische Eigenarten der gesellschaftlichen Verhältnisse in bundesrepublikanischen Betrieben und Unternehmen sind. In einem gesonderten Abschnitt soll sodann die Frage nach den Durchsetzungsmöglichkeiten dieser Regelung behandelt werden.

2.1 Die UNO

Der UNO kommt als universellster internationaler Organisation ein besonderes Gewicht bei der Herausbildung völkerrechtlicher Normen zu. Allerdings beschränkt sich ihre bisherige normative Tätigkeit auf dem Gebiet des Arbeits- und Sozialrechts darauf, wirtschaftliche und soziale Grundrechte neben den allgemeinen politischen Handlungsfreiheiten zu kodifizieren. Hierbei sind einmal die Allgemeine Erklärung der Menschenrechte von 1948 hervorzuheben sowie die Menschenrechtskonventionen von 1966[6]. Diese Konzentrierung auf allgemeine Grundsätze im arbeits- und sozialrechtlichen Bereich ergibt sich aus der Aufgabenstellung der UNO, die primär ein Friedenssicherungs- und Koordinisierungsorgan ist für internationale Zusammenarbeit auf der Grundlage des Gewaltanwendungsverbots, der Respektierung der souveränen Gleichheit aller Staaten und des Selbstbestimmungsrechts der Völker (Art. 1 UN-Charta)[7]. Auf diesen politischen Zielen liegt der Schwerpunkt der UNO-Tätigkeit, daraus leiten sich jedoch gleichzeitig eine Reihe weiterer Aufgaben ab, insbes. die ,,Förderung von Menschenrechten und der Grundfreiheiten Aller ohne Unterschied von Rasse, Geschlecht, Sprache und Religion" (Art. 1 Ziff. 3 UN-

Charta) sowie die Förderung des „sozialen Fortschritts und eines besseren Lebensstandards in größerer Freiheit“ (Präambel der UN-Charta).

Der Sicherung der Menschenrechte und der Herstellung sozialer Lebensverhältnisse wird damit eine spezifische Funktion im Rahmen der friedenserhaltenden Tätigkeit der UNO zugewiesen[8]. Dies wird noch einmal explizit in Art. 55 der UNO-Charta zum Ausdruck gebracht:

„Um jenen Zustand der Stabilität und Wohlfahrt herbeizuführen, der erforderlich ist, damit zwischen den Nationen friedliche und freundschaftliche, aus der Achtung vor dem Grundsatz der Gleichberechtigung mit der Selbstbestimmung der Völker beruhende Beziehungen herrschen, fördern die Vereinten Nationen

a) die Verbesserung des Lebensstandards, die Vollbeschäftigung und die Voraussetzungen für wirtschaftlichen und sozialen Fortschritt und Aufstieg;
b) die Lösung internationaler Probleme wirtschaftlicher, sozialer, kultureller und verwandter Art sowie die internationale Zusammenarbeit auf den Gebieten der Kultur und der Erziehung;
c) die allgemeine Achtung und Verwirklichung der Menschenrechte und Grundfreiheiten für alle ohne Unterschied der Rasse, des Geschlechts, der Sprache oder Religion.“

Zwei UN-Organe sind im wesentlichen mit dieser Aufgabenstellung befaßt: Die Vollversammlung und der Wirtschafts- und Sozialrat (ECOSOC). Dem Wirtschafts- und Sozialrat kommt dabei eine zentrale Rolle zu, wenn diese auch nur in der Vorbereitung von Beschlüssen der Vollversammlung besteht, da er selbst keine die UNO-Mitgliedsstaaten bindenden Beschlüsse fassen kann[9]. Zur Vorbereitung solcher Beschlüsse der Vollversammlung kann der Wirtschafts- und Sozialrat Studien und Berichte zu internationalen Wirtschafts-, Kultur-, Erziehungs-, Gesundheits- und verwandten Fragen herstellen oder veranlassen sowie Vertragsentwürfe ausarbeiten (Art. 62, 63 UN-Charta). Dazu bedient er sich selbst wiederum eigens eingesetzter Kommissionen wie der am 10.2.1946 gebildeten Menschenrechtskommission, welche die Entwürfe der allgemeinen Menschenrechtserklärung von 1948 sowie der Menschenrechtskonventionen von 1966 ausgearbeitet hat.

Neben dieser UNO-internen Aufgabenstellung kommt dem Wirtschafts- und Sozialrat eine Scharnierfunktion gegenüber den Spezialorganisationen der UNO zu. Der Wirtschafts- und Sozialrat schließt mit diesen Spezialorganisationen vertragliche Vereinbarungen, die ihr Verhältnis zur UNO regeln. Er ist Adressat der regelmäßigen Berichte dieser Organisationen und koordiniert ihre Tätigkeit, soweit diese nach den Vereinbarungen vorgesehen ist. Gegenwärtig gibt es dreizehn zwischenstaatliche internationale Organisationen, die mit der UNO verbunden sind, unter ihnen die für das Arbeits- und Sozialrecht besonders wichtige Internationale Arbeitsorganisation (ILO).

2.2 *Die internationale Arbeitsorganisation (ILO)*

2.2.1 Entstehung der ILO

Die ILO ist die internationale Hauptorganisation für die Kodifizierung des internationalen Arbeits- und Sozialrechts[10]. Sie nimmt im System der internationalen Organisationen insoweit eine Sonderstellung ein, als ihr nicht nur Regierungen der jeweiligen Länder angehören, sondern darüber hinaus aus jedem Mitgliedsland je ein Repräsentant der nationalen Gewerkschaften und Arbeitgeberorganisationen und zwar mit vollem Stimmrecht. Die Besonderheit dieser Struktur erklärt sich vor dem Hintergrund der Bedeutung, zu welchem die internationale Arbeiterbewegung bereits am Anfang dieses Jh. angewachsen war. Die ILO wurde 1919 im Rahmen der Versailler Vertragsverhandlungen parallel zur Bildung des Völkerbundes, allerdings unter weitgehender Selbständigkeit, gegründet[11]. Nach Entstehung der UNO wurde sie 1946 in deren Aufgabenbereich mit dem Status einer Sonderorganisation einbezogen[12]. Damit kommt der ILO gem. Art. 55 der Charta die Aufgabe zu, die Schaffung von „Verhältnissen der Stabilität und Wohlfahrt" zu unterstützen, die „für friedliche und freundschaftliche und die Prinzipien der Gleichberechtigung und des Selbstbestimmungsrechts der Völker achtende Beziehungen notwendig" sind.

Die Gründung der ILO war 1919 das Ergebnis einerseits der langjährigen Bemühungen der Arbeiterschaft um einen internationalen Schutz der Arbeitskraft. Bereits mit der Überwindung des Proudnonismus und des Anarchismus in der Arbeiterbewegung hatte sich die Inanspruchnahme der Regierungen als Adressat für sozialpolitische Forderungen durchgesetzt[13]. Die Erste wie auch die Zweite Internationale richteten wiederholt die Forderung an die Regierungen, einen auf den 8-Stunden-Tag und dem Prinzip der Lohngleichheit ohne Unterschied der Geschlechter beruhende Arbeitsschutzgesetzgebung für alle Länder zu erlassen[14].

Andererseits gingen in die Bildung der ILO auch die jahrzehntelangen Bemühungen der europäischen Staaten ein, den Einfluß der internationalen Arbeiterbewegung durch eigene sozialpolitische Gegeninitiativen zu konterkarieren. Der Anstoß zu solchen Initiativen auf internationaler Ebene kam dabei nicht von ungefähr aus Deutschland. Bereits die deutsche Sozialpolitik im inneren war gekennzeichnet durch die Verbindung administrativer Beschränkungen des kollektiven Selbstschutzes der Arbeiterschaft und gewissen sozialen Zugeständnissen, was Wilhelm II. in seiner kaiserlichen Botschaft von 1881 mit den Worten umrissen hatte: Die „Heilung der sozialen Schäden solle nicht ausschließlich im Wege der Repression sozialdemokratischer Ausschreitungen, sondern gleichzeitig auf der positiven Förderung des Wohles der Arbeiter erfolgen."[15] 1890 fand in Berlin eine internationale Diplomatenkonferenz statt, auf der aus 13 europäischen Staaten im wesentlichen Regierungsbeamte, wenige Arbeitgeberrepräsentanten und gerade zwei Gewerkschaftsvertreter aus England und Frankreich über Arbeiterschutzfragen diskutierten und einen Katalog wünschenswerter Verbesserungsmaßnahmen aufstellten[16].

Der zweite Motivationsstrang zur Koordinierung staatlicher Maßnahmen des Arbeiterschutzes auf internationaler Ebene waren wettbewerbspolitische Erwägungen.

Ein Haupteinwand gegen die Arbeiterschutzgesetzgebung war aus einzelwirtschaftlicher Sicht stets der Hinweis auf angebliche Wettbewerbsverzerrungen. Der Kostendruck auf die einzelwirtschaftlichen Unternehmen würde durch Arbeitsschutzmaßnahmen so erheblich gesteigert, daß dadurch der Wettbewerb der heimischen Industrie auf dem Weltmarkt empfindlich gehemmt, wenn nicht gar unterbunden würde[17]. Niedrige Produktionskosten wurden im wesentlichen durch Ausnutzung billiger Arbeitskräfte angestrebt, was Arbeitsschutzgesetze zu erschweren schienen. Lediglich eine parallele Gesetzgebung in möglichst vielen Ländern auf dem Gebiet des Arbeitsschutzes schien die Marktbedingungen wieder auszugleichen. Vor diesem Hintergrund erklärte sich die finanzielle Unterstützung, die 18 Länder der 1900 gegründeten „Internationalen Vereinigung für gesetzlichen Arbeiterschutz" selbst während des I. Weltkrieges zukommen ließen[18]. Diese von bürgerlichen Sozialreformern gegründete Vereinigung errichtete in Basel ein „Internationales Arbeitsamt", das die Arbeiterschutzgesetze der Welt sammelte und darüber in einem regelmäßig erscheinenden Bulletin berichtete. Der einseitig auf die Informationsbedürfnisse von Regierungen abgestellte Charakter dieses Amtes zeigt sich in der ablehnenden Haltung gegenüber der Forderung des Internationalen Gewerkschaftsbundes, mit einer vollberechtigten Delegation dort vertreten zu sein[19].

Vor dem I. Weltkrieg ist als einziges konkretes Ergebnis der Koordinierung von Arbeiterschutzgesetzen auf internationaler staatlicher Ebene lediglich ein Übereinkommen über das Verbot der Nachtarbeit von gewerblichen Arbeiterinnen und der Verwendung von weißem Phosphor zur Anfertigung von Zündhölzern zu verzeichnen[20].

Im Verlaufe des I. Weltkrieges wurde sowohl von seiten der Gewerkschaften die Forderung nach Bildung einer internationalen Organisation zum Schutz der Arbeitskraft verstärkt als auch von verschiedenen Regierungen die Bildung einer solchen Institution unter Integrations- und Wettbewerbsgesichtspunkten gefördert. Die Gewerkschaftskonferenz der Entente-Länder in Leeds beschloß 1916 ein Programm mit Mindestanforderungen für internationalen Arbeiterschutz in einem kommenden Friedensvertrag[21]. Die Konferenz der Gewerkschaften der Mittelmächte und der Skandinavischen Länder in Bern 1917 schloß sich diesem Programm im wesentlichen an[22]. Der erste Gewerkschaftskongreß nach dem Krieg in Amsterdam 1919 faßte diese Forderungen noch einmal zusammen[23]. Die schließlich im Rahmen der Friedensverhandlungen vereinbarte Internationale Arbeitsorganisation war somit „eine Reaktion im wesentlichen konservativer Politiker auf die Forderungen europäischer Sozialisten nach verstärkter Aufmerksamkeit für die Probleme der sozialen Gerechtigkeit ... Der I. Weltkrieg und die Revolution in Rußland erhöhten die Wirkung der Ansprüche des linken Flügels, der nach extensivem sozialen Wandel zur Herstellung sozialer Gerechtigkeit strebte."[24] War die ILO einerseits der Versuch, diese Bestrebungen aufzufangen, so entsprach ihre Bildung andererseits dem Interesse der europäischen Staaten nach einem Instrument zur Vereinheitlichung der Sozialkosten aus der Arbeitsschutzgesetzgebung. Soziale Maßnahmen, zu denen vor allem die entwickelten Industrienationen von der Arbeiterschaft ihrer Länder gezwungen worden waren, sollten angesichts des noch unterentwickelten Weltmarktes für Produktionsstandorte und einer kaum vorhandenen internationalen Arbeitsteilung auch in anderen Ländern durchgesetzt werden, um eine Konkurrenz von Billiglohnländern auszuschließen[25].

2.2.2 Entwicklung seit 1944

Die Erfahrungen des II. Weltkrieges haben im Selbstverständnis der ILO einen grundlegenden programmatischen Wandel bewirkt. Anders als der Völkerbund, der am Ausbruch des II. Weltkrieges zugrunde ging, konnte sich die ILO dank ihrer nur losen Verknüpfung mit dem Völkerbund durch eine grundsätzliche Erneuerung ihrer Ziele als Organisation erhalten. Dabei spielten die parallel laufenden Bemühungen zur Bildung der UNO eine wichtige Rolle. Auf der 26. Internationalen Arbeitskonferenz in Philadephia 1944 wurde der bisherige Art. 41 der Satzung, der lediglich eine Anzahl von „besonders wichtig und dringlich erscheinenden Methoden und Prinzipien" zur Erreichung „sozialer Gerechtigkeit" enthielt, durch eine wesentlich konkretere Aufgabenstellung ersetzt. Diese „Erklärung von Philadephia" ist Bestandteil der Satzung geworden[26].

Sie stellt an die Spitze die neoliberale These, daß „Arbeit keine Ware" sei, womit man sich vom Liberalismus manchesterlicher Prägung abgrenzen will. An zweiter Stelle wird jedoch unter dem Eindruck faschistischer Praktiken die Meinungs- und Koalitionsfreiheit als eine wesentliche Voraussetzung für beständigen Fortschritt hervorgehoben, während die alte Satzung der Koalitionsfreiheit eher reserviert gegenüberstand und sie auf die Verfolgung „aller nicht gesetzwidrigen Zustände" einschränkte. Armut und Not werden als Gefährdung des Wohlstandes aller angesehen, ein Gesichtspunkt, den die UNO-Charta später erneut aufgreift (Art. 55). Deshalb soll der Kampf gegen die Not auf nationaler wie auf internationaler Ebene geführt werden. Hinsichtlich der Durchführung dieses Kampfes orientiert sich die Erklärung an einem eher sozialpartnerschaftlichen Modell, wenn die Vertreter der Arbeitnehmer, Arbeitgeber und der Regierungen zur gemeinsamen Förderung des Gemeinwohls aufgerufen werden. Allerdings wird damit auch das organisatorische Prinzip der Dreigliedrigkeit in den ILO-Organen bekräftigt.

Die Tätigkeit der ILO wird in der Erklärung weiter festgelegt auf die Erhaltung des Weltfriedens durch die Förderung sozialer Gerechtigkeit. Dazu wird an erster Stelle ein Diskriminierungsverbot beim Streben nach „materiellem Wohlstand und geistiger Entwicklung" herausgehoben. Das Verbot der Ungleichbehandlung nach „Rasse, Glaube oder Geschlecht", das in der alten Satzung nicht enthalten war, ist eine weitere Reaktion auf die Gesellschaftspolitik der faschistischen Staaten, die sich im übrigen in zahlreichen internationalen Dokumenten der Nachkriegszeit wiederfindet[27].

Im einzelnen verpflichtet sich die ILO u.a. zur Förderung eines qualifizierten Rechts auf Arbeit durch Vollbeschäftigungsprogramme, die gleichzeitig eine Beschäftigung unter Berücksichtigung der jeweiligen Qualifikation beinhalten sollen. Bei der Arbeitssituation soll der technische Fortschritt nicht einseitig den Produktionsmittelbesitzern zugute kommen, sondern zu einer gleichzeitigen Verbesserung des Einkommens und der Arbeitsbedingungen führen. Diese sozialpolitischen Ziele werden abgerundet durch das programmatische Eintreten für soziale Sicherheit, den Schutz für Mutter und Kind sowie für gleiche Bildungs- und Berufschancen.

Angesichts des Zerfalls der Kolonialsysteme gegen Ende des II. Weltkrieges finden nun auch erstmals die Belange der Dritten Welt Berücksichtigung. Die ILO will den wirtschaftlichen und sozialen Fortschritt in den weniger entwickelten Gebieten der Welt fördern und sich für eine größere Beständigkeit der Rohstoffpreise auf dem Weltmarkt, sowie für einen ausgedehnten und stetigen Welthandel einsetzen. Damit werden bereits Teile der Problembereiche angerissen, die zu dem heutigen Forderungskatalog der Entwicklungsländer für eine neue Weltwirtschaftsordnung gehören.

2.2.3 Organisatorische Struktur der ILO

Die organisatorische Struktur der ILO zeichnet sich gegenüber den Strukturen aller anderen internationalen staatlichen Organisationen durch eine grundlegende Besonderheit aus, die den spezifischen Entstehungszusammenhang dieser Organisation widerspiegelt: In allen Organen der ILO sind nicht nur Regierungsvertreter der jeweiligen Mitgliedsstaaten vertreten, sondern neben den Regierungsvertretern Repräsentanten der nationalen Arbeitgeber- und Arbeitnehmerverbände im Verhältnis 2 :1.

Das oberste Organ der ILO ist die Internationale Arbeitskonferenz[28]. Jeder Mitgliedsstaat hat in dieser Konferenz 4 Sitze, wovon zwei den Regierungsvertretern und je eine den nationalen Arbeitgebern und Gewerkschaften zustehen. Die Repräsentanten der Arbeitgeber und Gewerkschaften werden allerdings von den Regierungen benannt. Vor allem bei den Gewerkschaftsrepräsentanten führt dies dazu, daß bei mehreren Gewerkschaftsorganisationen in einem Land die Gefahr einer willkürlichen Auswahl entsteht. So ist etwa die größte französische Gewerkschaft CGT bisher regelmäßig bei der Benennung des französischen Arbeitnehmervertreters übergangen worden, ähnliche Tendenzen zeichnen sich in Spanien mit der Bevorzugung der Gewerkschaft UGT vor der größten Gewerkschaftsorganisation, den Commissiones Obreras ab[29]. Die Internationale Arbeitskonferenz tagt i.d.R. jährlich am Sitz der Organisation in Genf. Sie ist zuständig für alle Sachfragen, wählt den Verwaltungsrat, das Exekutivorgan der ILO, und legt dessen Aufgabenschwerpunkte fest.

Der Verwaltungsrat der ILO besteht gegenwärtig aus 56 Mitgliedern und zwar aus 28 Regierungsvertretern, 14 Arbeitgeber- und 14 Arbeitnehmervertretern[30]. Aller Vertreter werden getrennt von den Delegierten der jeweiligen Gruppe gewählt. Allerdings werden 10 Regierungssitze nicht durch Wahl besetzt, sondern sind den 10 „wirtschaftlich bedeutendsten" Staaten vorbehalten. Wer zu diesem Kreis gehört, bestimmt der Verwaltungsrat selbst, wogegen allerdings jeder Mitgliedsstaat Einspruch bei der Konferenz erheben kann, die dann endgültig entscheidet. Diese 10 Sitze werden gegenwärtig besetzt von der Bundesrepublik, China, Frankreich, Großbritannien, Italien, Indien, Japan, Kanada, den USA und der UdSSR.

Die in den letzten Jahren geführte Diskussion um eine Strukturreform der ILO entzündete sich vor allem an der Vorzugsstellung bestimmter Industrienationen. Die ihnen reservierten Sitze sollen nach Vorschlägen von Entwicklungsländern und sozialistischen Staaten durch Einbeziehung in das allgemeine Wahlverfahren abgeschafft werden[31]. Die wirtschaftliche Bedeutung eines Staates zum Kriterium für einen Vorzugsstatus zu nehmen, ist ein Relikt der ILO-Gründungsphase, als die ähnlichen Besetzungskriterien des Völkerbundrates offensichtlich Pate standen. Vor allem die Mitgliedsstaaten der Dritten Welt sehen in dieser Bevorzugung der Industrienationen eine Verletzung des „one-man-one-vote-Systems".

Ein weiterer struktureller Kritikpunkt berührt das interne Wahlverhalten der jeweiligen Gruppen. Die Gruppe der Arbeitgeber hat bisher mehrheitlich mit Erfolg den Typus des privatwirtschaftlichen Unternehmers verteidigt, wonach die Leiter sozialisierter Unternehmen in den sozialistischen Staaten aber auch in Teilen der Dritten Welt nicht als „echte" Arbeitgeber toleriert und ihre Berücksichtigung bei den Wahlen zum Verwaltungsapparat torpediert werden[32]. Ähnliche Differenzierungen gab es in der Gruppe der Gewerkschaftsdelegierten, wo von westlichen Gewerkschaftsvertretern den Gewerkschaften der sozialistischen Staaten wegen angeblich fehlender Autonomie gegenüber den Staatsorganen die Legitimation zur Gruppenvertretung abgesprochen wurde[33].

Der Verwaltungsrat als Exekutivorgan der ILO hat die Leitung der Verwaltungsgeschäfte inne. Ihm obliegt die Vorbereitung der Arbeitskonferenzen (Festlegung der Tagesordnungen usw.), er kann besondere Untersuchungen über sozialpolitische Fragen anordnen. Er wählt den Generaldirektor der ILO und hat gegenüber dem Internationalen Arbeitsamt Weisungsbefugnisse.

Das Internationale Arbeitsamt (IAA) ist mehr als ein bloßes Sekretariat wie bei internationalen Organisationen sonst üblich. Es ist gleichzeitig ein Forschungszentrum für internationale Arbeits- und Sozialpolitik mit einer hohen Quote an Veröffentlichungen über die arbeits- und sozialrechtliche Situation in zahlreichen Ländern.

2.2.4 Das völkerrechtliche Instrumentarium der ILO

Die allgemeinen sozialpolitischen Zielsetzungen versucht die ILO mit sog. Übereinkommen und Empfehlungen zu konkretisieren. Jedes Jahr werden mindestens ein Übereinkommen und eine Empfehlung verabschiedet. Die Übereinkommen der ILO unterscheiden sich in ihrem Zustandekommen von zwischenstaatlichen Abkommen dadurch, daß an ihren Verhandlungen Vertreter von Gewerkschaften und Arbeitgeberverbänden neben Regierungsvertretern der Mitgliedsstaaten gleichberechtigt teilnehmen. Bei der Beschlußfassung wird folgendes Vorgehen gewählt: Zunächst gibt das IAA über einen Gegenstand, der behandelt werden soll, einen Bericht zur bisherigen gesetzlichen Regelung und Praxis in den Mitgliedsstaaten. Gleichzeitig unterbreitet es einen Beratungsentwurf, der von der Konferenz diskutiert wird. Die darüber gefaßten Entschlüsse dienen dem IAA als Grundlage für die Fragebögen an die Mitgliedsstaaten, mit denen eine Stellungnahme angefordert wird. Auf Grundlage der eingegangenen Antworten arbeitet das IAA neue Vorschläge aus, die es zusammen mit den Stellungnahmen der Regierungen an alle Mitgliedsstaaten übersendet. Auf der nächsten Jahreskonferenz wird dann über diese Informationen beraten und eine endgültige Entscheidung getroffen.

Dabei besteht eine weitere völkerrechtliche Besonderheit. Zur Annahme des Übereinkommens bedarf es im Unterschied zum Einstimmigkeitsprinzip bei sonstigen Verträgen lediglich einer 2/3-Mehrheit, wobei dadurch auch die Regierungen gebunden werden, die nicht zugestimmt haben[34]. Allerdings werden die Übereinkommen mit ihrer Annahme durch die Konferenz nicht unmittelbar verbindlich, sondern bedürfen der Durchführung durch die Mitgliedsstaaten im Wege der innerstaatlichen Gesetzgebung oder anderer Maßnahmen[35]. Am Grad der völkerrechtlichen Verbindlichkeit von ILO-Übereinkommen entzündeten sich vor allem während der Gründungsphase der Organisation erhebliche Kontroversen, die z.T. bei der Reorganisation 1945 wieder aufgegriffen wurden. Die italienische Delegation brachte in den vorbereitenden „Ausschuß für internationale Arbeitsgesetzgebung" während der Pariser Friedensverhandlung 1919 den Vorschlag ein, daß mit 2/3-Mehrheit angenommene Übereinkommen binnen Jahresfrist für alle Mitgliedsstaaten verbindlich sein sollten[36]. Den Mitgliedsstaaten wurde lediglich ein Einspruchsrecht beim Vollzugsrat des Völkerbundes konzediert, das jedoch im Wege der Bestätigung durch die ILO-Konferenz überspielt werden konnte. Dies hätte eine echte supranationale Gesetzgebungstätigkeit bedeutet. Zwar war eine solch weitgehende Aufgabe von Souveränitätsrechten auf dem Gebiet des Arbeits- und Sozialrechts von den Gründungsstaaten ernstlich nicht zu erwarten. Immerhin forderte jedoch der Ausschuß in einer Entschließung die künftigen Mitgliedsstaaten der ILO auf, der Organisation Vollmachten zu übertragen, wonach sie nach Maßgabe näher zu bestimmender Bedingungen Beschlüsse mit internationaler Gesetzeskraft fassen könne[37]. Wenn diese Entschließung auch folgenlos blieb, so spiegelt sie dennoch die Existenz starker Tendenzen zu einer Internationalisierung der Arbeitsgesetzgebung wider. Ähnliche Bemühungen wiederholten sich im Rahmen der Neuorganisation der ILO nach dem II. Weltkrieg, als der französische Sozialist Jouhaux vorschlug, die ILO zu einer supranationalen Organisation mit wirtschaftlichen und politischen Vollmachten auszustatten[38]. Dieser Vorschlag wurde mit der Begründung abgelehnt, dies würde den Bestand der Organisation überhaupt gefährden[39].

Die Übereinkommen werden nach ihrer Annahme durch die Konferenz vom Generaldirektor des IAA den Mitgliedsstaaten zur Ratifikation übermittelt. Jeder Mitgliedsstaat ist verpflichtet, das Übereinkommen spätestens 1 Jahr bzw. in Ausnahmefällen 18 Monate nach Konferenzende zu ratifizieren[40]. Über den Stand der Ratifikation haben die Mitgliedsstaaten jährlich zu berichten[41].

In gleicher Weise wie über den Stand der Ratifikation der Übereinkommen haben die Mitgliedsstaaten über die Durchführung der sog. Empfehlungen der ILO zu berichten[42]. Mit der Aufnahme von Empfehlungen wurde bei Gründung der ILO amerikanischen Bedenken Rechnung getragen, Bundesstaaten sollten Übereinkommen über Gegenstände, die der Gesetzgebungskompetenz der Bundesländer unterliegt, als Empfehlungen behandeln können, die keiner Ratifikationen unterliegen[43]. Die mangelnde Ratifikationsfähigkeit von Empfehlungen hat dazu geführt, daß in ihnen häufig weitergehende Punkte enthalten sind als in den Übereinkommen, bei denen wegen der Möglichkeit einer Ratifikation größere Kompromisse geschlossen werden müssen.

Von noch geringerer Kraft im völkerrechtlichen Sinne sind die von der Konferenz gefaßten Entschließungen zu bestimmten politischen Fragen[44]. Unabhängig von der rechtlichen Wirksamkeit haben diese Entschließungen jedoch wesentlich dazu beigetragen, die enge Verknüpfung der ILO mit der Tätigkeit der UNO hervorzuheben. So rief die 56. Konferenz 1971 die Mitgliedsstaaten zur Verwirklichung der UNO-Konvention über Rassendiskriminierung auf[45]. Die Beseitigung der Apartheid wurde zu einem Hauptanliegen der ILO[46], wie auch die Aufhebung der Unterdrükkung von Gewerkschaftsrechten[47]. In scharfer Form hat die 59. Arbeitskonferenz 1974 gegen die Beseitigung der grundlegendsten politischen und gewerkschaftlichen Rechte durch die Militärjunta in Chile protestiert[48]. Die 60. Konferenz (1975) hat ihre Verbundenheit mit der Forderung nach einem Selbstbestimmungsrecht des Palästinensischen Volkes Ausdruck gegeben, indem sie der Palästinensischen Befreiungsorganisation PLO Beobachterstatus einräumte[49]. Die USA haben aufgrund dieser Entwicklung ihre Mitgliedschaft gekündigt, die im November 1977 wirksam geworden ist[50].

2.3 *Die EWG*

Die EWG stellt als partikulare internationale Organisation ein supranationales Gebilde dar, das sich durch eine partielle Übertragung von Souveränitätsrechten seiner Mitgliedsstaaten auf besondere Organe der EWG – vor allem den Ministerrat – auszeichnet[51]. Die vielbeschworene Europäische Gemeinschaft hat zwar zu einer Europäisierung des Handels- und Warenverkehrs nebst einer tendenziellen Vereinheitlichung wirtschafts- und wettbewerbsrechtlicher Regelungen geführt[52]. Auf dem Gebiet des Arbeits- und des Sozialrechts ist eine solche Tendenz bisher jedoch nicht zu konstatieren; anderslautende Beteuerungen europäischer Politiker[53] blieben mehr oder minder Absichtserklärungen. Dieser Umstand wurde nicht zuletzt vom EWG-Vertrag selbst begünstigt, der ein krasses Mißverhältnis zwischen den ausführlichen und detaillierten Regelungen über den Handel im gemeinsamen europäischen Markt und den Bestimmungen über die Sozialpolitik aufweist.

2.3.1 Die sozialpolitischen Bestimmungen des EWG-Vertrags

In der Präambel des EWG-Vertrags wird zwar die Förderung durch sozialen Fortschritt und die „stetige Verbesserung der Lebens- und Beschäftigungsbedingungen (der) Völker“ als „wesentliches Ziel“ der EWG angegeben. Bei der konkreten Festlegung der Sozialpolitik der EWG beschränkt sich der Vertragstext jedoch auf weniger Aussagen.

- Die freie transnationale Mobilität der Arbeitskraft (Art. 48 f.) die Niederlassungsfreiheit sowie der freie Dienstleistungsverkehr (Art. 49 f.) bilden das letzte Element jenes Katalogs der vier Grundfreiheiten, die in Teil 2 des EWG-Vertrags als die Grundlagen der Gemeinschaft definiert werden. Die Freizügigkeit wird damit lediglich im Rahmen der wirtschaftspolitischen Zielsetzung der EWG behandelt und als Instrument begriffen, mit dem sich Produktionsverlagerungen durch kompensatorische Bewegungen des Produktionsfaktors Arbeit ausgleichen lassen[54]. Die Freizügigkeit ist das einzige sozial-politische Postulat des EWG-Vertrags, das als weitgehend verwirklicht angesehen werden darf. In der EWG-Verordnung vom 8. Nov. 1968 wird jeder Staatsangehörige eines Mitgliedsstaates berechtigt, völlig unabhängig von der jeweiligen Arbeitsmarktlage eine lohnabhängige Tätigkeit im Hoheitsgebiet eines anderen Mitgliedsstaates nach den für die Arbeitnehmer dieses Staates geltenden Rechts- und Verwaltungsvorschriften aufzunehmen und auszuüben[55].

Aus einer Gegenüberstellung der in EWG-Ländern beschäftigten ausländischen Arbeitnehmer aus EWG-Staaten und aus Drittländern geht allerdings hervor, daß sich die Anzahl der ausländischen Arbeitskräfte aus dem EWG-Bereich in den einzelnen EWG-Ländern etwa im Zeitraum von 1961 bis 1970 nicht wesentlich erhöht hat (Ausnahme BRD: fast verdoppelt von 272.000 auf 477.000). Dagegen hat sich in allen EWG-Ländern die Zahl der Arbeitskräfte aus Drittländern absolut und relativ erhöht: In der BRD etwa von 203.000 im Jahr 1961 auf 1.888.000 im Jahresdurchschnitt 1977.

- Art. 119 EWG-Vertrag verpflichtet jeden Mitgliedsstaat, „während der ersten Stufe den Grundsatz des gleichen Entgelts für Männer und Frauen bei gleicher Arbeit anzuwenden und in der Folge beizubehalten". Diese erste Stufe für die Verwirklichung des gemeinsamen Marktes war im Jahre 1960 (!) abgelaufen, ohne daß der Grundsatz in fast allen EWG-Ländern auch nur annähernd realisiert war und auch heute noch weit von seiner Verwirklichung entfernt ist[56].
- Art. 120 EWG-Vertrag postuliert das „Bestreben der Mitgliedsstaaten, die bestehende Gleichwertigkeit der Ordnungen über die geplante Freizeit beizubehalten", also keine Verschlechterung auf diesem Sektor einzuführen.
- Art. 117 Abs. 1 EWG-Vertrag enthält eine nochmalige Bekräftigung der bereits in der Präambel formulierten allgemeinen Absichtserklärung „auf eine Verbesserung der Lebens- und Arbeitsbedingungen der Arbeitskräfte hinzuwirken und dadurch auf dem Wege des Fortschritts ihre Angleichung zu ermöglichen". Dazu sollen die verschiedenen Sozialordnungen aufeinander abgestimmt (harmonisiert) werden.
- Art. 118 erteilt der Kommission den Auftrag, die enge Zusammenarbeit zwischen den Mitgliedsstaaten in sozialen Fragen zu fördern, insbesondere auf den Gebieten der Beschäftigungspolitik, Arbeitnehmerschutzrecht usw. Dazu soll die Kommission Stellungnahmen abgeben, Untersuchungen einleiten und eine Vorbereitung von Beratungen tätig werden. Im Jahresbericht der Kommission muß in einem besonderen Kapitel über die Entwicklung der sozialen Lagen der Gemeinschaft berichtet werden (Art. 122).

Vor Abgabe von Stellungnahmen muß sie den Wirtschafts- und Sozialausschuß hören. Dieses Gremium ist das einzige Organ in der EWG, in dem eine Beteiligung der Gewerkschaften institutionell abgesichert ist[57]. Jedoch ist einmal der Einfluß dieses Gremiums auf die sozial-politischen Aktivitäten der EWG-Entscheidungsorgane wegen seiner ausschließlich beratenden Kompetenzen gering. Zum andern stellen die Gewerkschaften im Wirtschafts- und Sozialausschuß selbst eine Minderheit dar, da neben ihnen zu etwa je einem Drittel Arbeitgebervertreter und „Sonstige" vertreten sind, wobei letzteres Drittel zu einem Teil aus Vertretern der Klein- und Mittelindustrie sowie des Beamtenbereichs gebildet wird[58]. Die europäischen Gewerkschaften, namentlich der Europäische Gewerkschaftsbund, sind insofern bei einer die Arbeitnehmer unmittelbar berührenden Frage wie der Arbeits- und Sozialpolitik eher in eine Statistenrolle gedrängt, während etwa die wirtschaftlichen Interessengruppen der Industrie, der Banken oder des Handels in der Regel bei der Vorbereitung von ihre Gruppen betreffenden Beschlüssen unmittelbar beteiligt werden.

- Als Instrument zur Durchführung der programmatischen Ziele auf dem Gebiet der Sozialpolitik sollte der Europäische Sozialfonds dienen[59]. Bis zum Ablauf der Übergangszeit des Gemeinsamen Marktes (Art. 8 EWG-Vertrag) sollte er innerhalb der Gemeinschaft die berufliche Verwendbarkeit und die örtliche und berufliche Freizügigkeit der Arbeitskräfte durch Geldzuschüsse an die Staaten fördern. Aufgrund eines Ratsbeschlusses aus dem Jahr 1971 wurden dem Sozialfonds weitergehende und neue Aktionsmöglichkeiten für regional- und strukturpolitische Anpassungsmaßnahmen verschafft sowie für eine Verbesserung der Beschäftigungsstruktur eingeräumt[60]. Die dafür aufzuwendenden Mittel werden den Mitgliedsstaaten direkt zugewiesen, nicht jedoch den Unternehmern bzw. Arbeitnehmern ausgezahlt. Bereits 1970 war durch Ratsbeschluß ein ständiger Ausschuß für Beschäftigungsfragen eingerichtet worden, an dem die Gewerkschaften entsprechend der Paritätsregelung im Wirtschafts- und Sozialausschuß beteiligt sind[61].

2.3.2 Neue Tendenzen in der Sozialpolitik der EWG

Seit Beginn der 70iger Jahre ist eine Verstärkung der sozial-politischen Aktivitäten der EWG-Organe festzustellen, die wohl im engen Zusammenhang mit der zunehmenden Verschärfung der sozialen Auseinandersetzungen in zahlreichen westeuropäischen Ländern gesehen werden müssen. Den vorläufigen Höhepunkt dieser Aktivitäten stellte ein sozial-politisches Aktionsprogramm dar, das am 1.1.1974 auf Beschluß des Rates befristet auf drei Jahre inkraft trat. Es enthielt im wesentlichen folgende Punkte[62]:

- Beschleunigte Vollendung des Arbeitsmarktes, der wie ein Binnenmarkt funktionieren soll. Dazu soll der Arbeitsmarkt durch Datenverarbeitungsanlagen transparenter gemacht und gleichzeitig die Freizügigkeit und Eingliederung der Wanderarbeiter vorangetrieben werden.

In diesem Rahmen hat der Rat eine Richtlinie zum Schutze der Arbeitnehmer bei Massenentlassungen erlassen[63]. Danach werden Arbeitgeber zur Anzeige mindestens 30 Tage vor der Massenentlassung verpflichtet; sie müssen die Arbeitnehmervertreter über die geplante Entlassung konsultieren. Zudem kann die öffentliche Hand die Entlassung um einen Monat aufschieben.

- Beseitigung der Unterbeschäftigung und der strukturellen Arbeitslosigkeit; schwerpunktmäßig sollen Berufsausbildungs- und Umschulungsmaßnahmen gefördert werden.
- Verbesserung der Stellung der arbeitenden Frau, schnellstmögliche Beseitigung der ungleichen Entlohnung sowie Überprüfung der Einstellung in Männer- und Frauenarbeit. Hierzu wurde 1976 eine Richtlinie erlassen, auf die unter Kapitel 3.4.1 eingegangen wird.
- Förderung der Eingliederung von Behinderten.

Zur Durchführung dieser Ziele wurde der Sozialfonds finanziell ausgeweitet.

Die Verabschiedung dieses Aktionsprogramms ist Teil der Bemühungen, die Integration Europas voranzutreiben, wobei der Sozialpolitik eine zunehmende Bedeutung für die notwendige Verbreiterung der Loyalitätsbasis gegenüber der EWG in der europäischen Arbeitnehmerschaft zukommt. Die EWG-Organe sind daher gezwungen, die aus wettbewerbspolitischen Gründen vage gehaltenen Aussagen des EWG-Vertrags zur Sozialpolitik zu korrigieren in der Hoffnung, damit den „sozialen und gesellschaftlichen Zündstoff in Europa"[64] zu entschärfen.

Diesem Zweck dient auch die seit 1975 bestehende „Konzertierte Aktion" auf EG-Ebene in Form sogenannter Dreierkonferenzen[65]. An ihnen sind beteiligt Regierungsvertreter, Mitglieder der Kommission, Unternehmer- und Gewerkschaftsvertreter. Erklärtes Ziel dieser von der EG-Kommission initiierten Konferenzen ist die Herstellung eines gesellschaftlichen Konsens zwischen Regierungsvertretern und den „Sozialpartnern" über grundlegende Fragen der Gesellschaftsordnung. Nicht von ungefähr war der Hauptdiskussionspunkt der vergangenen Konferenzen die Wiederherstellung der Vollbeschäftigung. Dabei wurden allerdings ähnliche Probleme sichtbar wie bei der bundesrepublikanischen Konzertierten Aktion: während den Unternehmern lediglich Preisdiziplin empfohlen wurde, im übrigen aber für die Begrenzung der Unternehmereinkommen kein Maßstab angegeben wurde, soll für die Einkommen der Lohnabhängigen der gesamtwirtschaftliche Produktivitätsfortschritt die wichtigste Bestimmungsgröße sein. Die Gefahr einer Einschränkung gewerkschaftlicher Autonomie im gesamteuropäischen Maßstab ist daher nicht von der Hand zu weisen.

2.4 Europarat

Neben der EWG stellt der Europarat mit Sitz in Straßburg die zwar mitgliedermäßig umfassendere zweite partikulare Organisation in Europa dar. Vom politischen Gewicht steht der Europarat jedoch weit hinter der EWG. Der Europarat wurde am 5.5.1949 neben der Organisation für europäische wirtschaftliche Zusammenarbeit

(OEEC) als ökonomischem Zusammenschluß und der NATO als verteidigungspolitischem Zusammmenschluß als ergänzendes politisches Forum für die Zusammenarbeit der westeuropäischen Staaten gegründet[66]. Aufgrund von Meinungsverschiedenheiten zwischen Frankreich und Großbritannien über die politischen Kompetenzen des Europarats – Frankreich plädierte damals für eine bundesstaatliche europäische Organisation mit einem Parlament als Kernstück; Großbritannien war lediglich für eine politische Zusammenarbeit unter Beibehaltung der vollen Souveränität der einzelnen Staaten – verzichtet der Europarat auf jede Art von Supranationalität.

Der Europarat hat jedoch einige völkerrechtliche Verträge ausgearbeitet, die gerade auf dem Gebiet des Arbeits- und Sozialrechts von erheblicher Bedeutung für die europäischen Mitgliedsstaaten sind. Dazu gehören die Konvention zum Schutz der Menschenrechte und Grundfreiheiten von 1950 und die Europäische Sozial-Charta von 1961. Die europäische Menschenrechtskonvention enthält im wesentlichen die traditionellen bürgerlichen politischen Freiheitsrechte (Meinungsfreiheit, Gewissens- und Religionsfreiheit, Verbot der Folter, Recht auf gerichtliches Gehör usw.). Eine Ausnahme in dieser Konvention stellt Art. 11 dar, der als einziger ein kollektives Freiheitsrecht garantiert, nämlich das Recht für alle Menschen, „zum Schutze ihrer Interessen Gewerkschaften zu bilden und diesen beizutreten".

Die Europäische Sozial-Charta versteht sich als Ergänzung der Menschenrechtskonvention und enthält einen umfangreichen Katalog individueller und kollektiver Sozialrechte. Wegen der unterschiedlichen Intensität beider Vertragskomplexe – die Menschenrechtskonvention unterliegt in einem gewissen Umfang gerichtlicher Kontrolle durch den Europäischen Gerichtshof in Straßburg, während die Sozial-Charta ausschließlich eine Gewährleistungs- und Durchführungspflicht der Mitgliedsstaaten enthält – wird gegenwärtig eine Erweiterung der Menschenrechtskonvention um sozialpolitische Regelungen erötert.

3. Internationales Arbeitsrecht

Als internationales Arbeitsrecht wird hier verstanden das materielle Völkerrecht, das die individuellen und kollektiven Arbeitsbeziehungen zum Gegenstand hat. Ausgeklammert in der folgenden Darstellung bleibt das sogenannte Arbeitskollisionsrecht, das sich mit der Frage beschäftigt, nach welchem Recht Streitigkeiten bei Arbeitsverhältnissen mit Auslandsberührung entschieden werden. Die Frage wird i.d.R. nach den Kollisionsnormen des internationalen Privatrechts gelöst, da das Arbeitsrecht traditionell als Teil des Zivilrechts verstanden wird[1]. Für den EWG-Rahmen etwa hat die EWG-Kommission einen Verordnungsentwurf über das auf Arbeitsverhältnisse innerhalb der Gemeinschaft anzuwendende Konfliktrecht vorgelegt. Darin wird als grundsätzlicher Anknüpfungspunkt der Arbeitsort gewählt, wovon nur in „eng begrenzten Ausnahmefällen" durch Parteivereinbarung abgewichen werden darf[2].

Nachdem in dem vorangegangenen Kapitel die Institutionen und Kräfte charakterisiert wurden, die zur Herausbildung materieller Normen des internationalen Arbeitsrechts beitragen, sollen im folgenden 4 Komplexe dieses Normenbestandes näher ausgeleuchtet werden. Zunächst soll die Sicherung eines Rechts auf Arbeit als Grundlage menschlicher Selbstverwirklichung überhaupt behandelt werden. Sodann sind die Voraussetzungen und der Rahmen für kollektive Maßnahmen abhängig Beschäftigter zu erörtern. Und schließlich werden die Auswirkungen des Gleichbehandlungsgebots und Diskriminierungsverbots im Arbeitsrecht diskutiert. Diese Beschränkung auf Schwerpunktkomplexe geschieht einmal, um einen bestimmten Umfang nicht zu sprengen, zum anderen aber auch, um besonders problembeladene Bereiche intensiver darstellen zu können.

3.1 Recht auf Arbeit

3.1.1 Die völkerrechtliche Normenlage

Das Recht auf Arbeit nimmt im Katalog der sozialen Menschenrechte neben der Koalitionsfreiheit mit den ältesten Platz ein und ist – ähnlich wie die Koalitionsfreiheit – auf der völkerrechtlichen Ebene am umfassendsten kodifiziert. In der Auseinandersetzung um die Verwirklichung der vom Bürgertum proklamierten Freiheitsrechte entwickelte die organisierte Arbeiterbewegung in einem wechselvollen Prozeß die darüber hinausgehende Forderung auf das Recht, die ökonomischen und gesellschaftlichen Verhältnisse selbst mitzugestalten. Dazu gehörten zunächst die Forderung nach Anerkennung kollektiver Betätigungsfreiheit sowie die Forderung an den Staat, die Arbeitskraft vor Arbeitslosigkeit zu bewahren insbes. durch die Garantie eines Rechts auf Arbeit. Dabei ist gerade die Geschichte der Herausbildung eines Rechts auf Arbeit sehr wechselvoll[3]. Sie nimmt ihren Anfang in einem noch stark armenpflegerischen Verständnis während der Französischen Revolution und erhält einen ersten emanzipatorischen Gehalt durch die utopischen Sozialisten, die dem Recht auf Arbeit gleichen Rang neben dem Eigentumsrecht einräumen wollten. In der Französischen 48iger Revolution spielte die Forderung nach Recht auf Arbeit immerhin eine so wichtige Rolle, daß das Bürgertum zu Konzessionen gezwungen war. Durch die Einrichtung von Nationalwerkstätten wurde einerseits versucht, diesen Druck aufzufangen, gleichzeitig aber auch durch die absichtliche Zuweisung sinnloser Tätigkeiten an diese Nationalwerkstätten die Diskreditierung des Rechts auf Arbeit angestrebt. Karl Marx bezeichnete in dieser frühen Phase das Recht auf Arbeit als „erste unbeholfene Formel, worin sich die revolutionären Ansprüche des Proletariats zusammenfassen."[4] Erst mit der Entfaltung der organisierten Arbeiterbewegung erhielt das Recht auf Arbeit eine systemüberschreitende Dimension durch die gleichzeitige Infragestellung der privaten Verfügungsbefugnis über das Eigentum an Produktionsmitteln.

Das Recht auf Arbeit ist heute sowohl in der Allgemeinen Erklärung der Menschenrechte von 1948[5] als auch in der Konvention über wirtschaftliche und soziale Rechte der UNO von 1966[6], dem ILO-Übereinkommen Nr. 122 von 1964[7] sowie der Europäischen Sozial-Charta[8] enthalten. In der Allgemeinen Erklärung der Menschenrechte wird – neben dem Recht auf soziale Sicherheit (Art. 22) – ein jedem Mensch zustehendes „Recht auf Arbeit", auf freie Berufswahl, auf angemessene und befriedigende Arbeitsbedingungen sowie auf Schutz zur Arbeitslosigkeit postuliert (Art. 23 Abs. 1).

Die Menschenrechtskonvention von 1966 enthält darüber hinaus konkrete Festlegungen, welche Maßnahmen die Mitgliedstaaten zur Realisierung des Rechts auf Arbeit treffen sollen, nämlich die Durchführung „fachlicher und beruflicher Beratung und Ausbildungsprogramme sowie die Festlegung von Grundsätzen und Verfahren zur Erzielung einer ständigen wirtschaftlichen, sozialen und kulturellen Entwicklung und einer produktiven Voll-Beschäftigung unter Bedingungen, welche die politischen und wirtschaftlichen Grundfreiheiten des einzelnen schützen".

Das ILO-Übereinkommen Nr. 122 stellt die Verpflichtung der Mitgliedstaaten zu einer Politik der Vollbeschäftigung in den Vordergrund: „1. Um das wirtschaftliche Wachstum und die wirtschaftliche Entwicklung anzuregen, den Lebensstandard zu heben, den Arbeitskräftebedarf zu decken sowie die Arbeitslosigkeit der Unterbeschäftigung zu beseitigen, hat jedes Mitglied als eines der Hauptziele eine aktive Politik festzulegen und zu verfolgen, die dazu bestimmt ist, die volle, produktive und freigewählte Beschäftigung zu fördern. 2. Die Politik muß zu gewährleisten suchen, a) daß für alle Personen, die für eine Arbeit zur Verfügung stehen und Arbeit suchen, eine solche Arbeit vorhanden ist..." (Art. 1).

Eine ähnliche Stoßrichtung hat Art. 1 der Europäischen Sozial-Charta. Dort verpflichten sich die Vertragsparteien, um „die wirksame Ausübung des Rechts auf Arbeit zu gewährleisten, (1) zwecks Verwirklichung der Vollbeschäftigung die Erreichung und Aufrechterhaltung eines möglichst hohen und stabilen Beschäftigungsstandes zu einer ihrer wichtigsten Zielsetzungen und Aufgaben zu machen; (2) das Recht des Arbeitnehmers wirksam zu schützen, seinen Lebensunterhalt durch eine frei übernommene Tätigkeit zu verdienen; (3) unentgeltliche Arbeitsvermittlungsdienste für alle Arbeitnehmer einzurichten oder aufrechtzuerhalten; (4) eine geeignete Berufsberatung, Berufsausbildung und berufliche Wiedereingliederung sicher zu stellen oder zu fördern." (Art. 1)

Die Konventionen sind – mit Ausnahme der Allgemeinen Menschenrechtserklärung, die als Resolution der UN-Vollversammlung nicht ratifizierbar ist und lediglich deklaratorischen Charakter trägt – sowohl völkerrechtlich durch die Ratifikation einer entsprechend erforderlichen Anzahl von Staaten inkraft getreten als auch von den Gesetzgebungsorganen der Bundesrepublik per Zustimmungsgesetz in das innerstaatlichen Recht der Bundesrepublik transformiert worden.

Dies ist für das Rechtssystem der Bundesrepublik von weitreichender Bedeutung, da mit dem Recht auf Arbeit sowie mit zahlreichen anderen völkerrechtlichen Normen der im Grundgesetz nur schwach ausgebildete Katalog sozialer Grundrechte erheblich erweitert worden ist[9]. Zwar stehen die in das Recht der Bundesrepublik übernommenen völkerrechtlichen Verträge in der Normenhierarchie unter einer Verfassungsbestimmung. Ferner verankert das in den UNO-Konventionen wie in der Europäischen Sozial-Charta enthaltene Recht auf Arbeit keine individuelle Rechtsposition, die nunmehr vor den inländischen Gerichten klageweise geltend gemacht werden könnte. Vielmehr ist Adressat der völkerrechtlichen Verpflichtung aus dieser Norm allein der Staat, dem bestimmte Maßnahmen zur Ausgleichung von Nachfragedefiziten nach Arbeitskräften auferlegt werden. Dennoch kommt diesen Bestimmungen eine weitreichende rechts- und gesellschaftspolitische Funktion in der gegenwärtigen Auseinandersetzung um die Beseitigung der Massenarbeitslosigkeit zu, die seit Beginn der Weltwirtschaftskrise im Jahre 1973 nicht nur für die Bundesrepublik ein Dauerzustand zu werden scheint, sondern auch für zahlreiche andere Mitgliedstaaten der UN-Konvention oder Europäischen Sozial-Charta.

3.1.2 Recht auf Arbeit als Vollbeschäftigungsgarantie

Ein Teil der zur Verwirklichung des Rechts auf Arbeit den Mitgliedstaaten auferlegten Verpflichtungen ist von der Bundesrepublik zumindest ansatzweise erfüllt worden. Die Förderung „fachlicher und beruflicher Beratung und Ausbildungsprogramme" (Art. 6 UN-Konvention) ist im Arbeitsförderungsgesetz, Berufsbildungsgesetz und hinsichtlich der materiellen Grundlagen im Ausbildungsplatzförderungsgesetz geregelt, wenn auch die darin vorgesehene Möglichkeit der Erhebung einer Berufsbildungsabgabe bislang unter dem Druck der Unternehmer nicht wahrgenommen worden ist. Das Zentralanliegen einer „produktiven Vollbeschäftigung" (Art. 6 UN-Konvention), eines „hohen und stabilen Beschäftigungsstandes" (Europäische Sozial-Charta) oder gar „die Beseitigung der Arbeitslosigkeit" (ILO-Übereinkommen) ist in der Bundesrepublik jedoch nicht erreicht. Die Arbeitslosenquote von durchschnittlich 1 Mio. in den vergangenen fünf Jahren spricht eine deutliche Sprache. Zwar ist mit der Einführung von Art. 109 GG und dem darauf gestützten Stabilitätsgesetz bereits im Jahre 1966 ein Instrumentarium geschaffen worden, mit dessen Hilfe der Staat in den Wirtschaftsprozeß zur Förderung einer hohen Beschäftigungsquote eingreifen kann. Das in Art. 109 GG fixierte magische Viereck – Preisstabilität, hoher Beschäftigungsgrad, außenwirtschaftliches Gleichgewicht und stetiges, angemessenes Wirtschaftswachstum – stellt dabei keine Rangfolge für entsprechende Maßnahmen der Bundesregierung dar, sondern eröffnet einen Ermessungsspielraum, welche wirtschaftspolitischen Prioritäten gesetzt werden sollen[10]. Allerdings ist dieses Instrumentarium primär nicht geschaffen, um Vollbeschäftigung herzustellen. Vielmehr sollte eine Rahmenplanung im Sinne einer Globalsteuerung für den makroökonomischen Bereich institutionalisiert werden, die von einer grundsätzlichen Selbststeuerungskraft der Wirtschaft ausging und diese zu stärken versuchte[11]. Auf dieser Grundlage ist seit 1973 versucht worden, mit Hilfe immer neuer Konjunkturprogramme sowohl das Investitionsverhalten der Unternehmer positiv zu beeinflussen, um auf diesem Umweg neue Arbeitsplätze zu schaffen, wie auch durch direkte Subventionierung neuer Arbeitsplätze unter gleichzeitiger Förderung der Arbeitnehmermobilität die Beschäftigungszahl zu erhöhen. Diese Versuche waren insgesamt wenig erfolgreich und haben gezeigt, daß die Gewährleistung eines Rechts auf Arbeit in einer privatwirtschaftlich strukturierten Gesellschaftsordnung zwangsläufig auf die Dispositions- und Verfügungsbefugnis der privaten Kapitaleigner als Grenze stößt.

Dazu schreibt Däubler[12] zu Recht: „Will man jedem arbeitsfähigen und arbeitswilligen Bürger einen seinen Qualifikationen entsprechenden Arbeitsplatz sichern, so muß das gesamte Beschäftigungssystem zentral geplant werden. Nur durch planmäßige, zentral gesteuerte Nutzung und entsprechenden Ausbau der vorhandenen Kapazitäten können konjunkturelle Einbrüche vermieden werden. Weiter müssen Ausbildungs- und Beschäftigungssystem koordiniert werden: nur durch Abstimmung beider Bereiche läßt sich sicherstellen, das die erworbenen Qualifikationen später in den Produktionsprozeß eingebracht werden. Auch insoweit ist daher eine langfristige zentrale Planung unabdingbar. Dies bedeutet, daß das Privateigentum an Produktionsmitteln jedenfalls insoweit ausgeschlossen sein muß, als es sich in gesellschaftlich relevanten Entscheidungen über Ausbildungs- und Arbeitsplätze niederschlägt. Mit anderen Worten: die wesentlichen Produktionsmittel, insbes. soweit sie sich in der Hand von Großunternehmen befinden, müssen in Gemeineigentum überführt werden."

Ein solches Instrumentarium stellt nicht nur das Grundgesetz in Art. 14 und Art. 15 zur Verfügung. Vielmehr hat sich auch auf der völkerrechtlichen Ebene eine Entwicklung angebahnt, die zu einer Relativierung des Eigentumsschutzes geführt hat. Während die Allgemeine Erklärung der Menschenrechte noch eine ausdrückliche Garantie des Privateigentums enthält, ist ein solcher Schutz in den UNO-Konventionen von 1966 nicht mehr enthalten. Demgegenüber ist das Selbstbestimmungsrecht als zentrales Menschenrecht in den Vordergrund gerückt. Gleichbedeutend heißt es in Art. 1 beider Menschenrechtskonventionen, daß alle Völker aufgrund dieses Rechts sowohl ihren politischen Status frei bestimmen können als auch ihre wirtschaftliche, soziale und kulturelle Entwicklung frei betreiben können. Gleichsam zur Bekräftigung des grundlegenden Charakters dieses Rechts für die gesamte Konvention wird in Art. 25 eine Auslegung der Konvention untersagt, die das Recht auf vollständige und freie Verfügung und Nutzung der Naturreichtümer und Hilfsmittel eines Volkes beeinträchtigen könnte. Das Selbstbestimmungsrecht umfaßt damit auch die souveräne Bestimmung der Eigentumsformen. Eine der Naturrechtstradition verpflichtete Garantie individuellen und privaten Eigentums besteht im Rahmen der UNO-Konvention nicht mehr[13]. Das bedeutet gleichzeitig, daß bestimmte Eigentumsformen, die sich in einem Land herausgebildet haben, nicht als unabänderliche Schranke für die Verwirklichung des Rechts auf Arbeit eingesetzt werden können. Dies gilt vor allem für die behauptete Unvereinbarkeit gesamtwirtschaftlicher Planung als Voraussetzung für die Realisierung eines Rechts auf Arbeit einerseits und der privatwirtschaftlichen Eigentumsgarantie andererseits, wie sie für die BRD von der sog. herrschenden Lehre in isolierter Betrachtung des Art. 14 GG reklamiert wird[14]. Eine solche Antinomie läßt sich aus der UNO-Konvention nicht nur nicht ableiten, sondern steht in direktem Gegensatz zur Auslegungsregel des Art. 25 der Konvention.

Etwas anders sieht es auf der europäischen Ebene aus. Hier enthält die Europäische Menschenrechtskonvention in einem Zusatzprotokoll[15] eine ausdrückliche Eigentumsgarantie, jedoch keine Sozialisierungsermächtigung nach dem Vorbild des Art. 15 GG. Lediglich die klassische Enteignung im öffentlichen Interesse (etwa parallel zu Art. 14 Abs. 3 GG) unter den durch die „allgemeinen Grundsätze des Völkerrechts“ vorgesehenen Bedingungen wird zugelassen; eine ausdrückliche Option für Sozialisierungsmaßnahmen wie in Art. 15 GG fehlt dagegen. Im Gegensatz zur bundesdeutschen Verfassung ist jedoch eine Entschädigung für Eigentumsentzug nicht zwingend vorgesehen, was hinsichtlich einer finanziellen Grenze für Enteignungen zur Durchsetzung gesamtwirtschaftlicher Planungsdaten von Bedeutung sein kann. Aus dem Verweis auf die allgemeinen Grundsätze des Völkerrechts läßt sich jedenfalls eine zwingende Entschädigungspflicht nicht ableiten, da gerade in dieser Frage von keinem völkerrechtlichen Gewohnheitssatz mehr ausgegangen werden kann[16].

3.1.3 Recht auf Arbeit und Bestandsschutz von Arbeitsverhältnissen

Bei einer Umsetzung des Rechts auf Arbeit sind Eingriffe in den laufenden Wirtschaftsprozeß nicht nur unumgänglich, um die Einzelunternehmer gesamtwirtschaftlichen Planungsdaten un unterwerfen. Ein weiterer Aspekt bei der Verwirklichung des Rechts auf Arbeit ist vielmehr darüber hinaus auch die Sicherung der bestehenden Arbeitsplätze durch einen Ausbau des Bestandsschutzes von Arbeitsverhältnissen. Zwar ist den völkerrechtlichen Bestimmungen kein bestimmtes Konzept zu entnehmen, das die einzelnen Mitgliedsstaaten bei der Herstellung eines weitgehenden Bestandsschutzes zu beachten hätten. Vielmehr läßt sich daraus nur die Verpflichtung entnehmen, einen gesetzlichen Bestandsschutz mit hoher Effektivität zu schaffen[17].

In der Bundesrepublik gibt es bei Einzelentlassungen mit dem Kündigungsschutzgesetz, einigen Sonderbestimmungen für bestimmte Arbeitnehmer (werdende Mütter, Schwerbehinderte) und gewissen Mitwirkungsrechten des Betriebsrats bei

Entlassungen ein spezifisches Schutzsystem, das weitgehend lediglich eine gerichtliche Nachprüfung der vom Arbeitgeber gegebenen Entlassungsgründe zum Inhalt hat.

Bei Massenentlassungen werden die zuständigen Arbeitsämter eingeschaltet. Sie können die Entlassungen selbst nicht verhindern, sondern lediglich die Entlassungsfristen bis zu zwei Monaten strecken. Bei Massenentlassungen hat in jüngster Zeit eine EG-Richtlinie[18] zu einer Novellierung der entsprechenden BRD-Normen geführt[19]. Danach ist die bisherige Schwelle gesenkt worden, ab welcher Entlassungs-„masse" eine Anzeigepflicht gegenüber dem Arbeitsamt besteht. Ausdrücklich ist dem Betriebsrat ein Informations- und Beratungsrecht eingeräumt worden.

Für den individuellen Kündigungsbereich in der EG wird an einer Initiative zur Vereinheitlichung des materiellen Kündigungsrechts gearbeitet, ohne daß allerdings ein baldiges konkretes Ergebnis – etwa eine Richtlinie – abzusehen wäre[20].

Das grundsätzliche Problem des bundesrepublikanischen Kündigungsverfahrens besteht darin, daß die Begründungspflicht bei Kündigungen nicht zu einer grundlegenden Einschränkung der Kündigungsautonomie des Arbeitgebers geführt hat. Zwar ist die Kündigungserklärung nur rechtswirksam, wenn diese Begründung einer gerichtlichen Überprüfung standhält. Bis zu dieser Feststellung, die sich bei Ausschöpfung des Rechtsweges im Schnitt vier Jahre hinziehen kann, ist die Kündigungserklärung jedoch zunächst tatsächlich wirksam, d.h. der Arbeitnehmer muß seinen gekündigten Arbeitsplatz – ob zu Recht oder zu Unrecht – verlassen[21]. Gegen diese einer „Rechtsverweigerung" gleichkommenden Verfahrensdauer bei arbeitsgerichtlichen Verfahren ist vor dem Europäischen Gerichtshof in Straßburg neuerdings eine Individualbeschwerde eingelegt worden[22]. Diese Nachteile des Kündigungsverfahrens hat zwar das Betriebsverfassungsgesetz zu korrigieren versucht. Danach kann der Betriebsrat unter bestimmten Voraussetzung einer Kündigung widersprechen mit der Folge, daß der Arbeitnehmer für die Dauer des Kündigungsverfahrens weiter zu beschäftigen ist. Diese kollektivrechtliche Sperre hat sich jedoch wenig ausgewirkt, da einmal an die Widerspruchsgründe hohe Anforderungen gestellt werden und zum anderen der Widerspruch häufig als „nicht ordnungsgemäß" schlecht ignoriert wird[23].

Ähnlich wie bei der Forderung, das Recht auf Arbeit als Auftrag zu einer Politik der Vollbeschäftigung auch gegen einzelwirtschaftliche Interesse durchzusetzen, ergeben sich bei einer Verbesserung des Bestandsschutzes notwendigerweise Eingriffe in die Dispositionsfreiheit der Unternehmer. Sowohl Einstellungsverpflichtungen als auch Entlassungsbeschärnkungen bedeuten aus unternehmerischer Sicht eine Beeinträchtigung ihrer Anpassungsfähigkeit an Wettbewerbs- und Marktbedingungen sowie eine zusätzliche Kostenbelastung, die ihre internationale Konkurrenzfähigkeit gefährden könnte[24]. Unter diesem Gesichtspunkt werden alle Überlegungen für eine Verbesserung des kündigungsrechtlichen Status quo konsequent abgelehnt. Als eine solche Veränderung wird demgegenüber etwa von DGB-Seite eine verfahrensmäßige Umgestaltung vorgeschlagen, die eine Weiterbeschäftigung des Arbeitnehmers bis zum Ausgang des Prozesses sicher stellen soll (Auflösungsklage durch Arbeitgeber statt Kündigungsschutzklage durch den Arbeitnehmer). Ferner soll der Betriebsrat ein Vetorecht bei Kündigungen erhalten[25]. Der völkerrechtlichen Verpflichtung zur Durchsetzung eines Rechts auf Arbeit kommt in dieser Kontroverse eine wichtige Orientierungsfunktion zu. Sie konkretisiert insoweit das Sozialstaatsprinzip, das als grundlegender Auftrag an den Gesetzgeber zur Herstellung sozialer Strukturen im gesellschaftlichen und wirtschaftlichen Bereich verstanden werden muß. Ohne aus dem Sozialstaatsprinzip konkrete Rechtforderungen deduzieren zu wollen, ergibt sich daraus jedoch eine höhere Legitimität für die Verbesserung des sozialen Status quo der Arbeitnehmer im Arbeits- und Wirtschaftsbereich als für ein Einfrieren unzulänglicher Verhältnisse.

3.1.4 Recht auf Arbeit und Vermittlungsmonopol – das Problem Leiharbeit

Als Teil der Rechts auf Arbeit nennt Art. 1 Ziff. 3 der Europäischen Sozial-Charta die Verpflichtung zu unentgeltlicher Arbeitsvermittlung. Dem ist in der Bundesrepublik mit dem AFG auch weitgehend Genüge getan. Ein Sonderproblem stellt in diesem Zusammenhang allerdings die gewerbsmäßige Arbeitnehmerüberlassung dar, die nach einem Urteil des Bundesverfassungsgerichts aus dem Jahre 1967 wieder zugelassen ist[26]. Dies steht sowohl im Widerspruch zu der erwähnten Passage der Europäischen Sozial-Charta über das Recht auf Arbeit als auch zu dem ILO-Übereinkommen Nr. 96 über entgeltliche Arbeitvermittlungsbüros[27].

Dieses Übereinkommen stellt den Staaten zwei Möglichkeiten für die Behandlung solcher Vermittlungsbüros anheim: entweder ihre schrittweise Auflösung oder eine Regelung ihrer Tätigkeit. Jeder Staat hatte bei einer Ratifikation anzugeben, für welche Möglichkeit er sich entscheiden wollte. Während mehrere europäische Staaten (etwa Frankreich, Belgien, Niederlande[28]) den zweiten Weg, den der Regelung gewerblicher Arbeitsvermittlung gingen, war in der BRD zum Zeitpunkt der Ratifikation des Übereinkommens (1954) eine solche gewerbliche Arbeitsvermittlung in § 87 des AVAVG (dem Vorläufer des Arbeitsförderungsgesetzes) verboten. Daher verstand es sich von selbst, daß sich die BRD nur für den ersten Weg des Übereinkommens – Verbot entgeltlicher Vermittlungsbüros entscheiden konnte und dies auch im Ratifikationsgesetz ausdrücklich klar stellte[29].

Dieses Verbot entgeltlicher Vermittlungsbüros hielt das BVerfG in einer Entscheidung aus dem Jahre 1966 mit dem Grundrecht der Berufsfreiheit in Art. 12 GG für nicht vereinbar. Zwar hatte es in einer anderen Entscheidung vom selben Tag das staatliche Arbeitsvermittlungsmonopol zur Wahrung überragender Gemeinschaftsinteresse im allgemeinen für unbedenklich gehalten[30]. Im besonderen Einzelfall, wie etwa beim gewerblichen Verleih von Arbeitskräften, müsse jedoch auch der Verhältnismäßigkeitsgrundsatz gewahrt bleiben. Angesichts der geringen Zahl an Arbeitskräfteverleihern betrachtete es ein Verbot dieser gewerblichen Tätigkeit für unverhältnismäßig. Ferner hielt es das Argument der Verleihfirmen für plausibel, wonach durch Leiharbeit zusätzliche Arbeitskräfte für den Arbeitsmarkt mobilisiert werden könnten. Durch diese Entscheidung war der „schützende Damm“ gebrochen[31], den das Leiharbeitsverbot bisher dargestellt hatte, und ein sprunghaftes Ansteigen der Verleihunternehmen die Folge. Zwar wurde durch das Arbeitnehmerüberlassungsgesetz (AÜG) von 1972 versucht, durch eine Reglementierung dieses Gewerbes Mißstände abzustellen[32]. Die Zahl der Verleihunternehmen und der verliehenen Arbeitnehmer blieb jedoch konstant hoch: Am 31.12.1977 waren 850 Verleihunternehmen zugelassen, im Jahre 1977 wurden zwischen 12 000 und 21 000 Arbeitnehmer verliehen[33]. Die Nutznießer dieses Verleihs von Arbeitskräften sind ausschließlich Unternehmer, die durch den jeweils kurzfristigen Einsatz von Arbeitskräften einen flexiblen Reservefonds halten können und dadurch die Einrichtung teurer Dauerarbeitsplätze einsparen[34]. Der negative beschäftigungspolitische Effekt von Leiharbeit liegt somit vor allem in der Verhinderung langfristiger Arbeitsverhältnisse. Für die verliehenen Arbeitnehmer geht der dauernde Wechsel durch Arbeitsplätze einher mit sozialer Isolierung und der Gefahr beruflicher Dequalifikation.

Das Bundesverfassungsgericht hatte in seiner Entscheidung weder die Europäische Sozial-Charta noch das ILO-Übereinkommen bei der Auslegung des zulässigen Umfangs der Gewerbefreiheit herangezogen. Bei einer entsprechenden Berücksichtigung hätte – im Sinne des sozialen Rückschrittverbots. wie es aus Art. 20 Abs. 1 abgeleitet wird[35] – eine Wiedereinführung des Verleihgewerbes nicht vorgenommen werden dürfen. Denn selbst wenn die entsprechenden völkerrechtlichen Normen keinen Individualanspruch verleihen, so binden sie doch als unmittelbar geltendes innerstaatliches Recht alle Staatsorgane und Gerichte bei der Anwendung des Rechts. Das bedeutet für gerichtliche Verfahren, daß bei der Auslegung bzw. Anwendung anspruchsbegründender Normen völkerrechtliche Bestimmungen, soweit sie einschlägig sind, berücksichtigt werden müssen[36]. Bei der Abwägung des Individualinteresses von Verleihunternehmen, den Schutz des Art. 12 GG zu erhalten, und dem Interesse der Allgemeinheit, den Arbeitsmarkt vor parasitärer Nutznießung durch entgeltlichen Verleih von Arbeitskräften freizuhalten[37], hätten die entsprechenden Bestimmungen der Sozial-Charta und des ILO-Übereinkommens vom BVerfG bei seiner Entscheidung mit herangezogen werden müssen. Das insbes. vom DGB mit Nachdruck geforderte Wiederverbot von Leiharbeit[38] ist daher nur konsequent. Im übrigen läßt auch der Umstand, daß sich die entscheidenden Tatsachen zum Zeitpunkt der Urteilsfällung durch das Bundesverfassungsgericht – geringe Anzahl an Verleihunternehmern, Hoffnung auf Mobilisierung zusätzlicher Arbeitskräfte – mittlerweile erheblich geändert haben, eine Korrektur durch den Gesetzgeber wieder zu[39].

Wenn demgegenüber unter Berufung auf das EWG-Recht, insbes. auf die Niederlassungsfreiheit und das Recht auf freien Dienstverkehr in Art. 52, 59 EWG-Vertrag, eine noch stärkere Lockerung der bestehenden Beschränkungen für Verleihfirmen gefordert wird[40], so kann dies nur vertreten werden, wenn die sozialen Schutzbestimmungen des EWG-Vertrages lediglich als Flankenschlutz für eine reibungslose Verwirklichung eines europäischen Binnenmarktes verstanden werden. Stellt man demgegenüber die Forderung des Art. 117 EWG-Vertrags in den Vordergrund, wonach auf eine stetige Verbesserung der Arbeits- und Lebensbedingungen der Arbeitskräfte hinzuwirken sei, so erscheint gerade ein Schutz vor gewerblicher Verleihtätigkeit geboten.

3.2 Koalitionsfreiheit

Die Freiheit der abhängig Beschäftigten, sich zusammenzuschließen und gemeinsam die Verwertungsbedingungen ihrer Arbeitskraft mitzugestalten, gehört zu den unabdingbaren Voraussetzungen ihrer Emanzipation aus ökonomischer Fremdbestimmung. In einer wechselvollen Geschichte mußte diese Freiheit in Deutschland immer wieder aufs neue durchgesetzt und rechtlich verankert werden. Allerdings hat das GG die elementare Bedeutung der Koalitionsfreiheit für abhängig Beschäftigte nur unzulänglich eingefangen.

Dort ist das Koalitionsrecht – entgegen seiner historischen Verknüpfung mit der Arbeiterbewegung – zu einem Jedermann-Grundrecht verallgemeinert worden. Da jeder unabhängig von seiner Stellung im Produktionsprozeß formal diese Freiheit beanspruchen kann, ist sie auch dem Produktionsmitteleigner – dem historischen Gegner einer Koalitionsbildung der Arbeitnehmer – zugestanden[41]. Dies hat seine besonderen Auswirkungen bei der Bestimmung der Mittel, die den Koalitionen bei ihrer Betätigung zugestanden werden, worauf im nächsten Kapitel einzugehen sein wird. Im Gegensatz dazu läßt sich bei den völkerrechtlichen Bestimmungen über die Koalitionsfreiheit eine Tendenz ausmachen, das eigentliche historische Subjekt dieser Freiheit, die Arbeitschaft zu betonen.

Die Allgemeine Erklärung der Menschenrechte von 1948 billigt noch „jedem Menschen" das Recht zu, „zum Schutze seiner Interessen Berufsvereinigungen zu bilden und solchen beizutreten", was auch der den Unternehmerberuf Ausübende für sich beanspruchen kann. Noch deutlicher formuliert das ILO-Übereinkommen Nr. 87 von 1948: „Arbeitnehmer und Arbeitgeber ohne jeden Unterschied haben das Recht, ohne vorherige Genehmigung Organisationen nach eigenem Wohl zu bilden."[42] Beiden wird das freie Bestimmungsrecht der innerverbandlichen Strukturen zugestanden; Vereinigungen von Arbeitnehmer wie von Arbeitgebern dürfen auf administrativem Wege nicht aufgelöst werden; der Erwerb der Rechtspersönlichkeit darf nicht an Bedingungen geknüpft werden, wodurch die vorangegangenen Rechte konterkariert werden.

Bereits das ILO-Übereinkommen Nr. 98 von 1949, das die Anwendung der Grundsätze des Vereinigungsrechts näher regelt, differenziert zwischen Arbeitgeber und Arbeitnehmer[43]. Während ausdrücklich ein Schutz vor Diskriminierungen wegen der Gewerkschaftszugehörigkeit postuliert wird – insbesondere bei Entlassungen – fehlt eine solche Bestimmung zugunsten der Arbeitgeber. Ein entsprechendes Postulat wäre angesichts ihrer eigentumsvermittelten betrieblichen Herrschaftsbefugnis auch absurd. Zwar wird noch einmal sowohl den Arbeitgeber- als auch den Arbeitnehmerorganisationen auferlegt, sich nicht in die Angelegenheiten der anderen Organisationen einzumischen. Da es für eine solche Einmischung bei den Gewerkschaften bereits an den materiellen Voraussetzungen fehlt, diese materiellen Voraussetzungen bei den Arbeitgebern jedoch i.d.R. vorhanden sind, wie die Bildung arbeitgeberabhängiger, wirtschaftsfriedlicher Verbände („gelbe Gewerkschaften") zeigt[44], wird ausdrücklich festgestellt: „Als Einmischung gelten Handlungen, die darauf gerichtet sind, von einem Arbeitgeber oder von einer Organisation von

Arbeitgebern abhängige Organisation von Arbeitnehmern ins Leben zu rufen oder Organisationen von Arbeitnehmern durch Geldmittel oder auf sonstige Weise zu unterstützen, um sie unter den Einfluß eines Arbeitgebers oder einer Organisation von Arbeitgebern zu bringen".

Die UNO-Konvention über wirtschaftliche und soziale Rechte von 1966 schließlich enthält ein ausdrückliches Koalitionsrecht nur noch für Arbeitnehmer, indem in Art. 8 „das Recht eines jeden" anerkannt wird, „zur Förderung und zum Schutz seiner wirtschaftlichen und sozialen Interessen Gewerkschaften zu bilden und der von ihm bevorzugten Gewerkschaft beizutreten".

Auf europäischer Ebene hat sich hingegen die eher formale Betrachtungsweise einer zweiseitigen Gewährleistung der Koalitionsfreiheit behaupten können. Art. 11 der Europäischen Menschenrechtskonventionen hebt im Rahmen der allgemeinen Vereinigungsfreiheit zwar ausdrücklich nur das Recht hervor, Gewerkschaften zu bilden und diesen beizutreten. Die Europäische Sozialcharta jedoch betont ähnlich wie das ILO-Übereinkommen Nr. 98 die Freiheit von Arbeitnehmern und Arbeitgebern, Organisationen zum Schutze ihrer wirtschaftlichen und sozialen Interessen zu bilden (Art. 5).

Alle genannten Bestimmungen sind von der Bundesrepublik in innerstaatliches Recht übernommen worden. Anders als beim Recht auf Arbeit, das in allen völkerrechtlichen Konventionen nur als staatliche Verpflichtung verankert ist, muß bei der Anwendung der Normen über die Koalitionsfreiheit differenziert werden. Die ILO-Übereinkommen sowie die Europäische Sozialcharta begründen lediglich eine Verpflichtung der Teilnehmerstaaten. Art. 11 des ILO-Übereinkommens Nr. 87 legt den Unterzeichnerstaaten die Verpflichtung auf, „alle erforderlichen und geeigneten Maßnahmen zu treffen", um die freie Ausübung des Vereinigungsrechts zu gewährleisten. Das ILO-Übereinkommen Nr. 98 verlangt, zur Sicherung des Koalitionsschutzes „Einrichtungen zu schaffen, soweit erforderlich" (Art. 3). Die Europäische Sozialcharta schließlich hat ihren gesamten Normenbestand auf eine internationale Verpflichtungsebene beschränkt (Anhang Teil III).

Demgegenüber begründen Art. 11 der Europäischen Menschenrechtskonvention wie auch Art. 8 der UNO-Konvention einen unmittelbaren Anspruch. Das bedeutet, daß dieses Recht u. U. auch klageweise vor den innerstaatlichen Gerichten, im Falle der Europäischen Menschenrechtskonvention auch vor dem dort vorgesehenen Europäischen Gerichtshof für Menschenrechte geltend gemacht werden kann. Während dies für die Menschenrechtskonvention unbestritten ist[45], wird für Art. 8 der UN-Konvention z. T. lediglich eine mittelbare Geltung angenommen[46]. Dies entspricht jedoch nicht dem klaren Wortlaut, wonach die Teilnehmerstaaten das Koalitionsrecht, insbesondere den Gewerkschaftsbeitritt und das gewerkschaftliche Betätigungsrecht zu gewährleisten haben. Die generelle Einschränkung in Art. 2 der Konvention, wonach die einzelnen Rechte durch die Teilnehmerstaaten „nach und nach" zu verwirklichen seien, steht dem nicht im Wege. Anders als beim Recht auf Arbeit, das zu verwirklichen den Teilnehmerstaaten als programmatisches Ziel aufgegeben worden ist, ist der Gewährleistungsanspruch der Koalitionsfreiheit exakt umrissen und damit von Verwaltung und Justiz unmittelbar vollziehbar (self-executing Charakter). Eine solche Gewährleistungs*pflicht* des Staates gegenüber dem einzelnen begründet unter diesen Voraussetzungen gleichzeitig auch einen Gewährleistungs*anspruch* des einzelnen. Ein allgemeiner völkerrechtlicher Vorbehalt, wonach die Bestimmungen der UN-Konvention ausschließlich die Teilnehmerstaaten verpflichten, dem einzelnen jedoch keine innerstaatlichen Rechte verbleiben, ist in der UN-Konvention ersichtlich nicht enthalten.

3.3 Völkerrechtlicher Umfang der Betätigungsfreiheit von Koalitionen

3.3.1 Kollektivverhandlungen

Während die Koalitionsfreiheit als das Recht, Koalitionen zu bilden, mit der Europäischen Menschenrechtskonvention bereits frühzeitig kodifiziert worden ist, blieb der Umfang des Betätigungsrechts der einmal gebildeten Koalition völkerrechtlich lange Zeit offen. Erst die Europäische Sozialcharta und die UNO-Konvention von 1966 machen über den Umfang der Koalitionsfreiheit nähere Aussagen.

Art. 8 der UNO-Konvention erklärt lapidar: „Die Teilnehmerstaaten verpflichten sich, folgende Rechte zu gewährleisten: ... c) Das Recht der Gewerkschaften, sich frei zu betätigen."[47]

Da in der Konvention das Recht der Koalitionsbildung ausdrücklich nur den Arbeitnehmern zugestanden wurde, ist es konsequent, auch nur den Gewerkschaften als der Arbeitnehmer-Koalition ein Betätigungsrecht zuzubilligen.

Anders die Europäische Sozialcharta. Die zweiseitige Gewährleistung der Koalitionsfreiheit für Arbeitnehmer und Arbeitgeber führt in logischer Konsequenz zur Anerkennung einer zweiseitigen Betätigungsfreiheit. Den Koalitionen wird das Recht auf Kollektivverhandlungen zugewiesen und damit ihr Status als Verhandlungspartei geschützt. Im einzelnen verpflichten sich die Teilnehmerstaaten der Europäischen Sozialcharta, Mechanismen zu unterstützen bzw. einzuführen, die das reibungslose Funktionieren eines solchen Verhandlungssystems sicherstellen[48].

Das nicht näher spezifizierte Betätigungsrecht der Gewerkschaften in der UN-Konvention umschließt ohne Zweifel auch die Kollektivvertragsfreiheit, da der Kollektivvertrag zu den traditionellen Instrumenten der Gewerkschaften nahezu aller Mitgliedsstaaten gehört[49].

Für die Bundesrepublik von Interesse ist dabei, ob aus der Europäischen Sozialcharta und den UN-Konventionen Anhaltspunkte für die in Rspr. und herrschender Lehre vertretene Auffassung abzuleiten sind, daß die Kollektivvertragsfreiheit auf das Medium Tarifvertrag beschränkt sei und Tarifverträge wiederum nur einen bestimmten Ausschnitt der Arbeits- und Wirtschaftsbeziehungen regeln dürften.

Für die UN-Konvention ergibt sich aus dem Wortlaut eine Beschränkung der Kollektivvertragsfreiheit auf Gewerkschaften, was aus der Europäischen Sozialcharta in dieser Eindeutigkeit nicht folgt. Vielmehr gesteht sie allen Arbeitnehmern das Mittel der Kollektivverträge zu, womit theoretisch auch nicht in Gewerkschaften organisierte Arbeitnehmer kollektive Vereinbarungen schließen können, daß eine Einengung der Kollektivverhandlungen auf Tarifverträge von der Europäischen Sozialcharta nicht gewollt ist[50]. Das gleiche trifft jedoch auch für die UN-Konvention zu, die sich jeder Spezifizierung des Betätigungsrechts (bis auf den Streik, dazu sogleich) enthält.

Was die Frage nach dem Umfang der Kollektivvertragsfreiheit anbelangt, so haben Rspr. und Lehre in der Bundesrepublik die sog. Tarifmacht, mit deren Hilfe die tarifvertragliche Regelungsbefugnis der Gewerkschaften eingeschränkt wurde, in ein enges Korsett geschnürt[51]. Es begann bereits in den 60er Jahren mit dem Verbot einer tarifvertraglichen Absicherung von Effektivlöhnen[52] und von Vorteilsregelungen für Gewerkschaftsmitglieder (Differenzierungsklauseln)[53] durch das Bundesarbeitsgericht. Diese restriktive Auslegung der Regelungsbefugnis wurde in neuerer Zeit vor allem durch die Forderung nach einem Verbot tarifvertraglicher Absicherungen von gewerkschaftlichen Vertrauensleuten[54] oder tarifvertraglichen Besetzungsregelungen[55] bzw. Vereinbarungen über Rationalisierungsmaßnahmen[56] fortgeführt. Bei all diesen Streitfragen kommt es letztlich darauf an, ob den Gewerkschaften eine umfassende Befugnis zur tarifvertraglichen Regelung der Arbeits- und Wirtschaftsbedingungen ihrer Mitglieder zusteht oder sie einen limitierten Auftrag haben. Weder die UN-Konvention noch die Europäische Sozialcharta geben dafür etwas her. Aus dem Wortlaut beider Normenkomplexe ist vielmehr eher ein weiter Begriff der Kollektivvertragsfreiheit zu entnehmen wie er etwa auch dem Wortlaut des Art. 9 Abs. 3 GG entspricht. Würde man bestimmte Bereiche davon ausnehmen, so liefe das auf eine Alleinentscheidungskompetenz des Unternehmers für diese Bereiche hinaus. Eine ganz andere Frage ist dabei, inwieweit es den Gewerkschaften tatsächlich gelingt, den Unternehmern in Kollektivverhandlungen Zugeständnisse bei umstrittenen Regelungskomplexen wirtschaftspolitischer Art abzugewinnen. Welche wirtschaftspolitischen Dimensionen das Instrument des Tarifvertrags erlangen kann, zeigt etwa das Beispiel Italiens. Anders als in der Bundesrepublik, wo die Erwartungen auf grundsätzliche wirtschaftliche Veränderungen lange Zeit mit der institutionellen Mitbestimmung verknüpft waren, haben die italienischen Gewerkschaften über die Tarifpolitik beachtliche wirtschaftliche Daten gesetzt. So gelang es etwa in einem Tarifvertrag mit Mont Edison von April 1973 und 1974, die Gesellschaft zu umfassenden Investitionen und zur Erhaltung des Beschäftigungsniveaus und Modernisierung zu veranlassen. Ähnliche Beispiele gibt es mit Fiat in Italien sowie ferner in einer Reihe von Unternehmen Großbritanniens[57].

Diese unterschiedliche Tarifpraxis in den Mitgliedsstaaten der Europäischen Sozialcharta bestärkt die Auffassung eines weiten Spielraums für Kollektivverhandlungen in Art. 6 Europäische Sozialcharta, womit die restriktive Tarifvertragslehre in der Bundesrepublik nicht in Einklang zu bringen ist.

3.3.1.1 Tarifverträge mit multinationalen Konzernen

Für die Gewerkschaften in multinationalen Konzernen stellt sich die Frage eines völkerrechtlichen Kollektivvertragsrecht äußerst konkret unter dem Gesichtspunkt, ob gemeinsame Tarifverträge von den nationalen Einzelgewerkschaften mit dem multinationalen Konzern abgeschlossen werden können.

Eine solche koordinierte Tarifpolitik wird nicht nur durch rechtliche Hindernisse aufgrund der unterschiedlichen nationalen Tarifordnungen erschwert. Ihr steht vor allem im Wege die unterschiedliche wirtschaftliche und z.T. politische Struktur in den einzelnen Ländern sowie vor allem das häufig weit auseinander laufende Reproduktionsniveau der Beschäftigten selbst. Erschwert wird eine solche internationale Tarifpolitik ferner durch Defizite in der gegenseitigen Information und Kooperation zwischen den nationalen Gewerkschaftsbünden, vor allem wenn es sich um ideologisch unterschiedlich ausgerichtete Gewerkschaften handelt[58].

Zwar sind die multinationalen Konzerne selbst nicht tariffähig[59], sondern nur die rechtlich selbständigen Tochtergesellschaften in den verschiedenen Ländern. Wenn jedoch trotz dieser rechtlichen Zersplitterung Möglichkeiten des Informationsaustausches im Rahmen der Konzernspitze zwischen Gewerkschaftsvertretern verschiedener Tarifgesellschaften und der Konzernleitung wie bei Philips möglich sind, so sind auch für weitergehende vertragliche Vereinbarungen rechtliche Kooperationsformen denkbar. Eine gewisse Vorreiterrolle kommt dabei der Bildung einer multinationalen Konzerngewerkschaft im Rahmen der Solvay-AG zu, die sich im Dezember 1978 konstituiert hat[60]. Wenn auch bei solchen auf ein multinationales Unternehmen beschränkten Gewerkschaften die Gefahr eines gewissen Syndikalismus nicht ganz auszuschließen ist, werden dadurch die materiellen Voraussetzungen einer koordinierten Politik zur Durchsetzung der Arbeitnehmerinteressen in multinationalen Konzernen zweifellos verbessert. Gerade der Ausbau von grenzübergreifenden Informationsebenen scheint eine notwendige Voraussetzung zu sein, um überhaupt weitergehenden Überlegungen realistischen Raum zu geben[61]. Die Europäische Sozialcharta jedenfalls läßt solche multinationale Tarifvereinbarungen ausdrücklich zu. Denn Art. 5 Europäische Sozialcharta schützt Freiheit der Koalitionen sowie im nationalen wie im internationalen Maßstab und gibt ihnen in Art. 6 das Mittel der Kollektivvereinbarungen an die Hand, ohne dabei eine Beschränkung auf den nationalen Bereich vorzunehmen.

3.3.1.2 Europäische Betriebsvereinbarungen

Einen gewissen rechtlichen Rahmen haben grenzübergreifende Tarifverträge im Statutenentwurf für die Europäische Aktiengesellschaft gefunden[62]. Darin wird dem Europäischen Betriebsrat der zu bildenden Europäischen Aktiengesellschaft die Kompetenz für Europäische Betriebsvereinbarungen eingeräumt. Eine inhaltliche Begrenzung für diese Vereinbarungen ist nicht vorgesehen[63]. Lediglich ein Vorrang gegenüber nationalen Betriebsvereinbarungen ist ausgesprochen, die jedoch im europäischen Rahmen nur in der Bundesrepublik eine erkennbare Bedeutung haben[64]. Nationale Tarifverträge werden von den Europäischen Betriebsvereinbarungen nicht berührt. Ein für bundesrepublikanische Verhältnisse interessanter Aspekt ist schließlich das Fehlen einer Friedenspflicht für den Europäischen Betriebsrat, was die kampfweise Durchsetzung entsprechender Vereinbarungen – im Gegensatz zu Betriebsvereinbarungen nach dem Betriebsverfassungsgesetz[65] ermöglichen dürfte.

3.3.2 Der Streik

3.3.2.1 Unmittelbare Geltung eines völkerrechtlichen Streikrechts

Die Rechtsordnung der Bundesrepublik kennt ein ausdrückliches Streikrecht nur auf der Ebene der Länderverfassungen. Das Grundgesetz enthält eine solche Streikgarantie nicht. Die kontroverse Behandlung des Umfangs der Streikfreiheit im Parlamentarischen Rat verhinderte seinerzeit die im Prinzip von allen Parteien befürwortete Aufnahme in den Grundgesetztext[66]. Diese bundesgesetzliche Lücke hat das BAG durch eine Streikkonzeption ausgefüllt, die durch äußerst restriktive Maßstäbe gekennzeichnet ist[67]. Das BAG schränkt zunächst die zulässigen Streikziele auf tariflich regelbare Komplexe ein[68]. Die Durchführung von Streiks wird erst nach Ablauf der mit Tarifverträgen gekoppelten Friedenspflicht[69] gestattet und dann auch nur unter Berücksichtigung des Grundsatzes der Verhältnismäßigkeit[70]. Als zulässiger Träger eines Streiks gelten ausschließlich die Gewerkschaften; „wilde" Streiks werden als rechtswidrig angesehen[71]; wild Streikende unterliegen der Gefahr einer fristlosen Entlassung[72]; Beamten wird grundsätzlich die Streikberechtigung bestritten[73].

Die völkerrechtliche Normenlage ist durch eine Streikgarantie in Art. 8 der UN-Konvention und in Art. 6 Abs. 4 der Europäischen Sozialcharta gekennzeichnet. Nach der UN-Konvention gewährleisten die Teilnehmerstaaten „... das Streikrecht, soweit es in Übereinstimmung mit der innerstaatlichen Rechtsordnung ausgeübt wird."

Die Teilnehmerstaaten der Europäischen Sozialcharta *anerkennen* in Art. 6 Abs. 4 „das Recht der Arbeitnehmer und Arbeitgeber auf kollektive Maßnahmen einschließlich des *Streikrechts* im Falle von Interessenkonflikten, vorbehaltlich etwaiger Verpflichtungen aus geltenden Gesamtarbeitsverträgen."

In beiden Konventionen ist das Streikrecht als Self-executing Norm ausgestattet, d.h. es bedarf keiner weiteren Schritte der Teilnehmerstaaten zu seiner Präzisierung. Daraus folgt für das Streikrecht nach der UN-Konvention ohne weiteres die unmittelbare Anwendbarkeit im innerstaatlichen Bereich der Bundesrepublik[74]. Inwieweit dies auch für die Europäische Sozialcharta zutrifft, ist umstritten. Nach dem klaren Wortlaut von Art. 6 Abs. 4 Europäische Sozialcharta, wonach die Teilnehmerstaaten „das Recht auf kollektive Maßnahmen ... einschließlich des Streikrechts ... anerkennen", scheint zunächst nichts anderes zu gelten, als für die UN-Konvention.

Er deutet auf einen Self-executing-Charakter hin, da die Gewährleistungspflicht der Teilnehmerstaaten exakt umrissen wird[75]. Dies soll jedoch nach einer verbreiteten Ansicht durch Bestimmungen im Anhang zur Sozialcharta wirksam ausgeschlossen worden sein[76]. Dort heißt es u.a.: „Es besteht Einverständnis darüber, daß die Charta rechtliche Verpflichtungen internationalen Charakters enthält, deren Durchführung ausschließlich der in ihrem Teil IV vorgesehenen Überwachung unterliegt". Damit ist jedoch lediglich ein anderes internationales Kontrollverfahren als das in der Charta selbst vorgesehene ausgeschlossen, über die unmittelbare innerstaatliche Geltung der hinreichend präzisierten Charta-Normen jedoch überhaupt nichts ausgesagt[77]. Wie bei der UN-Konvention ist auch bei der Europäischen Sozialcharta durch die Zustimmung des innerstaatlichen Gesetzgebers eine Transformation der völkerrechtlichen Bestimmungen in innerstaatliches Recht erfolgt. Ein diese Transformationswirkung aufhaltender wirksamer völkerrechtlicher Vorbehalt ist in der Europäischen Sozialcharta nicht enthalten. Von daher gilt auch für die Europäische Sozialcharta, daß ihre Bestimmungen innerstaatlich unmittelbar anwendbar sind, soweit sie hinreichend bestimmte rechtliche Verpflichtungen enthalten[78]. Das ist jedoch bei der Anerkennung des Streikrechts der Fall[79].

Welche Auswirkung hat diese unmittelbare Geltung eines im Völkerrecht begründeten und durch die Zustimmung des innerstaatlichen Gesetzgebers in Bundesrecht transformierten Streikrechts? Zum einen ist dadurch eine bislang bestehende bundesgesetzliche Lücke geschlossen worden. Damit wird die Auffassung bekräftigt, wonach Art. 9 Abs. 3 GG im Rahmen der Koalitionsfreiheit auch einen Kernbestand koalitionsmäßiger Betätigung umfaßt, an dessen Spitze die Streikfreiheit steht. Zum anderen ist dadurch die restriktive Gewährleistung der Streikfreiheit durch das BAG in Frage gestellt. Dies gilt vor allem hinsichtlich der Träger eines Streiks, also beim Problem der wilden Streiks und des Beamtenstreiks.

3.3.2.2 Der „wilde" Streik

Das vom BAG dekretierte Streikmonopol der Gewerkschaften ist nicht etwa Ausdruck besonderer Gewerkschaftsfreundlichkeit dieses Gerichts. Es entspringt vielmehr einer negativen Einstellung gegenüber dem Streik, der als volkswirtschaftlicher Gefährdungstatbestand eingeschätzt[81] und nur als notwendiger Bestandteil eines Countervailing-power-Systems (Gegenmachtmodells) akzeptiert wird[82]. Auf diesen Systemrahmen soll der Streik dann aber auch beschränkt bleiben. Das verbietet von vornherein andere Streikträger als die Gewerkschaften, denen diese Privilegierung jedoch nur unter der Perspektive des Ordnungsfaktors zugestanden wird[83]. Weder die UN-Konvention noch die ESC bieten von ihrem Wortlaut her Anhaltspunkte für eine Beschränkung der Streikfreiheit auf die Gewerkschaften. Vielmehr ist in beiden die Streikfreiheit als individuelle Rechtsgarantie ausgestattet. In der UN-Konvention kommt dies besonders augenfällig zum Ausdruck, da in vorangehenden Ziffern stets von den Gewerkschaften die Rede ist, beim Streikrecht dieser Bezug jedoch weggegelassen worden ist. Es versteht sich zwar von selbst, daß die individuelle Streikfreiheit bereits begriffsnotwendig nur kollektiv ausgeübt werden kann und Effizienz enthält, wenn dies in Gewerkschaften geschieht. Darauf soll die Streikfreiheit jedoch offensichtlich weder in der UN-Konvention noch in der ESC beschränkt werden.

Dies hat auch das Expertenkomitee, das im Rahmen der ESC eingesetzt ist, in mehreren Stellungnahmen zum Ausdruck gebracht. Das Expertenkomitee hält die vom BAG vorgenommene Beschränkung der Streikfreiheit auf Gewerkschaften „nicht in Übereinstimmung mit der Charta"[84], sondern ist der Auffassung, daß „eine Gruppe von Arbeitern streiken dürfen muß auch außerhalb der Gewerkschaften"[85]. Eine in der Bundesrepublik wegen der Teilnahme an nichtgewerkschaftlichen Streikaktionen ausgesprochene Kündigung einzelner Arbeitnehmer, die das BAG grundsätzlich zuläßt[86], steht mit der ESC nicht in Einklang. Allerdings ist das BAG ganz offensichtlich nicht bereit, dieser Rechtslage Beachtung zu schenken.

3.3.2.3 Beamtenstreik

Aus dem „Jedermann"-Bereich der Streikfreiheit von Art. 8 UN-Konvention und Art. 6 Abs. 4 ESC werden schließlich in der Bundesrepublik die Beamten ausgesondert. Den Beamten wird die Streikfreiheit verwehrt unter Hinweis auf ihre gesteigerten Treuepflichten gegenüber dem Staat, die nach hergebrachten Grundsätzen des Beamtentums einen Streik ausschließen sollen[87]. Der zweite Begründungsstrang für ein Streikverbot stützt sich auf die fehlende Tarifierbarkeit evtl. Streikziele, da die materielle Seite des Beamtentums durch den Gesetzgeber per Gesetz geregelt werde.

Diese Interpretation verkürzt bereits nach der bestehenden Rechtslage in der Bundesrepublik in unzulässiger Weise den Beamten das Koalitionsrecht. Der Beamte in seiner Doppeleigenschaft als Staatsbürger und Staatsbediensteter soll sich einerseits aktiv für die Einhaltung der Verfassung und damit auch seiner Grundrechte einsetzen. Dann kann ihm andererseits aber nicht die aktive Wahrnehmung des Grundrechts auf Koalitionsfreiheit, als dessen integraler Bestandteil der Streik anerkannt ist, bestritten werden. Weder hergebrachte Grundsätze noch von der Verfassung isolierte Treuepflichten haben die normative Kraft, eine solche Sonderbehandlung zu legitimieren[88]. Was schließlich die fehlende Tarifbezogenheit von Streikforderungen der Beamten anbelangt, so ist bereits allgemein die Verknüpfung der Streikfreiheit auf ein Instrument der Tarifpolitik fragwürdig[89]; zum andern ist diese Argumentation insofern unglaubwürdig, solange die Forderung nach einer Öffnung der materiellen Bedingungen für eine tarifliche Regelung abgelehnt wird[90]. Gerade dieser Aspekt der Tarifbezogenheit findet auf der völkerrechtlichen Ebene keine Stütze. Der Sachverständigen-Ausschuß der ESC hat wiederholt darauf hingewiesen, daß kollektive Handlungen nach Art. 6 Abs. 4 ESC nicht mit Tarifverhandlungen identisch sind[91]. Die von Rspr. und Lehre in der Bundesrepublik vorgenommene Reduzierung der Streikfreiheit auf Streiks mit tariflich regelbaren Zielen hat der Sachverständigenausschuß als mit Art. 6 Abs. 4 ESC nicht in Einklang stehend kritisiert[92].

Eine gewisse Stütze erhält die These vom Streikverbot der Beamten durch Art. 8 Abs. 2 der UN-Konvention, wo eine gesetzliche Beschränkungsmöglichkeit für Mitglieder der Streitkräfte, der Polizei oder der staatlichen Verwaltung eingeräumt wird. Von dieser gesetzlichen Ermächtigung ist in der Bundesrepublik jedoch kein Gebrauch gemacht worden. Daher regelt sich die Frage der Zulässigkeit eines Beamtenstreiks ausschließlich nach der gegenwärtigen normativen Ist-Lage. Diese wird auf völkerrechtlicher Ebene durch Art. 6 Abs. 4 ESC wiederum zugunsten einer Streikfreiheit auch von Beamten gestattet. Zwar läßt Art. 31 ESC Einschränkungen oder Begrenzungen u.a. des Streikrechts zu, „wenn diese gesetzlich vorgeschrieben *und* in einer demokratischen Gesellschaft zum Schutze der Rechte und Freiheiten anderer oder zum Schutze der öffentlichen Sicherheit und Ordnung, der Sicherheit des Staates, der Volksgesundheit und der Sittlichkeit notwendig sind". Darauf kann jedoch kein generelles Streikverbot für Beamte gestützt werden, da dies bereits am Kriterium der „Notwendigkeit" scheitern müßte, wie das Ministerkomitee des Europarats als Beschlußorgan der ESC zutreffend festgestellt hat unter Hinweis auf die differenzierte Regelung in den einzelnen Mitgliedsstaaten[93].

3.3.2.4 Der Solidaritätsstreik

Angesichts der nahezu unbegrenzten Möglichkeiten supranationaler Aktivitäten multinationaler Konzerne und der damit verbundenen Betroffenheit verschiedener nationaler Betriebsstätten kommt dem Einsatz grenzübergreifender kollektiver Abwehrmaßnahmen – vor allem dem Mittel des Solidaritäts- oder Sympathiestreiks – eine besondere Bedeutung zu. Allerdings steht die Häufigkeit solcher Kampfmittel jedenfalls in der Bundesrepublik in einem umgekehrten Verhältnis zu ihrer Bedeutung. Als Beispiel aus den 50er Jahren ist ein Solidaritätsstreik Kölner Drucker zur Unterstützung eines englischen Druckerstreiks bekannt[94]. Kein Solidaritätsstreik im engeren Sinne, sondern ein aus gemeinsamer Betroffenheit durchgeführter Arbeitskampf in verschiedenen Ländern war der Streik in der Akzo-Enka-Glanzstoffwerken Breda (Niederlande) und Wuppertal im September 1973[95]. In einer koordinierten Streikaktion wehrten sich die Beschäftigten erfolgreich gegen einen Stillegungsplan des Unternehmens, der die Beseitigung von 5 700 Arbeitsplätzen vorsah[96]. Der Streik wurde sowohl in der BRD als auch den Niederlanden einmal aus eigener Betroffenheit geführt, zum andern aber auch zur Unterstützung der jeweiligen Aktionen im Nachbarland.

Eine typische Solidaritätsaktion, die allerdings im Ausland ihren Schwerpunkt hatte, wenn auch zur Unterstützung eines in der Bundesrepublik ausgefochtenen Arbeitskonflikts, war der Boykott bundesdeutscher Schiffe durch englische, dänische und schwedische Hafenarbeiter im Sommer 1973. Mit diesem von der Internationalen Transportarbeiter-Gewerkschaft organisierten Boykott sollten die Reeder gezwungen werden, mit der ÖTV Tarifverhandlungen aufzunehmen, denen sie sich vorher entzogen hatten[97]. Ohne eine solche internationale Unterstützung sind gerade im Bereich der Seeschiffahrt tarifpolitische Forderungen kaum durchsetzbar[98].

Als Beispiel für grenzübergreifende Mobilisierungsmöglichkeiten bei eigener Betroffenheit kann schließlich die Verhinderung des Drucks einer englischen TIMES-Ausgabe in der BRD im April 1979 angesehen werden[99]. Die Auslagerung des TIMES-Drucks sollte den Streik der englischen Setzer unterlaufen, bei dem es um Regelungen der Arbeitsbedingungen nach der Einführung neuer Techniken im Satzbereich ging, also um ähnliche Probleme, die im Frühjahr 1978 Gegenstand eines Arbeitskampfes in der bundesdeutschen Druckindustrie waren.

In der Bundesrepublik wird der Solidaritätsstreik überwiegend für zulässig gehalten[100], wobei wiederum umstritten ist, nach welchen Kriterien die Rechtmäßigkeit zu beurteilen ist. Dabei ist u.a. die Auffassung vertreten worden, an den Hauptarbeitskampf der Elle der vom BAG entwickelten Lehre der Sozialadäquanz anzulegen. Dies wirft bei Arbeitskämpfen, die im Ausland stattfinden und durch einen bundesdeutschen Solidaritätsstreik unterstützt werden, die Frage auf, ob diese bereits in der Bundesrepublik selbst äußerst umstrittene Lehre überhaupt als Maßstab für andere Rechtsordnungen gelten kann.

Die Frage ist klar zu verneinen[101]. Die rechtliche Bewertung des Hauptarbeitskampfes richtet sich vielmehr ausschließlich nach der Rechtsordnung des Landes, in dem er geführt wird.

Auf völkerrechtlicher Ebene ist der grenzübergreifende Solidaritätsstreik nicht ausdrücklich erwähnt. Da die UN-Konvention das Streikrecht jedoch lediglich unter den Vorbehalt einer Übereinstimmung mit der innerstaatlichen Rechtsordnung stellt, richtet sich die Zulässigkeit von Solidaritätsstreiks nach wie vor nach dem Recht des Staates, in dem die Solidaritätsaktion durchgeführt wird. Nach der ESC läßt sich aus der in Art. 5 ESC niedergelegten Garantie einer internationalen Koalitionsfreiheit zu Recht die Vermutung schließen, daß sich diese Freiheit nicht nur auf das Recht zur Bildung internationaler Koalitionen beschränken kann, sondern auch einen Kernbestandteil koalitionsmäßiger Betätigung auf internationaler Ebene umfassen will[102]. Darunter kommt jedoch der grenzübergreifenden Streikaktion eine herausragende Bedeutung zu. Diese Vermutung wird weiter dadurch verstärkt, daß nahezu alle Teilnehmerstaaten der ESC das Mittel des Solidaritätsstreiks zulassen[103].

3.3.3 Die Aussperrung

Das vom BAG für die Bundesrepublik entwickelte Arbeitskampfmodell sieht eine „paritätische" Verteilung der Arbeitskampfinstrumente als letzte Mittel im Rahmen kollektiver Verhandlungen vor: Während den Gewerkschaften das Streikrecht zugestanden wird, sollen die Arbeitgeber als Äquivalent Aussperrungsfreiheit genießen[104]. Dieses paritätische Arbeitskampfmodell geht von einer Verhandlungssituation aus, in der zwei formal völlig gleichgewichtige Vertragsparteien einander gegenüberstehen. Um diese Gleichgewichtslage nicht von vornherein einseitig zu verändern, muß beiden Seiten ein letztes Druckmittel in die Hand gegeben werden für den Fall, daß sich die Verhandlungen festgefahren haben. Diesem Modell wird dadurch besonderes Gewicht verliehen, daß es als authentische Konzeption des Art. 9 Abs. 3 GG interpretiert und damit in Verfassungsrang erhoben wird[105].

Die einseitige Ausrichtung von Art. 9 Abs. 3 GG als Schutznorm eines dualen Tarifsystems, in das Streik einerseits und Aussperrung andererseits eingeklinkt werden, widerspricht zunächst der historisch bedingten, einseitig auf die Arbeitnehmer zugeschnittenen Notwendigkeit einer Koalitionsgarantie[106]. Daß als schutzbedürftiger „Jedermann" in Art. 9 Abs. 3 GG nur der Arbeitnehmer und seine Koalition in Frage kommt, ergibt sich ferner aus der gesellschaftlichen Stellung des vom Eigentum an Produktionsmitteln ausgeschlossenen Lohnabhängigen einerseits und dem die betriebliche Kommandogewalt dank seiner Eigentümerstellung über die Produktionsmittel ausübenden Arbeitgeber andererseits[107]. Für diese Herrschaftsgewalt ist eine Koalition mit anderen Produktionsmitteleignern nicht konstitutiv, sondern ausschließlich der rechtliche Eigentumstitel. Demgegenüber fehlt dem einzelnen Lohnabhängigen ohne kollektiven Zusammenschluß mit Gleichgesinnten jegliche Chance, diese Herrschaftsgewalt mit dem Instrument der Vertragsfreiheit einzuschränken.

Vor diesem Hintergrund ist der einseitige Schutz nur der Arbeitnehmerkoalition in Art. 8 UN-Konvention zu sehen, während die ESC aber auch das ILO-Übereinkommen Nr. 87 ein duales Verhandlungssystem mit formal gleichberechtigten Verhandlungsparteien zum Schutzobjekt erhoben haben. Die einseitige Schutzgarantie lediglich der Arbeitnehmerkoalition und ihre Betätigungsfreiheit hat in der UN-Konvention zur Folge, daß nur das Streikrecht als das bedeutendste Instrument hervorgehoben wird. Die gleiche Hervorhebung des Streikrechts findet sich auch in der ESC bei der Präzisierung der kollektiven Maßnahmen, die Arbeitnehmer und Arbeitgeber im Falle von Interessenkonflikten zugestanden werden[108]. Eine ebenso ausdrückliche Erwähnung der Aussperrung fehlt jedoch. In der Kontroverse um die Beurteilung eines Aussperrungsrechts in der BRD wird darin i.d.R. nur eine Bestätigung des nach nationalem Recht bereits gewonnenen Ergebnisses gesehen. Der Schutz eines Verhandlungssystems in der ESC mit zweiseitigen kollektiven Maßnahmen als Konfliktlösungsinstrumente soll Streik und Aussperrung gleichermaßen zulassen[109]. Frowein schließt eine solche beidseitige Garantie auch aus dem ILO-Übereinkommen Nr. 87, das lediglich ein formal gleiches Recht der Koalitionsbildung beinhaltet[110]. Die sich aus der ungleichen Behandlung von Streik und Aussperrung nach dem Wortlaut der ESC eher aufdrängende Vermutung, daß die ausdrückliche Erwähnung des Streikrechts bei gleichzeitiger Weglassung eines Aussperrungsrechts gerade gegen eine Anerkennung dieses Arbeitgeberinstruments spreche, wird vor allem mit dem Hinweis auf das in der ESC normierte Gleichgewichtsmodell bei Tarifkonflikten zu entkräften versucht[111]. Gleichzeitig werden die Forderungen von Arbeitgeberverbänden in den ESC-Beratungen nach Aufnahme eines Aussperrungsrechts und verschiedene Äußerungen, die in den Beratungen selbst zugunsten des Aussperrungsrechts gefallen sind, als gemeinsamer Wille der ESC-Verfasser nach einer Aussperrungsgarantie interpretiert[112], obwohl gleichzeitig von Gewerkschaftsseite und von verschiedenen Rednern in den Beratungen gerade die Nichtaufnahme der Aussperrung gefordert wurde[113]. Unterstützung findet die Interpretation eines Aussperrungsgebots in der ESC durch den Sachverständigen-Ausschuß der ESC, der die Aussperrung als die wichtigste, wenn nicht einzige Form kollektiver Maßnahmen ansieht, welche die Arbeitgeber zur Verteidigung ihrer Interessen hätten[114].

Gerade diese Behauptung verkennt jedoch das den Arbeitgebern tatsächlich zur Verfügung stehende Arsenal an Abwehrmaßnahmen gegen einen Streik auch ohne das Mittel der Aussperrung. Dazu zählen neben dem Wegfall der Lohnzahlungspflicht taktische Abwehrmaßnahmen bei einem bereits angelaufenen Streik wie etwa gegenseitige Absprachen über veränderte Lieferfristen, Verzicht auf Konventionalstrafen bei Fristverstreichung, Kreditverlängerung durch Banken usw[115]. Weiter muß auch das strategische Abwehrpotential aufgrund des Alleinverfügungsrechts über den Produktionsmitteleinsatz und der daraus folgenden Preissetzungs- und Arbeitsmarktmacht der Unternehmer in Rechnung gestellt werden[116].

Angesichts dieser umfassenden Abwehrmöglichkeiten muß die Aussperrung als zusätzliche Maßnahme der Unternehmer angesehen werden, mit deren Hilfe das einzige Druckmittel der Arbeitnehmer, ihre kollektive Arbeitskraftverweigerung, unterlaufen und die Arbeitnehmerkoalition geschwächt werden soll.

So waren etwa durch die bundesweite Aussperrung in der Druckindustrie 1978 32 700 Arbeitnehmer betroffen, während der Schwerpunktstreik der IG Druck lediglich 11 000 Arbeitnehmer erfaßte. In den Tarifkonflikten der Metallindustrie standen im Frühjahr 1978 120 000 streikenden Arbeitnehmern 200 000 Ausgesperrte gegenüber[117]. Da die Gewerkschaften gemäß ihren Satzungen für alle gemaßregelten Arbeitnehmer während eines Arbeitskampfes, also auch für die Ausgesperrten, Streikgelder zahlen, war die IG Druck nur noch mit Hilfe von Krediten der Bank für Gemeinwirtschaft zu einer Weiterführung des Streiks in der Lage. Die IG-Metall mußte im Frühjahr 1978 130 Mio. DM aufwenden – die Beitragsüberschüsse von 3 Jahren![118].

Dieser Kumulationseffekt der Aussperrung wird von den Rechtsordnungen anderer Teilnehmerstaaten der ESC zumindest zur Kenntnis genommen: In Italien und Frankreich ist die Aussperrungsmöglichkeit auf Extremfälle beschränkt (etwa gegen besonders wirkungsvolle Streikformen wie Stotter- und Schachbrettstreik)[119]; in Großbritannien und den Niederlanden besteht auch bei evtl. Aussperrung Lohnfortzahlungspflicht des Arbeitgebers, was in der Praxis zu einem völligen Fehlen der Aussperrung in den letzten 40 Jahren geführt hat[120]; in den skandinavischen Ländern ist die Aussperrung zwar zulässig, spielt jedoch ebenfalls in der Praxis kaum eine Rolle. In einer vergleichenden Studie über die Aussperrungspraxis in 11 westeuropäischen Ländern kommt der frühere Bundesarbeitsminister Arendt dabei zu dem nicht überraschenden Ergebnis, die Bundesrepublik habe im internationalen Vergleich ein „überdimensionales Aussperrungsrecht", bei dessen Ausprägung „die soziale Funktion des Streikrechts offensichtlich unberücksichtigt geblieben" sei[121].

Angesichts dieser eher reservierten Einstellung anderer westeuropäischer Staaten gegenüber der Aussperrung erscheint es fraglich, ob gerade im Rahmen der ESC von einem stillschweigenden Konsens über die Anerkennung dieses Instrumentes ausgegangen werden kann. Die mit der ESC verfolgte Intention, den „wirtschaftlichen und sozialen Fortschritt zu fördern ..., die Ausübung sozialer Rechte sicher(zustellen) ..., den Lebensstandard ihrer Bevölkerung zu verbessern ... und ihr soziales Wohl zu fördern“ (Präambel) spricht eher dagegen. Denn die Aussperrung steht dieser in der Präambel der ESC markierten Zielsetzung diametral entgegen, bedenkt man allein die negativen sozialen Auswirkungen des Lohnzahlungsstops und die Kostenabwälzung auf die Solidaritätsgemeinschaft der Arbeitnehmer. Die ausdrückliche Nichterwähnung der Aussperrung im Normtext der ESC trotz einer entsprechenden Gesetzeslobby muß daher als bewußtes Ausklammern eines Instruments angesehen werden, das im System der ESC einen völligen Fremdkörper dargestellt hätte[122]. Diese Entscheidung läßt sich auch durch interpretatorische Äußerungen des Sachverständigen-Ausschusses nachträglich nicht wieder rückgängig machen, dessen Interpretation mit keinerlei autoritativer Kraft ausgestattet sind[123].

3.3.4 Soziale Sicherung bei Arbeitskämpfen

Jeder Streik ist für die Streikenden mit dem finanziellen Risiko des Lohnverlustes verbunden. In der Bundesrepublik kann dieses Risiko der Arbeitgeber im Wege der Aussperrung auch auf nichtstreikende Arbeitnehmer ausweiten. Eine weitere Besonderheit des bundesdeutschen Arbeitskampfrechts besteht darin, daß auch in den mittelbar von Arbeitskämpfen berührten Betrieben der Arbeitgeber zur Einstellung der Lohnfortzahlung berechtigt ist. Begründet wird diese Risikoerweiterung mit der sog. Betriebsrisikolehre[124], die zur „sachgerechten Verteilung des Risikos des Arbeitskampfes“ „als Gebot der Kampfparität“ eine Solidarhaftung aller Arbeitnehmer postuliert[125]. Im Ergebnis kommt diese Risikoausweitung einer Sympathie- und Solidaritätsaussperrung gleich, ohne daß der Arbeitgeber dies als solche bezeichnen müßte[126]. Die gegen ein Aussperrungsrecht der Arbeitgeber im allgemeinen vorgetragenen Einwände treffen auf die quasi-Aussperrung mit Hilfe der Betriebsrisikolehre im besonderen zu, da hier bereits ohne Nachprüfung, ob der Arbeitgeber tatsächlich vom Arbeitskampf betroffen wird, die Lohnzahlung eingestellt werden kann[127]. Dies trägt zu einer Ausweitung des Arbeitskampfes bei, ohne daß den betroffenen Arbeitnehmern eine Möglichkeit der Gegenwehr zur Verfügung stünde. Für die solchermaßen indirekt ausgesperrten Arbeitnehmer konzentriert sich das Interesse nun vor allem darauf, ob sie von dritter Seite ihren Lohnausfall ersetzt bekommen. Da die Gewerkschaften ihren betroffenen Mitgliedern in diesen Fällen keine Gemaßregelten-Unterstützung zahlen, kommen für alle Betroffenen nur Leistungen aus der Arbeitslosenversicherung oder Sozialhilfe in Betracht.

Ansprüche auf Arbeitslosengeld bei Arbeitskämpfen regelt der § 116 AFG. Danach darf durch Zahlung von Arbeitslosengeld (ALG) grundsätzlich nicht in Arbeitskämpfe eingegriffen werden, insbes. nicht durch Zahlung an die aktiv Streikenden. Das gleiche soll regelmäßig aber auch bei den Nichtstreikenden in mittelbar von Arbeitskämpfen betroffenen Betrieben gelten, wenn solche Zahlungen den Arbeitskampf beeinflussen würden. Dies wird als Regelfall unterstellt, denn nur ausnahmsweise und für bestimmte Arbeitnehmergruppen können solche Leistungen einmal gewährt werden[128].

Das regelmäßige Ruhen des Anspruchs auf ALG auch für Arbeitnehmer, die selbst in den Arbeitskampf nicht verwickelt, sondern in Drittbetrieben beschäftigt sind und vom Arbeitgeber unter Berufung auf angebliche Auswirkungen des Arbeitskampfes von der Weiterbeschäftigung unter Einbehaltung des Lohnes suspendiert worden sind, steht in Gegensatz zu dem von der Bundesrepublik ratifizierten ILO-Übereinkommen Nr. 102[129]. Dieses Übereinkommen über die Mindestnormen der sozialen Sicherheit sieht bei Arbeitskämpfen zwar ein Ruhen des Anspruchs auf ALG vor, jedoch nur bei unmittelbarer Beteiligung an diesem Arbeitskampf. Die entsprechende Bestimmung des Art. 69i lautet: „Eine Leistung, auf die eine geschützte Person ... Anspruch hätte, kann in einem vorgeschriebenen Ausmaß ruhen, ... i bei Leistungen im Falle der Arbeitslosigkeit, wenn der Verlust der Beschäftigung die unmittelbare Folge einer auf eine Arbeitsstreitigkeit zurückzuführenden Arbeitseinstellung war."

Die Bundesrepublik hat im Ratifikationsgesetz von 1957 die Verpflichtungen aus diesem Übereinkommen übernommen[130], was lediglich eine mittelbare Wirkung im Sinne einer Bindung u.a. des Gesetzgebers bei der innerstaatlichen Gesetzgebung, aber auch der innerstaatlichen Justiz bei der Anwendung entsprechender Normen bedeutet.

Dieser Verpflichtung ist die Bundesrepublik nach Auffassung des Sachverständigen-Ausschusses jedoch weder mit dem früheren § 84 AVAVG (dem Vorläufer des AFG) noch dem § 116 AFG gerecht geworden. Der Sachverständigen-Ausschuß unterscheidet zwischen 3 Arbeitnehmergruppen, die durch einen Streik arbeitslos werden können. Zur ersten Gruppe zählt er die aktiven Streikteilnehmer, die keinen Anspruch auf ALG geltend machen könnten. Zur zweiten Gruppe rechnet er diejenigen Arbeitnehmer, die zwar selbst nicht am Streik teilnehmen, vom Streikergebnis in ihren Arbeitsbedingungen jedoch profitieren können. Bereits hier sei die Vorenthaltung von ALG nicht ganz zweifelsfrei. Die Arbeitslosigkeit von Personen der dritten Gruppe „jener, die nicht an dem Streik teilnehmen, nicht in dem Unternehmen angestellt sind, in dem der Arbeitskampf sich ereignet und die kein Interesse an ihm haben, aber wegen fehlender Belieferung oder ähnlicher Umstände außerhalb ihres Machtbereichs nicht arbeiten können", sei jedoch weder freiwillig noch sei es wahrscheinlich, daß sie an verbesserten Arbeitsbedingungen partizipieren könnten. In Fällen dieser Art, in denen weder eine direkte Streikbeteiligung noch eine indirekte Nutznießung am Streik bei Verbesserung der Arbeitsbedingungen vorliege, bestehe nach dem ILO-Übereinkommen ein Anspruch auf ALG[131]. Der Sachverständigen-Ausschuß hat in mehreren Jahresberichten darauf hingewiesen, daß die in der Bundesrepublik bestehende Regelung des § 116 Abs. 3 AFG, mit dem auch diese Personengruppe vom Anspruch auf ALG ausgeschlossen wird, mit dem Übereinkommen nicht zu vereinbaren sei[132].

Die Bundesrepublik steht mit dieser Regelung unter den Teilnehmerstaaten des ILO-Übereinkommens allein. Ein rechtsvergleichender Überblick der ILO über die arbeitslosenversicherungsrechtlichen Regelungen der Teilnehmerstaaten des ILO-

Übereinkommens zeigt, daß in allen anderen Staaten[133] an die Arbeitnehmer der dritten Gruppe, die wegen Zuliefererschwierigkeiten und ähnlicher Umstände arbeitslos werden, ALG gezahlt wird[134]. Dabei ist gleichzeitig zu berücksichtigen, daß eine materielle Verschiebung des Lohnrisikos, wie dies in der Bundesrepublik mit Hilfe der Betriebsrisikolehre geschieht, ebenfalls eine Ausnahmeerscheinung darstellt.

In den Brennpunkt einer innenpolitischen Kontroverse, die bis zu einem (erfolglosen) Novellierungsvorschlag im Bundesrat führte[135], geriet der § 116 AFG im Metallkonflikt 1971. Außerhalb des umkämpften Tarifbezirks wurden dabei ca. 100 000 Arbeitnehmer unter Berufung auf arbeitskampfbedingte Produktionsstörungen von den Arbeitgebern freigesetzt[136]. Der Verwaltungsrat der Bundesanstalt für Arbeit erließ – gegen eine anderslautende Weisung des BA-Präsidenten – eine Anordnung, wonach allen Arbeitnehmern, die in den nicht im Arbeitskampf stehenden Tarifbezirken aufgrund der laufenden Lohnrunde im Metallbereich arbeitslos geworden waren, ALG gezahlt werden sollte. Diese Anordnung wurde umgehend vom Verband württembergisch-badischer Metallindustrieller gerichtlich angegriffen, im Ergebnis mit Erfolg[137], da eine allgemeine Anweisung auf Erteilung von Arbeitslosenunterstützung dem Ausnahmecharakter solcher Zahlungen in § 116 Abs. 3 AFG nicht gerecht geworden sei. Die BA hat in einer „Neutralitätsanordnung“ 1973 die Voraussetzungen näher geregelt, unter denen bei künftigen Arbeitskämpfen mittelbar betroffenen Arbeitnehmern ALG zu zahlen ist. Danach ruht ein Anspruch auf ALG grundsätzlich für Arbeitnehmer im räumlichen und fachlichen Geltungsbereich des umkämpften Tarifvertrages. Sind Arbeitnehmer der gleichen Fachbranche außerhalb des räumlichen Geltungsbereichs betroffen, so ruht ihr Anspruch nur, wenn nach Art und Umfang gleiche Forderungen wie im umkämpften Tarifbezirk erhoben werden[138].

Der Sachverständigen-Ausschuß befaßte sich in seinem 1974er Report erstmals mit dieser Anordnung, die vom Verwaltungsrat als ILO-konforme Interpretation der Gewährleistungspflicht von Arbeitslosenunterstützung für mittelbar betroffene Arbeitnehmer bezeichnet wurde. Der Sachverständigen-Ausschuß äußerte Zweifel, ob nicht im Wege der Auslegung diejenigen Arbeitnehmer von Leistungen ausgeschlossen würden, deren Arbeitsbedingungen vom Streikergebnis in keiner Weise beeinflußt würden[139]. Die Zweifel schienen dem Ausschuß im 1975er Report noch nicht ausgeräumt, was er mit der Bitte um weitere Informationen über die praktischen Auswirkungen der Anordnung verband[140]. 1977 schließlich nahm der Ausschuß zur Kenntnis, daß im Berichtszeitraum (1976) nur eine geringe Anzahl mittelbar betroffener Arbeitnehmer von Zahlungen des ALG ausgenommen worden waren und zwar auch nur deshalb, weil der Ausgang des Arbeitskampfes zu einer Verbesserung ihrer eigenen Arbeitsbedingungen geführt hatte[141]. Damit scheinen die Zweifel des Ausschusses über eine ILO-konforme Praxis bei der Leistung von ALG bei Arbeitskämpfen ausgeräumt zu sein, was die Nichterwähnung von Vorbehalten im ILO-Report 1978 verdeutlicht.

Tatsächlich scheint sich eine Verlagerung der Problematik anzudeuten, als nunmehr zwar die Zahlung von ALG an Arbeitnehmer mittelbar betroffener Drittbetriebe in ILO-konformer Weise erfolgt, verstärkt jedoch Kurzarbeit unter Umgehung der zwingend vorgeschriebenen Mitwirkungsbefugnisse des Betriebsrates eingeführt wird[142]. Eine entsprechende Tendenz war jedenfalls als Begleitung der Tarifauseinandersetzungen im Metallbereich im Frühjahr 1978 festzustellen.

3.4 Gleichbehandlungsgebot und Diskriminierungsverbot

Die unterschiedslose Gewährleistung materieller Rechte gehört zu den Elementargrundsätzen demokratischer Gesellschaftssysteme. Das Gleichheitsgebot wurde sowohl in der amerikanischen Erklärung der Menschenrechte wie in den verschiedenen Verfassungen der Französischen Revolution als bewußte Abkehr vom Ungleichbehandlungsprinzip der Feudalsysteme verstanden. In der deutschen Verfassungsgeschichte konnte sich der Gleichheitsgedanke – nach einem ergebnislosen Vorstoß in der 1848er Revolution – erst 1918 konstituieren, um dann im Faschismus seine erneute rassistisch (gegen Nichtarier) und politisch (gegen das Feindkartell aus Sozialisten, Kommunisten, Radikaldemokraten) begründete Aufhebung in einem für die Neuzeit einmaligen Ausmaß zu erfahren. Die Eskalation dieser Ungleichbehandlung zu einer Politik der systematischen Ausrottung ganzer Volksgruppen wie der Juden in fast allen Ländern Europas sowie der Verfolgung und Repression bis hin zur physischen Vernichtung der antifaschistischen Opposition hat nach dem Ende des zweiten Weltkrieges dem Diskriminierungsverbot eine neue Dimension verliehen. Vor diesem Hintergrund ist der zentralle Stellenwert zu sehen, den das Gleichbehandlungsgebot und Diskriminierungsverbot in allen internationalen Dokumenten der Nachkriegszeit eingeräumt bekam von der UNO-Charta, den Statuten ihrer Sonderorganisationen über die Allgemeine Erklärung der Menschenrechte, den UN-Konventionen bis zur Europäischen Menschenrechtskonvention, der Europäischen Sozialcharta und dem EWG-Vertrag. Als Beispiel mag ein Satz aus der UNESCO-Satzung von 1945 genügen, in der festgestellt wird, „daß der große und furchtbare Krieg ... durch die Verleugnung der demokratischen Grundsätze der Würde, Gleichheit und gegenseitigen Achtung der Menschen möglich wurde, sowie dadurch, daß an deren Stelle unter Ausnutzung von Unwissenheit und Vorurteilen die Lehre eines unterschiedlichen Wertes von Menschen und Rassen verbreitet wurde."[143]

Das Gleichbehandlungsgebot erhält im Arbeitsrecht seine spezifische Ausprägung im Verbot bestimmter Anknüpfungspunkte sowohl für eine Differenzierung der arbeitsvertraglichen Leistungen wie auch für gezielte Sanktionen: Es widerspricht dem Grundsatz der Gleichbehandlung von Mann und Frau, gleiche Tätigkeit geschlechterdifferenziert zu entlohnen. Es verstößt gegen den Grundsatz der Koalitionsfreiheit, gewerkschaftliche Betätigung zum Anlaß für innerbetriebliche Sanktionen zu machen. Es verstößt gegen den Grundsatz der Meinungs- und Gewissensfreiheit, politische Betätigung als Differenzierungsmerkmal bei der Behandlung in Beruf und Ausbildung einzusetzen. Ein Sonderproblem stellt die Differenzierung nach der Staatsangehörigkeit dar, die im EG-Rahmen prinzipiell beseitigt wurde. Der völkerrechtliche Normenbestand dieser 4 Aspekte soll im folgenden näher behandelt werden.

3.4.1 Diskriminierungsverbot wegen des Geschlechts

Bei einer Analyse der Einkommens- und Beschäftigungsstruktur der Bundesrepublik drängt sich der Verdacht auf, daß im Bereich abhängiger Arbeit eine geschlechterspezifische Differenzierung vorgenommen wird mit dem Ergebnis einer eindeutigen Benachteiligung weiblicher Arbeitnehmer. Ein Vergleich der durchschnittlichen Bruttoarbeitsverdienste in der Industrie aus dem Jahre 1973 hat einen Stundenlohn von 6,02 DM für Frauen bei 8,61 DM für Männer ergeben[144]. Diese Schere hat sich in der Zwischenzeit kaum verändert[145]. Dabei zeigt sich eine überdurchschnittliche Vertretung von Frauen in den unteren und mittleren Lohngruppen[146]. Diese Tendenz wird durch die Einrichtung von Leichtlohngruppen nocht verstärkt, bei denen einseitig auf körperlich leichte Arbeit im engeren Sinne abgestellt wird und andere Arbeitsmerkmale sowie andere Belastungsfaktoren außer Acht bleiben. Nach einem Bericht der Bundesregierung aus dem Jahre 1966 über die Anwendung des Art. 119 EWG-Vertrags war in diesen Leichtlohngruppen das Verhältnis von Frauen zu Männern 2 : 1[147]. Zwar versuchten die Gewerkschaften z.T. mit Erfolg diese Lohngruppen abzuschaffen[148], was jedoch nichts an der grundsätzlichen Überrepräsentanz der Frauen in den unteren Lohngruppen verändert hat. Die materielle Schlechterstellung der Frauen beruht zwar einmal auf diskriminierenden Arbeitsbewertungsvorgängen, zum andern steht dies jedoch auch in einem Wirkungszusammenhang mit schlechteren Startbedingungen in Folge geringerer Qualifikationsvoraussetzungen. So ist etwa der Anteil der Facharbeiter unter den Frauen in der Industrie mit 12 % gegenüber 37 % an Männern wesentlich niedriger, während der Anteil der Nichtfacharbeiterinnen deutlich höher ist[149]. Darin drückt sich die insgesamt geringere Teilhabe der Frauen an höheren Qualifikationsabschlüssen sowie im allgemeinen wie im beruflichen Schulbereich aus[150], was wiederum in einem hohen Maß durch überholte Rollenvorstellungen, aber auch durch fehlende Entlastungsmöglichkeiten für berufstätige Frauen mit Kindern zurückzuführen ist. Besonders nachteilig wirkt sich dieses Qualifikationsdefizit bei der gegenwärtigen Nachfrageverknappung auf dem Arbeitsmarkt aus: Die Frauen waren im Mai 1978 mit einer Arbeitslosenquote von 5,6 % knapp doppelt so stark betroffen wie die Männer mit 3,1 %[151].

Aus diesem Befund wird deutlich, daß die Schlechterstellung der Frauen im Erwerbsleben nur zu einem Teil auf offener Diskriminierung beruht, etwa im Bereich der Arbeitsbewertung, zu einem weiteren Teil jedoch auf gesamtgesellschaftliche Defizite zurückzuführen ist.

In den völkerrechtlichen Diskriminierungsverboten wird dieser Zusammenhang insofern gezogen, als eine gleichberechtigte Inanspruchnahme aller von den Vertragsparteien zu gewährenden wirtschaftlichen, sozialen und kulturellen Rechte festgelegt wird (Art. 3 UN-Konvention, Art. 14 Europäische Menschenrechtskonvention). Damit wird die Allgemeinheitsstufe etwa des Art. 3 GG jedoch noch nicht verlassen. Dazu bedarf es vielmehr zumindest einer Benennung der offenen Diskriminierungsfaktoren verbunden mit einem Ausnutzungsverbot. Es fehlt im Grundgesetz der Bundesrepublik etwa eine Klarstellung, daß der in Art. 3 GG verankerte

Gleichheitssatz insbes. das Gebot „gleicher Lohn für gleiche Arbeit" umfaßt. Entsprechende Vorschläge fanden in den Beratungen des Parlamentarischen Rates keine Berücksichtigung[152]. Dieses Defizit ist durch die Aufnahme verschiedener völkerrechtlicher Konventionen in innerstaatliches Recht zumindest auf der Ebene einfachen Bundesrechts korrigiert worden.

Mit der Ratifikation des ILO-Übereinkommens Nr. 100 von 1951 hat sich die Bundesrepublik verpflichtet, „die Anwendung des Grundsatzes der Gleichheit des Entgelts männlicher und weiblicher Arbeitskräfte für gleichwertige Arbeit auf alle Arbeitnehmer zu fordern ..."[153].

In der UN-Konvention von 1966 hat die BRD eine Gewährleistungsgarantie übernommen für „angemessenen Lohn und gleiches Entgelt für gleichwertige Arbeit ohne Unterschied" insbes. für den Grundsatz, „daß Frauen keine ungünstigeren Arbeitsbedingungen als Männer haben und daß sie für gleiche Arbeit gleiches Entgelt erhalten." Diese Gewährleistungsgarantie wurde mit Übernahme von Art. 4 der ESC bekräftigt[154]. Diese völkerrechtlichen Bestimmungen enthalten jedoch lediglich Verpflichtungen der Teilnehmerstaaten, eine Verwirklichung der Lohngleichheit zu fördern, räumen über den zur Erreichung dieses Ziels einzuschlagenden Weg jedoch einen Ermessensspielraum ein. Es fehlt ihnen insoweit der Charakter einer Self-executing-Norm. Allerdings hat die Bundesrepublik durch Unterzeichnung des EWG-Vertrags dem Grundsatz gleicher Entlohnung unmittelbare Wirkung verschafft, der sich aus Art. 119 EWG-Vertrag ergibt. In einem Grundsatzurteil hat der Gerichtshof der Europäischen Gemeinschaft den Beginn dieser unmittelbaren Wirkung auf den 1.1.1972 datiert[155]. Der vom Gerichtshof der Europäischen Gemeinschaft zu entscheidende Fall betraf eine belgische Stewardeß, die vor einem belgischen Arbeitsgericht ihre Fluggesellschaft auf Schadensersatz wegen Ungleichbehandlung mit den männlichen Stewards verklagt hatte. Die Ungleichbehandlung bestand darin, daß die Arbeitsverhältnisse des weiblichen Personals grundsätzlich mit 40 Jahren endeten, die des männlichen Personals jedoch nicht. Den dadurch entstandenen Verdienstausfall wollte die Klägerin ersetzt bekommen. Ein belgisches Arbeitsgericht setzte das Verfahren aus und legte dem Gerichtshof mehrere Fragen zu Art. 119 EWG-Vertrag vor. Die Zentralfrage betraf die unmittelbare Geltung von Art. 119, die der Gerichtshof klar bejahte. Dies leitete er aus einer doppelten Zweckrichtung des Art. 119 ab: einmal sollte mit Art. 119 ganz im Sinne der wirtschaftspolitischen Zielsetzung der EWG durch das Verbot der Lohnungleichheit Wettbewerbsverzerrungen verhindert werden. Zum andern räumt der Gerichtshof Art. 119 jedoch auch einen selbständigen Gehalt im Rahmen der sozialen Zielsetzung des EWG-Vertrags ein. Zum Umfang der gerichtlichen Nachprüfbarkeit von Diskriminierungstatbeständen stellt das Gericht fest: „Zu den unmittelbaren Diskriminierungen, die sich anhand der in Art. 119 EWG-Vertrag verwendeten Merkmale allein feststellen lassen, sind namentlich diejenigen zu rechnen, die sich aus Rechtsvorschriften oder Kollektivverträgen ergeben und die durch rein rechtliche Untersuchungen ermittelt werden können. Ferner gehört hierher der Fall ungleichen Entgelts für männliche und weibliche Arbeitnehmer bei gleicher Arbeit in einem und demselben öffentlichen oder privaten Dienst oder Betrieb. In diesen Fällen ist der

Richter – wie es die im Vorlageurteil getroffenen Feststellungen beweisen – in der Lage, alle die Tatsachenfeststellungen zu treffen, die es ihm ermöglichen zu beurteilen, ob eine Arbeitnehmerin ein geringeres Entgelt bezieht als ein mit der gleichen Arbeit betrauter Arbeitnehmer. Zumindest in diesen Fällen ist Art. 119 EWG-Vertrag unmittelbarer Anwendung fähig und kann also für die Rechtsbürger Rechte begründen, welche die Gerichte zu gewährleisten haben."[156].

Zur weiteren Harmonisierung der nationalen Rechtsordnungen hat der Ministerrat eine Richtlinie zur Verwirklichung des Grundsatzes der Gleichbehandlung von Männern und Frauen hinsichtlich des Zugangs zur Beschäftigung, zur Berufsbildung, zum beruflichen Aufstieg sowie in bezug auf die Arbeitsbedingungen erlassen[157]. Bis zum 14.8.1978 sollte das innerstaatliche Recht der Mitgliedstaaten an diese Richtlinie angepaßt werden. Inzwischen hat das Bundesarbeitsministerium einen Referentenentwurf eines „Gesetzes über die Gleichbehandlung von Männern und Frauen am Arbeitsplatz und über die Erhaltung von Ansprüchen bei Betriebsübergang" vorgelegt[158]. Danach soll der Gleichbehandlungsgrundsatz in das Bürgerliche Gesetzbuch aufgenommen werden. Für das gesamte Arbeitsverhältnis soll ein allgemeines Benachteiligungsverbot eines Arbeitnehmers wegen seines Geschlechts gelten. Das Benachteiligungsverbot umfaßt sowohl die direkte als auch die indirekte Benachteiligung. Bei der direkten Benachteiligung wird offen, bei den indirekten wegen vorgeschobener Gründe, die nur die Arbeitnehmer eines Geschlechts treffen, diskriminiert. Das ist z.B. der Fall, wenn nur Männer eine Lohnzulage erhalten, weil sie Nachtarbeit leisten können, die Nachtarbeit aber gar nicht von ihnen verlangt wird. Ferner ist eine Umkehr der Beweislast vorgesehen. Fühlt sich ein Arbeitnehmer benachteiligt, so muß heute der Betroffene die Benachteiligung selbst nachweisen. Künftig soll es umgekehrt sein. Der Arbeitgeber muß nachweisen, warum er Mann und Frau unterschiedlich behandelt, z.B. dann, wenn er einen Mann und nicht die Frau, die sich ebenfalls beworben hat, einstellt. Gegen diese Regelung wurden vor allem aus dem Wirtschaftsministerium massive Einwände geltend gemacht, weil die Flexibilität der Unternehmer bei Einstellungsmaßnahmen über Gebühr eingeschränkt werde[159], geradezu ein Standardargument bei Veränderungen der personal-politischen Entscheidungsfreiheit des Unternehmers.

Wird ein Arbeitsverhältnis wegen eines Verstoßes gegen das Benachteiligungsverbot nicht begründet, so soll der Arbeitgeber zum Ersatz des Schadens verpflichtet werden, den der Arbeitnehmer dadurch erleidet, daß er darauf vertraut, die Begründung des Arbeitsverhältnisses werde nicht wegen eines solchen Verstoßes unterbleiben. Voraussetzung für den Schadensersatzanspruch soll sein, daß es ohne die diskriminierende Ablehnung zu einer Einstellung für den zu besetzenden Arbeitsplatz gekommen wäre.

Bei Arbeitsverhältnissen darf für gleiche oder gleichwertige Arbeit nicht wegen des Geschlechts des Arbeitnehmers eine geringere Vergütung vereinbart werden als bei einem Arbeitnehmer des anderen Geschlechts.

Damit diese Rechte von den Arbeitnehmern ohne Benachteiligung in Anspruch genommen werden können, ist ein Maßregelungsverbot vorgesehen. Zusätzlich sieht das neue Gesetz vor, daß die durch Tarifvertrag oder Betriebsvereinbarung geregelten Rechte einen Bestandsschutz beim Betriebsübergang erhalten. Wegen Betriebsübergangs soll künftig eine Kündigung nicht zulässig sein, wenn sie nicht „aus dringenden betrieblichen Erfordernissen" ausgesprochen werden muß.

3.4.2 Diskriminierungsverbot wegen gewerkschaftlicher Tätigkeit

Von der geschlechterspezifischen Differenzierung bei der Entlohnung der Arbeitskraft lassen sich bestimmte Parallelen zumindest hinsichtlich der historischen Kontinuität ziehen zu Differenzierungen zwischen organisierten und nichtorganisierten Arbeitnehmern durch den Arbeitgeber. Mit der verfassungsrechtlichen Anerkennung der Koalitionsfreiheit in Art. 9 Abs. 3 GG ist zwar nach allgemeiner Ansicht ein innerbetriebliches Betätigungsrecht der Arbeitnehmerkoalition und ihrer Mitglieder gewährleistet[160], was durch Art. 8 der UN-Konvention von 1966 noch einmal unterstrichen wird. Streitig sind jedoch der Umfang und die Grenzen dieser koalitionsmäßigen Betätigung, etwa Form und Umfang innerbetrieblicher Information über gewerkschaftliche Zielvorstellungen[161] oder die Werbung für den Gewerkschaftsbeitritt[162]. In der sozialen Realität des Betriebs hat der Arbeitgeber aufgrund seiner eigentumsvermittelten Herrschaftskompetenzen die Möglichkeit, in diesem Streit seine eigenen Vorstellungen vom zulässigen Umfang gewerkschaftlicher Betätigung zunächst einmal durchzusetzen und seiner Interpretation mit bestimmten Sanktionsmitteln, insbes. der Entlassung, Geltung zu verschaffen. Diese Interpretationsmacht berührt in erster Linie die Tätigkeit derjenigen, die als Vertreter der Gewerkschaften gestützt auf ein innerbetriebliches Mandat der Gewerkschaftsmitglieder für eine Umsetzung der gewerkschaftspolitischen Zielsetzungen verantwortlich sind, die gewerkschaftlichen Vertrauensleute.

Die gewerkschaftlichen Vertrauensleute haben traditionell die Funktion, nicht nur engen Kontakt zu den Gewerkschaftsmitgliedern im Betrieb und der Gewerkschaftsorganisation zu halten, gewissermaßen als Transmissionsriemen zur Durchsetzung innergewerkschaftlicher Demokratie, sondern sie haben auch eine wichtige Vermittlungsfunktion des gewerkschaftlichen Standpunktes in tariflichen, gesellschafts- und wirtschaftspolitischen Fragen gegenüber den Nichtorganisierten. Während tariflichen Auseinandersetzungen, vor allem im Streik, haben sie eine zentrale organisatorische Bedeutung. Eine weitere wesentliche Funktion des gewerkschaftlichen Vertrauensleutekörpers besteht in der Unterstützung der Betriebs- und Personalräte sowie der Arbeitnehmervertreter im Aufsichtsrat durch kritische und solidarische Mitarbeit[163].

Diese gewerkschaftliche Funktionstätigkeit, wird sie nur einigermaßen ernsthaft wahrgenommen, führt zu einer besonders exponierten Stellung der Vertrauensleute, die dem Arbeitgeber/Dienstherrn i.d.R. nicht verborgen bleibt und zu einer auffallenden Proportionalität zwischen Vertrauensleuteamt und Entlassungs- oder Versetzungshäufigkeit geführt hat. Um die Vertrauensleute vor solchen möglichen Folgen aus ihrer gewerkschaftlichen Tätigkeit im Betrieb und in den Dienststellen zu schützen, wird von den Gewerkschaften versucht, tarifvertraglich bzw. in sonstiger Form ein besonderer Schutz von Vertrauensleuten zu vereinbaren. Ende 1974 waren in dem beim Bundesministerium für Arbeit geführten Tarifregister 50 solcher Tarifverträge verzeichnet[164]. Inhaltlich reichen sie von einem bloßen Benachteiligungsverbot – hier liegt der zahlenmäßige Schwerpunkt – bis zur Gewährleistung spezieller Betätigungsformen, wie Durchführung der Vertrauensleutewahlen während der Arbeitszeit ohne Lohnminderung, bezahlte Freistellung zur Wahrnehmung der Vertrauensleutetätigkeiten in einem bestimmten Umfang und einem besonderen Kündigungsschutz für Vertrauensleute.

Die Zulässigkeit solcher Vereinbarungen ist neuerdings heftig umstritten. Die Arbeitgeberverbände sehen ihrerseits das Gleichbehandlungsgebot als verletzt an, wenn die gewerkschaftlichen Vertrauensleute gegenüber anderen Arbeitnehmern durch besondere Schutzvereinbarungen privilegiert würden[165]. Zum andern verweisen sie auf das grundsätzliche Differenzierungsverbot von Leistungen gegenüber organisierten und nichtorganisierten Arbeitnehmern in Tarifverträgen, das vom BAG entwickelt worden ist[166]. Hier spielt insbes. die Reichweite der tarifvertraglichen Regelungsbefugnis eine Rolle, die ihre Grenze an der Zumutbarkeitsschranke finde. Es sei dem Arbeitgeber nicht zuzumuten, mit solchen Vereinbarungen den sozialpolitischen Gegenspieler zu unterstützen.

Diesen Einwänden, die im juristischen Schrifttum Zustimmung gefunden haben und um weitere Aspekte ergänzt wurden[167], ist eine bereits im Ansatz verfehlte Einordnung solcher Vereinbarungen entgegenzuhalten. Wenn Art. 9 Abs. 3 GG mit der Koalitionsfreiheit auch das koalitionsmäßige Betätigungsrecht schützt, dann bedeuten solche Vereinbarungen nichts anderes, als die Umsetzung dieses Betätigungsrechts in der innerbetrieblichen Praxis sicherzustellen[168]. Durch die Einschränkungen der Sanktionsmacht des Arbeitgebers gegenüber gewerkschaftlichen Vertrauensleuten wird die Koalitionsmacht der Gewerkschaften in den Betrieben zweifellos gestärkt. Eine solche Begrenzung der unternehmerischen Dispositionsmacht steht jedoch nicht im Widerspruch zu Art. 9 Abs. 3 GG, da andernfalls die koalitionsmäßigen Betätigungsrechte auf Bereiche außerhalb des Betriebs reduziert würden. Von diesem Bezugspunkt aus stellt auch der Vorwurf einer unzulässigen Vorzugsbehandlung der Gewerkschaftsmitglieder gegenüber anderen Arbeitnehmern die Tatsache auf den Kopf, daß damit gerade der Praxis einer Benachteiligung gewerkschaftlicher Vertrauensleute gegengesteuert und dem verfassungsrechtlichen Verbot einer Differenzierung nach der Gewerkschaftszugehörigkeit zur materiellen Geltung verholfen werden soll.

Eine spezifische Bedeutung kommt in diesem Zusammenhang dem ILO-Übereinkommen Nr. 135 über den Schutz von Arbeitnehmervertretern im Betrieb zu, das von der Bundesrepublik ratifiziert worden ist[169]. Sieht einerseits der DGB in diesem Übereinkommen eine normative Grundlage für tarifvertragliche Schutzbestimmungen zugunsten gewerkschaftlicher Vertrauensleute[170], so wird dem Übereinkommen von der Gegenseite dieser Stellenwert bestritten[171].

Nach Art. 1 des Übereinkommens sind Arbeitnehmervertreter im Betrieb gegen jede Benachteiligung, einschließlich Kündigung wirksam zu schützen, die aufgrund ihrer Stellung oder Betätigung als Arbeitnehmervertreter oder aufgrund ihrer Zugehörigkeit zu einer Gewerkschaft oder ihrer gewerkschaftlichen Betätigung erfolgt.

Nach Art. 2 sind den Arbeitnehmervertretern Erleichterungen zu gewähren, die geeignet sind, ihnen die rasche und wirksame Durchführung ihrer Aufgaben zu ermöglichen.

Der von dem Übereinkommen geschützte Personenkreis „Arbeitnehmervertreter" umfaßt nach Art. 3 einmal Gewerkschaftsvertreter, d.h. Vertreter, die von den Gewerkschaften oder deren Mitglieder bestellt oder gewählt wurden, sowie Vertreter in institutionell geregelten Gremien, also etwa die Mitbestimmungsträger nach dem Betriebsverfassungsgesetz und dem Mitbestimmungsgesetz.

Art. 4 des Übereinkommens überläßt es nun dem innerstaatlichen Gesetzgeber bzw. Gesamtarbeitsverträgen, welche Art von Arbeitnehmervertretern dem Schutz dieses Übereinkommens unterstellt werden sollen.

Daraus wird geschlossen, daß eine sachliche Inanspruchnahme dieses Übereinkommens zugunsten eines tarifvertraglichen Vertrauensleuteschutzes in der Bundesrepublik durch die gesetzliche Einrichtung von Mitbestimmungsträgern verwirkt sei. Das Übereinkommen räume insofern lediglich eine alternative Entscheidungsfreiheit ein, die der bundesrepublikanische Gesetzgeber zugunsten institutioneller Mitbestimmungsträger ausgeübt habe[172]. Diese Argumentation ist bereits insofern verfehlt, als der klare Wortlaut des Art. 4 nicht von sich ausschließenden Regelungsformen spricht, sondern enumerativ verschiedene Formen aufführt. Ebenso werden in Art. 3 die Arbeitnehmerverträge institutioneller Gremien nicht denjenigen der Gewerkschaften gegenüber-, sondern beide Arten als gleichermaßen schutzwürdig nebeneinandergestellt. Schließlich macht jedoch Art. 5 noch einmal ganz deutlich, daß eine Antithetik von Gewerkschaftsvertretern und institutionellen Vertretern nach dem Übereinkommen selbst nicht zulässig sei. Danach sind nötigenfalls geeignete Maßnahmen zu treffen, wenn in einem Betrieb sowohl Gewerkschaftsvertreter als auch für Institutionen gewählte Vertreter tätig sind, um zu gewährleisten, daß das Vorhandensein gwählter Vertreter nicht dazu benutzt wird, die Stellung der beteiligten Gewerkschaft oder ihrer Vertreter zu untergraben und um die Zusammenarbeit zwischen den gewählten Vertretern und den Vertretern der Gewerkschaften in allen einschlägigen Fragen zu fördern[173].

Hinsichtlich der Auslegungskontroverse um das Übereinkommen in der Bundesrepublik weist auch die Sachverständigenkommission der ILO. darauf hin, daß die Möglichkeit, im Wege des Abschlusses von Tarifverträgen Schutz und Arbeitserleichterung i.S. des ILO-Übereinkommens Nr. 135 für gewerkschaftliche Vertrauensleute vorzusehen, gegeben sein müsse. Die innerstaatliche Gesetzgebung dürfe den Abschluß derartiger Tarifverträge weder erschweren noch durch ihre Handhabung und Auslegung faktisch unmöglich machen[174].

Damit wird der positive Gestaltungsspielraum der Tarifvertragsparteien über einen besonderen Vertrauensleuteschutz zusätzlich zur Kompetenzzuweisung in Art. 9 Abs. 3 GG völkerrechtlich bekräftigt.

Eine weitere Kontroverse über die Reiche des ILO-Abkommens Nr. 135 zeichnet sich über die Frage seiner Anwendung im Bereich der kirchlichen Einrichtungen ab. Zwar hat das BAG ein Zutritts- und Informationsrecht der Gewerkschaften auch in kirchlichen Einrichtungen bejaht[175]. Diese in einen Gesamtkomplex von Abwehrmaßnahmen der Kirchen gegen eine gewerkschaftliche Einflußnahme auf die Arbeitsbedingungen der kirchlichen Mitarbeiter eingebettete Frage[176] ist jetzt Gegenstand eines Verfahrens vor dem Bundesverfassungsgericht. In seinen jährlichen Stellungnahmen hat die Sachverständigenkommission der ILO nun darauf hingewiesen, daß das ILO-Übereinkommen Nr. 135 auf alle Unternehmen anzuwenden sei ohne Rücksicht auf ihren Status. Für Einrichtungen der Kirche, die Arbeitnehmer beschäftigen, kann daher keine Ausnahme gelten[177].

3.4.3 Diskriminierungsverbot wegen politischer Betätigung

Neben gewerkschaftlicher Aktivität als Anknüpfungspunkt für diskriminierende Ungleichbehandlung spielt in der beruflichen Praxis eine eher noch größere Rolle die Anknüpfung an politische insbes. parteipolitische Betätigung. Die Traditionslinie dieser Differenzierung reicht noch weiter zurück als die Stigmatisierung gewerkschaftlicher Betätigung. Sie erhielt ihre erste staatliche Legitimierung in den Karlsbader Beschlüssen, die eine Säuberung des öffentlichen Dienstes von Anhängern bürgerlich liberaler Freiheitsrechte intendierten[178]. Sie fand ihre Fortsetzung im Sozialistengesetz von 1878, das eine Betätigung in den nun entwickelten Organisationen der Arbeiterbewegung als Gefährdungsdelikt für die monarchische Ordnung einstufte[179]. Und sie fand ihren Höhepunkt in der systematischen Verfolgung oppositionellen Denkens während des Faschismus. Das Gesetz zur Wiederherstellung des Berufsbeamtentums belegte sozialdemokratische und kommunistische Anschauungen im öffentlichen Dienst mit einem grundsätzlichen Verdikt und der Folge eines Beschäftigungsentzugs[180]. Im gewerblichen Bereich genügte bereits die Wiederherstellung der uneingeschränkten Herrschaftsgewalt des Arbeitgebers zu einer parallelen Praxis[181]. Das Ausmaß, in dem antifaschistische Oppositionelle nicht nur aus dem von ihnen gewählten Beruf ausgeschlossen, sondern bis zur physischen Vernichtung verfolgt wurden, hat nach dem Ende der faschistischen Herrschaft wesentlich zur Neubesinnung auf ein Essential demokratisch verfaßter Gesellschaften beigetragen: den freien politischen Diskurs über Form und Inhalt gesellschaftlicher Strukturen[182].

In allen Länderverfassungen, die sich die einzelnen Besatzungszonen nach 1945 gaben[183], im Grundgesetz wie auch in internationalen Deklarationen etwa der UN-Menschenrechtserklärung von 1948 wird der freien politischen Auseinandersetzung ein zentraler Stellenwert eingeräumt, wobei zur Sicherung ein explizites Diskriminierungsverbot bestimmter politischer Auffassungen ausgesprochen wird. Im Grundgesetz wird darüber hinaus eine ausdrückliche Klarstellung getroffen, daß dieses Diskriminierungsverbot auch im Bereich des öffentlichen Dienstes Anwendung zu finden hat. Dieses materielle Diskriminierungsverbot erhält eine zusätzliche Absicherung durch die Freiheit der Organisation in Parteien, die solange besteht, bis das Bundesverfassungsgericht in einem förmlichen Verfahren eine Partei verboten hat. Dieses „Parteienprivileg“ soll gerade auch die organisierten Mitglieder vor diskriminierenden Akten der Exekutive schützen[184].

Der in dieser eindeutigen Normenlage manifestierte Grundkonsens aller politischen Kräfte des Parlamentarischen Rates wurde jedoch bereits zu Beginn der 50er Jahre von der CDU-Regierung mit dem sogenannten Adenauer-Erlaß aufgekündigt, der kommunistische Bestrebungen als unvereinbar mit einer Tätigkeit im öffentlichen Dienst deklarierte[185]. Nach der Neukonstituierung einer kommunistischen Partei im Jahre 1968 dauerte es wiederum nur eine kurze Weile, bis sich im Januar 1972 die Ministerpräsidenten der Länder abermals auf eine Differenzierung bestimmter politischer Auffassungen bei der Einstellung in den öffentlichen Dienst verständigten[186]. Das formal auf extremistische Positionen linker wie rechter Couleur abzielende Differenzierungsgebot hat in der Praxis sein eindeutiges Schwergewicht gegen links entwickelt, eine Tätigkeitserweiterung des Verfassungsschutzes bisher nicht bekannten Ausmaßes gefunden (ca. 800 000 Überprüfungen dürften als realistisch gelten) und sich in ca. 3 000 Berufsverbotsfällen niederschlagen[187]. Gegen diese den Normtext des Grundgesetzes eindeutig zuwiderlaufende Praxis hat sich eine Oppositionsbewegung entfaltet, an der insbes. die Breite der internationalen Resonanz auffällt[188]. Darin drückt sich zum einen die Befürchtung einer Modellwirkung dieser Praxis auch auf andere, insbes. westeuropäische Länder aus. Diese internationale Reaktion signalisiert jedoch gleichzeitig, wie sehr sich die Bundesrepublik mit dieser Praxis vom internationalen Konsens über das politische Diskriminierungsverbot entfernt hat.

Dieser Konsens ist sowohl in universellen wie auch in partiellen europäischen Regelungen eingefangen. Die Allgemeine Erklärung der Menschenrechte, in der zuerst dieser Grundkonsens – wenn auch nur mit deklatorischer Wirkung – formuliert wurde, verbietet ausdrücklich eine unterschiedliche Gewährleistung der in ihr enthaltenen Menschenrechte je nach der politischen Überzeugung (Art. 2), was insbes. das Recht auf freie Berufswahl betrifft (Art. 23 Ziff. 2). Einen ähnlichen Ansatz enthält die Europäische Menschenrechtskonvention, die allerdings das Diskriminierungsverbot auf das Recht der freien Meinungsäußerungen beschränkt (Art. 4, Art. 10).

Der enge Bezug eines politischen Diskriminierungsverbots zum materiellen Recht der Berufsfreiheit wird in der UN-Konvention von 1966 wieder hergestellt. In Art. 2 der Konvention über wirtschaftliche und soziale Rechte wird das Diskriminierungsverbot auf alle in der Konvention enthaltenen Rechte bezogen, zu denen Art. 6 das Recht auf eine frei gewählte oder angenommene Arbeit zählt.

Ebenso wie die Europäische Menschenrechtskonvention entfaltet die UN-Konvention als innerstaatlich geltendes Recht eine bindende Wirkung. Diesem Bindungsgebot entziehen sich die Exekutivorgane der Bundesrepublik jedoch mit ihrer Verwaltungspraxis. Sofern in einem konkreten Verfahren vor den Gerichten der Bundesrepublik die Organisationszugehörigkeit bzw. Weltanschauung eine Rolle spielt, ist eine unmittelbare Bezugnahme der Betroffenen auf diese materiellen Rechtsgrundsätze zulässig. Während die unmittelbare Geltung der Europäischen Menschenrechtskonvention außer Streit ist, so gilt dies bei den UN-Konventionen zumindest für diejenigen Bestimmungen, die Self-executing-Charakter haben, d.h. von Verwaltung und Judikative unmittelbar anwendbar sind und nicht erst im Wege einer Ermessensentscheidung durch die Gesetzgebungsorgane näher zu präzisieren sind. Einen solchen Charakter haben jedoch sowohl das Diskriminierungsverbot als auch das Recht der Berufsfreiheit.

Seine konkreteste Ausformulierung hat das Diskriminierungsverbot in Beschäftigung und Beruf durch das ILO-Übereinkommen Nr. 111 gefunden[189]. Dieses von der Bundesrepublik bereits 1960 ratifizierte Übereinkommen verpflichtet die Teilnehmerstaaten, eine innerstaatliche Politik festzulegen und zu verfolgen, die darauf abzielt, „die Gleichheit der Gelegenheit und der Behandlung in bezug auf Beschäftigung und Beruf zu fördern, um jegliche Diskriminierung auf diesem Gebiet auszuschalten“ (Art. 2).

Als Diskriminierung bezeichnet das Übereinkommen (Art. 1):

„a)Jede Unterscheidung, Ausschließung oder Bevorzugung, die aufgrund der Rasse, der Hautfarbe, des Geschlechts, des Glaubensbekenntnisses, der politischen Meinung, der nationalen Abstammung oder der sozialer Herkunft vorgenommen wird und die dazu führt, die Gleichheit der Gelegenheit oder der Behandlung in Beschäftigung oder Beruf aufzuheben oder zu beeinträchtigen;

b) Jede andere Unterscheidung, Ausschließung oder Bevorzugung, die dazu führt, die Gleichheit der Gelegenheiten oder der Behandlung in Beschäftigung oder Beruf aufzuheben oder zu beeinträchtigen ...“.

Dieses soll sowohl für die Zulassung zur Berufsausbildung, zur Beschäftigung und zu den einzelnen Berufen wie auch für die Beschäftigungsbedingungen gelten.

Jeder Teilnehmerstaat verpflichtet sich ferner u.a., alle gesetzlichen Bestimmungen aufzuheben und alle Verwaltungsvorschriften oder Gepflogenheiten abzuändern, die mit diesem Diskriminierungsverbot nicht in Einklang stehen (Art. 3c) und dieses Diskriminierungsverbot in Bezug auf die Beschäftigungen zu befolgen, die der unmittelbaren Aufsicht einer staatlichen Behörde unterstellt sind (Art. 3d). Der Widerspruch der bundesrepublikanischen Überprüfungs- und Einstellungspraxis im öffentlichen Dienst zu diesen normativen Anforderungen ist evident. Selbst wenn der Vereinbarung der Ministerpräsidenten vom Januar 1972 ein rechtlich bindender Charakter abgesprochen wird und die internen Verwaltungsanordnungen der Länder sich auf Verfahrensrichtlinien für die Einstellung ohne materiale Festlegung beschränken[190], stehen die Verwaltungsgepflogenheiten im diametralen Gegensatz zum politischen Diskriminierungsverbot dieses Übereinkommens. Denn i.d.R. läuft die gegenwärtige Verwaltungsgepflogenheit darauf hinaus, die durch Mitgliedschaft in einer Partei bzw. Organisation manifestierte politische Überzeugung zum wesentlichen Anknüpfungspunkt für die Einstellungsentscheidung zu machen. Zwar ist streitig, ob diese Mitgliedschaft allein bereits ein ausreichender Belastungstatbestand ist oder erst eine besondere Aktivität im Rahmen dieser Mitgliedschaft, also eine durch parteiorganisatorisches Handeln besonders verdichtete Überzeugung[191]. Das Bundesverfassungsgericht hat in einem Beschluß von 1975 die Mitgliedschaft in einer solchen Organisation zwar nur als ein zulässiges Merkmal für die Würdigung bei der Einstellung anerkannt[192]. Durch die gleichzeitige Aufgabe ihrer verfassungsrechtlichen Kontrollfunktion gegenüber Parteien und die Duldung einer entsprechenden Kompetenzanmaßung durch die Verwaltungsbehörden, die Verfassungskonformität der Zielsetzung von Parteien zu überprüfen, wurde die Freiheit zur politischen Auseinandersetzung unter das Kuratell der Exekutive gestellt[193].

Dreh- und Angelpunkt dieser Verwaltungspraxis bleibt das Aussondern bestimmter politischer Überzeugungen aus der rechtlichen Toleranzbreite des politischen Diskussionsprozesses, wobei die Verwaltungsbehörden ihre administrative Macht als öffentliche Arbeitgeber gleichzeitig zur rigorosen Durchsetzung der eigenen politischen Auffassung von den Grenzen politischer Diskussion ausnutzen[194].

Die Offenkundigkeit des Auseinanderklaffens bundesrepublikanischer Einstellungspraxis einerseits und der Normenlage des ILO-Übereinkommens andererseits hat bisher allerdings noch nicht dazu geführt, daß parallele Vorstöße wie beim ILO-Übereinkommen Nr. 135 im Zusammenhang mit der Diskreditierung gewerkschaftlicher Tarifpolitik durch den DGB unternommen wurden, der eigentlich für die Einhaltung des beruflichen Diskriminierungsverbots in der Bundesrepublik einen originären Auftrag hat. Dies ist Ausdruck der Zurückhaltung, die sich der DGB etwa auch im innerstaatlichen Bereich bei dieser Frage bisher auferlegt hat, wobei weniger die Sorge um den Erhalt der materiellen Substanz des demokratischen Willensbildungsprozesses in den Vordergrund gestellt wurde als vielmehr die Einhaltung formaler Verfahrensprozesse[195]. Einen entsprechenden Vorstoß hat hingegen zwischenzeitlich der Weltgewerkschaftsbund unternommen, der im Januar 1978 vom Internationalen Arbeitsamt die Einleitung des internationalen Kontrollverfahrens der ILO gegenüber der Verwaltungspraxis „Berufsverbote“ in der Bundesrepublik verlangt hat. Dieses Beschwerdeverfahren sieht eine Berichterstattungspflicht des beschuldigten Teilnehmerstaates vor, wenn der Verwaltungsrat entsprechende Schritte für opportun hält[196].

3.4.4 Diskriminierungsverbot wegen der Staatsangehörigkeit

Ein spezifischer Aspekt der Ungleichbehandlung besteht in der Gewährung unterschiedlicher Zugangschancen zu einem nationalen Arbeitsmarkt für In- und Ausländer. Während inländischen Arbeitnehmern dieser Zugang ohne weiteres zusteht, haben ausländische Arbeitnehmer zunächst verschiedene Hürden an Einreise- und Aufenthaltsbestimmungen zu nehmen, bevor sie eine Beschäftigung im Einwanderungsland aufnehmen können. Die arbeitsmarktpolitische Regulierungsfunktion solcher Bestimmungen ist offenkundig und wird i.d.R. mit dem ordre public – dem nationalen Eigeninteresse an einem ordnungsgemäßen Marktverlauf – gerechtfertigt. Im Gegensatz dazu hat sich der EWG-Vertrag eine grundsätzliche Öffnung der einzelnen Arbeitsmärkte der EWG-Staaten zum Ziel gesetzt. Art. 7 EWG-Vertrag verbietet jede Diskriminierung aus Gründen der Staatsangehörigkeit. Art. 48 EWG-Vertrag präzisiert dies in Bezug auf die Freizügigkeit der Arbeitnehmer und verpflichtet die Mitgliedstaaten, jede auf der Staatsangehörigkeit beruhende unterschiedliche Behandlung in Bezug auf Beschäftigung, Entlohnung und sonstige Arbeitsbedingungen abzuschaffen, insbes. Bewerbungs-, Bewegungs- und Aufenthaltsfreiheit herzustellen. Diese Globalverpflichtung wurde 1968 durch die „Freizügigkeitsverordnung"[197] in konkrete Gleichbehandlungsgebote umgesetzt. Sie enthält zunächst noch einmal die Feststellung, daß jeder Staatsangehörige eines Mitgliedstaates in jedem anderen Mitgliedstaat eine Beschäftigung unter gleichen Bedingungen wie ein Inländer aufnehmen und ausüben kann (Art. 1). Es wird ein Gleichbehandlungsgebot hinsichtlich der Beschäftigungs- und Arbeitsbedingungen, d.h. Entlohnung, Kündigung, berufliche Wiedereingliederung oder Wiedereinstellung angeordnet, das nicht nur die öffentliche Gewalt und die halböffentlichen Sozialversicherungsträger bindet, sondern auch die Arbeitgeber, was durch ein Diskriminierungsverbot für Einzelarbeitsverträge und tarifvertragliche Vereinbarungen ausdrücklich hervorgehoben wird (Art. 7 IV).

Die praktische Bedeutung mag folgender von dem Gerichtshof der Europäischen Gemeinschaft verhandelter Fall illustrieren: Ein italienischer Staatsbürger verlangte von seinem deutschen Arbeitgeber eine Weihnachtsgratifikation; die für die Höhe der Gratifikation maßgebliche Dauer der Betriebszugehörigkeit errechnete er unter Einbeziehung einer in Italien abgeleisteten Wehrdienstzeit. Dazu glaubte er sich aufgrund des § 6 ArbplSchG berechtigt, wonach einem Arbeitnehmer aus der durch den Wehrdienst veranlaßten Abwesenheit kein Nachteil entstehen darf, i.V.m. Art. 7 der Verordnung. Der Arbeitgeber hatte die Berücksichtigung der Wehrdienstzeit abgelehnt. Die Bundesregierung hatte die These vertreten, das ArbplSchG falle nicht unter den Geltungsbereich der Verordnung, sondern gehöre dem Wehrrecht an. Der Gerichtshof wies diese Auffassung zurück[198]. Die Frage der Anrechnung der Wehrdienstzeit sei auf die Betriebszugehörigkeit trotz ihrer mittelbaren Zusammenhänge mit der Landesverteidigung zum Gebiete der Beschäftigungs- und Arbeitsbedingungen zu zählen und falle damit in den Anwendungsbereich des EWG-Vertrags.

Die Verordnung hat die Freizügigkeit nicht nur auf den einzelnen Arbeitnehmer beschränkt, sondern auf seine Familienangehörigen erstreckt (Art. 11). Seine Kinder sind hinsichtlich des allgemeinen Unterrichts, der Lehrlings- und Berufsausbildung gleichberechtigt (Art. 12). Auch dieses Diskriminierungsverbot hat weitreichende Auswirkungen auf die Rechtsordnung der Mitgliedstaaten. So wurden in einem anderen vor dem Gerichtshof der Europäischen Gemeinschaft verhandelten Fall[199] dem Sohn eines italienischen Gastarbeiters in Bayern Leistungen nach dem Bayerischen Ausbildungsförderungsgesetz verweigert, da das Gesetz die Förderung auf Deutsche, heimatlose Ausländer und Asylberechtigte beschränke. In ähnlicher Weise läßt sich übrigens auch das BAFöG Gastarbeiterkinder erst nach Ablauf einer mehrjährigen Wartezeit anspruchsberechtigt werden. Die entscheidende Rechtsfrage war, ob die „gleichen Bedingungen" für den allgemeinen Unterricht, die nach Art. 12 der Verordnung bestehen sollen, nur diejenigen sind, die sich auf die Zulassung des Unterrichtsbesuches beziehen oder ob damit auch die individuelle Ausbildungsförderungszeit gemeint ist. Der Gerichtshof entschied sich für die weitere Auslegung. Zwar erwähne Art. 12 nur den gleichen Zugang zum allgemeinen Unterricht, doch könne diese Aufzählung nicht erschöpfend sein. Dies ergäbe sich aus der Begründung der Verordnung, wonach u.a. volle Mobilität der Arbeitnehmer durch die Integration ihrer Kinder im Gastland erreicht werden soll. Dazu gehöre, daß dem

Kind eines ausländischen Arbeitnehmers die Ausbildungsförderung unter den gleichen Bedingungen wie Inländern offenstehen müsse.

Die materiellen Voraussetzungen für gleiche Arbeitsmarktchancen der EG-Staatsangehörigen will die Freizügigkeitsverordnung durch einen Ausgleich von Angebot und Nachfrage auf den nationalen Arbeitsmärkten schaffen (Art. 13–20). Ferner ist im Rahmen der Kommission ein Europäisches Koordinierungsbüro eingerichtet mit der Aufgabe, die Zusammenführung und den Ausgleich von Stellenangeboten und Arbeitsgesuchen auf Gemeinschaftsebene zu fördern (Art. 21–23). Ein beratender Dreierausschuß aus Regierungsvertretern und solchen der Arbeitnehmer und Arbeitgeber sowie ein Fachausschuß aus Regierungsvertretern der Mitgliedstaaten beraten und unterstützen die Kommission bei der Anwendung der Verordnung (Art. 24–37).

Das grundsätzliche Gleichbehandlungsgebot aller EG-Staatsangehörigen auf dem EG-Arbeitsmarkt findet seine Grenze allerdings im ordre public der Mitgliedstaaten (Art. 48 EWG-Vertrag). Der Gerichtshof der Gemeinschaft vertritt dazu in ständiger Rspr. jedoch eine äußerst restriktive Linie[200]. Entsprechende nationale Maßnahmen werden unter dem Gesichtspunkt ihrer Gemeinschaftsverträglichkeit einer strengen Prüfung unterzogen. Insgesamt wird im materiellen EG-Recht der Versuch unternommen, die Staatsangehörigkeit als Anknüpfungspunkt für unterschiedliche Zugangsbedingungen zum Arbeitsmarkt sowie für differenzierende Leistungen im Beschäftigungsverhältnis auszuschließen. Gerade im Hinblick auf die Zugangsbedingungen geht das EG-Recht wesentlich weiter als die internationalen Übereinkommen über Wanderarbeitnehmer. Sowohl das ILO-Übereinkommen Nr. 97 über Wanderarbeiter (1949)[201] als auch das europäische Übereinkommen über die Rechtsstellung der Wanderarbeitnehmer (1977)[202] sehen lediglich verfahrensrechtliche Absicherungen bei der Gewährung und Entziehung des Zugangsrechts zum Arbeitsmarkt anderer Länder vor, halten damit jedoch an der grundsätzlichen Differenzierung von In- und Ausländern fest. Damit unterliegt allerdings der größte Anteil der in der Bundesrepublik beschäftigten Arbeitnehmer den Differenzierungen, die das Aufenthaltsrecht der Bundesrepubli, aber auch Regelungen des Arbeitsverwaltungsrechts im AFG für ausländische Arbeitnehmer treffen. Am 30.6.1977 waren von insgesamt 1,8 Mio. ausländischer Arbeitnehmer lediglich 407 402 aus EG-Staaten registriert; von diesen kamen allein 2/3 aus Italien, nämlich 281 224[203]. Der überwiegende Anteil ausländischer Arbeitnehmer kommt somit aus Drittländern, was einmal im relativ hohen Überschuß an Arbeitskräften in diesen Ländern bei fehlender Binnennachfrage liegt; zum andern in der Bereitschaft dieser i.d.R. ungelernten Arbeitskräfte zur Ausübung von Tätigkeiten auf relativ niedrigem Lohnniveau und unter schlechten Arbeitsbedingungen; und zum dritten im Nachfrageinteresse nach Arbeitskräften, deren flexibler Einsatz nicht durch den Status eines „Europabürgers" eingeengt wird.

Eine gewisse Verschiebung dürfte sich allerdings dann ergeben, wenn die Beitrittsverhandlungen mit Spanien, Griechenland und Portugal abgeschlossen sind, die gegenwärtig mit ca. 330 000 Arbeitnehmern auf dem bundesrepublikanischen Arbeitsmarkt vertreten sind[204]. Die Ungleichzeitigkeit der wirtschaftlichen Entwicklung dieser beitrittswilligen Länder mit den EG-Staaten hat die Kommission zu der Überlegung veranlaßt, das Recht auf Freizügigkeit über eine gezielte Regionalpolitik i. V. m. Übergangsmaßnahmen zu „entschärfen“[205].

4. Kontrolle und Durchsetzung völkerrechtlicher Normen

Der umfangreiche Standard an internationalen Normen des Arbeits- und Sozialrechts steht in einem gewissen Mißverhältnis zu seiner tatsächlichen Bedeutung im innerstaatlichen Bereich. Dies wirft die Frage der Durchsetzung dieses Normenbestandes auf, die sich einmal auf der Ebene internationaler völkerrechtlicher Vertragserfüllungspflichten stellt und zum andern als innerstaatliches Geltungsproblem. Während sich aus den völkerrechtlichen Verträgen die internationalen Vertragspflichten unmittelbar ergeben und der internationale Kontrollmechanismus zur Einhaltung dieser Pflichten in ihnen jeweils spezifisch geregelt ist, tauchen die eigentlichen Probleme bei der innerstaatlichen Geltungswirkung auf.

4.1 Innerstaatliche Geltungswirkung

4.1.1 Völkerrecht und nationale Souveränität

Gerade im Bereich der Menschenrechte, zu denen auch der Kernbereich an wirtschaftlichen und sozialen Rechte zu zählen ist, der im vorherstehenden behandelt wurde, wird das innerstaatliche Geltungsproblem allerdings zunächst internationalisiert. Es werden supranationale Instrumente vorgeschlagen, mit deren Hilfe den Menschenrechten zu innerstaatlicher Wirkung verholfen werden soll. Vornehmlich wird eine gerichtliche Kontrollinstanz angeregt[1], wie sie etwa modellhaft im Europäischen Gerichtshof für Menschenrechte in Straßburg verwirklicht ist, und neuerdings die Einsetzung eines Hochkommissars für Menschenrechte gefordert[2].

Die Forderung nach einer solchen internationalen Kontrollinstanz hängt eng zusammen mit einer spezifischen Verengung der Menschenrechte auf den Komplex der bürgerlichen und politischen Freiheitsrechte. Dies basiert auf Vorstellungen eines Staats- und Wirtschaftsliberalismus, wonach die Ausgrenzung individueller Freiheitsspielräume vor dem Zugriff staatlicher Gewalt eine wesentliche Voraussetzung für die freie Entfaltung des individuellen Wirtschaftsbürgers und dem über den Wettbewerbsmechanismus induzierten gesamtgesellschaftlichen Wohlstand sein soll[3]. Wirtschaftliche und soziale Menschenrechte haben in dieser Systematik keinen eigenständigen Wert, sondern eher die Funktion, für sozialtemperierte Rahmenbedingungen zu sorgen[4].

Dies entspricht allerdings nicht mehr dem internationalen Menschenrechtsstandard, wie er in den beiden UN-Konventionen von 1966 erreicht worden ist. Hier sind beide Menschenrechtskomplexe gleichgestellt, wobei die Einheit von politischen und ökonomischen Rechten noch dadurch unterstrichen wird, daß gleichlautend in Art. 1 beider Konventionen das Selbstbestimmungsrecht der Völker als Grundvoraussetzung für die Entfaltung politischer und ökonomischer Rechte vereinbart werden. Diese Konzeption des internationalen Menschenrechtssystems hat die 32. UN-Vollversammlung 1977 in einer Resolution ausdrücklich bekräftigt[5]. Darin wird betont, daß alle Menschenrechte und Grundfreiheiten unteilbar seien und in Beziehung zueinander stünden; die volle Verwirklichung der Bürgerrechte und politischen Rechte ohne die Ausübung ökonomischer, sozialer und kultureller Rechte unmöglich sei; sowie die Verwirklichung der neuen internationalen Wirtschaftsordnung ein wesentlicher Faktor bei der wirksamen Förderung der Menschenrechte und Grundfreiheiten darstelle. Die Betonung der Einheitlichkeit politischer und sozialer Menschenrechte als Ausdrucksformen des Selbstbestimmungsrechts der Völker verbietet jede von außen einwirkende Intervention zur Durchsetzung der Menschenrechte[6]. Entsprechend wird in der UN-Resolution nicht von einem äußeren Kontrollorgan eine bessere Verwirklichung der Menschenrechte erwartet, sondern von der Zusammenarbeit der Staaten auf der Basis der vollen Achtung der jeweiligen ökonomischen, sozialen und kulturellen Gegebenheiten. Ähnlich wird bereits in der Präambel und in Art. 55 der UNO-Charta die Pflicht zur Wahrung der Menschenrechte verbunden mit der Friedenspflicht, welche Achtung der Gleichberechtigung der Staaten und des Selbstbestimmungsrechts der Völker impliziert. Die Vereinten Nationen übernehmen damit nicht selbst die Garantie von Menschenrechten, sie übernehmen jedoch eine Koordinierungsfunktion bei der Zusammenarbeit der Staaten, deren originäre Zuständigkeit bei der Verwirklichung der Menschenrechte vorausgesetzt wird. Der positiven Entwicklung einer solchen Zusammenarbeit auf der Basis voller Gleichberechtigung und gegenseitiger Achtung der Souveränität kommt damit eine zentrale Funktion bei der Förderung der Menschenrechte wie bei der Sicherung des Friedens zu.

Dieser Zusammenhang wird in der UNO-Resolution dadurch unterstrichen, daß „massenhafte und grobe Verletzungen aller Menschenrechte und Grundfreiheiten sowohl der Völker wie der Individuen" als friedensstörende Handlungen klassifiziert werden und in einem solchen Fall der kollektive Friedenssicherungsmechanismus der UNO betätigt werden könnte. Als solche Menschenrechtsverletzungen werden bezeichnet: die Apartheid; alle Formen der Rassendiskriminierung; Kolonialismus, Fremdherrschaft und Okkupation; Aggression und Bedrohung der nationalen Souveränität, der nationalen Einheit und der territorialen Integrität sowie die Weigerung, das Grundrecht aller Völker auf Selbstbestimmung und das Grundrecht jeder Nation auf Ausübung der uneingeschränkten Souveränität über ihre Naturreichtümer und -ressourcen anzuerkennen.

Der internationale Menschenrechtsschutz ist damit aus dem UNO-System nicht völlig ausgeblendet. Er setzt jedoch auf einer anderen Ebene an als die Forderungen nach einer gerichtlichen Kontrolle bzw. Überwachung durch einen Hochkommissar, die auf einen individuellen Grundrechtsschutz im Bereich der traditionellen bürgerlichen Freiheitsrechte abzielen[7]. Eine Intervention gegen Menschenrechtsverletzungen mit dem in der UNO-Charta enthaltenen Instrumentarium wird vielmehr dann anerkannt, wenn die Vereinten Nationen selbst in ihrer Eigenschaft als kollektiver Friedensverbund durch friedensbedrohende Menschenrechtsverletzungen, die in der UNO-Resolution typisiert wurden, herausgefordert sind.

4.1.2 Völkerrecht als innerstaatliches Geltungsproblem

Die Verfassung der Bundesrepublik enthält zwei Einfallstore für völkerrechtliche Normen: Art. 59 Abs. 2 GG und Art. 25 GG.

Art. 59 Abs. 2 GG regelt die Übernahme von völkerrechtlichen Normen durch den innerstaatlichen Gesetzgeber. Danach erlangen völkerrechtliche Normen innerstaatliche Geltung grundsätzlich erst mit ihrer Ratifikation durch das zuständige Gesetzgebungsorgan und zwar im Rang eines einfachen Gesetzes.

Art. 25 GG bedeutet einen Ausnahme von diesem Grundsatz. Danach sind die „allgemeinen Regeln des Völkerrechts" unmittelbar geltendes innerstaatliches Recht mit Rang vor den allgemeinen Gesetzen, ohne daß zu ihrer Geltung ein innerstaatlicher Transformationsakt erforderlich wäre.

4.1.2.1 Allgemeine Regeln des Völkerrechts nach Art. 25 GG

Art. 25 GG wurde vor dem Hintergrund der massenhaften groben Menschenrechtsverletzungen des Faschismus eingeführt. Durch die unmittelbare Geltung der allgemeinen Regeln des Völkerrechts ohne einen zusätzlichen Transformationsakt des innerstaatlichen Gesetzgebers sollte solchen Erscheinungen ein Riegel vorgeschoben werden. Damit setzte sich der Parlamentarische Rat bewußt von Art. 4 WRV ab, der lediglich den „anerkannten" Regeln des Völkerrechts unmittelbare Wirkung einräumte. Dies hatte zu einer Praxis der Weimarer Reichsregierung geführt, die Allgemeinheit völkerrechtlicher Regeln nicht anzuerkennen[8], sich selbst also als Anerkennungsinstanz zu betrachten, um der Verlegenheit zu entgehen, Völkerrecht anwenden zu müssen[9]. Art. 25 enthält demgegenüber einen bewußten Verzicht auf jede innerstaatliche Kontrollinstanz, sofern es sich um allgemeine Regeln des Völkerrechts handelt. Damit ist jedoch das Problem verlagert, was eine allgemeine Regel des Völkerrechts darstellt. Eine Definition findet sich in Art. 38 des Statuts des Internationalen Gerichtshof mit der Aufzählung von völkerrechtlichen Verträgen, Völkergewohnheitsrecht und allgemeinen Rechtsgrundsätzen, die von zivilisierten Staaten anerkannt sind. Nach genereller Ansicht sind allgemeine Regeln vorwiegend im „universell geltenden Völkergewohnheitsrecht" zu suchen[10], wobei lediglich streitig ist, ob auch das Völkervertragsrecht und die allgemeinen Rechtsgrundsätze zur Bestimmung mit heranzuziehen sind[11]. Liegt der Schwerpunkt auch unstreitig im Völkergewohnheitsrecht, so werden die Schwierigkeiten jedoch dadurch nicht geringer, daß nun der Universalitätscharakter einer Regelung herauszufinden ist. Zwar ist dabei nie ein Rechenschieberverfahren angewandt oder mit Prozenten operiert worden, sondern man ließ eine überwiegende Zahl an Staaten genügen, zu denen nicht unbedingt die Bundesrepublik gehören mußte[12].

Angesichts der politischen Veränderungen in den Vereinten Nationen im Gefolge des Zerfalls der Kolonialsysteme und der Aufnahme von jungen Nationalstaaten mit wirtschaftlichen und gesellschaftspolitischen Vorstellungen, die denen der etablierten Industrienationen insbes. des Westens z.T. diametral widersprechen[13], bahnt sich hier allerdings eine Tendenzwende in der westlichen Völkerrechtslehre an. Betrachtet man die häufige Isolation der westlichen Staatengruppe bei Abstimmungen der UN-Vollversammlung[14], ist dies kaum verwunderlich. Anders als zu Zeiten, als der völkergewohnheitsrechtsbildende Kreis an Staaten relativ homogen war und hier die Zahl an Zustimmungen nicht entscheidend sein konnte, wird heute als Kriterium eine bestimmte Gewichtigkeit des Staates gefordert bzw. noch weitergehend eine Anerkennung durch die Mehrheit der westlichen Staaten mit ähnlichen politischen Wertvorstellungen wie die Bundesrepublik[15].

Hier offenbart sich ein spezifisches Dilemma des Art. 25 GG, das mit seiner Artverwandtschaft mit der sogenannten monistischen Theorie über das Verhältnis von Völkerrecht und Landesrecht zusammenhängt. Diese von Kelsen und Verdross ausgefeilte Lehre[16] sieht das Völkerrecht und das innerstaatliche Recht als Teil einer einheitlichen Rechtsordnung an, die in Wirklichkeit jedoch nicht existiert. Dies offenbart sich spätestens jetzt durch die Veränderung der politischen Struktur in der Staatengemeinschaft. Mag der Parlamentarische Rat diese Entwicklung auch nicht vorausgesehen haben, so hat er jedoch mit Art. 25 GG eine unmißverständliche Weisung erteilt, die ein Entziehen aus dieser Entwicklung neuer universeller Regeln der Staatengemeinschaft nicht zuläßt[17].

Nimmt man das Kriterium der Universalität also ernst, so kommt als allgemeine Regel des Völkerrechts nach Art. 25 GG nur in Betracht, was sich in einem Entwicklungsprozeß universeller Anerkennung durch die überwiegende Anzahl der UNO-Mitgliedstaaten zu einem Satz des Völkergewohnheitsrechts verdichtet hat. Dazu ist etwa der Grundsatz des Selbstbestimmungsrechts der Völker hinsichtlich ihrer politisch-ökonomischen Gestaltungsfreiheit zu rechnen, wie er in der einstimmig verfaßten Prinzipiendeklaration der Vereinten Nationen von 1970 hervorgehoben ist[18]. Bei der Subsumtion von Völkerrechtsnormen, die dieses Selbstbestimmungsrecht weiter konkretisieren, unter eine allgemeine Regel des Völkerrechts ist eine gewisse Zurückhaltung geboten, da auf dieser Ebene der Auseinandersetzungsprozeß innerhalb der UNO-Staaten noch bei weitem nicht abgeschlossen ist. Gewisse Orientierungspunkte enthält hier die Menschenrechtserklärung von 1948. Zwar wird dieser Erklärung nach herrschender Ansicht in der Bundesrepublik die Fähigkeit bestritten, regelbildend zu wirken[19]. Dies ist hinsichtlich der Gesamtheit der Erklärung zweifellos zutreffend. Anders stellt es sich jedoch bei den Erklärungsbestandteilen dar, die in einer Reihe weiterer Deklarationen und Verlautbarungen aber auch durch Völkervertragsrecht[20] – wobei hier den UNO-Menschenrechtskonventionen besondere Bedeutung zukommt – ständig gefestigt wurden[21]. Dazu sind etwa zu zählen das Diskriminierungsverbot, das Recht auf Arbeit, auf soziale Sicherung und Bildung sowie das Recht auf kollektiven Zusammenschluß in Gewerkschaften. Diese Rechte haben eine solche universelle Anerkennung gefunden, daß ihnen der Charakter einer allgemeinen Regel des Völkerrechts zugebilligt werden muß. Diese Regelungen sind über das Einfallstor des Art. 25 GG unmittelbar geltendes Recht geworden, wobei nun wiederum ihr Rang in der Normenhierarchie umstritten ist. Teils wird für Verfassungsrang, teils für Überverfassungsrang plädiert[22]. Richtiger Ansicht nach stehen sie jedoch auf einer Rangstufe sui generis über dem einfachen Gesetzesrecht, nehmen damit jedoch an dem Rechtsschutz teil, der über einfachen Gesetzen stehenden Rechtssätzen zukommt[23].

4.1.2.2 Innerstaatliche Wirkung der nach Art. 59 Abs. 2 GG transformierten Völkerrechtsnormen

Völkerrechtliche Verträge, die durch den Gesetzgeber der BRD nach dem in Art. 59 Abs. 2 GG vorgesehenen Verfahren transformiert worden sind, erlangen dadurch den Charakter eines einfachen innerstaatlichen Gesetzes. Wie anderes innerstaatliches Recht bindet es nach Art. 20 Abs. 3 GG alle Staatsorgane der Exekutive, Legislative und der Justiz.

Völkerrecht bedarf damit grundsätzlich eines Transformationsaktes, um in den Rechtskreis der BRD aufgenommen zu werden. Dies entspricht einem dualistischen Verhältnis von Völkerrecht und innerstaatlichem Recht, wobei die traditionelle dualistische Lehre Völkerrecht und innerstaatliches Recht streng voneinander getrennt und beide Rechtskreise beziehungslos nebeneinandergestellt hat[24]. Demgegenüber wird heute eine modifizierte dualistische Konzeption zugrundegelegt, welche die doppelseitige Rechtssubjektivität des Staates als Träger völkerrechtlicher Rechte und Pflichten als auch der innerstaatlichen Gesetzgebungskompetenz betont[25]. Völkerrecht und innerstaatliches Recht sind zwar vom Gegenstand her zu unterscheidende Rechtsgebiete, die jedoch als unterschiedliche Ausdrucksformen derselben staatlichen Souveränität in einem engen Zusammenhang stehen[26]. Dieser Zusammenhang wird etwa auch institutionell im Rahmen einer ILO-Mitgliedschaft deutlich, aus der den ILO-Staaten selbst ohne Ratifikation der ILO-Übereinkommen eine völkerrechtliche Berichtspflicht über die innerstaatliche Behandlung dieser Übereinkommen erwächst.

Welche Wirkung das transformierte Völkerrecht innerstaatlich entfaltet, hängt weitgehend davon ab, ob die Einzelnormen einen Self-executing-Charakter haben (unmittelbar vollziehbaren) oder nicht[27]. Unmittelbar vollziehbar ist eine Norm nur, wenn sie als unmittelbarer Anspruch formuliert worden ist und von Verwaltung und Justiz ohne weiteres angewandt werden kann. Ohne weiteres heißt, es darf dem Gesetzgeber oder anderen Organen kein Ermessensspielraum bei der Umsetzung dieser Norm eingeräumt werden, was jedoch ein typisches Kennzeichen völkerrechtlicher Normen ist. Deshalb stellen die Self-executing-Normen eher die Ausnahme dar. Bei der Darstellung des materiellen Arbeitsrechts ist im einzelnen eine solche Zuordnung versucht worden.

Kann eine Völkerrechtsnorm nicht als anspruchsbegründend und unmittelbar vollziehbar klassifiziert werden, dann entfaltet sie jedoch als Rechtssatz die Bindungswirkung des Art. 20 Abs. 3 GG[28]. Alle Staatsorgane sind danach zur Einhaltung dieses Rechtssatzes verpflichtet. Der einzelne kann zwar nicht gestützt auf eine solche Verpflichtungsnorm ein bestimmtes Handeln der Staatsorgane erzwingen. Hier haben lediglich die Kontrollmechanismen, die in den einzelnen völkerrechtlichen Verträgen selbst zur Durchsetzung der Vertragserfüllungspflichten installiert worden sind, eine gewisse Reflexwirkung. Die spezifischen Kontrollformen der für das internationale Arbeitsrecht bedeutsamen Verträge werden im nächsten Abschnitt weiter erläutert.

Damit ist die Bedeutung solcher völkerrechtlicher Normen ohne unmittelbare Einspruchsbegründung jedoch nicht erschöpft. Ihnen kommt vielmehr eine unmittelbare Bedeutung im Rahmen gerichtlicher Auseinandersetzungen dadurch zu, daß sie feste Orientierungspunkte für Gesetzesinterpretationen markieren. Bei Auslegungsfragen sind durchaus Fallkonstellationen denkbar, wonach völkerrechtliche Verpflichtungsnormen zur Klärung herangezogen werden können. Im einzelnen sei auf die oben dargestellten Einzelbeispiele im Bereich des materiellen Rechts verwiesen.

4.2 Internationale Kontrolle von Verträgen

Völkerrechtliche Verträge haben spezifische Kontrollmechanismen auf internationaler Ebene, die für den arbeitsrechtlich bedeutsamen Bereich im folgenden näher erläutert werden sollen.

4.2.1 UNO-Menschenrechtskonventionen

Die Menschenrechtskonventionen der UNO haben ein internationales Kontrollverfahren vorgesehen, das im wesentlichen ein Berichtssystem darstellt[29]. Während sich die Konvention über wirtschaftliche und soziale Rechte auf eine Berichtspflicht der Teilnehmerstaaten gegenüber dem UNO-Generalsekretär beschränkt, der die Berichte an den Wirtschafts- und Sozialrat sowie die betreffenden Sonderorganisationen weiterleitet, enthält die Konvention über bürgerliche und politische Rechte darüber hinaus ein Beschwerderecht der Staaten, das jedoch nur bei einer entsprechenden Unterwerfungserklärung der Staaten zur Geltung kommt. Noch weitergehend ermöglicht ein Fakultativprotokoll zur Konvention über bürgerliche und politische Rechte ein Individualbeschwerderecht.

Die Berichte nach der Konvention über wirtschaftliche und soziale Rechte, die nach einem Beschluß des Wirtschafts- und Sozialrates in einem zeitlich gestaffelten dreistufigen Verfahren zu erstatten sind[30], können der Menschenrechtskommission – einem Fachausschuß des Wirtschafts- und Sozialrates[31] – zur Durchsicht und allgemeinen Empfehlung übermittelt werden. Der Wirtschafts- und Sozialrat kann zu diesen Berichten nur Empfehlungen allgemeiner Art abgeben.

Das Berichtssystem der Konvention über bürgerliche und politische Rechte wird über einen eigens eingerichteten Menschenrechtsausschuß abgewickelt. Er besteht aus 18 gewählten Mitgliedern, wobei in der Zusammensetzung eine gerechte geographische Verteilung berücksichtigt werden soll[32]. Die im Pakt selbst vorgesehene Möglichkeit der Staatenbeschwerde kann nur bei entsprechender Unterwerfungserklärung nach Art. 41 des Pakts ergriffen werden. Gegenwärtig ist eine solche Erklärung nur von 6 Staaten abgegeben worden, darunter der BRD[33]. Eine solche Beschwerde ist an den Menschenrechtsausschuß zu richten, der dabei zunächst eine Vermittlungsrolle einnimmt. Das Beschwerdeverfahren wird abgeschlossen durch einen Bericht des Ausschusses, dessen formalen Inhalt die Konvention detailliert vorschreibt (Art. 41). Ein abschließendes Urteil steht dem Ausschuß danach nicht zu. Das ganz offensichtlich im Vordergrund stehende Bemühen um eine gütliche Verständigung wird zusätzlich dadurch unterstützt, daß der Bericht nicht veröffentlicht wird. Es kann schließlich eine ad hoc-Vergleichskommission gebildet werden, wenn beide Staaten einverstanden sind (Art. 42).

Das Individualbeschwerdeverfahren im Rahmen der Konvention über politische und bürgerliche Rechte ist ein Novum im universellen Völkerrecht und hat sein eindeutiges Vorbild im Beschwerdeverfahren der Europäischen Menschenrechtskonvention. Im Gegensatz zur Europäischen Konvention fehlt hier allerdings die Einschaltung einer gerichtlichen Instanz, was angesichts der diametral entgegengesetzten Auffassungen innerhalb der UNO über den Wert eines solchen Beschwerdeverfahrens überhaupt kaum verwunderlich ist. Die Individualbeschwerde ist in einem Fakultativprotokoll zur Konvention geregelt, das eigenständigen völkerrechtlichen Vertragscharakter hat, jedoch nur zusammen mit der Konvention Wirkung entfaltet. Es ist von 16 Staaten unterzeichnet worden, von den westlichen Industriestaaten sind lediglich die vier skandinavischen Länder und Kanada beigetreten[34]. Das Beschwerderecht steht nur Einzelpersonen der Staaten zu, die beide Verträge ratifiziert haben. Die innerstaatlichen Rechtsmittel müssen erschöpft sein. Nach Eingang der Beschwerde und ihrer Prüfung durch den Menschenrechtsausschuß wird der beklagte Staat zu einer Stellungnahme aufgefordert. Das nicht öffentliche Verfahren endet mit einer Mitteilung des Menschenrechtsausschusses über seine Rechtsansicht an den beschuldigten Staat. Ob solche Verfahren eine gewisse Publizität erlangen, hängt davon ab, wie der Ausschuß in seinem Jahresbericht über dieses Verfahren berichtet. Dieser Jahresbericht wird über den Wirtschafts- und Sozialrat der Generalversammlung vorgelegt.

4.2.2 Kontrollsystem der ILO

Die Einhaltung der ILO-Übereinkommen wird auf internationaler Ebene überwacht mit Hilfe eines Berichtsverfahrens. Daneben besteht ein Beschwerdeverfahren, das sowohl Staatenbeschwerden als auch Kollektivbeschwerden der Berufsverbände zuläßt. Die Berichtspflicht der ILO-Teilnehmerstaaten erstreckt sich sowohl auf die von ihnen ratifizierten Übereinkommen als auch auf die noch nicht ratifizierten Übereinkommen. Im ersten Fall haben sie regelmäßig über die Maßnahmen zu berichten, die sie zur Durchführung der Übereinkommen ergriffen haben. Im letzteren Fall haben sie mitzuteilen, inwieweit sie das Übereinkommen den zuständigen innerstaatlichen Stellen vorgelegt haben (Art. 19). Die Berichte werden von einem unabhängigen Sachverständigen-Ausschuß geprüft, der dazu regelmäßige Stellungnahmen abgibt. In diesen Stellungnahmen wird zum Ausdruck gebracht, inwieweit nach

Ansicht des Sachverständigen-Ausschusses die jeweiligen Teilnehmerstaaten sich ILO-konform verhalten. Der Stellenwert solcher Kommentierungen des Sachverständigen-Ausschusses ist für die Bundesrepublik etwa bei der Kontroverse um § 116 AFG oder die Auseinandersetzung um den tarifvertraglichen Schutz gewerkschaftlicher Vertrauensleute deutlich geworden[35]. Ein anderes Beispiel betraf die Möglichkeit des früheren Vereinsgesetzes zur Auflösung von Arbeitgeber- und Arbeitnehmerverbänden auf dem Verwaltungsweg, was Art. 4 des ILO-Übereinkommens Nr. 87 widersprach. Aufgrund entsprechender Feststellungen des Sachverständigen-Ausschusses[36] hat der Gesetzgeber in Art. 16 des Vereinsgesetzes vom 5.8.1964 eine Bestimmung aufgenommen, derzufolge Verbote und einschränkende Verfügungen gegen Berufsverbände erst wirksam werden, wenn die Verwaltungsgerichte ihre Rechtmäßigkeit bestätigt haben[37], eine im übrigen unter dem Blickwinkel von Art. 9 Abs. 3 GG nach wie vor äußerst problematische Bestimmung.

Neben diesem Berichtssystem, dem insgesamt bereits quantitativ die größte Bedeutung zukommt[38], ist als weitere Kontrollebene ein Beschwerdeverfahren eingebaut. Diese Möglichkeit steht einmal den Berufsverbänden der Arbeitnehmer und Arbeitgeber zu (Art. 24). Eine solche Beschwerde kann darauf gestützt werden, daß ein Mitgliedstaat die Durchführung eines Übereinkommens dem er beigetreten ist, nicht in befriedigender Weise sichergestellt hat. Der Verwaltungsrat kann zur Prüfung der Beschwerde einen dreigliedrigen Ausschuß aus seiner Mitte einsetzen, der eine Stellungnahme der beschuldigten Regierung einholt. Das Verfahren endet mit einer Veröffentlichung der Beschwerde und der von der Regierung erhaltenen Antwort, was Gegenstand weiterer Erörterungen und ggf. Empfehlungen der ILO-Konferenz sein kann. Insgesamt ist von diesem Beschwerdeverfahren 12 mal Gebrauch gemacht worden. Eines davon ist die bereits erwähnte Beschwerde des Weltgewerkschaftsbundes gegen die Bundesrepublik wegen Verletzung des Übereinkommens Nr. 111 (Berufliches Diskriminierungsverbot)[39].

Neben den Berufsverbänden steht zum anderen den Mitgliedstaaten die Möglichkeit einer Beschwerdeklage gegen einen anderen Mitgliedstaat zu, wenn dieser ein von beiden Seiten ratifiziertes Übereinkommen ungenügend durchführt (Art. 26). Von dieser Möglichkeit können nicht nur die Staaten Gebrauch machen, sondern auch jedes zur Konferenz entsandte Mitglied (Art. 26 Ziff. 4), d.h. auch Arbeitnehmer bzw. Arbeitgebervertreter. Der Verwaltungsrat kann zur Prüfung der Klage einen Untersuchungsausschuß aus drei unabhängigen Personen einsetzen. Diese Klagebeschwerde ist bisher 8 mal eingelegt worden. Darunter waren u.a. Klagen über die Beachtung der Normen über die Zwangsarbeit in den Portugiesischen Kolonien[40], die Einhaltung der Übereinkommen über die Vereinigungsfreiheit durch Griechenland (eingereicht 1968 von den Arbeitnehmerdelegierten)[41] und die Einhaltung der Übereinkommen über die Diskriminierung in der Beschäftigung durch Chile[42]. Die Untersuchung wird in einem quasi gerichtlichen Verfahren durchgeführt und endet mit einer Empfehlung des Ausschusses zur wirksamen Durchführung der betreffenden Übereinkommen. Die Parteien nahmen bisher die Empfehlungen jedes Mal auch an und machten nicht von dem als letzte Möglichkeit vorgesehenes Recht Gebrauch, die Streitfrage dem Internationalen Gerichtshof zur erneuten Prüfung vorzulegen (Art. 29)[43].

Außer diesen beiden in der ILO-Verfassung selbst vorgesehenen Beschwerdeverfahren ist auf Beschluß der ILO-Konferenz im Jahre 1950 ein zusätzliches besonderes Verfahren zur Prüfung von Angaben über Verletzungen der Gewerkschaftsrechte institutionalisiert worden bestehend aus einem Verwaltungsratsausschuß als Vorprüfungsinstanz, der allerdings selbst auch untersuchend tätig wird, und einem Untersuchungsausschuß für Fälle, die einer besonders intensiven Prüfung bedürfen. Dieser Untersuchungsausschuß ist bisher lediglich in 4 Fällen eingesetzt worden, bei über 870 vor den Verwaltungsratsausschuß gebrachten Fällen eine erstaunlich geringe Zahl[44]. Dabei ging es u.a. um die Vereinigungsfreiheit im öffentlichen Sektor Japans[45] sowie um die Vereinigungsfreiheit in Griechenland und Chile[46].

4.2.3 Europäische Menschenrechtskonvention

Die Europäische Menschenrechtskonvention enthält im Gegensatz zum Berichtssystem der ILO ein gerichtliches Überwachungsverfahren der materiellen Bestimmungen der Europäischen Menschenrechtskonvention. Dieses Überwachungsverfahren haben bis auf 4 (Zypern, Griechenland, Malta, Türkei) alle Vertragsstaaten des Europarates als für sie verbindlich akzeptiert und eine entsprechende Erklärung nach Art. 46 Europäische Menschenrechtskonvention abgegeben[47]. Die Überwachung der Konvention ist daher im wesentlichen zwei Organen übertragen: dem Europäischen Gerichtshof für Menschenrechte in Straßburg und der Europäischen Menschenrechtskommission. Eine Verletzung der in der Konvention aufgeführten Menschenrechte können rügen einmal die Vertragsstaaten (Staatenbeschwerde) zum andern aber auch Einzelpersonen bzw. Personenvereinigungen und nicht staatliche Organisationen (Individualbeschwerde, sofern der jeweilige Vertragsstaat in dem die Einzelperson bzw. die Vereinigung lebt) sich zur Anerkennung dieses Verfahrens bereiterklärt hat (Art. 25 der Konvention). 5 der 18 Vertragsstaaten (dieselben wie oben, zusätzlich Frankreich) haben dem Individualbeschwerderecht nicht zugestimmt.

Die Europäische Menschenrechtskommission, bestehend aus je einem durch den Ministerausschuß des Europarats gewählten Vertreter jedes Vertragsstaates, behandelt alle Staaten- und Individualbeschwerden. Eine Beschwerde ist formal nur zulässig, wenn der innerstaatliche Rechtsweg erschöpft worden ist (Art. 26). Hält die Kommission eine zulässige Individualbeschwerde für unbegründet, wird sie von der Kommission endgültig zurückgewiesen (Art. 27). Insoweit ähnelt ihre Tätigkeit derjenigen des Vorprüfungsausschusses beim Bundesverfassungsgericht. Sonstige Beschwerden schließt sie mit einem Bericht an das Ministerkomitee ab (Art. 31). Das Ministerkomitee ist nun kein Organ der Konvention, sondern das politische Exekutivorgan des Europarats, bestehend aus den Außenministern der im Europarat zusammengeschlossenen Vertragsstaaten (Art. 14 der Satzung des Europarats)[48]. Das Ministerkomitee entscheidet endgültig, sofern nicht innerhalb einer bestimmten Frist der Europäische Gerichtshof für Menschenrechte angerufen wird.

Die Einschaltung des Gerichtshofes ist nur möglich, wenn der Vertragsstaat die Zuständigkeit des Gerichtshofs anerkannt hat, also nicht in den erwähnten Fällen Zyperns, Griechenlands, Maltas und der Türkei. Dem Europäischen Gerichtshof gehören aus jedem Vertragsstaat je ein Richter an (Art. 39). Die Aktivlegitimation vor dem Gerichtshof haben die Vertragsstaaten und die Kommission, die auch für Einzelpersonen bei Individualbeschwerdeverfahren auftritt. Der einzelne hat also nur ein Beschwerderecht gegenüber der Kommission und kann sich selbst nicht an den Gerichtshof wenden. Während sich die Kommission mit durchschnittlich 450[49] Beschwerden im Jahr zu befassen hat, hat der Gerichtshof bisher lediglich in ca. 17 Fällen eine Entscheidung getroffen. Dies weist auf eine erhebliche Filterwirkung sowohl der Entscheidungskompetenz der Kommission in für unbegründet erachteten Fällen hin als auch der Befassung durch das Ministerkomitee.

Die bisherige Entscheidungspraxis des Gerichtshofs zu dem arbeitsrechtlich relevanten Recht auf Koalitionsfreiheit (Art. 11) beschränkte sich auf wenige Individualbeschwerden. In einem der jüngsten Fälle[50] hatte ein schwedischer Lokomotivführerverband, der keinem der großen Gewerkschaftsorganisationen Schwedens angehörte und über ca. 1 100 Mitglieder verfügte, bei einem Berufsstand von ca. 6 000 Beschäftigten, die Verletzung des Art. 11 gerügt, weil die schwedische Regierung mit ihm zu Tarifverhandlungen nicht bereit war. Vielmehr schloß sie Tarifverträge nur mit dem schwedischen Einheitsgewerkschaftsverband ab. Der Gerichtshof hat die Beschwerde zurückgewiesen, da keine Verpflichtungen für den Arbeitgeber bestehen, mit jedem Verband, sei er auch noch so klein, Tarifverträge abzuschließen.

4.2.4 Europäische Sozialcharta

Im Gegensatz zur Europäischen Menschenrechtskonvention ist das Überwachungssystem der ESC auf ein reines Berichtsverfahren beschränkt. In den Vordiskussionen um die Charta gab es zwar Vorschläge, einen dreigliedrigen Wirtschafts- und Sozialrat bestehend aus Arbeitnehmern, Arbeitgebern und Regierungsvertretern mit der Überwachung zu beauftragen, also sich insoweit eng an die Zusammensetzung der ILO Kontrollgremien anzulehnen[51]. Stattdessen wurde jedoch der Generalsekretär als politisches Organ des Europarats zum Adressat dieser Berichte bestimmt (Art. 21). Zur Prüfung dieser Berichte setzt das Ministerkomitee des Europarats, also sein politisches Exekutivorgan, einen Sachverständigen-Ausschuß, bestehend aus 7 Personen, ein (Art. 24, 25). Dessen Beratungsergebnisse werden veröffentlicht[52] und der beratenden Versammlung des Europarats zugeleitet.

4.3 Supranationaler Kontrollmechanismus des EWG-Vertrags

Die bisher behandelten völkerrechtlichen Konventionen bzw. Organisationen enthielten einen internationalen Kontrollmechanismus, der sich im wesentlichen auf ein Berichtssystem bzw. ein modifiziertes Beschwerdeverfahren beschränkte. Selbst die Einschaltung des Europäischen Gerichtshofs für Menschenrechte erfolgt nur bei ausdrücklicher Unterwerfungserklärung der Teilnehmerstaaten der Europäischen Menschenrechtskonvention. Demgegenüber sieht der EWG-Vertrag die obligatorische Einführung eines zweiseitigen Rechtsschutzsystems vor[53]. Danach unterliegen nicht nur Rechtsakte der Mitgliedstaaten einer gerichtlichen Kontrolle, inwieweit diese mit dem EWG-Vertrag bzw. mit dem sonstigen EG-Recht in Übereinstimmung stehen. Gleichzeitig können vielmehr auch EG-Staatsabgehörige unter bestimmten Voraussetzungen gegen Rechtsakte von EG-Organen vorgehen (Art. 173 Abs. 3). Fühlt sich ein EG-Staatsangehöriger hingegen durch eine Maßnahme innerstaatlicher Organe bzw. durch eine Maßnahme des Arbeitgebers in einer Rechtsposition verletzt, die ihm der EWG-Vertrag bzw. sonstiges EG-Recht verleiht, so kann er einen solchen Akt vor den Europäischen Gerichtshof selbst nicht bringen. Vielmehr setzt dies ein abhängiges innerstaatliches Gerichtsverfahren voraus, in dem die Verletzung von EWG-Recht aufgeworfen werden muß. Die innerstaatlichen Gerichte können daraufhin diese Frage dem Europäischen Gerichtshof vorlegen; sie müssen eine solche Frage vorlegen, wenn nach ihrer Entscheidung der Rechtsweg erschöpft ist (Art. 177 Abs. 3 u. 4).

Der Europäische Gerichtshof hat in Arbeits- und Sozialsachen bisher ca. 60 Urteile gefällt, die sich im wesentlichen mit dem Problembereich der Freizügigkeit auseinandersetzen[54].

Anmerkungen

Anmerkungen zu Teil I.1.

1 Einzelheiten siehe Riehm, Gustav Adolf: Rechtsformen der internationalen Handelsfreiheit an der Wende zur Neuzeit. Göttingen 1962.
2 Doeker, Günther: Das Gewaltverbot in der Satzung der Vereinten Nationen und die zukünftige Friedensordnung. In: ders. (Hrsg.). Die Vereinten Nationen. München 1976. S. 110 ff.
3 Dahm, Georg: Völkerrecht. Bd. II. Stuttgart 1961. S. 185.
4 Smith, Adam: Der Reichtum der Nationen. 2. Bd. Leipzig o. J. S. 125 ff.
5 Ders. a.a.O. S. 1–160.
6 Rahmanzadeh, Ahad: Zur politischen Ökonomie der Entwicklungsländer. Lampertheim 1974. S. 57.
7 Liebich, Ferdinand K.: Das GATT als Zentrum der internationalen Handelspolitik. Baden-Baden 1971. S. 19.

Anmerkungen zu Teil I.2

1 Zinser, Robert: Das GATT und die Meistbegünstigung. Baden-Baden, Bonn 1962. S. 21.
2 Zinser a.a.O. S. 23 f.
3 Zinser a.a.O. S. 25.
4 Zinser a.a.O. S. 29.
5 Zinser a.a.O. S. 31.
6 Dahm, Georg: Völkerrecht Bd. II. Stuttgart 1961. S. 599.
7 Zinser a.a.O. S. 33.
8 Zinser a.a.O. S. 147.
9 Liebich, Ferdinand K.: Das GATT als Zentrum der internationalen Handelspolitik. Baden-Baden 1971. S. 69 ff.
10 Ders. a.a.O. S. 10.
11 Köpernik, Gerhard: Internationale Wirtschaftsorganisationen. 3. Teil. Das allgemeine Zoll- und Handelsabkommen (GATT). JuS 1976 S. 779 und 1977 S. 9 ff., S. 782.
12 Jägeler, Franz Jürgen: Kooperation oder Konfrontation. GATT-Runde 1973. Hamburg 1974. S. 19.
13 BGBl. 1956 II S. 487.
14 Dahm, Georg: Völkerrecht Bd. III. Stuttgart 1961. S. 593.
15 Wengler, Wilhelm: Völkerrecht Bd. II. Berlin, Göttingen, Heidelberg 1964. S. 1129.
16 Seidl-Hohenveldern, Ignaz: Das Recht der Internationalen Organisationen einschließlich der Supranationalen Gemeinschaften. 2. Aufl. Köln u.a. 1971. S. 311 f.
17 Jägeler a.a.O. S. 27.
18 Donges, Jürgen B.: Die Welthandelsordnung am Scheidewege. Europa Archiv 1978, S. 197 ff., S. 199.
19 Jägeler a.a.O. S. 24 f.
20 Lambsdorff, Otto Graf auf der „photokina" in Köln 1978. FR 16.9.1978.
21 FR 17.4.1979.
22 Knieper, Rolf: Weltmarkt, Wirtschaftsrecht und Nationalstaat. Frankfurt/M. 1976. S. 236 ff.
23 Art. I. Abs. 1 GATT: Bei Zöllen und Belastungen aller Art, die anläßlich oder im Zusammenhang mit der Einfuhr oder Ausfuhr oder bei der internationalen Überweisung von Zahlungen für Einfuhren oder Ausfuhren auferlegt werden, bei dem Erhebungsverfahren für solche Zölle und Belastungen, bei allen Vorschriften und Förmlichkeiten im Zusammen-

hang mit der Einfuhr oder Ausfuhr und ... werden alle Vorteile, Vergünstigungen, Vorrechte oder Befreiungen, die eine Vertragspartei für eine Ware gewährt, welche aus einem anderen Land stammt oder für dieses bestimmt ist, unverzüglich und bedingungslos für alle gleichartigen Waren gewährt, die aus den Gebieten der anderen Vertragsparteien stammen oder für diese bestimmt sind.

24 Jägeler a.a.O. S. 22.

25 Einzelheiten siehe Fink, Karl-Hermann: COMECON-Länder und das Allgemeine Zoll- und Handelsabkommen (GATT). RIW/AWD 1972 S. 454 ff.

26 Köpernik a.a.O. S. 9.

27 Bull. EG 1 – 1978 S. 8; Donges a.a.O. S. 202; FR. 17.4.1979.

28 Bull. EG 7/8 – 1978 S. 160 ff.

29 FR 17.4.1979.

30 Jägeler a.a.O. S. 24 f.

31 Köpernik a.a.O. S. 11.

32 FR 17.4.1979.

33 Einzelheiten siehe Bethkenhagen, Jochen; Machowski, Heinrich: Integration im Rat für gegenseitige Wirtschaftshilfe. Berlin 1976. S. 54 ff.

34 FR 17.4.1979.

35 Krämer, Hans R.: Schutz heimischer Industrien im internationalen Wettbewerb. Europa-Archiv 1975 S. 419 ff., S. 426.

36 FR 17.4.1979.

37 Langen, Eugen: Studien zum internationalen Wirtschaftsrecht. München und Berlin 1963. S. 82.

38 Die Zeit 29.4.1977; FR 19.10.1977; Die Welt 22.9.1975.

39 Smith, Adam: Der Reichtum der Nationen. 2. Bd. Leipzig o. J. S. 125 ff.

40 Axt, Heinz-Jürgen: Staat, multinationale Konzerne und politische Union in Westeuropa. Köln 1978. S. 208 ff.

41 Junckerstorff, Kurt: Antidumping Recht. Berlin, New York 1974. S. 156.

42 Juckerstorff a.a.O. S. 171.

43 Die amerikanische Regierung hat sich durch ein "executive agreement" im Rahmen der Kennedy-Runde zur Einhaltung des Kodex verpflichtet. Der Kongreß votierte am 24.10. 1968 per Gesetz dagegen. Siehe hierzu Howaldt, Jens P.: Antidumpingrecht und Antidumpingpraxis in den USA. RIW/AWD 1978 S. 712 ff.

44 FR 19.10.1977; FR 6.10.1978.

45 Bull. EG 7/8 – 1978 S. 165.

46 Liebich a.a.O. S. 51.

47 Senghaas, Dieter: Weltwirtschaftsordnung und Entwicklungspolitik. Frankfurt/M. 1977. S. 157.

48 Hüfner, Klaus; Naumann, Jens: Neue Weltwirtschaftsordnung? Der Nord-Süd-Konflikt im UNO-System. Berlin 1976. S. 35.

49 Jägeler a.a.O. S. 31 f.

50 Jägeler a.a.O. S. 31.

51 Bechler, Ekkehard: Internationale Arbeitsteilung und Dritte Welt. Köln 1976. S. 111.

52 Hantke, Wolfgang: Internationale Wirtschaftsorganisationen. JuS 1977 S. 297 ff., S. 295.

53 Einzelheiten siehe Senghaas a.a.O. S. 160 ff.

54 Senghaas a.a.O. S. 36 f.

55 Fröbel, Folker; Heinrichs, Jürgen: Kreye, Otto: Die neue internationale Arbeitsteilung. Reinbek 1977. S. 24.

56 Liebich a.a.O. S. 32, 95.

57 Rahmanzadeh, Ahad: Zur politischen Ökonomie der Entwicklungsländer. Lampertheim 1974. S. 81.

58 Liebich a.a.O. S. 53 f.

59 Matzke, Otto: UNCTAD IV und danach. Aus Politik und Zeitgeschichte B 37/76 (11. Sept. 1976) S. 1 ff., S. 33.

60 Tages-Anzeiger 5.6.1979.

61 Neue Züricher Zeitung 11.6.1979.

62 Resolution TD/L. 188 der UNCTAD V 1979, eigene Übersetzung.

Anmerkungen zu Teil I.3

1 Hüfner, Klaus; Naumann, Jens: Neue Weltwirtschaftsordnung? Der Nord-Süd-Konflikt im UNO-System. Berlin 1976. S. 21.
2 Friedrichs, Hans: Nairobi und die Folgen. Europa-Archiv 1976 S. 517 ff.
3 FR 21.9.1978.
4 Hüfner/Naumann a.a.O. S. 15.
5 Senghaas, Dieter: Weltwirtschaftsordnung und Entwicklungspolitik. Frankfurt/M. 1977. S. 55.
6 Fröbel, Folker; Heinrichs, Jürgen; Kreye, Otto: Die neue internationale Arbeitsteilung. Reinbek 1977. S. 212.
7 Senghaas a.a.O. S. 55.
8 Ders. a.a.O. S. 216.
9 Wohlmuth, Karl: Neue Weltwirtschaftsordnung und Transnationale Konzerne. In: Däubler, W.; Wohlmuth, K. (Hrsg.): Transnationale Konzerne und Weltwirtschaftsordnung. Baden-Baden 1978. S. 123 ff., S. 125.
10 Senghaas a.a.O. S. 215.
11 Naini, Ahmad: Grundfragen der dritten Welthandelskonferenz. Hamburg 1972. S. 35.
12 Ders. a.a.O. S. 38.
13 Naini, Ahmad: Analyse der Themen und Ergebnisse der dritten Welthandelskonferenz. Hamburg 1972. S. 4.
14 Friedrichs a.a.O. S. 521.
15 Bull. EG 5 – 1977 S. 15 ff.
16 Bull. EG 3 – 1978 S. 21 f.
17 Dokumente zum Nord-Süd-Problem. Europa-Archiv 1979 S. 194 ff.
18 Presse und Informationsdienst der Bundesregierung: Bulletin zur fünften UN-Konferenz für Handel und Entwicklung Nr. 75 S. 697 vom 7.6.1979.
19 Seidl-Hohenveldern, Ignaz: Die „Charta" der wirtschaftlichen Rechte und Pflichten der Staaten. RIW 1975 S. 237 ff.
20 Naini, Grundfragen ... a.a.O. S. 19 ff.
21 Gardner, Richard N.; Okita, Suburo; Udinke, B. J.: OPEC, Industrieländer und Dritte Welt. Europa-Archiv 1975 S. 143 ff., S. 144.
22 Naini, Ahmad: Analyse ... a.a.O. S. 43.
23 Köpernik, Gerhard: Internationale Wirtschaftsorganisationen. 4. Teil. Wirtschaftsfragen in den Vereinten Nationen: Internationale Rohstoffpolitik. JuS 1977 S. 367 ff., S. 369.
24 Rohstoffpolitik der Bundesregierung. Deutscher Bundestag 8. Wahlperiode. Antwort der Bundesregierung vom 7.7.1978. Drucksache 8/1981. S. 6. Bergsten, Fred C.: Ein umfassendes Programm für internationale Rohstoffragen. Europa-Archiv 1977 S. 711 ff., S. 719.
25 Weintraub, Sidney: Ein gemeinsamer Fonds für die Finanzierung von Rohstoff-Ausgleichslagern. Europa-Archiv 1977 S. 303 ff., S. 303.
26 Bergsten a.a.O. S. 714.
27 Senghaas, Dieter: Weltwirtschaftsordnung und Entwicklungspolitik. Frankfurt a.M. 1977. S. 40.
28 Weintraub a.a.O. S. 305.
29 Schüngel, Bernd: Zur Frage der Abhängigkeit der kapitalistischen Industrieländer von den Rohstoffen der Dritten Welt (2. Teil). Das Argument 53. 2. Aufl. 1971. S. 284 ff., S. 284 f.
30 Bergsten a.a.O. S. 711.
31 Matzke, Otto: UNCTAD IV und danach. Aus Politik und Zeitgeschichte B 37/96, S. 3 ff., S. 7.
32 Friedrichs, Hans: Nairobi und die Folgen. Europa-Archiv 1976 S. 517 ff., S. 517.
33 Bechler, Ekkehard: Internationale Arbeitsteilung und Dritte Welt. Köln 1976. S. 44.
34 Senghaas a.a.O. S. 157.
35 Ders. a.a.O. S. 159.
36 Köpernik a.a.O. S. 369.
37 Ders. a.a.O.
38 BGBl. 1976 II S. 1582.

39 Weintraub a.a.O. S. 310.
40 Rohstoffpolitik der Bundesregierung a.a.O. S. 10.
41 Bull. EG 5/1977 S. 72 f.
42 Weintraub a.a.O. S. 312.
43 Bolz, Reinhardt; Hinz, Manfred O.; Paech, Norman; Wohlmuth, Karl: Kooperation oder Konfrontation? Materialien zur Rohstoffpolitik. Bonn 1975. S. 23 ff.
44 Dies. a.a.O. S. 219 ff.
45 Dies. a.a.O. S. 229 ff.
46 Europa-Archiv 1976 D. 404 ff.
47 Europa-Archiv 1976 D. 412 ff.
48 Weintraub a.a.O. S. 308.
49 Seitz, Konrad: Rohstoffversorgung und Rohstoffabkommen. Europa-Archiv 1975 S. 461 ff., S. 468.
50 Matzke, Otto: UNCTAD IV und danach. Aus Politik und Zeitgeschichte B 37/76 S. 3 ff., S. 21.
51 Ders. a.a.O. S. 14.
52 Ders. a.a.O. S. 14.
53 Ders. a.a.O. S. 24.
54 Ders. a.a.O. S. 25.
55 Ders. a.a.O. S. 25.
56 FR 21.3.1979.
57 Vorwärts 14.6.1979. Wirtschaftswoche 11.6.1979.
58 Resolution TD(V)/LG/CRP. 7 der UNCTAD V 1979.
59 Wirtschaftswoche 11.6.1979.
60 Art. 5 Charta der wirtschaftlichen Reche und Pflichten der Staaten: Alle Staaten haben das Recht, sich in Organisationen von Grundstofferzeugern zusammenzuschließen, um ihre nationalen Volkswirtschaften zu entwickeln und dadurch eine stabile Finanzierung ihrer Entwicklung zu erreichen, sowie im Verfolgen ihrer Ziele zur Förderung eines beständigen Wachstums der Weltwirtschaft beizutragen und dabei insbesondere die Entwicklung der Entwicklungsländer zu beschleunigen. Dementsprechend haben alle Staaten die Pflicht, dieses Recht zu achten, indem sie sich aller wirtschaftlichen und politischen Maßnahmen enthalten, die es beschränken würden.
61 Hager, Wolfgang: Angst vor der Dritten Welt? Europa-Archiv 1975 S. 471 ff.
62 Bolz, Reinhard; Hinz, Manfred O.; Paech, Norman; Wohlmuth, Karl (Hrsg.): Kooperation durch Konfrontation? Bonn 1975 S. 245 ff.
63 Art. 2 OPEC-Satzung:
A. Hauptziel der Organisation ist, die Ölpolitik der Mitgliedsstaaten zu koordinieren und zu vereinheitlichen und die am besten geeigneten Mittel zu finden, um ihre Interessen, die individuellen wie die gemeinsamen, zu wahren.
B. Die Organisation ermittelt Mittel und Wege, die die Stabilisierung der Preise auf den internationalen Rohölmärkten sichern, mit dem Ziel, schädliche und überflüssige Fluktuationen auszuschließen.
C. Den Interessen der Erzeugerländer und der Notwendigkeit, den Erzeugerländern ein gleichmäßiges Einkommen zu sichern, wird jederzeit gebührende Beachtung gezollt; genauso wie Versorgung der Verbraucherländer und einem angemessenen Profit für die, die in der Ölindustrie investieren.
64 Bolz u.a., a.a.O. S. 14 ff.
65 Siehe Art. 2 C OPEC-Satzung (Anm. 63). Krause, Klaus-Peter: Das große Rohstoffmanöver. Frankfurt a.M. 1975. S. 31.
66 Horstmann, Hans-Henning: Der Drang zum Rohstoffkartell. Europa-Archiv 1974 S. 738 ff., S. 739.
67 Rohstoffpolitik der Bundesregierung. Deutscher Bundestag 8. Wahlperiode. Antwort der Bundesregierung vom 7.7.1978. Drucksache 8/1981 S. 2.
68 Berzau, Heinz: Internationale Wirtschaftsorganisationen. Industrialisierung der Entwicklungsländer. JuS 1977 S. 433 ff., S. 437 f.
69 Matzke a.a.O. S. 29.

70 Europa-Archiv 1976 D. 416 ff.
71 Bull. EG 3 – 1978 S. 14 ff.; Bull. EG 5 – 1978 S. 20 ff.
72 Bull. EG 3 – 1978 S. 22.
73 Minister Offergeld in der FR am 5.10.1978.
74 Mason, Edward; Asher, Robert: The World Bank since Bretton Woods. Washington 1973. S. 805, 857 ff.
75 Seidl-Hohenveldern, Ignaz: Das Recht der Internationalen Organisationen einschließlich der Supranationalen Gemeinschaften. 2. Aufl. Köln u.a. 1971 S. 315.
76 Mason/Asher a.a.O. S. 544.
77 Dies. a.a.O. S. 842; Seidl-Hohenveldern, Das Recht ... a.a.O. S. 316.
78 Naini, Grundfragen ... S. 102.
79 Sanne, Staatssekretär im Bundesministerium für Wirtschaftliche Zusammenarbeit in der FR am 21.9.1978.
80 Resolution TD/L. 185 unter Nr. 3 UNCTAD V 1979.
81 Resolution TD/L. 185 unter Nr. 2 UNCTAD V 1979.
82 Resolution TD/L. 175 UNCTAD V 1979.
83 BGBl. 1975 II S. 1431.
84 Europa-Archiv 1976 D. 402.
85 Schüngel, Bernd: Zur Frage der Abhängigkeit der Kapitalistischen Industrieländer von den Rohstoffen der Dritten Welt (2. Teil). Das Argument 53. 2. Aufl. 1971 S. 275 ff., S. 279.
86 Friedrichs a.a.O. S. 523.
87 Europa-Archiv 1976 S. 408 ff.
88 Matzke a.a.O. S. 34.
89 Resolution TD/L. 188 Teil A. UNCTAD V 1979.
90 Resolution TD/L. 188 Teil B. UNCTAD V 1979.
91 Gerth-Hellmann, Hella: Industrielle Zusammenarbeit EG-AKP-Staaten. epd-Entwicklungspolitik 11/79 S. 10 ff., S. 12.
92 Fröbel u.a., a.a.O. S. 71 ff.
93 Dies. a.a.O. S. 97 ff.
94 Dies. a.a.O. S. 75.
95 Europäischer Gewerkschaftsausschuß Textil, Bekleidung und Leder: Stellungnahme in einem Rundbrief vom 1. Juli 1976.
96 ABl. EG L 118/2 vom 30.4.1974.
97 Bull. EG 1 – 1978 S. 59 ff.
98 ABl. EG L 357 vom 31.12.1977.
99 FR 22.9.1977.
100 Fröbel u.a., a.a.O. S. 98, 182 ff.
101 Antwort der Bundesregierung zum Welttextilabkommen: Deutscher Bundestag. Drucksache 8/1314 v. 8.12.1977; Stellungnahme des Gesamtverbandes der Textilindustrie in der Bundesrepublik Deutschland gegenüber dem Bundeswirtschaftsministerium v. 7.10.1976.
102 Europäischer Gewerkschaftsausschuß Textil, Bekleidung und Leder: Erklärung vom 1.6.1976. Siehe auch in den außenhandelspolitischen Forderungen der Gewerkschaft Textil – Bekleidung auf ihrem 12. ordentlichen Gewerkschaftstag.
103 FR 6.10.1978.

Anmerkungen zu Teil I.4

1 BGBl. 1957 II S. 766 und 1014.
2 BGBl. 1952 II S. 447.
3 Statz, Albert: Zur Geschichte der westeuropäischen Integration bis zur Gründung der EWG. In: Deppe, Frank (Hrsg.): Europäische Wirtschaftsgemeinschaft. Reinbek 1975. S. 110 ff.
4 Der Außenhandel der Europäischen Gemeinschaft. Europäische Dokumentation 1976/2 S. 12 f.

5 Der Außenhandel der Europäischen Gemeinschaft a.a.O.
6 Jaeger, Franz: GATT, EWG und EFTA. Bern 1970. S. 152 ff.
7 Steinberger, Helmut: GATT und regionale Wirtschaftszusammenschlüsse. Köln, Berlin 1963. S. 93, 102.
8 Steinberger a.a.O. S. 132 ff.
9 Zinser, Robert: Das GATT und die Meistbegünstigung. Baden-Baden, Bonn 1962. S. 66 ff.
10 Jaeger a.a.O. S. 272 ff.
11 Steinberger a.a.O. S. 186.
12 Galtung, Johan: Kapitalistische Großmacht Europa. Reinbek 1973. S. 62 f.
13 Zimmer, Reinhard: Zollpräferenzen im GATT. Göttingen 1967. S. 102 ff.
14 Bleckmann, Albert: Europarecht. Köln u.a. 1976. S. 224 f. m.w.N.
15 Entscheidung des Rats vom 19. Dez. 1972. ABl. EG L 299 vom 31.12.1972 S. 46 ff.
16 VO (EWG) Nr. 1439/74 des Rats vom 4. Juni 1974. ABl. EG L 159 vom 15.6.1974 S. 1 ff.
17 Die Zollunion. Europäische Dokumentation 1977/5 S. 12.
18 Galtung a.a.O. S. 77.
19 Bechler, Ekkehard: Internationale Arbeitsteilung und Dritte Welt. Köln 1976. S. 111.
20 Der Außenhandel der Europäischen Gemeinschaft a.a.O. S. 5.
21 Die Zollunion a.a.O. S. 16.
22 Die Zollunion a.a.O. S. 16.
23 Die Zollunion a.a.O. S. 16.
24 Bechler a.a.O. S. 115 ff.
25 Ders. a.a.O. S. 121.
26 Cairncross; Giersch; Lamfalussy; Petrilli; Uri: Wirtschaftspolitik für Europa. München 1974. S. 182 f.
27 Berzau, Heinz: Internationale Wirtschaftsorganisationen. Industrialisierung der Entwicklungsländer. JuS 1977. S. 433 ff., S. 437 f.
28 Galtung a.a.O. S. 78 ff.
29 Rede des Bundesministers für Wirtschaft in Manila. Presse- und Informationsamt der Bundesregierung. Bulletin Nr. 56/S. 509, Bonn 10. Mai 1976, S. 513.
30 Weintraub, Sidney: Ein Gemeinsamer Fonds für die Finanzierung von Rohstoff-Ausgleichslagern. Europa-Archiv 1977 S. 303 ff.
31 ABl. EG 1976 Nr. L 25 S. 2.
32 Baumgartner, Dirk: Institutionelle Aspekte des AKP-EWG-Abkommens. Europarecht 2/1978 S. 105 ff., S. 110.
33 Ders. a.a.O. S. 106.
34 Krohn, Hans-Broder: Das Abkommen von Lomé zwischen der Europäischen Gemeinschaft und den AKP-Staaten. Europa-Archiv 1975 S. 177 ff., S. 186.
35 Ders. a.a.O. S. 178 f.
36 Kommission der Europäischen Gemeinschaften: Informatorische Aufzeichnung P-29. Brüssel März 1977. S. 2.
37 Koppenfels, Georg von: Die Bedeutung des Abkommens von Lomé für die Entwicklung der Beziehungen zwischen Europa und der Dritten Welt. Europa-Archiv 1976 S. 10 ff., S. 13.
38 Krohn a.a.O. S. 183; Treydte, Klaus-Peter: Das Abkommen von Lomé. In: Jonas, R.; Tietzel, M. (Hrsg.): Die Neuordnung der Weltwirtschaft. Bonn-Bad Godesberg 1976. S. 122 ff., S. 133 f.
39 Krämer, Hans R.: Die Bedeutung der Abkommen von Jaunde und Lomé für die regionale Integration zwischen Entwicklungsländern. Institut für Weltwirtschaft an der Universität Kiel. Kieler Sonderdruck (26) o. J. S. 567 ff., S. 570.
40 Bull. EG 1 – 1978 S. 20.
41 Hürni, Bettina: Ist das Abkommen von Lomé für die beteiligten Entwicklungsländer ein wirksames Instrument der Entwicklungshilfe? Außenwirtschaft 6/76 S. 169 ff., S. 174 f.; Treydte a.a.O. S. 136.
42 Gerth-Wellmann, Hella: Industrielle Zusammenarbeit EG-AKP-Staaten. epa-Entwicklungsdienst 11/79 S. 10 ff., S. 11.
43 Bergsten, Fred C.: Ein umfassendes Programm für internationale Rohstoffragen. Europa-Archiv 1977 S. 711 ff., S. 711; Weintraub a.a.O. S. 313.

44 Köpernik, Gerhard: Internationale Wirtschaftsorganisationen. 4. Teil. Wirtschaftsfragen in den Vereinten Nationen: Internationale Rohstoffpolitik. JuS 1977 S. 367 ff., S. 372.
45 Kommission der Europäischen Gemeinschaften a. a. O. S. 6.
46 Bull. EG 7/8 – 1978 S. 18 f.
47 Bull. EG 1 – 1978 S. 20 ff.; 2 – 1978 S. 21.
48 Claudi, Hubertus: Die Bindung der EWG an die Grundrechte. München 1976; BVerfG NJW 1974 S. 1697; Gemeinsame Erklärung der EG-Organe vom 5.4.1977 zum Grundrechtsschutz in der EG. Europäische Grundrechte 1977 S. 157 ff.
49 Bull. EG 7/8 – 1978 S. 18 f.
50 Gerth-Hellmann a. a. O. S. 12.
51 Bull. EG 10-1979, S. 15 ff., insbesondere S. 18.
52 Bremer, Hans-Hagen: Ein Tropfen im Meer ihrer Probleme ... In: Die Zeit 1.6. 1979, S. 30.
53 Bull. EG 9-1979, S. 9.
54 Bremer, a. a. O.
55 Bull. EG a. a. O.
56 Bull. EG 7/8-1979, S. 79.
57 Bull. EG 9-1979, S. 10.
58 Bull. EG 9-1979, S. 10 f.
59 epd-Entwicklungspolitik 11/1979, S. 12.
60 Bull. EG 9-1979, S. 12.
61 Bremer, a. a. O.
62 Bull. EG 9-1979, S. 12.
63 Bull. EG 9-1979, S. 13.
64 Gerth-Wellmann, a. a. O., S. 11.
65 Bull. EG a. a. O.

Anmerkungen zu Teil II.1

1 Einzelheiten siehe Krägenau, Henry: Umfang der multinationalen Investitionen. In: Kebschull/Mayer (Hrsg.), Multinationale Unternehmen. Frankfurt/M. 1974. S. 15 ff. Holtz, Uwe: Europa und die Multis, Baden-Baden 1978, S. 16 ff. Bethke, Volker; Koopmann, Georg: Multinationale Unternehmen und Entwicklungsländer. Hamburg 1975, S. 28 ff. Junne, Gerd: Dimensionen von MNK-Aktivitäten in der Dritten Welt. In: Senghaas/Menzel (Hrsg.), Multinationale Konzerne und Dritte Welt. Opladen 1976, S. 11 ff. Hellmann, Rainer: Kontrolle der multinationalen Unternehmen. Baden-Baden 1974, S. 34 ff.
2 Siehe Gutachten Wengler, Wilhelm: Die Mitbestimmung und das Völkerrecht. Baden-Baden 1975.
3 Wegener, Henning: Technologietransfers von Industriestaaten in Entwicklungsländer. Europa-Archiv 1976 S. 527 ff., S. 530.
4 Bolz, Reinhard; Hinz, Manfred O. u. a. (Hrsg.): Kooperation oder Konfrontation? Materialien zur Rohstoffpolitik. Bonn 1975. S. 190.
5 Holtz a. a. O. S. 28.
6 Axt, Heinz-Jürgen: Staat, multinationale Konzerne und politische Union in Westeuropa. Köln 1978 S. 268 ff.
7 Einzelheiten siehe Dobozi, Istvan: Die Zukunft der multinationalen Unternehmen in der internationalen Rohstoffindustrie. In: Däubler/Wohlmuth (Hrsg.), Transnationale Konzerne und Weltwirtschaftsordnung. Baden-Baden 1978. S. 179 ff., S. 181 ff., 187 ff. Hellmann a. a. O. S. 22 ff.
8 Grewlich, Klaus W.: Inländerbehandlung von Direktinvestoren und Verhütung von „Investitionskriegen". RIW/AWD 1978 S. 234 ff., S. 236.
9 Krägenau a. a. O. S. 15.
10 Bethke/Koopmann a. a. O. S. 29 f.
11 Siehe hierzu die unter Anm. 1 genannten Bücher von Bethke/Koopmann und Senghaas/Menzel.
12 Bethke/Koopmann a. a. O. S. 84 ff., 109; Jalowicz, Hans: Auslandsinvestitionen in Brasilien. Hamburg 1974. S. 14 ff.
13 Cardoso, Fernando H.: Abhängigkeit und Entwicklung in Lateinamerika. In: Senghaas, Dieter (Hrsg.), Peripherer Kapitalismus. Frankfurt/M. 1974. S. 201 ff.; Arrighi, Giovanni: Multinationale Konzerne, Arbeiteraristokratien und die ökonomische Entwicklung in Schwarz-Afrika. In: Senghaas (Hrsg.) a. a. O. S. 221 ff.
14 Meessen, Karl Matthias: Völkerrechtliche Grundsätze des internationalen Kartellrechts. Frankfurt/M. 1972. S. 20; Gaber, Franz J.; Heinrich, Brigitte (Hrsg.): Betrifft: Chile. Die ITT-Dokumente. Frankfurt/M. 1972.

Anmerkungen zu Teil II.2

1 Hein, Werner: Grundlagen und Grenzen von Vergeltungsmaßnahmen gegen ausländische Investitionen in den Vereinigten Staaten und in der Bundesrepublik Deutschland. RIW/AWD 1978. S. 290 ff., S. 293 f.

2 Auf differenzierende Details dieser sehr komplexem Problemlage wurde bewußt verzichtet. Einzelheiten siehe: Seidl-Hohenveldern, Ignaz: Völkerrecht. 2. Aufl. Köln u.a. 1969. S. 101–111.

3 BGBl. 1956 II S. 487.

4 Wengler, Wilhelm: Die Mitbestimmung und das Völkerrecht. Baden-Baden 1975. S. 61, 70.

5 Dahm, Georg: Völkerrecht Bd. I. Stuttgart 1958, S. 518.

6 Details siehe Reich, Norbert: Eigentumsgarantie, paritätische Mitbestimmung und Gesellschaftsrecht. In: Mayer/Reich (Hrsg.), Mitbestimmung contra Grundgesetz. Darmstadt, Neuwied 1975. S. 41 ff.

7 BVerfG Urt. v. 1.3.1979, NJW 1979. S. 699 ff.

8 Mayer, Udo: Mitbestimmung und Völkerrecht. Gewerkschaftliche Monatshefte 12/74. S. 771 ff., S. 775.

9 BVerfG Urt. v. 31. Juli 1973, NJW 1973. S. 1539 ff.

10 Seidl-Hohenveldern a.a.O. S. 104.

11 BGBl. 1975 II. S. 1255.

12 Autorenkollektiv: Völkerrecht. Lehrbuch Teil 1. Hrsg. von der Arbeitsgemeinschaft für Völkerrecht beim Insitut für internationale Beziehungen an der Akademie für Staats- und Rechtswissenschaft der DDR. Berlin 1973. S. 320 ff.

13 Sartorius II Nr. 50.

14 Heidelmeyer, Wolfgang: Die Menschenrechte. Paderborn 1972. S. 32.

15 Ders. a.a.O.

16 Resolution über die ständige Souveränität über die natürlichen Reichtümer und Hilfsquellen A/1803 (XVII) vom 14. Dez. 1962:

4. Die Verstaatlichung, Enteignung oder Requirierung soll aus Beweggründen der Gemeinnützigkeit, der öffentlichen Sicherheit oder nationaler Interessen erfolgen, die als vor rein individuellen oder privaten Interessen stehend betrachtet werden, seien es einheimische oder ausländische. In solchen Fällen wird an den Eigentümer in Übereinstimmung mit den gültigen Bestimmungen in dem Staat, der solche Maßnahmen zur Ausübung seiner Souveränität und gemäß dem Völkerrecht ergreift, eine angemessene Entschädigung gezahlt ... Deutscher Text entnommen: Völkerrecht. Dokumente Teil 2. Berlin 1973. S. 772 ff.

17 BGBl 1973 II. S. 1570 und S. 1534.

18 Deutscher Text in Bolz, Reinhardt; Hinz, Manfred O. u.a.: Kooperation oder Konfrontation. Bonn 1975. S. 229. Internat. Quelle: International Legal Materials XIV (1975). S. 251.

19 Art. 2 Abs. 2: Jeder Staat hat das Recht, ... c) ausländische Vermögen zu verstaatlichen, zu enteignen oder das Eigentum daran zu übertragen; in diesem Fall soll der diese Maßnahme treffende Staat unter Berücksichtigung seiner einschlägigen Rechts- und sonstigen Vorschriften und aller von ihm für wesentlich erachteten Umstände eine angemessene Entschädigung zahlen. Ist die Frage der Entschädigung im Einzelfall umstritten, so wird sie nach dem innerstaatlichen Recht des verstaatlichenden Staates und von seinen Gerichten beigelegt, sofern nicht alle betroffenen Staaten frei und einvernehmlich vereinbaren, auf der Grundlage der souveränen Gleichheit der Staaten und im Einklang mit dem Grundsatz der freien Wahl der Mittel eine andere friedliche Art der Beilegung zu suchen.

20 Seidl-Hohenveldern: Die Charta der wirtschaftlichen Rechte und Pflichten der Staaten. RIW/AWD 1975 S. 237 ff., S. 237 u. 239.

21 BGBl. 1952 II S. 686.

22 BGBl. 1956 II S. 1880.

23 Art. 1: Jede natürliche oder juristische Person hat ein Recht auf Achtung ihres Eigentums. Niemandem darf sein Eigentum entzogen werden, es sei denn, daß das öffentliche Interesse es verlangt, und nur unter den durch Gesetz und durch die allgemeinen Grundsätze des Völkerrechts vorgesehenen Bedingungen ...

24 BGBl. 1957 II S. 226; 1959 II S. 107.
25 IV. Haager Abkommen vom 18. Okt. 1907 (RGBL. 1910 S. 107) Art. 53.
26 Einzelheiten siehe Berber, Friedrich: Lehrbuch des Völkerrechts I. Bd. München, Berlin 1960. S. 374 ff.
27 Einzelheiten siehe Münch, Ingo von: Völkerrecht. Berlin, New York 1971. S. 55 ff.; Seidl-Hohenveldern: Völkerrecht, a.a.O., S. 86 ff.
28 Seidl-Hohenveldern: a.a.O. S. 262 ff.; Berber a.a.O. S. 396 ff.; Dahm a.a.O., S. 511 ff.
29 Berber a.a.O. S. 399; Dahm a.a.O. S. 516 f.
30 LG Bremen AWD 1959 S. 105 ff.; OLG Bremen Arch VR 9 (1961–1962) S. 318 ff., insbes. S. 359.
31 Grossfeld, Bernhard: Praxis des internationalen Privat- und Wirtschaftsrechts. Reinbek 1975. S. 200.
32 Z.B. BGHZ 17/209 ff.; 31/168 ff.
33 Z.B. BGHZ 32/256 ff.
34 Dahm a.a.O. S. 31.
35 IGH ICJ-Reports 1951. S. 116 ff., 131.
36 Seidl-Hohenveldern a.a.O. S. 89 f.; Berber a.a.O. S. 401; Autorenkollektiv a.a.O. S. 156 ff.
37 Autorenkollektiv a.a.O. S. 320 f.
38 Seidl-Hohenveldern a.a.O. S. 91.
39 Seidl-Hohenveldern: Die Charta ... a.a.O. S. 239.
40 Seidl-Hohenveldern a.a.O.
41 Kebschull, Dietrich; Künne, Wilfried; Menck, Karl W.: Das integrierte Rohstoffprogramm. Hamburg 1977. S. 43.
42 Krause, Klaus Peter: Das große Rohstoffmanöver. Frankfurt/M. 1975. S. 66, 71.
43 Supreme Court of the United States Urt. v. 23.3.1964. RIW/AWD 1964. S. 161.
44 LG Hamburg Urt. v. 22. Jan. 1973. RIW/AWD 1973. S. 505 ff.
45 LG Hamburg a.a.O. S. 164.
46 LG Bremen a.a.O. S. 105.
47 OLG Bremen a.a.O. S. 356.
48 Seidl-Hohenveldern, Ignaz: Internationales Konfiskations- und Enteignungsrecht. 1952. S. 12 f.
49 LG Hamburg a.a.O. S. 165.
50 Einzelheiten siehe Dicke, Detlev Chr.: Die Intervention mit wirtschaftlichen Mitteln im Völkerrecht. Baden-Baden 1978. Derpa, Rolf M.: Das Gewaltverbot der Vereinten Nationen und die Anwendung nichtmilitärischer Gewalt. Hamburg 1970.
51 Anderer Ansicht Dicke a.a.O. S. 49 f.
52 Z.B. Seidl-Hohenveldern: Völkerrecht a.a.O. S. 252.
53 Thürer, Daniel: Das Selbstbestimmungsrecht der Völker. Bern 1976. S. 15 ff., 19 ff.
54 Arzinger, Rudolf: Das Selbstbestimmungsrecht im allgemeinen Völkerrecht der Gegenwart. Berlin 1966. S. 114 m.w.N.
55 Decker, Günter: Das Selbstbestimmungsrecht der Nationen. Göttingen 1955. S. 99 ff., 108 f., 171.
56 RGBl. 1919 S. 717.
57 Satzung des Völkerbundes Art. 10: Die Bundesmitglieder verpflichten sich, die Unversehrtheit des Gebietes und die bestehende politische Unabhängigkeit aller Bundesmitglieder zu achten und gegen jeden äußeren Angriff zu wahren ...
58 Einzelheiten siehe Arzinger a.a.O., mit kritischen Anmerkungen zur Praxis auch Decker a.a.O. S. 104 ff., 151 ff., 171 ff.
59 Decker a.a.O. S. 174.
60 Völkerrechtliche Verträge. Hrsg. v. Friedrich Berber. München 1973. S. 323.
61 Atlantik-Charta 3.: Sie anerkennen das Recht aller Völker, die Regierungsform zu wählen, unter der sie leben wollen; und sie wünschen, daß denen souveräne Rechte und Selbstregierung zurückgegeben werden, die ihrer gewaltsam beraubt worden sind.
62 Decker a.a.O. S. 177 ff.

63 Thürer a.a.O. S. 68 f., 74.
64 BGBl. 1973 II S. 430.
65 Charta der Vereinten Nationen Art. 1: Die Vereinten Nationen setzen sich folgen Ziele:
1. ...
2. freundschaftliche, auf der Achtung vor dem Grundsatz der Gleichberechtigung und Selbstbestimmung der Völker beruhende Beziehungen zwischen den Nationen zu entwickeln und andere geeignete Maßnahmen zur Festigung des Weltfriedens zu treffen.
66 UN-Charta Art. 55: Um jenen Zustand der Stabilität und Wohlfahrt herbeizuführen, der erforderlich ist, damit zwischen den Nationen friedliche und freundschaftliche, auf der Achtung vor dem Grundsatz der Gleichberechtigung und Selbstbestimmung der Völker beruhende Beziehungen herrschen, fordern die Vereinten Nationen:
a) die Verbesserung des Lebensstandards, die Vollbeschäftigung und die Voraussetzungen für wirtschaftlichen und sozialen Fortschritt und Aufstieg;
b) die Lösung internationaler Probleme wirtschaftlicher, sozialer, gesundheitlicher und verwandter Art ...
c) die allgemeine Achtung und Verwirklichung der Menschenrechte ...
Art. 56: Alle Mitgliedsstaaten verpflichten sich, gemeinsam und jeder für sich mit der Organisation zusammenzuarbeiten, um die in Art. 55 dargelegten Ziele zu erreichen.
67 Thürer a.a.O. S. 72, 74; Seidl-Hohenveldern: Völkerrecht a.a.O. S. 252 ff.
68 Arzinger a.a.O. S. 85.
69 Völkerrecht. Dokumente Teil 3. Berlin 1973. S. 1164.
70 Prinzipien-Deklaration vom 24. Okt. 1970: Das Prinzip der Gleichberechtigung und des Selbstbestimmungsrechts der Völker. Auf Grund des in der Charta verankerten Prinzips der Gleichberechtigung und des Selbstbestimmungsrechts der Völker haben alle Völker das Recht, völlig frei und ohne Einmischung von außen über ihren politischen Status zu entscheiden und ihre wirtschaftliche, soziale und kulturelle Entwicklung zu gestalten, und jeder Staat ist verpflichtet, dieses Recht in Übereinstimmung mit den Bestimmungen der Charta zu achten. Jeder Staat hat die Pflicht, sowohl gemeinsam mit anderen Staaten als auch einzeln die Verwirklichung des Prinzips der Gleichberechtigung und des Selbstbestimmungsrechts der Völker in Übereinstimmung mit den Bestimmungen der Charta zu fördern und die Organisation der Vereinten Nationen dabei zu unterstützen, die Verpflichtungen zu erfüllen, die ihr von der Charta zur Verwirklichung dieses Prinzips auserlegt wurden, um
a) freundschaftliche Beziehungen und die Zusammenarbeit zwischen den Staaten zu fördern und
b) dem Kolonialismus unter gebührender Berücksichtigung des frei geäußerten Willens der betreffenden Völker unverzüglich ein Ende zu bereiten ...
71 Einzelheiten siehe: Senghaas, Dieter (Hrsg.): Peripherer Kapitalismus. Frankfurt/M. 1974; ders. (Hrsg.): Imperialismus und strukturelle Gewalt. 2. Aufl. Frankfurt/M. 1973; ders.: Weltwirtschaftsordnung und Entwicklungspolitik, Frankfurt/M. 1977; Berg-Schlosser, Dirk (Hrsg.): Die politischen Probleme der Dritten Welt. Hamburg 1972; Nohlen/Nuscheler (Hrsg.): Handbuch der Dritten Welt 1. Hamburg 1974.
72 Dobozi, István: Die Zukunft der multinationalen Unternehmen in der internationalen Rohstoffindustrie. In: Däubler/Wohlmuth (Hrsg.): Transnationale Konzerne und Weltwirtschaftsordnung. Baden-Baden 1978. S. 179 ff., S. 187 f.
73 Völkerrecht. Dokumente Teil 2. Berlin 1973. S. 710.
74 Dekolonisierungs-Deklaration 2.: Alle Völker haben das Selbstbestimmungsrecht; kraft dieses Rechts steht es ihnen frei, ihren politischen Status zu bestimmen und ihre wirtschaftliche, soziale und kulturelle Entwicklung zu betreiben.
75 Völkerrecht. Dokumente Teil 2. Berlin 1973. S. 772.
72 UN-Resolution vom 14. Dez. 1962.
1. Das Recht der Völker und Nationen auf ständige Souveränität über ihre Naturreichtümer und ihre natürlichen Hilfsquellen muß im Interesse ihrer nationalen Entwicklung und des Wohls des Volkes des betreffenden Staates ausgeübt werden.
77 Siehe Anm. 16.

78 UN-Resolution vom 14. Dez. 1962:
8. Abkommen über ausländische Investitionen, die von oder zwischen souveränen Staaten nach freier Entscheidung abgeschlossen wurden, sollen in gutem Glauben eingehalten werden; ...
79 Dicke a.a.O. S. 118.
80 BGBl. 1973 II. S. 1534 und 1570.
81 Decker S. 200.
82 Internationaler Pakt über wirtschaftlich, soziale und kulturelle Rechte
Art. 1 (1) Alle Völker haben das Recht auf Selbstbestimmung. Kraft dieses Rechtes entscheiden sie frei über ihren politischen Status und gestalten in Freiheit ihre wirtschaftliche, soziale und kulturelle Entwicklung.
(2) Alle Völker können für ihre eigenen Zwecke frei über ihre natürlichen Reichtümer und Mittel verfügen unbeschadet aller Verpflichtungen, die aus der internationalen wirtschaftlichen Zusammenarbeit auf der Grundlage des gegenseitigen Wohls sowie aus dem Völkerrecht erwachsen. In keinem Fall darf ein Volk seiner eigenen Existenzmittel beraubt werden.
(3) ...
Art. 25 Keine Bestimmung dieses Paktes ist so auszulegen, daß sie das allen Völkern innewohnende Recht auf den Genuß und die volle und freie Nutzung ihrer natürlichen Reichtümer und Mittel beeinträchtigt.
83 Bolz, Reinhard; Hinz, Manfred O. u.a.: Kooperation oder Konfrontation? Bonn 1975. S. 229.
84 Charta der wirtschaftlichen Rechte und Pflichten der Staaten Art. 2:
(1) Jeder Staat hat die volle und ständige Souveränität des Besitz-, des Nutzungs- und des Verfügungsrechts über alle seine Reichtümer, Naturschätze und wirtschaftliche Betätigungen und übt diese Souveränität ungehindert aus.
(2) Jeder Staat hat das Recht,
a) die Aufsicht über ausländische Investitionen in seinem nationalen Hoheitsbereich nach Maßgabe seiner Rechts- und sonstigen Vorschriften und entsprechend seinen nationalen Zielen und Prioritäten zu regeln und auszuüben. Ein Staat darf nicht gezwungen werden, für ausländische Investitionen Verzugsbehandlung zu gewähren;
b) die Tätigkeiten transnationaler Gesellschaften in seinem nationalen Hoheitsbereich zu regeln und zu überwachen und Maßnahmen zu treffen, um sicherzustellen, daß diese Tätigkeiten seinen Rechts- und sonstigen Vorschriften entsprechen und mit seinen wirtschaftlichen und sozialen Zielsetzungen in Einklang stehen. Transnationale Gesellschaften dürfen nicht in die inneren Angelegenheiten eines Gaststaates eingreifen. Jeder Staat soll unter voller Berücksichtigung seine souveränen Rechte mit anderen Staaten bei der Ausübung des unter diesem Buchstaben festgesetzten Rechtes zusammenarbeiten.
85 Charta der wirtschaftlichen Rechte und Pflichten ... Art. 16 Abs. 1: Es ist das Recht und die Pflicht aller Staaten, einzeln und gemeinsam Kolonialismus, Apartheit, Rassendiskriminierung, Neokolonialismus und alle Formen des Angriffs von außen, der ausländischen Besetzungen und Fremdherrschaft sowie deren wirtschaftliche und soziale Folgen als Voraussetzung für die Entwicklung zu beseitigen. Staaten, die solche Zwangsmaßnahmen anwenden, sind gegenüber den betroffenen Ländern, Hoheitsgebieten und Völkern wirtschaftlich verantwortlich für die Wiedergutmachung und die volle Entschädigung der natürlichen und aller sonstigen Hilfsquellen dieser Länder, Hoheitsgebiete und Völker. Es ist die Pflicht aller Staaten, ihnen Hilfe zu gewähren.
86 Charta der wirtschaftlichen Rechte und Pflichten Art. 32: Ein Staat darf keine wirtschaftlichen, politischen oder sonstigen Zwangsmaßnahmen gegen einen anderen Staat anwenden oder ihre Anwendung begünstigen, um von ihm die Unterordnung bei der Ausführung seiner souveränen Rechte zu erlangen.
87 Seidl-Hohenveldern: Die Charta ... a.a.O. S. 239.
88 Dicke a.a.O. S. 128.
89 Seitz, Konrad: Die Dominanz der Dritten Welt in den Vereinten Nationen. Europa-Archiv 1973. S. 403 ff., S. 411.

90 Europa-Archiv 1975. S. 437.

91 Schlußakte KSZE. Erklärung über die Prinzipien, die die Beziehungen der Teilnehmerstaaten leiten. VIII. Gleichberechtigung und Selbstbestimmungsrecht der Völker.
Die Teilnehmerstaaten werden die Gleichberechtigung der Völker und ihr Selbstbestimmungsrecht achten, indem sie jederzeit in Übereinstimmung mit den Zielen und Grundsätzen der Charta der Vereinten Nationen und den einschlägigen Normen des Völkerrechts handeln, einschließlich jener, die sich auf die territoriale Integrität der Staaten beziehen.
Kraft des Prinzips der Gleichberechtigung und des Selbstbestimmungsrechts der Völker haben alle Völker jederzeit das Recht, in voller Freiheit, wann und wie sie es wünschen, ihren inneren und äußeren politischen Status ohne äußere Einmischung zu bestimmen und ihre politische, wirtschaftliche, soziale und kulturelle Entwicklung nach eigenen Wünschen zu verfolgen.
Die Teilnehmerstaaten bekräftigen die universelle Bedeutung der Achtung und der wirksamen Ausübung der Gleichberechtigung und des Selbstbestimmungsrechts der Völker für die Entwicklung freundschaftlicher Beziehungen zwischen ihnen sowie zwischen allen Staaten; sie erinnern auch an die Bedeutung der Beseitigung jeglicher Form der Verletzung dieses Prinzips.

92 KSZE. Erklärung über Prinzipien ... IX. Zusammenarbeit zwischen den Staaten.
Die Teilnehmerstaaten werden ihre Zusammenarbeit miteinander und mit allen Staaten in allen Bereichen gemäß den Zielen und Grundsätzen der Charta der Vereinten Nationen entwickeln ...
... Sie werden das Interesse aller berücksichtigen, insbesondere das Interesse der Entwicklungsländer in der ganzen Welt, Unterschiede im Stand der wirtschaftlichen Entwicklung zu verringern ...

93 Die UNCTAD schätzte die Anzahl der Dreiecks-Projekte 1975 auf 453. Tripartite Industrial Co-operation. Study by the UNCTAD Secretariat. Trade and Development Board, SEM 1/2 (25.11.1975). Einzelheiten siehe auch Bericht des wissenschaftlichen Symposions „Europäische Zusammenarbeit und die Dritte Welt“ (Wien 3./4.9.1976). Schriftenreihe Wissenschaft und Frieden, Heft 4 (Dez. 76). Internationales Institut für Frieden. Wien.

Anmerkungen zu Teil II.3

1 Greif, Siegfried: Die Rolle patentgeschützter Importe für den Technologietransfer in Entwicklungsländern GRUR Int. 1976. S. 413 ff., S. 413. Kunz-Hallstein, Hans Peter: Patentschutz, Technologietransfer und Entwicklungsländer – eine Bestandsaufnahme. GRUR Int. 1975. S. 261 ff., S. 261.

2 Mangalo, Nasrallah: Patentschutz und Technologietransfer im Nord-Süd-Konflikt. GRUR Int. 1977. S. 349 ff., S. 355.

3 Ders. a.a.O. S. 352.

4 Norman, Colin: Massenproduktion oder Produktion durch die Massen? Europa-Archiv 1978. S. 529 ff.

5 Greif a.a.O. S. 418 f.

6 Bethke, Volker; Koopmann, Georg: Multinationale Unternehmen und Entwicklungsländer. Hamburg 1975. S. 119 f.

7 Dies. a.a.O. S. 120 f.

8 Greif a.a.O. S. 416.

9 Genauere Ableitung siehe Linden, Willi: Stellung und Perspektive der „Patentlizenz“ als Modell einer allgemeinen Rechtsform des internationalen Ideenhandels. StR 1968. S. 53 ff., S. 57, 59 f.

10 Linden a.a.O. S. 68; Mangalo a.a.O. S. 353; Kunz-Hallstein a.a.O. S. 263.

11 Ders. a.a.O. S. 56.

12 Mangalo a.a.O. S. 354.

13 Pogodda, Hans: Rechtsschutz wissenschaftlich-technischer Ergebnisse in den Entwicklungsländern. StR 1975. S. 1543 ff., S. 1548 f.

14 Kunz-Hallstein a.a.O. S. 363.
15 Ders.: Revision der Pariser Verbandsübereinkunft zugunsten der Entwicklungsländer – neuere Entwicklungen und Vorschläge. GRUR Int. 1976. S. 64 ff., S. 69.
16 Ders. a.a.O. (1975). S. 268 f.; Greif a.a.O. S. 417 f.
17 Mangalo a.a.O. S. 353.
18 Greif a.a.O. S. 418.
19 Mangalo a.a.O. S. 353, Fn. 42.
20 Bolz, Reinhard; Hinz, Manfred O.; Paech, Norman; Wohlmuth, Karl: Kooperation oder Konfrontation? Bonn 1975. S. 179.
21 Bolz u.a. a.a.O. S. 186 f.
22 Mangalo a.a.O. S. 353.
23 Bethke/Koopmann a.a.O. S. 116 u. 246 f.
24 Mangalo a.a.O. S. 355.
25 Stumpf, Herbert: Interessenlage und Interessenkollision beim Technologietransfer: Die Rolle des Patentwesens. GRUR Int. 1977. S. 441 ff., S. 444; Kunz-Hallstein a.a.O. (1975). S. 265.
26 Greif a.a.O. S. 417.
27 Stumpf a.a.O. S. 444.
28 Linden a.a.O. S. 64 ff.; Mangalo a.a.O. S. 353.
29 Kunz-Hallstein a.a.O. (1976). S. 75.
30 Pogodda a.a.O. S. 1546 f.; Kunz-Hallstein a.a.O. (1975). S. 264 ff.
31 Übersicht siehe Kegel, Gerhard: Internationales Privatrecht. 4. Aufl. München 1977. S. 44 f. mit umfänglichen Literaturhinweisen.
32 BGBl. 1970 II. S. 391.
33 Übersicht nach dem Stand vom 1.1.1976 in GRUR Int. 1976. S. 166 ff.
34 Kunz-Hallstein a.a.O. (1975). S. 266 unsbes. Fn. 53.
35 Ballreich, Hans; Kunz-Hallstein, Hans Peter: Zur Frage der Reform des für Revisionen der Pariser Verbandsübereinkunft geltenden Einstimmigkeitsprinzips. GRUR Int. 1977. S. 251 ff.
36 Dies. a.a.O. S. 252.
37 Zu Entwicklung und aktuellem Stand dieser Bemühungen siehe Krieger, Albrecht: Urheberrecht und gewerblicher Rechtsschutz im Zeichen der internationalen Entwicklung. GRUR Int. 1973. S. 213 ff., S. 216 ff.; derselbe: Das Luxemburger Übereinkommen über das Gemeinschaftspatent. BB 1976. S. 672 ff.
38 Kunz-Hallstein a.a.O. (1975). S. 271.
39 Art. 2 Abs. 1 PVÜ: Die Angehörigen eines jeden der Verbandsländer genießen in allen übrigen Ländern des Verbandes in bezug auf den Schutz des gewerblichen Eigentums die Vorteile, welche die betreffenden Gesetze den eigenen Staatsangehörigen gegenwärtig gewähren oder in Zukunft gewähren werden, und zwar unbeschadet der durch diese Übereinkunft besonders vorgesehenen Rechte. Demgemäß haben sie den gleichen Schutz wie diese und die gleichen Rechtsbehelfe gegen jeden Eingriff in ihre Rechte, vorbehaltlich der Erfüllung der Bedingungen und Förmlichkeiten, die den eigenen Staatsangehörigen auferlegt werden.
40 Art. 4A Abs. 1 PVÜ: Wer in einem der Verbandsländer die Anmeldung für ein Erfindungspatent, ein Gebrauchsmuster, ein gewerbliches Muster oder Modell, eine Fabrik- oder Handelsmarke vorschriftsmäßig hinterlegt hat, oder sein Rechtsnachfolger genießt für die Hinterlegung in anderen Ländern während der unten bestimmten Fristen ein Prioritätsrecht.
41 Wegener, Henning: Technologietransfer von Industriestaaten in Entwicklungsländern. Europa-Archiv 1976. S. 527 ff., S. 530.
42 Art. 4 bis PVÜ:
(1) Die in den verschiedenen Verbandsländern von Verbandsangehörigen angemeldeten Patente sind unabhängig von den Patenten, die für dieselbe Erfindung in anderen Ländern erlangt worden sind, mögen diese Länder dem Verband angehören oder nicht.
(2) Diese Bestimmung ist ohne jede Einschränkung zu verstehen, insbesondere in dem Sinn, daß die während der Prioritätsfrist angemeldeten Patente sowohl hinsichtlich der Gründe der Nichtigkeit und des Verfalls als auch hinsichtlich der gesetzmäßigen Dauer unabhängig sind.

43 Art. 5A PVÜ:
(1) ...
(2) Jedem der Verbandsländer steht es frei, gesetzliche Maßnahmen zu treffen, welche die Gewährung von Zwangslizenzen vorsehen, um Mißbräuche zu verhüten, die sich aus der Ausübung des durch das Patent verliehenen ausschließlichen Rechts ergeben könnten, zum Beispiel infolge unterlassener Ausübung.
(3) Der Verfall des Patents kann nur dann vorgesehen werden, wenn die Gewährung von Zwangslizenzen zur Verhütung dieser Mißbräuche nicht ausreichen würde. Vor Ablauf von zwei Jahren seit Gewährung der ersten Zwangslizenz kann kein Verfahren auf Verfall oder Zurücknahme eines Patents eingeleitet werden.
(4) Wegen unterlassener oder ungenügender Ausübung darf eine Zwangslizenz nicht vor Ablauf einer Frist von vier Jahren nach der Hinterlegung der Patentanmeldung oder von drei Jahren nach der Patenterteilung verlangt werden, wobei die Frist, die zuletzt abläuft, maßgebend ist; sie wird versagt, wenn der Patentinhaber seine Untätigkeit mit berechtigten Gründen entschuldigt. Eine solche Zwangslizenz ist nicht ausschließlich und kann, auch in der Form einer Gewährung einer Unterlizenz, nur mit dem Teil des Unternehmens oder des Geschäftsbetriebes übertragen werden, der mit ihrer Auswertung befaßt ist.
44 Kunz-Hallstein a.a.O. (1976). S. 74 Anm. 110.
45 Linden a.a.O. S. 66.
46 Kunz-Hallstein a.a.O. (1976). S. 72.
47 Art. 5 quarter PVÜ: Wird ein Erzeugnis in ein Verbandsland eingeführt, in dem ein Patent zum Schutz eines Verfahrens zur Herstellung dieses Erzeugnisses besteht, so hat der Patentinhaber hinsichtlich des eingeführten Erzeugnisses alle Rechte, die ihm die Rechtsvorschriften des Einfuhrlandes auf Grund des Verfahrenspatents hinsichtlich der im Land selbst hergestellten Erzeugnisse gewähren.
48 Art. 5A Abs. 1 PVÜ: Die durch den Patentinhaber bewirkte Einfuhr von Gegenständen, die in dem einen oder anderen Verbandsland hergestellt worden sind, in das Land, in dem das Patent erteilt worden ist, hat den Verfall des Patents nicht zu Folge.
49 Gründungsvertrag BGBl. 1970 II. S. 295.
50 Spröte, Wolfgang; Wünsche, Harry: Die UNO und ihre Spezialorganisationen. Berlin 1975. S. 336.
51 Siehe Übersicht GRUR Int. 1976. S. 166 f.
52 Spröte/Wünsche a.a.O. S. 338; Kunz-Hallstein a.a.O. (1975). S. 266 f. m.w.N.
53 UN-Resolution 1713 (XVI).
54 UNCTAD-Resolution 39 III.
55 Kunz-Hallstein a.a.O. (1975). S. 268.
56 Bolz u.a. a.a.O. S. 213 ff.
57 Dies. a.a.O. S. 219 ff.
58 Dies. a.a.O. S. 229 ff.
59 Art. 13 Charta der wirtschaftlichen Rechte und Pflichten der Staaten:
(1) Jeder hat das Recht, an den Fortschritten und Entwicklungen in Wissenschaft und Technologie zur Beschleunigung seiner wirtschaftlichen und sozialen Entwicklung teilzuhaben.
(2) Alle Staaten sollen die internationale wissenschaftliche und technologische Zusammenarbeit und die Übertragung von Technologie fördern, wobei alle legitimen Interessen, darunter unter anderem die Rechte und Pflichten von Inhabern, Lieferern und Empfängern von Technologie, gebührend zu berücksichtigen sind. Insbesondere sollen alle Staaten folgendes erleichtern: den Zugang der Entwicklungsländer zu den Errungenschaften der modernen Wissenschaft und Technologie und die Schaffung einer einheimischen Technologie zum Nutzen der Entwicklungsländer in einer Form und nach Verfahren, die ihren wirtschaftlichen Verhältnissen und ihren Bedürfnissen entsprechen.
(3) Daher sollen die entwickelten Länder mit den Entwicklungsländern bei der Errichtung, Stärkung und Entwicklung ihrer wissenschaftlichen und technologischen Infrastruktur und ihrer wissenschaftlichen Betätigung in Forschung und Technologie zusammenarbeiten, um zur Ausweitung und Umformung der Volkswirtschaften der Entwicklungsländer beizutragen.

(4) Alle Staaten sollen zusammenarbeiten, um die Möglichkeiten der Entwicklung weiterer international anerkannter Richtlinien oder Vorschriften für die Übertragung von Technologie zu erforschen, wobei die Interessen der Entwicklungsländer voll zu berücksichtigen sind.

60 Kunz-Hallstein a.a.O. (1975). S. 270.
61 Ders. a.a.O. (1976). S. 67.
62 Ballreich/Kunz-Hallstein a.a.O. (1975). S. 254 f.
63 Kunz-Hallstein a.a.O. (1976). S. 68.
64 Ders. a.a.O. (1976). S. 68.
65 Wegener a.a.O. S. 29.
66 Friedrichs, Hans: Nairobi und die Folgen. Europa-Archiv 1976. S. 517 ff., S. 523.
67 Bull. EG 6 – 1978 Ziff. 2.2.42.
68 Kunz-Hallstein a.a.O. (1975). S. 271, (1976). S. 444; Stumpf a.a.O. S. 444.
69 Ders. a.a.O. (1975). S. 272, (1976). S. 71.
70 Ders., a.a.O. (1976). S. 74 f.
71 Resolution 87 der UNCTAD IV; Resolution TD/L. 172 der UNCTAD V.
72 Wegener a.a.O. S. 532.
73 Kunz-Hallstein a.a.O. (1975). S. 268 m.w.N.; Wegener a.a.O. S. 532.
74 Matzke, Otto: UNCTAD IV und danach. Aus Politik und Zeitgeschichte 1976. S. 3 ff., S. 30 f.
75 Die hierzu ergangene Resolution TD/L. 173 behandelt nur Verfahrensfragen.
76 Kunz-Hallstein a.a.O. S. 71.

Anmerkungen zu Teil II.4

1 Reich. Norbert: Markt und Recht. Neuwied und Darmstadt 1977. S. 363.
2 Knieper, Rolf: Weltmarkt, Wirtschaftsrecht und Nationalstaat. Frankfurt/M. 1976. S. 20 f., 45 ff.
3 EuGH Urt. v. 14.2.1978, NJW 1978. S. 2439 ff.
4 Grossfeld, Bernhard: Praxis des Internationalen Privat- und Wirtschaftsrechts. Reinbek 1975. S. 111.
5 Meesen, Karl Matthias: Völkerrechtliche Grundsätze des internationalen Kartellrechts. Baden-Baden 1975. S. 38.
6 Ders. a.a.O. S. 40 f.
7 Ders. a.a.O. S. 39.
8 Ders. a.a.O. S. 39 f.
9 BGBl. 1956 II. S. 487.
10 Art. XVIII Abs. 1: Beide Vertragsteile stimmen in der Auffassung überein, daß Geschäftspraktiken, die den Wetbewerb beschränken, den Zugang zu den Märkten begrenzen oder eine monopolistische Kontrolle fördern und die von einem oder mehreren privaten oder öffentlichen wirtschaftlichen Unternehmen oder durch Zusammenschluß, Vereinbarung oder andere Regelungen zwischen diesen Unternehmen geübt oder verwirklicht werden, auf den Handel zwischen den Gebieten der beiden Vertragsteile schädliche Wirkungen haben können. Dementsprechend wird jede der beiden Regierungen auf Wunsch der Regierung eines Vertragsteils in eine Konsultation über solche Praktiken eintreten und, soweit keine gesetzliche Regelung dem entgegensteht, Maßnahmen ergreifen, die ihr zur Beseitigung solcher schädlicher Wirkungen geeignet erscheinen.
11 Seidl-Hohenveldern, Ignaz: Völkerrechtliche Grenzen bei der Anwendung des Kartellrechts. AWD/RIW 1971. S. 53 ff., S. 56.
12 Mestmäcker, Ernst-Joachim: Multinationale Unternehmen im nationalen und internationalen Wirtschaftsrecht. In: ders., Die sichtbare Hand des Rechts. Baden-Baden 1978. S. 63 ff., S. 77.
13 Meesen a.a.O. S. 157.

14 BGBl. 1974 I. S. 869.
15 BGH, Beschluß vom 12.7.1973. AWD/RIW 1973. S. 522.
16 Ullrich, Hanns: Deutsche Kartellaufsicht über Exportkartelle? AWD/RIW 1974. S. 104 ff., S. 105.
17 Mestmäcker a.a.O. S. 77.
18 Zur Kritik am GWB allgemein siehe z.B. Knieper a.a.O. S. 236 ff.; Dürrhammer, Wilhelm: Wettbewerb, Konzentration und die Frage der Kontrolle der Marktmacht. In: Grosser, Dieter (Hrsg.), Konzentration ohne Kontrolle. 2. Aufl. Köln und Opladen 1970. S. 192 f.
19 BGBl. 1957 II. S. 766.
20 Entscheidung der Kommission ABl EG L 303 vom 31.12.1972.
21 EuGH Urt. v. 15.7.1970 E 16 (1970) 661, 733, 769.
22 EuGH Urt. v. 14.7.1972 EuR 1973. S. 39 ff.
23 Lau, Joachim: Die Wettbewerbspolitik der EWG. In: Deppe, Frank (Hrsg.), Europäische Wirtschaftsgemeinschaft. Reinbek 1975, S. 312 ff., S. 330.
24 Knieper a.a.O. S. 257.
25 Kommission der Europäischen Gemeinschaften: Wettbewerbspolitik der Europäischen Gemeinschaft. Europäische Dokumentation 1976/5, S. 8.
26 Einzelheiten siehe Kommission der EG a.a.O. S. 14 f.
27 Knappe Übersicht bei Meessen, Karl Matthias: Der räumliche Anwendungsbereich des EWG-Kartellrechts und das allgemeine Völkerrecht. EuR 1973. S. 18 ff., S. 22 ff.; Kommission der EG a.a.O. S. 12 ff.
28 Meesen a.a.O. S. 23.
29 A. A. Knieper a.a.O. S. 269, der auch die amerikanische Konzentrationskontrolle für völlig unwirksam hält.
30 Mestmäcker a.a.O. S. 84.
31 Grossfeld a.a.O. S. 113.
32 Einzelheiten siehe Jeaggi, Urs: Kapital und Arbeit in der Bundesrepublik. Frankfurt/M. 1969 und 1973. S. 70 ff.
33 Einzelheiten siehe Reich a.a.O. S. 260.
34 Reich a.a.O. S. 256 ff.; vorsichtiger Knieper a.a.O. S. 270.
35 Einzelheiten siehe Reich a.a.O. S. 271 ff.
36 Knieper a.a.O. S. 278.
37 EuGH NJW 1978. S. 2439.
38 Reich a.a.O. S. 395.
39 Knieper S. 312.
40 Einzelheiten siehe Nusimé, Hanne u.a.: Die internationale Konzentration und Zentralisation des Kapitals. In: Deppe, Frank (Hrsg.), Europäische Wirtschaftsgemeinschaft. Reinbek 1975. S. 53 ff., S. 85 ff.; Lau a.a.O. S. 330 ff.
41 Nusimé u.a. a.a.O. S. 97 ff.
42 Axt, Heinz-Jürgen: Staat, multinationale Konzerne und politische Union in Westeuropa. Köln 1978. S. 223 ff. und 263 ff.
43 EuGH EuR 1973, S. 155 ff.
44 EuGH a.a.O. S. 162.
45 Inhalt siehe Kommission der EG a.a.O. S. 19 f.; Grossfeld a.a.O. S. 114.
46 Bull. EG 7/8 – 1978. S. 137.
47 Seidl-Hohenveldern a.a.O. S. 57.
48 Grossfeld a.a.O. S. 104.
49 Meesen, Völkerrechtliche Grundsätze ... a.a.O. S. 171.
50 Ders. a.a.O. S. 121 ff. mit weiteren Einzelheiten.
51 Seidl-Hohenveldern a.a.O. S. 54; Messen, Der räumliche Anwendungsbereich ... a.a.O. S. 26.
52 Grossfeld a.a.O. S. 105 mit weiteren Nachweisen.
53 Ders. a.a.O. S. 106 mit weiteren Nachweisen.
54 BGBl. 1952 II, S. 447.
55 BGBl. 1957 II, S. 766.
56 EuGH EuR 1973, S. 155.

57 EuGH EuR 1973, S. 39.
58 Grossfeld a.a.O. S. 109.
59 EuGH EuR 1973, S. 155, 157 bzw. 39, 49.
60 EuGH EuR 1973, S. 42 f.
61 Seidl-Hohenveldern a.a.O. S. 58.
62 Ders. a.a.O. S. 59 mit weiteren Nachweisen.
63 Grossfeld a.a.O. S. 120; Seidl-Hohenveldern a.a.O. S. 60 mit weiteren Nachweisen.
64 Seidl-Hohenveldern a.a.O. S. 60; Meesen, Völkerrechtliche Grundsätze ... S. 23.
65 Meesen a.a.O. S. 18.
66 Grossfeld a.a.O. S. 109.
67 Meesen a.a.O. S. 27; Grossfeld a.a.O. S. 119 ff.
68 Meesen a.a.O. S. 31.
69 Rechtssache 2/72 ABl EG Nr. C 24 vom 11.3.1972. S. 2.
70 Einzelheiten siehe Winkler, Rolf: Anrechnung amerikanischer Kartellstrafen auf EWG-Kartellbußen? AWD/RIW 1972. S. 565 ff.
71 Winkler a.a.O. S. 570.
72 Bericht über die Tagung und den Text der Resolution: Meessen, Völkerrechtliche Grundsätze ... S. 57 ff.; ders.: Die New Yorker Resolution der International Law Association zu den völkerrechtlichen Grundsätzen des internationalen Kartellrechts. RIW/AWD 1972. S. 560 ff.
73 Ders., Die New Yorker Resolution ... S. 562.
74 Einzelheiten zum extensiven Territorialitätsprinzip: Seidl-Hohenveldern a.a.O. S. 53 ff.
75 Meessen a.a.O. S. 562.
76 Meessen, Völkerrechtliche Grundsätze ... a.a.O. S. 171.
77 Seidl-Hohenveldern a.a.O. S. 54.

Anmerkungen zu Teil II.5

1 Vgl. dazu W. Abendroth, Sozialgeschichte der europäischen Arbeiterbewegung, 1965 passim, S. 37 f.
2 In der BRD waren im Sommer 1978 insgesamt 1,8 Mio. ausländische Arbeitnehmer beschäftigt, vgl. ANBA 10/1978, S. 120 f.
3 Zur Situation ausländischer Arbeitnehmer in der Bundesrepublik vgl. etwa W. Däubler, DuR 1574, S. 3 f.
4 Vgl. etwa W. Schneider, Direktinvestitionen und die Politik der Entwicklungsländer, 1974.
5 Vgl. aus der umfangreichen Literatur u.a.: S. E. Rolfe/W. Damm (Hrsg.), Die multinationale Unternehmung in der Weltwirtschaft, 1971, S. 34 f.; M. Holthus (Hrsg.), Die deutschen multinationalen Unternehmen, 1974; Kebschull/O. G. Mayer (Hrsg.), Multinationale Unternehmen – Anfang oder Ende der Weltwirtschaft? 2974; O. Kreye, Multinationale Konzerne, 1974; Barnet/Müller, Die Krisenmacher, 1977; Breidenstein, Internationale Konzerne, 1977.
6 Vgl. dazu Gaber/Heinrich, Betrifft: Chile, Die ITT-Dokumente, 1973.
7 Abgedruckt in: Blätter für deutsche und internationale Politik, 1974, S. 753.
8 Abgedruckt in: Blätter für deutsche und internationale Politik, 1975, S. 1168; vgl. auch den Überblick bei G. Hartmann, DuR 1975, S. 248 f.
9 Vgl. etwa R. Hellmann, Kontrolle der multinationalen Unternehmen, 1974; Schlupp, Konzeptionen und Konsequenzen administrativer Maßnahmen zur Überwindung und Kontrolle multinationaler Unternehmen, in: Senghaas/Menzel, Multinationale Konzerne und dritte Welt, 1976, S. 181 ff.
10 Zinn, Möglichkeiten der Machtkontrolle durch internationale Organisationen und nationale Regierungen, in: Krüper (Hrsg.), Investitionskontrolle gegen die Konzerne, 1974, S. 124 f.
11 Dazu W. Däubler, Multinationale Konzerne und kollektives Arbeitsrecht, in: Däubler/Wohlmuth, Transnationale Konzerne und Weltwirtschaftsordnung, 1978, S. 205.

12 Vgl. etwa Piehl, Multinationale Konzerne und internationale Gewerkschaftsbewegung, 1974; Jung/Koubek/Scheibe/Lang, Wirtschaftliche Konzentration und politische Integration als Herausforderung der Gewerkschaften, WSI-Mitt. 1971, S. 299 f.; H. Hinz, Zur Kontrolle der multinationalen Konzerne durch die Gewerkschaften, in: Krüper (Anm. 10), S. 138 f.; W. Spieker, Möglichkeiten des Arbeitnehmereinflusses in multinationalen Unternehmen, WSI-Mitt. 1973, S. 188; G. Köpke, Multinationale Unternehmen und Gewerkschaften, GMH 1971, S. 394; Levinson, Gewerkschaften, Monopole, Konzerne, 1972; Tudyka, Multinationale Konzerne und Gewerkschaftsstrategie, 1974; Jungnickel/Matthies, Multinationale Konzerne und Gewerkschaften, 1973.

13 Angaben nach Engelen-Kefer, GMH 1977, S. 52.

14 Vgl. dazu im einzelnen oben II.2.

15 Veit, Tendenzen des Neokolonialismus in Afrika, Blätter für deutsche und internationale Politik, 1973, S. 743 f.

16 Derselbe ebenda.

17 Bethke/Koopmann, Multinationale Unternehmen und Entwicklungsländer, 1975, S. 128 f.; Kisker, Verhalten deutscher Unternehmen in Entwicklungsländern, in: Leminsky/Otto, Gewerkschaften und Entwicklungspolitik, 1975, S. 433.

18 Von 1961 bis 1969 sind die Auslandsschulden der Entwicklungsländer von 21,6 Mrd. Dollar auf 60 Mrd. Dollar angestiegen. Allein für den Schuldendienst ihrer gesamten Kapitalimporte mußten sie im Jahre 1969 5,3 Mrd. US-Dollar aufwenden, nach Bricke, Kapital- und arbeitsorientierte Entwicklung, in: Leminsky/Otto (Anm. 17), S. 385.

19 Bricke ebenda.

20 Vgl. die Situationsschilderung in Leminsky/Otto (Anm. 17), S. 117 f.

21 Ab 1980 werden die Entwicklungsländer nach Expertenberechnungen für den Kauf von Patenten und Lizenzen aus Industrieländern – 90 % aller Patente in den Entwicklungsländern gehören Ausländern – ca. 9 Mrd. US-Dollar direkte Kosten und zwischen 6 bis 12 Mrd. US-Dollar indirekte Kosten pro Jahr zahlen müssen, wenn das jetzige Entwicklungstempo beibehalten werden soll, nach Bricke (Anm. 18), S. 384.

22 Breidenstein, Entwicklung und politökonomische Systeme, in: Leminsky/Otto (Anm. 12), S. 413.

23 Breidenstein ebenda.

24 Etwa das Beispiel Reynolds in Hamburg.

25 Engelen-Kefer, Arbeitslosigkeit und Unterbeschäftigung, in: Leminsky/Otto (Anm. 12), S. 335.

26 Dieselbe ebenda.

27 Froebel, Heinrichs, Kreye, Die neue internationale Arbeitsteilung, GMH 1978, S. 47.

28 Dieselben ebenda.

29 Vgl. etwa Bethke/Koopmann (Anm. 17); M. Holthus (Anm. 5).

30 Nach Engelen-Kefer, GMH 1977, S. 52.

31 Insgesamt wurden 5 Studien angefertigt: Social and labour practices of some European-based multinationals in the metal trades, International Labour Office, Geneva 1976; Wages and working conditions in multinational enterprises, International Labour Office, Geneva 1976; Multinationals in Western Europe: The industrial relations experience, International Office, Geneva 1976; International principles and guidelines on social policy for multinational enterprises: Their usefullness and feasibility. International Labour Office, Geneva 1976; The impact of multinational enterprises on employment and training, International Labour Office, Geneva 1976.

32 Kisker (Anm. 17), S. 431 f.

33 D. Kebschull, Die Wirkungen von Auslandsinvestitionen auf das Beschäftigungsniveau, in: Protokoll der IG-Metall, Krise und Reform in der Industriegesellschaft, 1976.

34 Vgl. WSI-Mitt. 4/1976.

35 Vgl. dazu Jungnickel, Die Wettbewerbsposition der deutschen multinationalen Unternehmen im internationalen Vergleich, in: Däubler/Wohlmuth, Transnationale Konzerne und Weltwirtschaftsordnung, 1978, S. 13 f., S. 27 ff.

36 Nach Glastetter, Die Entwicklung der außenwirtschaftlichen Verflechtung der BRD im Zeitraum 1950–1975 – Ein empirischer Befund, WSI-Mitteilungen 1976, S. 237 f.
37 Vgl. Anm. 33.
38 Froebel, Heinrichs, Kreye, Die neue internationale Arbeitsteilung. Strukturelle Arbeitslosigkeit in den Industrieländern und die Industrialisierung in den Entwicklungsländern, 1977.
39 Vgl. dazu m.w.N. oben Teil I.2.
40 Dazu Czaya, Internationale Konzerne und Entwicklungländer, IPW-Forschungshefte 4/1975, S. 167.
41 Internationale Handelskammer. Leitsätze für Auslandsinvestitionen, hrsg. von der deutschen Gruppe der internationalen Handelskammer, Köln, o. J., ferner Arendt, AWD 1973, S. 247.
42 Köpernik, JuS 1976, S. 705.
43 Abgedruckt in: ZGR 6/1977 mit Anmerkung Großfeld/Hübner; vgl. ferner Grewlich, RIW 1978, S. 234.
44 Europäisches Parlament, Sitzungsdokumente, Dokument 547/76, vom 4.2.1977.
45 Auszugsweise abgedruckt in Frankfurter Rundschau vom 21.9.1977.
46 Vgl. den Brief der Bundesvereinigung der Industrie an den Außen- und Wirtschaftsminister, Frankfurter Rundschau vom 22.9.77.
47 Frankfurter Rundschau vom 29.9.1977.
48 Frankfurter Rundschau vom 28.5.1979.
49 Frankfurter Rundschau vom 16.6.1979.
50 ECOSOC-Resolution 1921 (L III) vom 2.7.1972.
51 Nach Rohwedel, Der europäische Gewerkschaftsbund und die westeuropäische Integration, in: F. Deppe, Arbeiterbewegung und westeuropäische Integration, 1976, S. 263.
52 Vgl. Summary of the hearings before the Group of Eminent Persons to study the Impact of Multinational Corporations on Development and International Relations, UN-Dokument St/ESA/15 (1974).
53 UN-Dokument E/5500/Rev 1-St/ESA/6 (1974); der in diesem Bericht vorgeschlagene Ausdruck „transnationale Unternehmen" wird später übernommen. In diesem Ausdruck soll besser deutlich werden, daß es sich um solche Unternehmen handelt, die über die Grenze ihres „Mutterlandes" hinaus agieren.
54 UN-Dokument E/5655; E/C 10/6 (Rdnr. 80).
55 ECOSOC-Resolution 1908 (L VII), 2.8.1974.
56 Materials relevant to the formulation of a Code of Conduct E/C 10/18; hrsg. vom UN-Zentrum für transnationale Unternehmen. Ähnliche Vorstellungen enthält ein Verhaltenskodex, den das Ständige Sekretariat des lateinamerikanischen Wirtschaftssystems vorgelegt hat. Vgl. FR vom 25.4.1979.
57 Dazu im einzelnen Wälde RIW 1978, S. 285 f.
58 Wälde ebenda unter Hinweis auf Primoff, International Regulation of Multinational Corporations and Business. J. of International Law and Economics, 2 (1977), S. 287.
59 Nach CGT-Pressedienst Januar 1977.
60 Vgl. etwa Liess, Weltgewerkschaftsbund – Internationaler Bund Freier Gewerkschaften, 1966.
61 Vgl. dazu einerseits Gottfurch, Die internationale Gewerkschaftsbewegung von den Anfängen bis zur Gegenwart, 1966; andererseits Adibekov, Die rote Gewerkschaftsinternationale, 1973.
62 Liess, Weltgewerkschaftsbund – Internationaler Bund Freier Gewerkschaften (Anm. 58), S. 79.
63 DGB-Nachrichtendienst vom 10.12.1970.
64 Zum Hintergrund vgl. Taft, Gewerkschaftliche Außenpolitik. Das Beispiel der amerikanischen Gewerkschaften, Köln 1975, S. 136.
65 Dazu im einzelnen Elsner, Die EWG- Herausforderung und Antwort der Gewerkschaften, 1974, S. 154 f.
66 Die internationale Gewerkschaftspolitik des DGB, Bericht, GMH 1976, S. 567; bestätigt auf dem EGB-Kongreß im Mai 1979 in München, vgl. Nachrichten zur Wirtschafts- und Sozialpolitik 6/1979, S. 24.

67 Elsner (Anm. 63), S. 188.
68 Multinational Charter, XI World Congres documents, International Confederation of Free Trade Unions, Brüssels 1975; dazu Engelen-Kefer, GMH 1977, S. 52 f.
69 Teilweise abgedruckt in: GMH 1978, S. 569.
70 J. Kneißel, GMH 1978, S. 566.
71 Dazu im einzelnen Braun, GMH 1978, S. 349.
72 Vgl. dazu Piehl (Anm. 12), S. 105 f.
73 Piehl (Anm. 12), S. 109.
74 Handelsblatt vom 12.12.1978.
75 Piehl (Anm. 12), S. 111.
76 Piehl (Anm. 12), S. 114 f.
77 Piehl (Anm. 12), S. 188 f.; vgl. dazu insgesamt auch die Beiträge in Olle (Hrsg.), Einführung in die internationale Gewerkschaftspolitik, Bd. 1, 1978.
78 Benedict, GMH 1972, S. 466.
79 Piehl (Anm. 12), S. 165.
80 Piehl (Anm. 12), S. 173.
81 Zu den Informationsmöglichkeiten vgl. Däubler/Schultz in: Brehm/Pohl (Hrsg.), Interessenvertretung durch Information, 1978, S. 46 f.
82 Piehl, Gewerkschaften und Entwicklungspolitik in: Leminsky/Otto (Anm. 17), S. 460.
83 Statut für Europäische Aktiengesellschaft, geänderter Verordnungsvorschlag, Bulletin der EG, Beilage 4/75.
84 Mitbestimmung der Arbeitnehmer und Struktur der Gesellschaft, Bulletin der EG, Beilage 8/75, S. 7 f.
85 Ebenda, S. 7 f.
86 Entwurf einer 5. Richtlinie zur Angleichung des Aktienrechts, Bulletin der EG, Beilage 10/72.
87 Dazu im einzelnen unten III.2.3.
88 Vgl. etwa das BetrVerfG 1972 und das MitbestG von 1976.
89 Das dänische Gesellschaftsgesetz Nr. 370 (1973) begründet für die Beschäftigten aller Unternehmen mit mindestens 50 Arbeitnehmern das Recht, in den Verwaltungsrat der Gesellschaft 2 Mitglieder zu entsenden; vgl. Mitbestimmung der Arbeitnehmer (Anm. 82), S. 59.
90 Die Unternehmensräte (Vorsitz: der Arbeitgeber!) – den bundesdeutschen Betriebsräten vergleichbar – haben seit 1971 ein Einspruchsrecht gegen die Wahl eines Aufsichtsratsmitglieds; vgl. Mitbestimmung der Arbeitnehmer (Anm. 82), S. 96. Allerdings werden diese Mitbestimmungsstrukturen von den Gewerkschaften als ungenügend kritisiert und dabei auf die Umgestaltung des Unternehmerrats zu einem reinen Belegschaftsrat orientiert sowie auf eine direkte Bestellung von Arbeitnehmer in den Unternehmensorganen, im einzelnen Lechner/Sieling/Wendeling, Neue Entwicklungen in der europäischen Mitbestimmungsdiskussion, Mitbestimmungsgespräch 1977, S. 195 f.
91 In einem Tarifvertrag von 1974 wurde etwa Mont Edison zu umfassenden Investitionen und zur Erhaltung des Beschäftigtenniveaus verpflichtet; Tarifverträge mit Fiat (1974) sehen besondere Vereinbarungen über Investitionen in Süditalien vor; vgl. Mitbestimmung der Arbeitnehmer (Anm. 82), S. 23.
92 Etwa durch Tarifverträge zur Sicherung des Beschäftigtenniveaus, in: Mitbestimmung der Arbeitnehmer (Anm. 82), S. 23; die tarifpolitische Stärke zeigt sich weiter in der erfolgreichen Durchbrechung des Sozialkontrakts der Labour-Regierung durch eine 15 %ige Lohnerhöhung bei Ford im Herbst 1978.
93 Besonders deutlich am Beispiel von Lip, vgl. dazu Blanke/Erd/Erd-Küchler, Lip – Legalität und Klassenkampf in: Jakobi/Müller-Jentsch/Schmidt, Gewerkschaften und Klassenkampf, Kritisches Jahrbuch 1974, S. 249.
94 In Italien durch das Arbeiterstatut von 1970 (dazu Däubler AuR 1971, S. 189 f.), in Frankreich durch die Sicherung der Gewerkschaftsrechte im Gesetz von 1968 (dazu Luttringer, Mitbestimmungsgespräch 1969, S. 79 f.).
95 Verordnungsvorschlag von 1970, vgl. Bulletin der EG – Beilage 8/1970.

96 Der Beschluß kam gegen die Stimme des belgischen Gewerkschaftsbundes und bei Enthaltung der italienischen Gewerkschaft CISL zustande, vgl. Elsner (Anm. 63), S. 141.
97 Der Gesamtbetriebsrat wird von dem Betriebsrat im Unternehmen gewählt.
98 Hierzu Birk ZfA 1974, S. 47 f.; Gitter/Heinze, Der Betriebsrat der S. E., in: M. Lutter (Hrsg.), Die europäische Aktiengesellschaft, Würdinger, Der Betrieb 1975, S. 1301 f.
99 Eine Festlegung auf vertrauensvolle Zusammenarbeit mit dem Arbeitgeber wie im BetrVerfG (§ 1, § 74) fehlt; im Gegensatz dazu fordert die Unternehmergruppe im WSA der EWG eine Besetzung des EBR mit einem Mitglied der Unternehmensleitung, dem regelmäßig der Vorsitz einzuräumen sei, also eine ähnliche Regelung wie im niederländischen Unternehmensrat; vgl. Elsner (Anm. 63), S. 143.
100 Europäischer Gewerkschaftsbund, Statut der Europäischen Kommission für die Europäische Aktiengesellschaft, Änderungsvorschläge des EGB für die Art. 100 bis 136 und die Art. 146 bis 147, Brüssel 9.7.1974, S. 24.
101 Nach § 122 Abs. 1 ist der Vorstand verpflichtet, zu jeder Frage, die nach Auffassung des EBR wesentliche Interessen der S. E. oder ihrer Arbeitnehmer berührt, schriftliche Auskünfte zu geben.
102 Vgl. etwa Kittner, ZHR Bd. 136, S. 219 f.; Hueck, RdA 1975, S. 36 f.; U. Mayer, BlStSozArbR 1976, S. 136 f.
103 Vgl. etwa Fitting/Auffarth/Kaiser, Kommentar zum Betriebsverfassungsgesetz, 12. Aufl. 1977, Anm. 3 zu § 79.
104 EGB, Änderungsvorschläge (Anm. 98), S. 13.
105 Dieser Widerspruch wird durch die Vorschlagsaktivität der Kommission einerseits und der Entscheidungsunwilligkeit des Rats in sozialpolitischen Angelegenheiten andererseits eher besonders unterstrichen. Ein anderes Beispiel etwa ist der 1973 von der Kommission vorgelegte Entwurf für eine dritte Richtlinie zur Koordinierung der Schutzbestimmungen bei Fusionen von Aktiengesellschaften, Bulletin der EG 1/1973, Ziff. 2113.
106 So etwa ein Hauptbedenken in der bundesdeutschen Mitbestimmungskontroverse, vgl. etwa Badura/Rittner/Rüthers, Mitbestimmungsgesetz 1976, Gemeinschaftsgutachten, 1977, S. 103 f.; dagegen etwa Bieback/Reich, AuR 1978, S. 161 f.; U. Mayer, BlStSozArbR 1978, S. 129 f. Köbler/Schmidt/Simetis, Mitbestimmung als gesetzgebungspolitische Aufgabe, 1978.

Anmerkungen zu Teil III.1

1 Vgl. dazu etwa J. Braunthal, Die Geschichte der Internationale, 2 Bde., 1961.
2 W. Abendroth, Sozialgeschichte der europäischen Arbeiterbewegung, 1965 passim, S. 48 f.
3 Im einzelnen zu dieser Zeit einerseits Gottfurch, Die internationale Gewerkschaftsbewegung von den Anfängen bis zur Gegenwart 1965; andererseits Adibekov, Die rote Gewerkschaftsinternationale, 1973.
4 In: Internationales Arbeitsamt, Der Einfluß der Übereinkommen und Empfehlungen der internationalen Arbeitsorganisation, 1977, S. 27.
5 Ebenda.
6 Zu diesen Vorgängen im einzelnen Gottfurch (Anm. 3), S. 48; zur Rolle des AFL informativ Taft, Gewerkschaftliche Außenpolitik – Das Beispiel der amerik. Gewerkschaften, Köln 1975, S. 109 f.
7 Vgl. dazu etwa Dopatka, Darstellung und Kritik der herrschenden Auslegung von Art. 15 Grundgesetz, in: G. Winter, Sozialisierung von Unternehmen, Bedingungen und Begründungen, 1976, S. 155 f.
8 Dazu im einzelnen Sörgel, Konsensus und Interesse, 1969; B. Gromoll, Klassische und soziale Grundrechte, in: Mayer/Stuby, Die Entstehung des Grundgesetzes, 1976, S. 112 f.
9 Vgl. etwa aus der jüngsten Literatur Benda, Die Sozialstaatsklausel in der Rechtsprechung des Bundesarbeitsgerichts und des Bundesverfassungsgerichts, RdA 1979, S. 3 f.
10 Vgl. dazu die Zusammenstellung der Kontroverse bei Forsthoff (Hrsg.), Rechtsstaatlichkeit und Sozialstaatlichkeit, 1968; O. E. Kempen (Hrsg.), Sozialstaatsprinzip und Wirtschaftsordnung, 1977.

Anmerkungen zu Teil III.2

1 Vgl. dazu Höhne (Hrsg.), Handbuch internationaler Organisationen, 1969; Morosow, Internationale Organisationen, 1971; Seidl/Hohenveldern, Das Recht der internationalen Organisationen einschließlich der supranationalen Gemeinschaften, 2. Aufl. 1971.
2 Seidl/Hohenveldern, (Anm. 1), S. 3.
3 Seidl/Hohenveldern (Anm. 1), S. 147.
4 Vgl. dazu Czerwinski, Das Universalitätsprinzip und die Mitgliedschaft in internationalen universalen Verträgen und Organisationen, 1974, Verdross/Simmar, Universelles Völkerrecht, 1976.
5 Für das Recht der EWG etwa Bleckmann, Die Rechtsnatur europäischen Gemeinschaftsrechts, DÖV 1978, S. 391.
6 Vgl. dazu R. Gössner, Die Vereinten Nationen und die Menschenrechte, Blätter für deutsche und internationale Politik, 1978, S. 33 f.
7 Seidl/Hohenveldern (Anm. 1), S. 277; W. Spröte/H. Wünsche, Die UNO und ihre Spezialorganisationen, 1975, S. 143 f.
8 Vgl. dazu I. Blitschenko, Souveränität, Integration und die Grundprinzipien der UNO-Charta, Vereinte Nationen 1978, S. 10 f.; G. Tunkin, Menschenrechte und Völkerrecht, Vereinte Nationen 1969, S. 9 f.; Graefrath, Internationale Zusammenarbeit und Menschenrechte, Neue Justiz 1973, S. 680 f.
9 W. Spröte/H. Wünsche (Anm. 7), S. 113 f.
10 Bülck, Die neue Verfassung der internationalen Arbeitsorganisation. Zeitschrift für die gesamte Staatswissenschaft Bd. 107, S. 90 f.; G. Schnorr, Das Arbeitsrecht als Gegenstand internationaler Rechtssetzung, 1960; Fried, Rechtsvereinheitlichung im internationalen Arbeitsrecht, 1965.
11 Ihre Verfassung war als Teil XIII (Art. 387–427) im Friedensvertrag von Versailles enthalten, Text in RGBl. 1919, S. 1296 f.
12 Durch Vertrag mit dem Wirtschafts- und Sozialrat der UNO vom 14.12.1946, Text in Year-book of UN 1946/47, S. 679.
13 Vgl. dazu W. Abendroth, Sozialgeschichte der europäischen Arbeiterbewegung, 1965, S. 43.
14 Im einzelnen vgl. die Darstellung bei Abendroth ebda.
15 Abgedruckt bei Thomas, Stichwort internationale Schutzgesetzgebung, in: Handwörterbuch der Staatswissenschaften, 4. Aufl. 1929, Ergänzungsband S. 507 f.
16 Conference Internationale de Berlin, Protocol 1890. Vorgeschlagen wurden u.a. Verbot der Kinderarbeit unter 10, in Bergwerken unter 14 Jahren; Verbot der Frauenarbeit in Bergwerken; Verbot der Nachtarbeit für Jugendliche unter 16, für Frauen unter 21 Jahren.
17 Thomas (Anm. 15), S. 508 f. mit zahlreichen Belegen.
18 Berger-Kuttig-Rhode, Internationales Arbeitsrecht, 1931, S. 10 f.
19 Gottfurch, Die internationale Gewerkschaftsbewegung von den Anfängen bis zur Gegenwart, 1965, S. 21.
20 RGBl. 1911, S. 5/17.
21 Abgedruckt bei Kraus-Rödiger, Urkunden zum Friedensvertrag von Versailles, Berlin 1920, S. 224 f.
22 Kraus-Rödiger (Anm. 21), S. 227.
23 Kraus-Rödiger (Anm. 21), S. 226.
24 Gordenker, Die Vereinten Nationen und der soziale und wirtschaftliche Wandel, in: Doeker (Hrsg.), Die Vereinten Nationen, 1976, S. 203 f.
25 Zum Wettbewerbsgesichtspunkt vgl. H. Bülck (Anm. 10).
26 Ausführlich H. Bülck (Anm. 10).
27 Vgl. dazu insbes. Kap. 3.4.
28 Art. 3 der Satzung, abgedruckt u.a. bei B. Meissner, Die internationale Arbeitsorganisation, 1951.
29 Raphael de La Vega, Blätter für deutsche und internationale Politik, 6/1978; zu ähnlichen Problemen bei der Spaltung der amerikanischen Gewerkschaftsbewegung in den 30er Jahren vgl. Taft, Gewerkschaftliche Außenpolitik – Das Beispiel der amerik. Gewerkschaften, (Anm. 6), S. 48.

30 Vgl. Tätigkeit der ILO. Bericht des Generaldirektors an die internationale Arbeitskonferenz, 1974, S. 56 Fußn. 1.
31 So u.a. die Länder Algerien, Kuwait, Quartar, Ägypten, Jugoslawien, UdSSR, Ungarn, vgl. Tätigkeit der ILO (Anm. 30), S. 48, S. 57.
32 Vgl. dazu den Arbeitgebervertreter der BRD Erdmann, in: BArbBl. 1969, S. 617 f.
33 Nach dem Beitritt der UdSSR, Weißrußlands und der Ukraine im Jahre 1954 wurde ein Mandatsprüfungsverfahren angestrengt, weil den Gewerkschaften dieser Staaten die Gewerkschaftseigenschaft bestritten wurde. Die Anfechtungen wurden auf Vorschlag des Mandatsprüfungsausschusses von der Arbeitskonferenz zurückgewiesen: Nach Art. 1 Abs. 3 der ILO-Verfassung habe jedes UNO-Mitglied das formale Recht der ILO beizutreten und damit auch das Recht, eine Dreierdelegation zu entsenden. Schnorr (Anm. 1), S. 95; zu späteren Kontroversen vgl. Taft (Anm. 29), S. 200.
34 Art. 19 Ziff. 2.
35 Art. 19 Ziff. 5b.
36 Berger-Kuttig-Rhode (Anm. 18), S. 99.
37 Berger-Kuttig-Rhode (Anm. 18), S. 99.
38 Schregle, RdA 1956, S. 51 f.
39 Schregle, ebenda.
40 Art. 19 Ziff. 5b.
41 Art. 22, Art. 19 Abs. 5e.
42 Art. 19 Ziff. 6b.
43 Berger-Kuttig-Rhode (Anm. 18), S. 99.
44 Art. 19 Ziff. 6b.
45 Tätigkeit der ILO 1971, Bericht des Generaldirektors an die internationale Arbeitskonferenz 1972, S. 82.
46 Ebenda.
47 Tätigkeit der ILO 1972, Bericht ... 1973, S. 62 zu Spanien; Tätigkeit der ILO 1971, Bericht ... 1972, S. 63 zu den damaligen portugiesischen Kolonien in Afrika.
48 Vgl. dazu den Bericht von Kehrmann, AuR 1974, S. 303.
49 Zur kontroversen Beurteilung dieses Vorgangs vgl. G. Muhr, Quelle 1977, S. 323.
50 Dazu W. Haase, Nach dem Austritt der USA, BArbBl. 1978, S. 423.
51 Zur Rechtsnatur des Europarechts vgl. Bleckmann (Anm. 5).
52 Dazu im einzelnen Teil I.
53 Vgl. dazu Axt, Sozialpartnerschaft als Modell für Europa? Blätter für deutsche u. internationale Politik 1977, S. 455 f.
54 F. Deppe (Hrsg.), Die Europäische Wirtschaftsgemeinschaft, 1975, S. 210.
55 Vgl. dazu im einzelnen unten 3.4.4.
56 Vgl. dazu im einzelnen unten 3.4.1.
57 W. Elsner, Die EWG – Herausforderung und Antwort der Gewerkschaften, 1974, S. 56.
58 Mankmann, Überbetriebliche Mitbestimmung in der EWG. Der Wirtschafts- und Sozialausschuß. Gewerkschaftliche Monatshefte 1971, S. 567.
59 K. Ruhwedel, Der Europäische Gewerkschaftsbund und die westeuropäische Integration, in: Deppe (Hrsg.), Arbeiterbewegung und westeuropäische Integration, 1976, S. 240.
60 Derselbe ebenda.
61 Beschluß des Rats vom 1.2.1971, Abl. 1971, L 28, 15.
62 Basierend auf dem Vorschlag der EG-Kommission, in: Informationen Sozialpolitik 51/73.
63 BT-Drucks. 7/1669; im einzelnen Decker, NJW 1976, S. 2057.
64 Apel, Vorwärts vom 29.4.1971.
65 Vgl. dazu im einzelnen Axt (Anm. 53).
66 Sattler, Prinzip funktioneller Integration und Einigung Europas, 1967; Wettig, Entmilitarisierung und Wiederbewaffnung in Deutschland, 1967.

Anmerkungen zu Teil III.3

1 Gamillscheg, Internationales Arbeitsrecht, 1959; Däubler, Grundprobleme des internationalen Arbeitsrechts, AWD 1972, S. 1 f.; Fikentscher, RdA 1969, S. 204 f.; Müller, RdA 1973, S. 137 f.
2 Bundesratsdrucksache 163/72; Beitzke, EWG-Kollisionsnormen zum Arbeitsverhältnis, Gedächtnisschrift Dietz 1973, S. 127 f.; Birk, NJW 1978, S. 1825.
3 Vgl. dazu im einzelnen Schminck-Gustavus, Recht auf Arbeit – Zur Geschichte einer konkreten Utopie, in: U. Achten u.a., Recht auf Arbeit – eine politische Herausforderung, 1978, S. 15 f.
4 Karl Marx, Die Klassenkämpfe in Frankreich, in: MEW, Berlin (DDR), 1971, Bd. 7, S. 41.
5 Abgedr. u.a. in: Hans Zachert, Internationales und europäisches Sozialrecht, 1976, S. 25 f.
6 BGBl. II 1973, S. 1570.
7 BGBl. II 1971, S. 58.
8 BGBl. II 1964, S. 1262.
9 So etwa selbst Zachert, Das Recht auf Organisation und Arbeitskampf nach Art. 5 und Art. 6 Abs. 4 der Europäischen Sozialcharta, in: Zeitschrift für Sozialreform 1978, S. 129 f.
10 Zum ganzen vgl. Jahnke/Krüer/Buchholz, Die verfassungsrechtlichen Instrumente zur Globalsteuerung der Wirtschaft, in: Mayer/Stuby, Das lädierte Grundgesetz, 1977, S. 108 f.
11 Karl Schiller, zitiert nach J. Huffschmid, Die Politik des Kapitals, 1968 f., S. 120.
12 Wolfgang Däubler, Recht auf Arbeit – verfassungswidrig?, in: Achten u.a. (Anm. 3), S. 150 f., 169.
13 Vgl. im einzelnen G. Stuby, Das Recht auf Arbeit als Grundrecht und als internationales Menschenrecht, in: Achten u.a. (Anm. 3), S. 75 f.
14 Vgl. zum Stand der Eigentumsdiskussion K. u. W. Schielek, Privateigentum und Grundgesetz, in: Mayer/Stuby (Anm. 10), S.3130 f.
15 Art. 1 des Zusatzprotokolls, BGBl. 1956 II, S. 1880.
16 Vgl. dazu im einzelnen Teil II.2.
17 Vgl. dazu im einzelnen U. Mayer, Recht auf Arbeit und Bestandsschutz des Arbeitsverhältnisses, in: Jahrbuch für Sozialökonomie und Gesellschaftstheorie, 1978, S. 123 f.
18 ABlEG vom 22.2.1975, Nr. L 48, S. 29; vgl. dazu Becker, NJW 1977, S. 2057.
19 Zu den Veränderungen vgl. den Überblick bei Pulta BB 1978, S. 1268.
20 Vgl. dazu den Diskussionsbeitrag von Schilds in: Kündigungsschutztagungen 1977 und 1978, Protokoll, Schriftenreihe Nr. 78 der IG-Metall, 1978, S. 33 und den Bericht von Steindl, in: DRdA 1978, S. 166 f. Die EG-Staaten sind hinsichtlich der Kündigungssysteme gegenwärtig in vier verschiedene Gruppen einzuteilen: eine 1. Gruppe (Belgien, Irland, Dänemark) kennt bei Kündigung lediglich die Einhaltung von Kündigungsfristen mit der Zahlung von Abfindung in bestimmten Fällen. Eine zweite Gruppe (Frankreich, Niederlande) schaltet bei Kündungen staatliche Stellen ein, wobei auch Einzelkündigungen einer Genehmigungspflicht unterworfen werden. Frankreich hat darüber hinaus noch ein Entschädigungssystem. Und eine dritte Gruppe legt das Schwergewicht auf die Entschädigungsregelung unter Hintanstellung anderer Schutzwerte (Luxemburg, Italien).
21 Vgl. dazu die Zahlen bei Notter, DB 1976, S. 772. Auf die unzumutbar lange Dauer von Arbeitsgerichtsprozessen insgesamt hat auch das BAG-Präsidium in einer Presseerklärung aufmerksam gemacht, Frankfurter Rundschau vom 24.11.1978.
22 Bartz, NJW 1977, S. 454 m.w. Hinweisen in Fußnote 86.
23 Dazu im einzelnen U. Mayer, Kündigungsverfahren und Bestandsschutz, in: Feser u.a., Arbeitsgerichtsprotokolle, 1978, S. 165 f.
24 Vgl. dazu die Stellungnahme der Bundesvereinigung für Arbeitgeberverbände zum Entwurf der Arbeitsgesetzbuchkommission für ein Arbeitsgesetzbuch, Köln 1977, S. 31. Ähnlich P. Schwerdtner, ZfA 1977, S. 1 f.; W. Zöllner, Gutachten D zum 52. Deutschen Juristentag, München 1978.
25 DGB-Entwurf für ein Arbeitsgesetzbuch, RdA 1977, S. 166 f.
26 BVerfGE Bd. 21, S. 261 gleich AP Nr. 7 zu § 37 AVAG.
27 BGBl. II 1954, S. 457.
28 Becker, Kommentar zum AÜG, 1972, S. 77 f.

29 BGBl. II 1954, S. 456.
30 BVerfGE Bd. 21, S. 253 gleich AP Nr. 2 zu § 35 AVAG.
31 Ramm, ZfA 1973, S. 279 m.w.N.
32 Vgl. U. Mayer, AuR 1974, S. 353.
33 3. Bericht der Bundesregierung über Erfahrungen bei der Anwendung der AÜG, BT-Drucks. 8/2025.
34 Vgl. dazu auch den oben angeführten Bericht.
35 Der Arbeitskampf und die Gesellschaftsordnung des Grundgesetzes, 1965.
36 Däubler, AuR 1977, S. 287; Seiter, Streikrecht und Aussperrungsrecht, Tübingen 1975, S. 137 f.
37 Zu diesem Abwägungskriterium im Rahmen des Art. 12 grundlegend BVerfGE Bd. 7, S. 406 f.
38 Vgl. Antrag 192 des 11. ordentlichen Bundeskongresses des DGB 1978.
39 Maunz/Dürig/Herzog, Kommentar zum Grundgesetz, Art. 99, Anm. 25, Art. 100, Anm. 40.
40 So Becker, Kommentar zum AÜG, 1972, S. 77 f. m.w.N.
41 Allerdings fehlt den Unternehmerverbänden insoweit eine „spezifisch koalitionsrechtliche Relevanz", so bereits Lenz, Die unbehagliche Nähe der Koalitionsgarantie zum Sozialstaat, in: Gesellschaftsrecht und Politik, hrsg. von Maus, 1968, S. 210; ähnlich R. Hoffmann, in: Kittner (Hrsg.), Streik und Aussperrung, 1975, S. 47 f.
42 BGBl. II 1956, S. 2073.
43 BGBl. II 1956, S. 1122.
44 Dazu etwa Saul, Industrie, Arbeiterbewegung im Kaiserreich, 1974, S. 133 f.
45 Däubler, Gewerkschaftsrechte im Betrieb, 1978, S. 30; BVerfGE Bd. 6, S. 389, 440; BVerwG DVBl. 1968, S. 983; BGHSt Bd. 20, S. 143, 149; vgl. ferner EuGH in: EuGRZ 1975, S. 564; EuGH EuGRZ 1976, S. 65.
46 Etwa Däubler (Anm. 45), S. 37; Echterhölter, BB 1975, S. 1597; Guradze, Jahrbuch für internationales Recht, 1971, S. 263; für unmittelbare Geltung Zuleeg, RdA 1974, S. 323 f.; Denkschrift der Bundesregierung, BT-Drucks. IV/658.
47 Allerdings mit dem Vorbehalt von Einschränkungen, die nur insoweit zulässig sind, als sie „gesetzlich vorgesehen und in einer demokratischen Gesellschaft im Interesse der nationalen Sicherheit oder der öffentlichen Ordnung oder zum Schutze des Rechte und Freiheiten anderer erforderlich sind."
48 Art. 6 lautet: „Um die wirksame Ausübung des Rechts auf Kollektivverhandlungen zu gewährleisten, verpflichten sich die Vertragsparteien,
   1. gemeinsame Beratungen zwischen Arbeitnehmern und Arbeitgebern zu fördern;
   2. Verfahren für freiwillige Verhandlungen zwischen Arbeitgebern oder Arbeitgeberorganisationen einerseits und Arbeitnehmerorganisationen andererseits zu fördern, soweit dies notwendig und zweckmäßig ist, mit dem Ziele, die Beschäftigungsbedingungen durch Gesamtarbeitsverträge zu regeln;
   3. die Einrichtung und die Benutzung geeigneter Vermittlungs- und freiwilliger Schlichtungsverfahren zur Beilegung von Arbeitsstreitigkeiten zu fördern; ...
49 Eine Ausnahme gilt heute für Chile, wo nach Auflösung der Gewerkschaften eine Kollektivvertragsfreiheit nicht mehr besteht. Chile ist Mitgliedstaat der Konvention, der es noch unter Allende beitrat.
50 So auch der Sachverständigen-Ausschuß der ESC, der darauf hinweist, daß Kollektivverhandlungen nicht mit Tarifverträgen identisch sind Conclusions I, p. 180/81; Conclusions II, p. 27; Conclusions III, p. 41; Conclusions IV, p. 50.
51 Vgl. grundlegend Biedenkopf, Sinn und Grenzen der Tarifautonomie, Verhandlungen 46. Deutscher Juristentag 1966, Gutachten.
52 BAG AP Nr. 7 zu § 4 TVG Effektivklausel; kritisch dazu K. Dammann, Tarifvertrag und Arbeitskampf, 1977, S. 163 f.
53 BAG AP Nr. 13 zu § 9 GG; aus der vielfältigen Kritik nur Weller, AuR 1970, S. 161 m.w.N.
54 Vgl. dazu den Überblick bei M. Weiß, Gewerkschaftliche Vertrauensleute, 1978; U. Mayer, BlStSozArbR, 1977, S. 17 f.

55 Etwa Reuter, ZfA 1978, S. 1 f.
56 So I. Koller, ZfA 1978, S. 46 f.
57 Bulletin der Europäischen Gemeinschaft, Beilage 8/75, Mitbestimmung der Arbeitnehmer und Struktur der Gesellschaft, S. 22 f.
58 Vgl. bereits die Kritik bei Dubois, AuR 1975, S. 129 f.; ferner Tudyka, Multinationale Konzerne und Gewerkschaftsstrategie, 1974; Jungnickel/Matthies, Multinationale Konzerne und Gewerkschaften, 1973, insbes. S. 25 f.
59 Däubler/Hege, Tarifvertragsrecht, Kommentar, 1978, S. 204.
60 Vgl. die Mitteilung im Handelsblatt vom 12.12.1978.
61 Vgl. dazu Däubler/Schulze, Informationen im multinationalen Konzern, in: Brehm/Pohl (Hrsg.), Interessenvertretung durch Information, 1978, S. 46 f.
62 Bulletin der Europäischen Gemeinschaften, Beilage 4/75, Statut für Europäische Aktiengesellschaften, geänderter Verordnungsvorschlag.
63 Art. 127.
64 Dazu Birk, ZfA 1974, S. 47 f. m.w.N.
65 Vgl. zuletzt BAG BB 1977, S. 544.
66 Zu den Einzelheiten vgl. B. Gromoll, in: U. Mayer/G. Stuby, Die Entstehung des Grundgesetzes, 1976, S. 112 f.
67 Vgl. zusammenfassend J. A. E. Meyer, Jahrbuch für Rechtssoziologie und Rechtstheorie Bd. 3, 1972, S. 139 f.; Däubler, Das Grundrecht auf Streik, ZfA 1973, S. 208 f.; Wohlgemut, Staatseingriff und Arbeitskampf, 1977.
68 BAG AP Nr. 1 zu Art. 9 GG Arbeitskampf.
69 BAG AP Nr. 3 zu § 1 TVG Friedenspflicht.
70 BAG AP Nr. 43 zu Art. 9 GG Arbeitskampf.
71 BAG AP Nr. 32, 41, 43 zu Art. 9 GG Arbeitskampf.
72 Kritisch dazu Kittner, BB 1974, S. 1488; zu den Versuchen, diese Praxis durch tarifvertragliche Maßregelungsverbote auszuschließen, U. Mayer, Tarifvertragliche Maßregelungsverbote nach Teilnahme an Warnstreiks, BlStSozArbR, 1977, S. 241 f.; differenziert neuerdings BAG DB 1978, S. 1403.
73 Vgl. etwa Bericht der Studienkommission für die Reform des öffentlichen Dienstrechts, 1973, Teilziffer 891 f.
74 Vgl. dazu die Erläuterungen oben zur Koalitionsfreiheit.
75 Vgl. Mitscherlich, Das Arbeitskampfrecht der Bundesrepublik Deutschland und die Europäische Sozialcharta, 1977, S. 40.
76 Vor allem Wengler, Die Unanwendbarkeit der Europäischen Sozialcharta im Staat, 1969.
77 Ebenso Bleckmann, Grundgesetz und Völkerrecht, 1974, S. 386.
78 Bleckmann, ebda., S. 386.
79 Dieses Ergebnis wird von Mitscherlich (Anm. 71) auch aus der Entstehungsgeschichte abgeleitet, S. 48.
80 Im einzelnen Wahsner, DuR 1975, S. 3 f.
81 BAG AP Nr. 1 zu Art. 9 GG Arbeitskampf.
82 BAG AP Nr. 43 zu Art. 9 GG Arbeitskampf.
83 Zur Kritik an dieser Konzeption vgl. etwa auch Loderer, in: Kittner (Hrsg.), (Anm. 41), S. 15 f.
84 Conclusions II, p. 29.
85 Conclusions III, p. 37.
86 BAG AP Nr. 41 zu Art. 9 GG Arbeitskampf.
87 Vgl. nur die entsprechenden Gutachten von Forsthoff, Ule, F. Mayer, in: Verfassungsrechtliche Grenzen einer Reform des öffentlichen Dienstrechts, Anlage Bd. 5 zum Bericht der Studienkommission für die Reform des öffentlichen Dienstes, 1973.
88 Vgl. grundlegend R. Hoffmann, AÖR Bd. 91 (1966), S. 141 f.; W. Däubler, Der Streik im öffentlichen Dienst, 3. Aufl. 1971; T. Ramm, Zum Koalitions- und Streikrecht der Beamten, 1970; W. Bentz, Beamtenverhältnis und Arbeitsverhältnis, 1969.
89 Vgl. Washner, DuR 1978, S. 3 f.
90 So aber die Mehrheitsmeinung der Studienreformkommission für die Reform des öffentlichen Dienstrechts (Anm. 73) Teilziffer 891 f.

91 Conclusions I, p. 180/181; Conclusions II, p. 27; Conclusions III, p. 41; Conclusions IV, p. 50.
92 Conclusions IV, p. 50.
93 Das Ministerkomitee war das abschließende Beratungsgremium der ESC; vgl. im einzelnen Mitscherlich (Anm. 75), S. 99 f.; in der Tendenz ähnlich EuGH, AuR 1975, S. 220 mit Anm. Däubler.
94 Dazu Arbeitsgericht Wuppertal, AP Nr. 20 zu Art. 9 GG Arbeitskampf.
95 Vgl. im einzelnen Piehl, Multinationale Konzerne und internationale Gewerkschaftsbewegung, 1974, S. 181 f.
96 Nach einer Stillhaltephase gelang es dem Konzern jedoch unter Ausnutzung der Rezession die Beschäftigungszahl dennoch zu reduzieren, Die Welt vom 27.9.1975.
97 Vgl. dazu die Urteile des Arbeitsgerichts Stuttgart und des LAG Stuttgart, DuR 1973, S. 420 f., DuR 1974, S. 326 f. jeweils mit Anmerkung Geffken; sowie Birk, AuR 1974, S. 28; ferner Säcker, Zur Rechtmäßigkeit des Boykotts von Außenseiter-Reedereien zum Zwecke des Abschlusses von Anschlußtarifverträgen, Rechtsgutachten erstattet für die ÖTV, 1976; sowie Löwisch, RdA 1977, S. 356 f.
98 Dazu ausführlich R. Geffken, Seeleutestreik und Hafenarbeiterboykott, Diss. Bremen 1978.
99 Vgl. dazu die Darstellung in druck + papier 10/1979, S. 6 f.
100 Löwisch, RdA 1962, S. 314 f.; Hueck/Nipperdey/Säcker, Lehrbuch des Arbeitsrechts, 7. Aufl. Bd. 2, 2. Halbband, 1970, S. 922 m.w.N.
101 So auch Gitter, ZfA 1971, S. 127 f., S. 149. Birk, AuR 1975, S. 196; ders., Die Rechtmäßigkeit gewerkschaftlicher Unterstützungskampfmaßnahmen, 1978.
102 Däubler, Arbeitskampf und Sozialcharta in: Europäische Sozialcharta – Weg zu einer europäischen Sozialordnung? 1979; ebenso Mitscherlich (Anm. 75), S. 139 f.
103 Im einzelnen Mitscherlich (Anm. 75), S. 142 f.
104 Grundlegend BAG AP Nr. 1 zu Art. 9 GG Arbeitskampf; BAG AP Nr. 43 zu Art. 9 GG Arbeitskampf.
105 Etwa Thomas Raiser, Aussperrung nach dem Grundgesetz, 1975; Zöllner, Aussperrung und arbeitskampfrechtliche Parität, 1974.
106 Grundsätzliche Kritik bei Zachert, Metzke, Hamer, Die Aussperrung, WSI-Studien Bd. 36, 1978, R. Hoffmann, Der Grundsatz der Parität und die Zulässigkeit der Aussperrung, in: Kittner, Streik und Aussperrung (Anm. 41); Kittner, Gewerkschaftliche Monatshefte 1973, S. 91 f.; Däubler, JuS 1972, S. 645 f.; Seegert, BlStSozArbR 1978, S. 337 f. Im Rahmen der Massenklagen der IG-Druck bzw. IG-Metall gegen die Aussperrung sind unterinstanzlich eine ganze Reihe von Entscheidungen gegen die Aussperrung ergangen. vgl. etwa Arbeitsgericht Stuttgart, DB 1978, S. 1984 sowie Bericht von Zachert, DuR 1979, S. 175 f.
107 R. Hoffmann (Anm. 106); Seegert (Anm. 106).
108 Art. 6 Abs. 4 der ESC lautet: „Um die wirksame Ausübung des Rechts auf Kollektivverhandlungen zu gewährleisten, verpflichten sich die Vertragsparteien, ... und anerkennen
4. das Recht der Arbeitnehmer und der Arbeitgeber auf kollektive Maßnahmen einschließlich des Streikrechts im Falle von Interessenkonflikten, vorbehaltlich etwaiger Verpflichtungen aus geltenden Arbeitsverträgen".
109 Wengler, Die Unanwendbarkeit der Europäischen Sozialcharta im Staat, 1969, Zöllner (Anm. 105); Seiter, Streikrecht und Aussperrungsrecht, 1975.
110 Frowein, Zur völkerrechtlichen und verfassungsrechtlichen Gewährleistung der Aussperrung, 1976, S. 16.
111 So Mitscherlich (Anm. 75), S. 67.
112 Mitscherlich (Anm. 75), S. 66.
113 Mitscherlich (Anm. 75), S. 66.
114 Conclusions I, p. 38.
115 Vgl. dazu näher Weiss, AuR 1974, S. 74 f.; Löwisch, BB 1974, S. 1493 f.
116 Dazu im einzelnen Zachert u.a. (Anm. 106), S. 146 f.
117 Vgl. die Angaben bei Pickshaus/Roßmann, Streik und Aussperrung 78, 1978.
118 Kittner, Verbot der Aussperrung, Schriftenreihe der IG-Metall Nr. 80 (o. J.), S. 11.
119 Vgl. Zachert u.a. (Anm. 106), S. 181.

120 Zachert u.a. (Anm. 106), S. 181.
121 Arendt, Rechtsgrundlagen und Praxis der Aussperrung in der Bundesrepublik Deutschland und in vergleichbaren westeuropäischen Ländern, Masch.-Skript Juni 1978.
122 Däubler, Arbeitskampf und Sozialcharta (Anm. 102).
123 Vgl. Art. 24 ESC, wonach der Sachverständigen-Ausschuß lediglich ein Prüfungsrecht der Länderberichte zur Durchführung der Europäischen Sozialcharta hat.
124 Grundlegend RGZ Bd. 106, S. 272 f.; kritisch dazu M. Weiss, AuR 1974, S. 47 f.; U. Mayer, DuR 1975, S. 1 f.
125 Diesen klassenbezogenen Ansatz der Rspr. hält Biedenkopf für denkbar unglücklich. Die Betriebsrisikolehre als Beispiel richterlicher Rechtsfortbildung, 1970.
126 Darin sehen etwa Nipperdey/Mayer-Maly, Risikoverteilung in mittelbar von rechtmäßigen Arbeitskämpfen betroffenen Betrieben, 1965, den besonderen Wert der Betriebsrisikolehre.
127 Darauf hat besonders Ramm in: Naucke/Trappe (Hrsg.), Rechtssoziologie und Rechtspraxis, 1970, S. 154 f., hingewiesen.
128 Der § 116 AFG lautet:
„(1) Durch die Gewährung von Arbeitslosengeld darf nicht in Arbeitskämpfe eingegriffen werden.
(2) Ist der Arbeitnehmer durch Beteiligung an einem inländischen Arbeitskampf arbeitslos geworden, so ruht der Anspruch auf Arbeitslosengeld bis zur Beendigung des Arbeitskampfes.
(3) Ist der Arbeitnehmer durch einen inländischen Arbeitskampf, an dem er nicht beteiligt ist, arbeitslos geworden, so ruht der Anspruch auf Arbeitslosengeld bis zur Beendigung des Arbeitskampfes, wenn
1. der Arbeitskampf auf eine Änderung der Arbeitsbedingungen in dem Betrieb, in dem der Arbeitnehmer zuletzt beschäftigt war, abzielt oder
2. die Gewährung des Arbeitslosengeldes den Arbeitskampf beeinflussen würde."
129 BGBl. II 1957, S. 1321.
130 BGBl. II 1957, S. 1321.
131 Vgl. dazu den detaillierten Überblick bei Säcker, Gruppenparität und Staatsneutralität als verfassungsrechtliche Grundprinzipien des Arbeitskampfrechts, 1974, S. 46 f.
132 Vgl. ILO-Report Bd. 52 III 4 (1968), S. 108; Bd. 53 III 1 (1969), S. 176; Bd. 54 III 1 (1970), S. 114; Bd. 54 III 4 (1970), S. 144.
133 Ausnahme: Italien und Frankreich; hier muß der Arbeitgeber den Lohn fortzahlen, vgl. Runggaldier zu Italien, RdA 1975, S. 238 f. und Lyon-Caen zu Frankreich in: Kittner (Anm. 41), S. 333 f.
134 Unemployment insurance schemes. Medien und Berichte der ILO, Neue Serie Fr. 42, S. 128 f.
135 Bundesrats-Drucks. 495/1/1972.
136 Muhr, RdA 1973, S. 9 f.
137 BSG NJW 1976, S. 689 f.; das vorinstanzliche Urteil des LSG Baden-Württemberg ist abgedruckt bei G. Schwerdtfeger, Arbeitslosenversicherung und Arbeitskampf, 1974 Anhang.
138 ANBA Nr. 5/1973, S. 365.
139 ILO-Report 1974 IIIa, S. 168.
140 ILO-Report 1975 IIIa, S. 141.
141 ILO-Report 1977 IIIa, S. 200.
142 Vgl. dazu Bornemann, Auswirkungen des Arbeitskampfes auf außerhalb des umkämpften Tarifvertrags liegende Betriebe, DB 1978, S. 1978 f.
143 BGBl. II 1971, S. 473.
144 Löwisch, Gutachten D. 50. Deutscher Juristentag, 1974, Welche Maßnahmen sind vordringlich, um die tatsächliche Gleichstellung der Frauen mit den Männern im Arbeitsleben zu gewährleisten?, S. 20.
145 Vgl. Zwischenbericht der Enquête-Kommission, Frau und Gesellschaft, BT-Drucks. 7/5866; eine Kurzdarstellung der Ergebnisse findet sich in ZRP 1977, S. 18 f.
146 Löwisch (Anm. 144), S. 20 f.
147 BT-Drucks. 7/90, S. 2.

148 Vgl. Metall 6/1974, S. 6.
149 Löwisch (Anm. 144), S. 20.
150 Siehe dazu Einzelnachweise bei Löwisch (Anm. 144), S. 25.
151 ANBA 10/1978, S. 1183; vgl. insgesamt Däubler-Gmedin, Frauenarbeitslosigkeit, Reinbek 1977.
152 Vgl. dazu B. Gromoll, Klassische und soziale Grundrechte, in: Mayer/Stuby, Entstehung des Grundgesetzes, 1976, S. 112 f.
153 BGBl. 1956 II, S. 23.
154 Danach verpflichten sich die Vertragsparteien u.a. „3. das Recht männlicher und weiblicher Arbeitnehmer auf gleiches Entgelt für gleichwertige Arbeit anzunehmen".
155 EuGH, Urteil v. 8.4.1976, in: NJW 1976, S. 2068.
156 Ebenda., S. 2069.
157 ABlEG Nr. L 39 vom 14.2.1976, S. 40.
158 Abgedruckt in RdA 1979, S. 37 f.; zu dem bereits in Kraft getretenen italienischen Gleichberechtigungsgesetz in Ausfüllung der EG-Richtlinie vgl. RdA 1979, S. 177 f.
159 FR vom 14.2.1979. Zum ganzen vgl. auch Kanssen-Jurreit, Frauenprogramm gegen Diskriminierung, Reinbek 1979.
160 Vgl. etwa B. Rüthers, Das Recht der Gewerkschaften auf Information und Mitgliederwerbung im Betrieb, 1966; Säcker, Die Institutions- und Betätigungsgarantie der Koalitionen, in: Das Arbeitsrecht der Gegenwart, Bd. 12, 1975, S. 17 f.
161 Vgl. dazu insgesamt W. Däubler, Gewerkschaftsrechte im Betrieb, 1978, mit zahlreichen Nachweisen.
162 Aus der Rspr. etwa BVerfGE Bd. 28, S. 295, 304.
163 Vgl. dazu die Arbeit der Vertrauensleute, Schriftenreihe der IG-Metall Nr. 41, 1976.
164 Vgl. die Angaben bei Wlotzke, RdA 1976, S. 80.
165 Im einzelnen das für die Bundesvereinigung für Arbeitgeberverbände erstattete Gutachten von Kraft, Die Regelung der Rechtsstellung gewerkschaftlicher Vertrauensleute im Betrieb, ZfA 1976, S. 243.
166 In: BAG AP Nr. 13 zu Art. 9 GG.
167 Bulla, BB 1975, S. 889 f.; Blomeyer, Der Betrieb 1977, S. 101 f.; Bötticher, RdA 1978, S. 133 f.
168 Wlotzke, RdA 1976, S. 80; Zachert, BB 1976, S. 515; Weiss, Gewerkschaftliche Vertrauensleute, 1978, S. 27 f.; Wiedemann-Stumpf, Kommentar zum Tarifvertragsgesetz, 5. Aufl. 1977, Einleitung Rdnr. 176 f.; Däubler/Hege, Tarifvertragsrecht, Kommentar, 1978, S. 152 f.
169 BGBl. II 1973, S. 954 f.
170 Vgl. Kehrmann, Die Quelle, 1977, S. 315 f.
171 Blomeyer, Der Betrieb 1977, S. 109; Kraft, ZfA 1976, S. 271.
172 Blomeyer, Der Betrieb 1977, S. 109.
173 Ebenso Weiss (Anm. 168), S. 66 f.; Däubler, Gewerkschaftsrechte im Betrieb, 1978, S. 32 f.
174 ILO-Report III, 1978, S. 214.
175 BAG DB 1978, S. 943; BAG DB 1978, S. 892; dazu u.a. Richardi, DB 1978, S. 1736; Naendrup, AuR Sonderheft Kirche und Arbeitsrecht, 1979, S. 37 f.
176 Zur Bandbreite der Probleme vgl. die Beiträge von Rothländer, Dütz, Birk, Schwerdtner, Weiss, Löwisch in dem o.a. AuR-Sonderheft sowie von Pirson, Müller, Dietz, Frank, Kuper, Rothländer, von Tiling in RdA 1979, S. 65 f.
177 Mitteilung in Die Quelle, 1979, S. 324.
178 Vgl. dazu Schminck/Gustavus, Demagogenverfolgung, DuR 1975, S. 300 f.; sowie die Materialien bei E. Brandt, Die politische Treuepflicht, 1976, S. 17 f.
179 Zu den Auswirkungen etwa Gerhard Ritter, Die Arbeiterbewegung im Wilhelminischen Reich, Die sozialdemokratische Partei und die freien Gewerkschaften, 1959.
180 RGBl. 1933, Teil I, S. 175 f.; zur administrativen Umsetzungspraxis vgl. Brandt (Anm. 178), S. 108 f.
181 Zur betrieblichen Situation während des Faschismus vgl. T. Mason, Arbeiterklasse und Volksgemeinschaft, 1975.

182 Dazu insbes. Ridder, Die soziale Ordnung des Grundgesetzes, 1975.
183 Vgl. etwa Böwer/Trilling, Der antifaschistisch-demokratische Charakter der Länderverfassungen und des Grundgesetzes, DuR 1974, S. 119.
184 So die frühere Rspr. des Bundesverfassungsgerichts, etwa BVerfGE Bd. 12, S. 296.
185 Gemeinsames Ministerialblatt 1950, S. 91.
186 Abgedruckt in: Bethge/Roßmann, Der Kampf gegen das Berufsverbot, 1973, S. 363.
187 G. Stuby, Das Berufsverbot als Waffe gegen die verfassungsrechtlichen Grundlagen der Demokratie, in: Mayer/Stuby, Das lädierte Grundgesetz, 1977, S. 235 f.
188 Vgl. dazu Bethge u.a., Die Zerstörung der Demokratie durch Berufsverbote, 2. Aufl. 1976, S. 221 f.
189 BGBl. II 1961, S. 98.
190 Vgl. im einzelnen etwa Fr. Müller in: Wortlaut und Kritik der verfassungswidrigen Januarbeschlüsse, 1972, S. 39.
191 Dieser Punkt ist insbes. zwischen SPD und CDU streitig, vgl. etwa den Bericht des stellvertretenden SPD-Vorsitzenden Koschnick, FR vom 21.10.1978, S. 14.
192 BVerfGE 1975, S. 1641.
193 Vgl. das Minderheitsvotum des Bundesverfassungsrichters Rupp ebenda.
194 Dazu etwa I. Staff, Die betroffenen Individuen sind aus dem Blickfeld geraten, FR vom 11.11.1978, S. 14.
195 Vgl. allerdings den Initiativantrag II des 11. ordentlichen DGB-Bundeskongresses, Hamburg 1978.
196 Schreiben des WGB vom 24.1.1978 AZ AOIS-VV-DS-78 Nr. 223.
197 ABlEG L 257/2.
198 Urteil vom 25.10.1969 (Ugliola) Sammlung 1969, S. 363.
199 Urteil vom 3.7.1974 – Casagrande zitiert bei Streil, RdA 1975, S. 214.
200 Dazu T. Stein, NJW 1976, S. 1553; Hailbronner, DÖV 1978, S. 857; Sasse, Europäische Grundrechtszeitung 1978, S. 230 f.
201 BGBl. II 1959, S. 88; die Bundesrepublik ist dem Übereinkommen beigetreten BGBl. II 1960, S. 2204.
202 Vgl. dazu den Überblick von Igl, RIW 1977, S. 704.
203 Quelle: Statistisches Bundesamt, Statistisches Jahrbuch 1978, S. 102, 103.
204 Spanien: 100 000, Griechenland 162 000 und Portugal 60 000 Arbeitnehmer; Quelle: Statistisches Jahrbuch 1978, S. 103.
205 Bulletin der EG 4/1978, S. 7 f.; nach dem Assoziationsabkommen zwischen der EG und der Türkei soll bis 30.11.1986 die volle Freizügigkeit auch für türkische Arbeitnehmer in der EG verwirklicht werden; vgl. Hasenpflug/Kohl, Die Süd-Erweiterung der Europäischen Gemeinschaft, 1977.

Anmerkungen zu Teil III.4

1 Diese Konzeption wird häufig verknüpft mit Vorstellungen eines Weltstaates, vgl. etwa Clark/Sohn, Friede durch ein neues Weltrecht, notwendige Umgestaltung der Vereinten Nationen, 1961; kritisch dazu R. Meister, Ideen vom Weltstaat und der Weltgemeinschaft im Wandel imperialistischer Herrschaftsstrategien, 1973.
2 Ein entsprechender Vorschlag wurde von den EG-Staaten anläßlich des 30. Jahrestages der Verabschiedung der allgemeinen Erklärung der Menschenrechte erneut bekräftigt, FR vom 13.12.1978.
3 So etwa P. Schwerdtner, ZfA 1977, S. 1 f.; D. Reuter, ZfA 1978, S. 1 f.
4 Vgl. nur J. Kaiser, Die Parität der Sozialpartner, 1973; kritisch dazu U. Mayer, Parität und „Parität“, in: Mayer/Reich (Hrsg.), Mitbestimmung contra Grundgesetz, 1975, S. 116 f.
5 Resolution A 32/130 vom 16.12.1977.
6 Dies gilt vor allem für die sogenannte humanitäre Intervention, mit der ein Eingreifen gerechtfertigt wird, dazu etwa F. Berber, Lehrbuch des Völkerrechts, Bd. 1, 2. Aufl. 1975, S. 192 f.

7 I.d.R. wird diese Betrachtungsweise aus einem Naturrechtsverständnis abgeleitet, vgl. etwa M. Kriele, Die Menschenrechte zwischen Ost und West, 1977, S. 9, 21.
8 W. Rudolf, Völkerrecht und deutsches Recht, 1967, S. 241.
9 G. Schmid, Im Parlamentarischen Rat, nach Neues Jahrbuch für öffentliches Recht, Bd. 1 (1950), S. 230.
10 So BVerfGE Bd. 23, S. 288, 317; Bd. 15, S. 25; Bd. 16, S. 27.
11 Dafür BVerfGE Bd. 23, S. 288, 305; F. Berber, Lehrbuch des Völkerrechts (Anm. 6), S. 72 m.w.N.; dagegen Bleckmann, Grundgesetz und Völkerrecht, 1975, S. 291.
12 So ausdrücklich BVerfGE Bd. 15, S. 25; Bd. 16, S. 27.
13 Siehe dazu Teil 1 dieses Bandes.
14 Die UN-Resolution A 32/130 wurde etwa mit 123 : 0 : 15 Stimmen angenommen, wobei die Enthaltungen überwiegend von der westlichen Staatengruppe kamen.
15 Geck, Das Bundesverfassungsgericht und die allgemeinen Regeln des Völkerrechts, in: Bundesverfassungsgericht und Grundgesetz, Festgabe aus Anlaß des 25jährigen Bestehens des Bundesverfassungsgerichts, 1976, Bd. 2, S. 125 f.
16 H. Kelsen, Reine Rechtslehre, 2. Aufl. 1960; Verdross, Völkerrecht, 5. Aufl. 1964.
17 Dazu neigen jedoch Bleckmann (Anm. 11), S. 293 sowie Geck (Anm. 15).
18 In: Völkerrecht, Dokumente, 3 Bde., 1973, Bd. 3, S. 1164 f.
19 Vgl. v. Mangold/Klein/Herzog, Kommentar zum Grundgesetz, Art. 25 Anm. 3 m.w.N.
20 Auch das Bundesverfassungsgericht läßt das Völkervertragsrecht an der Bildung allgemeiner Regeln teilhaben, soweit im Völkergewohnheitsrecht eine entsprechende Tendenz vorhanden ist, vgl. BVerfGE Bd. 15, S. 25; Bd. 16, S. 27.
21 Vgl. etwa die Zusammenstellung des UNO-Sekretariats in: Draft studies on Measures Taken within the Field of Human Rights A/Conf. 32/RN/R 1, S. 26.
22 Vgl. dazu Curtius, DÖV 1955, S. 145 f.
23 Bleckmann (Anm. 11), S. 294; Geck (Anm. 15), S. 142 f.; BVerfGE Bd. 6, S. 309 (363); Bd. 37, S. 271 (279).
24 Etwa Triepel, Völkerrecht und Landesrecht, 1899.
25 Vgl. etwa Bleckmann (Anm. 11), S. 278 f.
26 Autorenkollektiv, Lehrbuch des Völkerrechts, Bd. 1, 1973, S. 78 f.
27 Dazu im einzelnen G. Faupel, Tarifhoheit und völkerrechtliche Vertragserfüllungspflicht, 1969.
28 So etwa bei der UN-Konvention von 1966 auch W. Däubler, Gewerkschaftsrechte im Betrieb, 1978, S. 37 f.; Echterhölter, BB 1973, S. 1596 f.; ders., BABl. 1973, S. 498 sowie BABl. 1978, S. 551.
29 Zum folgenden insbes. R. Gössner, Der Menschenrechtsschutz im Rahmen der Vereinten Nationen, DuR 1978, S. 266; Bartsch, NJW 1977, S. 474; ders., NJW 1978, S. 449.
30 Entschließung 1988 (L X) vom 11.5.1976.
31 Vgl. dazu Friedrich Meissner, Die Menschenrechtsbeschwerde vor den Vereinten Nationen, 1976, S. 17 f.; Egon Schwelb, Zur Frage der Anrufung der UN-Menschenrechtskommission durch Individuen und nichtstaatliche Organisationen, Vereinte Nationen 2/72; Christian Tomuschat, Menschenrechtsschutz durch die Vereinten Nationen, Vereinte Nationen 6/76, S. 166 f.
32 Dies ist nach der ersten Wahl nur ansatzweise erfüllt. Die Staatengruppe der westlichen Industrienationen ist mit 5 Vertretern relativ hoch, während Asien mit 3, Afrika mit 3 und Latein-Amerika mit 1 Vertreter unterrepräsentiert sind. Die sozialistischen Staaten mit 4 Vertretern ebenfalls relativ hoch vertreten. Die Bundesrepublik ist bis zum 31.12.1979 mit Christian Tomuschat vertreten. Vgl. Bartsch, NJW 1977, S. 449 f.
33 Daneben von den 4 skandinavischen Ländern und Großbritannien.
34 Weitere Vertragsstaaten sind Barbados, Columbien, Costa Rica, Ekuador, Jamaika, Madagaskar, Mauritius, Panaman, Surinam, Uruguay, Zaire.
35 Siehe dazu oben 4.4.2.
36 Vgl. dazu Internationales Arbeitsamt, Der Einfluß der Übereinkommen und Empfehlungen der internationalen Arbeitsorganisation, Genf 1977, S. 52.
37 Zur Problematik dieser Vorschrift im Hinblick auf Art. 9 Abs. 3 GG vgl. W. Schmid, NJW 1965, S. 424 f.

38 Angesichts von über 140 Übereinkommen und weit über 4 000 Ratifikationen kaum verwunderlich.
39 Zu den anderen Fällen vgl. IAA (Anm. 36), S. 69.
40 Vgl. dazu Official Bulletin IAA/Genf Bd. XLV (1962), Nr. 2, Ergänzungsband II.
41 Ebenda., Bd. LIV 1972, Nr. 2 Sonderbeilage.
42 Report of the Commission appointed under article 26 of the Constitution of the International Labour Organisation to examine the observance by Chile of the Hours of Work (Industry) Convention, 1919 (Nr. 1), and the Discrimination (Employment and Occupation) Convention, 1958 (Nr. 111) (IAA Genf 1975). Diese Untersuchung wurde gleichzeitig mit einer Prüfung der Lage der Gewerkschaften durch den Untersuchungs- und Schlichtungsausschuß in Sachen der Vereinigungsfreiheit durchgeführt (da Chile die wichtigsten Übereinkommen der ILO auf diesem Gebiet nicht ratifiziert hat).
43 IAA (Anm. 36), S. 71.
44 IAA (Anm. 36), S. 73.
45 Report of the Fact-Finding and Conciliation Commitee Concerning persons employed in the public sector in Japan, Official Bulletin Bd. XLIV, 1966, Nr. 1, Sonderbeilage.
46 The trade union situation in Chile, Report of the Fact-Finding and Conciliation Commitee on Freedom of Association, IAA Genf 1975.
47 Nach Bartsch, NJW 1977, S. 477.
48 Über die Gründe seiner Einschaltung in das Beschwerdeverfahren informiert Bartsch, JuS 1970, S. 446.
49 Bartsch, NJW 1977, S. 477.
50 Europäische Grundrechtszeitung, 1976, S. 62.
51 Vgl. dazu F. Tennfjord, The European Social Charter – An instrument of Social Colloboration in Europe, Annuaire Européen IX (1961), S. 73.
52 Veröffentlicht als Conclusions.
53 Vgl. dazu im einzelnen Bleckmann, Europarecht, 1976, S. 115 f. m.w.N.; Streil, Die Rechtsprechung des Gerichtshofs der Europäischen Gemeinschaft in Arbeits- und Sozialsachen, RdA 1975, S. 209 f.
54 Dazu Steil ebenda.

Abkürzungsverzeichnis

ABlEG	Amtsblatt der Europäischen Gemeinschaft
AFG	Arbeitsförderungsgesetz
AFL/CIO	American Federation of Labor/Congress of Industrial Organisations
AG	Aktiengesellschaft
ANBA	Amtliche Nachrichten der Bundesanstalt für Arbeit
Anm	Anmerkungen
AöR	Archiv für öffentliches Recht
AP	Arbeitsrechtliche Praxis
AuR	Recht und Arbeit, Zeitschrift
BAG	Bundesarbeitsgericht
BB	Betriebsberater, Zeitschrift
BetrVG	Betriebsverfassungsgesetz
BGB	Bürgerliches Gesetzbuch
BGBl	Bundesgesetzblatt
BGH	Bundesgerichtshof
BlStSozArbR	Blätter für Steuerrecht, Sozialversicherung und Arbeitsrecht, Zeitschrift
BT-Drucksache	Bundestags-Drucksache
BVerfG	Bundesverfassungsgericht
CFDT	Confédération Française Démocratique du Travail
CGIL	Federazione Generale Italiana del Lavoro
CGT	Confédération Generale du Travail
DB	Der Betrieb, Zeitschrift
DöV	Die öffentliche Verwaltung, Zeitschrift
DuR	Demokratie und Recht, Zeitschrift
DVBl	Deutsches Verwaltungsblatt, Zeitschrift
ECOSOC	Economic and Social Council, Wirtschafts- und Sozialrat
EFTA	European Free Trade Association, Europäische Freihandelszone
EG	Europäische Gemeinschaft
EGB	Europäischer Gewerkschaftsbund
EGKS	Europäische Gemeinschaft für Kohle und Stahl
ESC	Europäische Sozialcharta
EuGrZ	Europäische Grundrechtszeitschrift
EurAtom	Europäische Atomgemeinschaft
EWG	Europäische Wirtschaftsgemeinschaft
GATT	General Agreement on Tariffs and Trade, Allgemeine Zoll- und Handelsabkommen
GWB	Gesetz gegen Wettbewerbsbeschränkungen
GZT	Gemeinsamer Zolltarif
IAA	Internationales Arbeitsamt
IBFG	Internationaler Bund Freier Gewerkschaften
IBRD	International Bank for Reconstruction and Development, Internationale Bank für Wiederaufbau und Entwicklung (Weltbank)
IDA	International Development Association, Internationale Entwicklungs-Assoziation
ILA	International Law Association
ILO	International Labour Organization, Internationale Arbeitsorganisation
IMF	International Monetary Fund, Internationaler Währungsfonds
ITC	International Trade Centre, Internationales Handelszentrum
JuS	Juristische Schulung, Zeitschrift
JZ	Juristenzeitung, Zeitschrift
KIWZ	Konferenz über internationale wirtschaftliche Zusammenarbeit
KJ	Kritische Justiz
KSchG	Kündigungsschutzgesetz

KSZE	Konferenz über Sicherheit und Zusammenarbeit in Europa
LAG	Landesarbeitsgericht
mwN	mit weiteren Nachweisen
NJW	Neue Juristische Wochenschrift
OAPEC	Organisation of Arabian Petroleum Exporting Countries, Organisation arabischer erdölexportierender Staaten
OAU	Organization of African Unity, Organisation der Afrikanischen Einheit
OECD	Organization for Economic Cooperation and Development, Organisation für wirtschaftliche Zusammenarbeit und Entwicklung
OLG	Oberlandesgericht
OPEC	Organization of Petroleum Exporting Countries, Organisation der erdölexportierenden Länder
PVÜ	Pariser Verbandsübereinkunft zum Schutz des gewerblichen Eigentums
Quelle	Die Quelle, Funktionärszeitschrift des DGB
RdA	Recht der Arbeit, Zeitschrift
RiW	Recht der internationalen Wirtschaft, Zeitschrift
RGBl	Reichsgesetzblatt
RSpr	Rechtsprechung
UNO	United Nations Organization, Organisation der Vereinten Nationen
UNCTAD	United Nations Conference on Trade and Development, Konferenz der Vereinten Nationen für Handel und Entwicklung
UNESCO	United Nations Educational, Scientific and Cultural Organization, Organisation der Vereinten Nationen für Erziehung, Wissenschaft und Kultur
UNIDO	United Nations Industrial Development, Organisation der Vereinten Nationen für industrielle Entwicklung
WGB	Weltgewerkschaftsbund
WIPO	World Intellectual Property Organization, Weltorganisation für geistiges Eigentum
WVA	Weltverband der Arbeitnehmer
ZfA	Zeitschrift für Arbeitsrecht
ZHR	Zeitschrift für Handelsrecht
ZfR	Zeitschrift für Rechtspolitik

Stichwortverzeichnis

Batch number: 10809472

Printed by Printforce, the Netherlands